중국 고전 24권으로 읽는
리더의 조건

지도자의
格

CHUGOKU KOTEN NO NINGEN GAKU
by MORIYA Hiroshi
Copyright ⓒ 1984 MORIYA Hiroshi
all rights reserved.
Originally published in japan by PRESIDENT SHA, Tokyo.
Korean translation rights arranged with
PRESIDENT SHA, Japan
through THE SAKAI AGENCY and EntersKorea Co., Ltd.

이 책의 한국어판 저작권은
SAKAI 에이전시와 (주)엔터스코리아를 통한
일본의 PRESIDENT SHA와의 독점 계약으로
도서출판 청년정신이 소유합니다.
신 저작권법에 의하여 한국 내에서 보호를 받는 저작물이므로
무단전재와 무단복제를 금합니다.

중국 고전 24권으로 읽는 리더의 조건
지도자의 格

지은이 모리야 히로시
옮긴이 박화
발행일 2012년 2월 10일 2판 1쇄 발행
펴낸이 양근모
발행처 도서출판 청년정신 ◆ 등록 1997년 12월 26일 제10-1531호
주 소 경기도 파주시 교하읍 문발리 535-7 세종출판벤처타운 408호
전 화 031) 955-4923 ◆ 팩스 031) 955-4928
이메일 pricker@empal.com

이 책은 저작권법에 의해 한국 내에서 보호를 받는 저작물이므로
무단전재와 무단복제를 금합니다.

중국 고전 24권으로 읽는
리더의 조건

지도자의 格

모리야 히로시 지음 / 박화 옮김

머리말

역사의 격렬함을 견디고 살아남은 '인간학의 보고'

이 책은 《손자》를 비롯하여 《십팔사략》에 이르는 우리에게 비교적 친숙한 중국 고전 24권의 핵심을 한 권으로 정리한 책이다. 그러나 단순히 고전의 종합적인 내용을 소개하기 위해 쓴 책은 아니다. 또한 이러한 분야에 그다지 친숙하지 못한 초보자를 위한 입문서도 아니다. 이 책의 특징은 모든 중국 고전이 한결같이 주장하는 지도자론에 초점을 맞춰, 공통 주제로 삼았다는 점이다. 24권의 고전을 소개하면서 일관되게 지도자론에 초점을 맞췄다.

중국 고전은 원래 '경세제민'과 '응대사령'을 주축으로 삼고 있다.

'경세제민'이란 쉽게 말하면 정치를 말한다. 천하를 어떻게 다스릴 것인가, 나라를 어떻게 이끌어 갈 것인가. 이것이 옛날부터 한민족의 최대 관심사였으며, 이는 중국 고전에도 그대로 반영되었다.

또한 '응대사령'이란 한 마디로 말하면 인간관계의 학문이다. 한민족은 원래 굉장히 현실적이어서 관념적인 사색보다 눈앞에 보이는 냉엄한 현실을 어떻게 살아가야 할지에 관심을 기울였다. 그것이 고전에서 응대사령학으로 결실을 맺었다.

  중국 고전의 특징은 이 두 가지를 주축으로, 더 나아가 이를 지도자론의 형태로 다뤘다는 데 있다. 솔직히 말해 중국 고전은 서민을 대상으로 쓴 책이 아니다. 이를 쓴 사람도 사회 지도층이었으며, 같은 사회 지도자층을 대상으로 썼다. 따라서 어떤 주제를 다루든 지도자론의 성격을 띤다. 그래서 중국 고전은 옛날부터 중국과 일본에서도 사회 지도자들에게 인격을 형성하는 기본 교양서로 읽혀 왔다.

  어떤 조직이든 지도자의 책임은 막중하다. 그만큼 엄격하게 자아를 형성하는 데 노력을 기울여야 한다. 이는 예전이나 지금이나 마찬가지다. 경영자, 관리직은 물론이고 각계 지도자 자리에 있는 모든 사람들이 자아를 형성하는 데 조금이나마 도움이 되었으면 하는 바람으로 이 책을 집필했다.

- 모리야 히로시

들어가면서

중국 3천 년 역사가 만들어 낸 24권의 책

고전은 읽을수록 새롭고 많은 교훈을 주는 역사적 작품이다. 게다가 각 민족의 전통을 그대로 반영한다.

중국 고전에서는 인간주의를 느낄 수 있다. 관념적인 사색보다는 현실을 어떻게 헤쳐 나갈지에 대해 깊은 관심을 기울였다. 《노자》와 《장자》를 예로 들어보자. 《노자》는 현실을 살아가는 처세술을 다루었으며, 《장자》는 현실에 초월하여 해탈하라고 주장한다.

모리야 히로시의 《중국 3천 년 불멸의 책》은 《손자》, 《노자》를 비롯하여 《삼국지》, 《십팔사략》에 이르는 중국 고전을 선별하여, 각 내용을 살펴보면서 지도자상에 초점을 맞춰 현대인이 추구해야 할 인물상을 그린 작품이다. 《논어》는 물론 《사기》, 《전국책》 등 모두 우리에게 오래전부터 친숙한 고전이다. 이들을 단순히 해설한 것이 아니라 인간학적인 면에서 접근하여 일화를 통해 역사 속 패자, 재상, 지략가, 현신 등을 소개했다는 점이 특색이다. 이를 테면 '중국 고전으로 배우는 지도자의 자격'이라고 할 수 있는 작품이다.

저자는 노장사상과 양명학에 밝은 한학자 야스오카 마사히로安岡正篤의 "중국 고전은 대응사령의 학문이다"라는 말을 인용했으며, 고전 중에서도《전국책》이 그 특징을 가장 잘 보여 준다고 설명했다.《전국책》은 전국시대에 활약했던 세객들의 권모술수 요령을 정리한 책으로 당시 중국은 천하를 장악하기 위해 모든 나라가 극심한 무력항쟁을 전개했던 시대다. 모든 나라에서 필사적으로 외교 교섭을 벌이고 살아남기 위해 방책을 모색했으며, 세객들의 활약도 눈이 부셨다.

사람을 설득하는 방법에는 상대방의 의표를 찌르는 방법, 의욕을 불러일으키는 방법, 강인한 술책이 있다. 그러나 무엇보다도 인간관계의 오묘한 진리를 이해해야 한다. '어부지리'라는 고사의 근원인 세객 소대의 이야기나 제나라의 재상 정곽군이 영지인 설이라는 곳에 성을 쌓으려고 했을 때 단 세 마디로 간언을 드린 세객의 이야기, 초나라 회왕의 애첩 두 사람에게 교묘한 방법으로 지참금을 받아 내고, 위기를 슬기롭게 헤쳐 나간 장의의 술책 등 실로 인간의 오묘한 심정을 보여 주는 책이라 할 수 있다.

사마천이《사기》를 집필할 때,《전국책》에서 많은 소재를 얻은 것도 당연하다.

태사령이었던 사마천은 포로가 된 이릉 장군을 변호한 죄로 궁형을 받지만 그 굴욕을 참아내고《사기》를 집필하는 데 전념했다.《사기》의 매력은 인간의 다양한 생활방식을 보여 준다는 데 있다.

《사기》는 기전체를 새롭게 도입했다. 〈본기〉를 태양에 비유한다면 〈세가〉, 〈열전〉은 그것을 둘러싼 혹성, 위성에 상당하며 제왕과 열후제후, 군웅의 구도가 된다. 사마천이 생각하는 세계상이 그대로 나타나 있다.

제왕은 혼자서 존재하는 것이 아니라 제후들과 관계를 맺고 상하관계에 횡적인 관계가 추가되어 개인과 타인, 개인과 전체의 관계가 생긴다. 이러한 발상은 인간의 존재를 인간관계로 파악하고 있다. 게다가 〈열전〉에서는 현신에서 열사, 제자백가, 종횡가에서 자객, 유협에 이르는 '인간백과'라고 할 수 있다.

사마천은 한 번 죽었다 산 인물이다. 《사기》의 편술은 그에게 새로운 인생이었다. 《사기》가 '인간백과', '인간학의 보고'라고 불리는 것은 복합적인 사고로 인간에 대해 각성하고 합리적으로 상황을 이해하며 썼기 때문이다.

《사기》에는 '불비불명'의 어원인 초나라의 장왕을 비롯하여 위나라의 무후를 섬긴 병법가 오기, 곽의 명재상 자산, 월왕 구천의 재기를 도운 충신 범려 등의 일화를 소개하고 있으며, 그 밖에도 많은 인물이 등장한다. '인물 만화경'이라 할 수 있으며 훌륭한 교훈을 많이 얻을 수 있다.

재미로 읽으려면 《삼국지연의》가 적합하지만, 행동 지침서로는 역사서 《삼국지》가 도움이 된다. 위, 촉, 오 삼국이 대립하는 시대였던 만큼 다양한 유형의 지도자와 그들을 보좌한 지장이 등장한다.

'치세의 능신, 난세의 간웅'이라는 평가를 받았던 위나라의 조조는 싸움에서 80퍼센트의 승률을 올렸으며, 항상 정석에 따른 전략을 구사했다. 비록 지더라도 두 번 다시 같은 실수를 반복하지 않았다. 또한 승산이 없다고 판단되면 주저하지 않고 군사를 퇴각시켰다.

작가 모리야 히로시는 이를 조조의 특징으로 들었는데, 조조는 손자병법을 깊이 연구했으며 실패하는 일도 적었다. 그 점은 가이甲斐의 호랑이 다케다 신겐도 마찬가지다.

"빠르기는 질풍과 같고 서행하기는 숨처럼 조용하고, 침략은 불처럼 기세가 왕성하며 움직이지 않음은 산처럼 진중하다"라는 《손자》의 명언을 행동의 지침으로 내세운 신겐은 《손자》를 연구하여 "승산이 많으면 이기고, 승산이 적으면 이길 수 없다", "싸우지 않고 남의 군사를 굴복시키는 것은 선한 자의 으뜸이다", "전쟁을 시작하면 처녀처럼 행동하여 적의 방심을 유도하고 적이 성문을 개방한 연후에는 탈출하는 토끼처럼 빠르게 움직여 적국이 항거할 수 없게 한다"라는 손자의 전술을 실천하고 무적의 다케다 군단을 만들었다.

조조에 비해 유비는 재능이 떨어졌다. 그러나 유비는 20대 젊은 제갈공명을 세 번 찾아가 데려올 만큼 재량과 덕을 쌓아 많은 무리를 장악했다. 또한 오나라의 손권은 수비적인 자세를 취하여 상황에 유연하게 대응했다. 이는 부하를 대하는 방법에서도 그대로 나타나는데, 단점은 눈감아 주고 장점을 발휘할 수 있도록 배려했다. 조조나 유비에게는 없는 훌륭한 장점이었다.

진 제국이 멸망하자 초나라와 한나라 사이에 천하를 이분하는 싸움이 일어나 3년 가까이 계속되었다. 초나라의 항우는 연승을 거뒀지만 부하의 진언에 귀를 기울이지 않아 결국 사면초가에 빠져 패했다. 반면 한나라의 유방은 번번이 싸움에서는 패했지만 정치적 공작으로 승리를 거두고, 부하의 마음을 사로잡는 데도 성공했다.

역사 속의 영웅, 시대의 지도자상을 다룬 내용은 물론이고 그 밖에 사상계의 지도자인 노자, 장자, 공자 등에 대해 다룬 내용도 흥미진진하다. 단순히 사상의 요점만을 정리한 것이 아니라 생생한 인간학을 다룬 책이기 때문이다.

예를 들어, 《논어》는 춘추말기에 활약한 사상가 공자의 언행을 기록한 책으로, 그와 제자들이 나눈 대화를 통해 살아 있는 인간 기록을 맛볼 수 있다. "여자와 소인은 다스리기가 어렵다. 가까이 하면 불손하고 멀리 하면 원망한다", "여색을 즐기는 자는 덕을 추구하지 않는다" 등 흠잡을 데 없이 완벽하게 인간을 관찰한 책이라 할 수 있다.

모리야 히로시는 《논어》에 대해 "인간으로서 자신을 높이는 방법과 인간관계 대처방법 등 인간학의 기본을 다양한 각도에서 해명했다"고 말하며, "일반적으로 중국 고전은 어느 정도 연륜이 쌓였을 때 읽으면 더 깊은 공감대를 형성할 수 있다. 특히 《논어》가 그렇다. 젊었을 때는 수긍할 수 없던 구절을 나이 들어 다시 읽으니 비로소 이해가 가더라는 이야기를 자주 듣는다"라고 사람들은 말한다.

《순자》는 전국시대의 사상가 순자가 쓴 책이다.

순자는 조나라에서 태어나 50세가 넘어서 제나라로 유학을 갔다. 맹자보다 30년 정도 늦었는데 그 나이에 제나라로 유학을 간 것으로 보아 늦게 공부를 시작했거나 독실하게 학문을 닦는 독학자였던 모양이다.

그 당시에는 추연騶衍 등 유명한 학자가 많았고 맹자의 영향도 강하게 남아 있었다. 순자는 이들의 사상을 적극적으로 받아들이고 그 사상을 집대성하는 데 전념했다.

그후 제나라의 민왕이 학자들의 간언을 무시하고 침략정책을 펼치자 많은 학자들이 제나라를 떠났다. 순자도 그때 제나라를 떠나 초나라를 시작으로 진나라와 조나라를 돌며 유세활동을 펼쳤다. 다시 제나라로 돌아왔을 때는 선배 학자들은 모두 세상을 뜨고 최고 연장자로 학장의 지위에 올랐다.

그러나 모함을 받아 제나라를 떠나고 초나라의 춘신군春申君에게 등용되어 난릉蘭陵(산동성 택현의 동부-역주)의 지사가 되었다. 춘신군은 제나라의 맹상군孟嘗君, 조나라의 평원군平原君, 위나라의 신능군信陵君과 함께 널리 천하의 선비들에게 후한 대우를 했다고 알려져 있는데 순자는 그가 죽자 관직에서 물러나 난릉에서 여생을 마쳤다.

사마천은 《사기》의 〈맹자순계열전〉에서 "순자는 정치가 혼란해져 폭군이 들끓고 도리에 어긋나게 행동하며 미신을 믿는 일, 고지식한 유학자들의 행태, 도가들의 바르지 못한 언행으로 인해 풍속이 어지러워지는 일을 증오했다. 그래서 유가와 묵가의 도덕적 행실과 흥폐를 밝혀 내고 그에 대한 많은 기록을 남겼다"라고 말했다.

바야흐로 중국은 진나라에 의한 통일시대로 움직이고 있었다. 사상계에서도 백가쟁명의 시대를 거쳐 통합할 조짐을 보였고 시대의 요청에 따라 유가, 묵가, 도가의 사상을 넘어선 새로운 사상 체계가 요구되었다.

순자는 맹자의 성선설과 반대되는 성악설을 주장했다. 그는 "인간의 본성은 악하며 선은 인위적인 것이다"라고 말했다. 다소 절망적으로 들릴지 모르지만 순자의 사상은 인간의 능력에 대한 깊은 신뢰를 바탕으로 한다.

순자는 하늘과 인간을 나누고 자연현상을 하늘이 인간에게 보내는 의사표시라고 생각하는 것은 미신이라고 주장하고 하늘의 의사에 구애받지 말고 자연을 이용하라고 했으며 인간은 그럴 충분한 능력이 있다고 말했다.

인간은 원래 사회적인 동물이며 사회생활을 영위하면서 큰 능력을 발휘할 수 있다. 그러나 한편으로 인간은 이익을 구하고 욕망을 채우려는 본성이 있는데 이를 방치하여 부패와 혼란이 발생했고 악한 본성을 고치고 사회 질서를 확립하려면 예와 의를 규범으로 한 인위적인 노력이 필요하다고 설명했다.

《순자》에는 현대인에게 도움이 될 만한 귀중한 명언이 많다. 그중 몇 가지를 소개하겠다.

'청색은 쪽이라는 풀에서 얻어 낸 것이지만 쪽보다 더욱 푸르다.'

'군주는 배와 같고 백성은 물과 같다. 배는 물 위에 뜬다. 물은 배를 띄우기도 하고 전복시킬 수 있다.'

'군자는 사람들에게 선하고 좋은 말을 선물하고 보통 사람은 재물을 선물한다.'

'높은 산에 오르지 않으면 하늘이 높은 줄 알지 못한다.'

《순자》를 비롯하여 주자학의 진수를 담은 《근사록》, 왕양명의 어록과 서간집인 《전습록》, 《손자》와 나란히 불릴 만큼 가치 있는 병법서 《오자》, 명군사 태공망과 관련이 있는 병법서 두 권을 엮은 《육계삼략》, 촉나라의 군사 제갈공명의 유문을 정리한 《제갈량집》에서 남북조시대에 태어난 안지추가 쓴 《안씨가훈》, 송대에 배출된 명신들의 언행을 수록한 《송명신언행록》(그 중에는 여몽정, 범중엄, 사마광, 문언박, 왕안석 등 쟁쟁한 정치가도 포함되어 있다), 그리고 원 왕조를 섬긴 장양호의 《삼사충고》까지 모두 인간학의 보고라 할만하다.

고전은 선인들의 지혜를 담은 결정체로 역사의 세월을 견디고 살아남은 것인 만큼 현대인도 공감할 수 있는 내용이 많다.

총 24권의 고전으로 구성된 《중국 3천 년 불멸의 책》을 통해 우리는 중국 고전의 매력을 한껏 만끽할 수 있을 것이다.

차례

머리말 - 역사의 격렬함을 견디고 살아남은 '인간학의 보고'
들어가는 말 - 중국 3천 년 역사가 만들어 낸 24권의 책

철저하게 인간불신의 관점에서 지도자가 갖추어야 할 자세 《한비자 韓非子》 20
　　인간불신의 지도철학 · 묵묵히 위엄을 지켜라 · '술'로 부하를 통솔하라 · 지도자가 자멸하는 원인 · 남에게 의지하지 마라 · 윗사람의 노여움을 사지 말고 자신의 의견을 말하라

단순한 자료집을 뛰어넘은 뛰어난 역사문학서 《사기 史記》 40
　　지도자의 필독서, 역사서를 읽어라 · 배짱 두둑한 초나라의 장왕 · 오기의 부하 통솔법 · 강유의 조직관리 · 협객의 인심수람술 · 범려의 명철보신

조직을 이끌어 가는 지도자의 마음가짐 《삼사충고 三事忠告》 60
　　절의를 지킨 장양호 · 자신에게 엄격하라 · 위기에 대처하는 방법 · 인재를 등용하라 · 공생하는 방법을 찾아라 · 물러날 때를 알라

책사와 모사들의 언론과 행동을 대표하는 '웅대사령의 학문' 《전국책 戰國策》 82
　　웅대사령의 보고 · 상대의 의표를 찌르는 설득법 · 뛰어난 술책 · 인간관계의 오묘한 이치 · 부하의 의욕을 높이는 방법 · '먼저 외부터 시작하라'

자기를 수양하고 남을 다스리는 인간학적인 귀중한 잠언 《전습록 傳習錄》 104
　　양명학과 《전습록》 · '지행합일'의 학문 · 인격형성의 네 가지 지침 · 성찰극치로 인욕을 극복하라 · 일을 하면서도 꾸준히 수양을 쌓아라 · 왕양명의 인물됨과 그의 명언

상식에 구애받지 않는 견해와 세속적인 가치관을 초월한 생활방식 《장자 莊子》　128

　　발상을 전환하라 · 기량을 키워라 · 무용지용 · 망각의 효용 · 이상적인 지도자가 되려면 목계를 닮아라 · 명예와 이익에 얽매이지 않는 생활태도

냉혹한 현실을 헤쳐 나가는 데 도움이 되는 지혜 《노자 老子》　148

　　강인한 처세술 · 재능을 과시하지 마라 · 만족함을 알라 · 얻고자 한다면 먼저 주라 · 노자식 조직관리의 요점 · 지도자의 네 단계

인간을 깊이 통찰하고 이를 토대로 한 승부에 관한 행동법칙 《손자 孫子》　168

　　승산 없는 싸움은 하지 말라 · 싸우지 않고 이겨라 · 무릇, 전쟁의 형태는 물과 같아야 한다 · 곡선사고를 해라 · '지', '용', '신' · '엄'과 '인'의 절충

시대를 초월하여 어느 시대에나 걸맞는 중국의 가훈을 담은 책 《안씨가훈 顔氏家訓》　188

　　난세를 극복한 지혜 · 가정교육의 중요성 · 꾸준히 배워라 · 정도를 지켜라 · 사회인의 마음가짐 · 건강에 힘써라

불교, 유교, 도교의 가르침을 융합한 실천적인 인생의 지침서 《채근담 菜根譚》　198

　　《채근담》은 인생의 책 · 원만한 인간관계를 맺는 지혜 · 관용을 베풀어라 · 균형감각을 길러라 · 역경을 견뎌 내라 · 항상 꾸준히 수양하라

현실에서 이상을 잃지 않고 살아간 인간에 대한 생생한 기록 《논어 論語》　226

　　주은래의 일침 · 인생의 고행자였던 공자 · 적극적이고 당당한 생활태도 · 원만한 인간관계를 형성하는 요소 · 이상적인 인간상 · 군자의 조건

싸움의 전략전술과 위정자가 갖춰야 할 실전적인 가르침 《오자 吳子》 246

뛰어난 병법가 오기 · 조직의 기강을 잡아라 · 조직관리의 핵심 · 신상필벌주의와 온정주의 · 유연한 전략전술 · 자고로 장수는 이래야 한다

용병의 핵심이 고스란히 담긴 중국을 대표하는 병법서 《육도삼략 六韜三略》 268

태공망과 관련이 깊은 병법서 · 정치의 핵심은 무엇일까? · 인재를 등용하는 높은 안목 · 중국 병법의 비법 · 싸우지 않고 이기는 법 · 장수의 조건

중국 병법가들의 지혜가 담겨 있는 병법의 결정체 《삼십육계 三十六計》 290

심리적 계략 비법 · 제1부 〈승전계〉 · 제2부 〈적전계〉 · 제3부 〈공전계〉 · 제4부 〈혼전계〉 · 제5부 〈병전계〉 · 제6부 〈패전계〉

설득술의 묘미를 즐길 수 있는 철저한 왕도정치의 사상가 《맹자 孟子》 316

전투적인 이상주의자 · 인간에 대한 깊은 신뢰 · 이를 대장부라 한다 · 부동심의 경지 · 유연한 처세술 · 상대를 사로잡는 설득력

유가의 틀을 벗어난 현대 지향적인 사상가 《순자 荀子》 338

순자와 성악설 · 자신을 단련하라 · 균형 잡힌 조직관리 · 조직 속의 인간학 · 군주의 병법 · 착오 없이 판단을 내려라

명철보신의 기술, 주자학을 배우는 최고의 입문서 《근사록 近思錄》 360

인간형성의 지침서 · 배우지 않으면 빨리 늙고 쇠약해진다 · 주변의 사소한 일에서부터 수양을 쌓아라 · 윗사람의 올바른 마음가짐 · 나약함을 자각하라 · 뜻을 잃었을 때도 태연한 자세로 대처하라

'정관의 치' 라는 평온한 시기를 이룬 정치의 요체 《정관정요 貞觀政要》 382

수성시대의 제왕학 · 부하의 의견에 귀를 기울여라 · 자신을 먼저 다스려라 · 초심을 유지하라 · 자신을 철저하게 관리하라 · 겸허하게 행동하고 신중하게 말하라.

정치, 외교, 전술 등 구체적인 생생한 사례들 《좌전 左傳》   402

  《좌전》의 묘미 · 진나라 문공의 조직강화법 · 서융의 패자, 진나라 목공 · 제 무덤을 판 '송양지인' · 오나라와 월나라의 싸움이 주는 교훈 · 안영의 외교교섭

강한 설득력과 유연한 논리를 내세운 병법론, 정치론, 외교론 《관자 管子》   424

  관포지교 · 확고한 이상 · 위정자의 마음가짐 · 천하를 얻고자 하는 자는 먼저 사람을 얻어라 · 신의를 중시한 외교 · 관중의 병법론

송대를 대표하는 정치가 97명의 마음가짐 《송명신언행록 宋名臣言行錄》   446

  송대의 사풍 · 자신보다 세상을 먼저 생각하는 선비의 마음가짐 · 능력과 인격을 두루 겸비한 인재를 양성하라 · 원활한 대인관계를 유지하기 위한 마음가짐 · 너그러움과 엄격함을 조화시켜라 · 너그러움과 엄격함 사이에 균형을 잡아라

천하통일에 이르는 방대한 역사를 기록한 책 《삼국지 三國志》   466

  《삼국지》의 묘미 · 난세의 간웅, 조조 · 덕망 높은 유비 · 끝까지 살아남은 손권 · 신중한 계략가 제갈공명 · 앞장서서 모범을 보인 명재상 · 제갈공명의 적수 사마중달

역사에 발자취를 남긴 많은 이들의 삶을 통해 얻은 지혜 《십팔사략 十八史略》   488

  뛰어난 보좌역의 올바른 정치자세 · 항우와 유방의 대결 · 한신과 소하의 활약 · 명장군 장량 · 재상은 사소한 일에는 개의치 않는다 · 지도자가 자멸하는 구도

예리하게 인간을 통찰하고 분석한 전형적인 '인간학' 《제갈량집 諸葛亮集》   512

  《삼국지》의 주역 · 제갈공명의 통솔력 · 제갈공명의 지도자론 · 조직을 활성화시키는 지혜 · 부하를 지도하는 방법과 인재를 감정하는 방법 · 평범함으로 일관된 비범

한비자

인간불신의 관점에서 지도자가 갖추어야 할 자세

《한비자 韓非子》

《한비자》에 대해

《한비자》는 법가 이론을 집대성한 55편 20책에 이르는 대작으로, 전체 10여만 자로 되어 있다. 저자는 한비지만 그가 전부 쓰지는 않았다고 한다. 그 내용과 형식은 직접 자신의 의견을 서술한 논문체 문장과 설화를 모은 것으로 구성되어 있다.

《한비자》 사상의 핵심은 '법술法術'이다. 한비는 '법'을 중시하는 유파와 '술'을 중시하는 유파로 나뉘었던 기존의 법가 이론을 통합하여 법술이론을 완성하고, 이를 국가 통치의 근본원리로 삼아야 한다고 주장했다.

전국시대 말기에 한나라 공자로 태어난 한비는 선천적으로 심하게 말을 더듬었다고 한다. 진의 왕 정政 훗날 시황제이 한비가 쓴 책을 읽고 감동을 받아 한비를 진나라에 머물게 했으나 이를 시기한 이사李斯의 모함으로 제명대로 살지 못하고 죽었다.

그러나 한비자의 법술이론은 시황제에게 큰 영향을 주었으며 천하통치의 이론적인 버팀목이 되었다.

《한비자》의 명언

➔ '호랑이가 개를 굴복시킬 수 있는 것은 호랑이에게 강한 발톱과 날카로운 이빨이 있기 때문이다夫虎之所以能服狗者, 爪牙也.' 〈이병편二柄篇〉

➔ '작은 이익에 얽매이면 큰 이익을 놓친다顧小利則大利之殘也.' 〈십과편十過篇〉

➔ '이웃나라 성인은 적국의 우환이 된다寡人聞隣國有聖人, 敵國之憂也.' 〈십과편〉

➔ '일은 은밀히 해야 성공하며, 말은 누설되면 실패한다事以密成, 語以泄敗.' 〈설난편說難篇〉

➔ '군주의 역린을 건드리지 않도록 설득하는 것이 최상의 설득이다人主之逆鱗則幾矣.' 〈설난편〉

➔ '아무리 높고 튼튼한 제방도 개미구멍 때문에 무너진다堤潰蟻穴.' 〈유노편喩老篇〉

➔ '먼 데 있는 물은 가까운 곳에 난 불을 끄지 못한다遠水不救近火也.' 〈설림상편說林上篇〉

➔ '훌륭한 거짓도 어설픈 진실에 미치지 못한다巧詐不如拙誠.' 〈설림상편〉

➔ '싸움터에서는 속임수를 꺼리지 않는다戰陣之閒, 不厭詐僞.' 〈난편難篇〉

인간 불신의 지도철학

'서양은 마키아벨리, 동양은 한비'라고 할 정도로 《한비자》는 철저하게 인간불신의 관점에서 지도자가 갖추어야 할 자세를 추구한다. 내용의 옳고 그름을 따지기 전에 지도자라면 한 번쯤 읽어 봐야 할 책이다.

《삼국지》로 친근한 촉한蜀漢의 재상 제갈공명諸葛孔明은 유비가 죽은 뒤 2대 왕인 유선劉禪을 보필하여 명재상으로 존경받았다. 공명은 유선이 황태자였을 무렵, 그에게 《한비자》를 읽으라고 권유했다. 또 제왕학帝王學을 가르치기 위한 지침서로 《한비자》를 선택했다. 지금 다시 읽어 봐도 지략가인 공명이 추천할 만한 가치가 있는 책이다.

《한비자》에는 조직의 최고 관리자와 지도자가 갖추어야 할 태도와 지위를 지키기 위해 유의해야 할 점이 기술되어 있다.

중국의 다른 고전과 마찬가지로 《한비자》도 지도자학을 추구한다. 하지만 다른 고전에서는 찾아 볼 수 없는 독특한 인간관을 엿볼 수 있다.

《한비자》는 '인간은 이익을 좇아 움직이는 동물이다. 인간의 마음을 움직이는 동기는 애정도 아니고 배려심도 아니다. 의리도 인정도 아니며 오로지 이익뿐이다'라는 냉철하고 일관된 사상을 담고 있다. 한비는 이렇게 말했다.

"뱀장어는 뱀과 비슷하고 누에는 애벌레와 비슷하다. 뱀을 보면 누구나 깜짝 놀라고 애벌레를 보면 누구나 징그러워한다. 그러나 어부는 맨손으로 뱀장어를 잡고 여자는 맨손으로 누에를 잡는다. 다시 말해 이익이 된다고 판단되면 누구든 용감해진다."

《韓非子》

그리고 이렇게도 말했다.

"수레를 만드는 사람은 모든 사람들이 부자가 되길 바라고 관을 만드는 사람은 사람들이 빨리 죽기를 원한다. 그렇다고 전자가 좋은 사람이고 후자가 나쁜 사람이라고 단정지을 수는 없다. 가난한 사람에게 수레를 팔 수 없는 것처럼 살아 있는 사람에게 관을 팔 수 없을 뿐이다. 사람을 증오해서 죽기를 바라는 것이 아니라 죽어야만 관을 팔 수 있고 그만큼 이익을 얻을 수 있기 때문이다."

이것이 《한비자》의 기본 사상이다. 처음으로 한비의 노골적인 인간관을 접한 사람은 반발심이 생길지도 모른다. 그러나 곰곰이 생각해 보면 인간사회의 진실을 날카롭게 지적하고 있음을 인정하게 될 것이다.

인간관계가 이익을 좇아 움직인다면 군신관계, 즉 지도자와 부하의 관계도 예외는 아니라는 것이 한비의 생각이다. 부하는 늘 자기의 이익을 먼저 생각한다.

기회만 있으면 윗사람에게 달라붙어 자신의 이익을 챙기고 틈만 나면 윗사람을 몰아내고 그 자리를 차지하려고 한다. 《한비자》에서는 지도자는 절대 방심하거나 틈을 보여시는 안 된다고 충고한다.

이를 못마땅하게 여기는 사람도 있겠지만 현실을 직시하면 충분히 이해할 수 있다.

그렇다면 《한비자》식 사고방식으로 부하를 잘 다루어 조직을 정비하고 자신의 지위를 지키려면 어떻게 해야 할까? 《한비자》에서는 지도자가 배려해야 할 점으로 다음 세 가지를 들고 있다.

첫째는 '법法'이다. 공적을 세우면 그에 어울리는 상을 주고 실패하면 벌을 준다는 취지를 분명하게 하고 이를 실행한다.

둘째는 '술術'이다. '술'은 '법'을 부려 쓰면서 부하를 제어하기 위한 기술이다. 한비는 "술은 다른 사람에게 보이는 것이 아니라 군주가 자신의 마음속에 담아두고 이것저것 견주어 보며 신하를 은밀히 조정하는 것이다"라고 설명한다.

셋째는 '세勢'로, 권세나 권한을 의미한다. 부하가 윗사람의 명령에 복종하는 것은 윗사람이 자신의 목숨을 좌우하기 때문이다. 그러므로 윗사람은 항상 권력을 거머쥐고 있어야 한다. 권력을 놓치면 지배력을 잃어 부하를 다스릴 수 없다. 권한을 남에게 위임하면 더는 윗사람으로서 지위를 유지할 수 없다.

《한비자》에서는 '법', '술', '세'를 주축으로 지도자의 참된 자세를 설명하고 조직관리와 인간관계에 대처하는 길을 모색했다. 다소 극단적이지만 동감이 가는 부분이 더 많다.

전국난세의 살벌한 현실에 맞춰 싸우면서 만들어진 사상인 만큼 설득력이 강하다.

묵묵히 위엄을 지켜라

《한비자》에서 주장하는 '술'을 조직관리에 적용하면 어떻게 될까?

옛날에 한 남자가 마을 관리인으로 임명되었다. 남자는 마을을 잘 꾸리려고 열심히 노력했고 아주 열심히 일한 나머지 점점 야위어 갔다. 걱정이 된 친구가 말했다.

"자네, 너무 많이 야위었군."

남자가 대답했다.

《韓非子》

"나는 능력도 별로 없는데 이 마을의 관리인이 되었네. 그래서 어떻게든 책임을 다하려고 애쓰다보니 나날이 말라가는군."

그의 말을 들은 친구가 말했다.

"옛날에 순舜고대 중국 전설상의 제왕-역주이라는 천자는 거문고를 타고 콧노래를 부르면서도 천하를 잘 다스렸다네. 그런데 자네는 겨우 손바닥만한 마을을 다스리면서 이렇게 야위다니, 천하를 다스린다면 어떻게 되겠는가?"

한비는 《한비자》에 이 일화를 소개하고 자신의 의견을 덧붙였다.

"내가 말한 '술'을 토대로 정치를 하면 집무실에 가만히 앉아 있어도 순탄하게 나라를 다스릴 수 있다. 그러나 '술'을 사용하지 않으면 아무리 애를 써도 좋은 성과를 올릴 수 없다."

오늘날의 경영자 중에도 앞서 말한 마을 관리인과 같은 사람이 많다. 아마도 이 이야기를 듣고 쓴웃음을 짓는 사람이 많을 것이다.

비슷한 일화를 하나 더 소개한다.

위나라 소왕昭王은 어느 날, 자신이 직접 재판을 하길 바랐다. 그래서 재상에게 말했다.

"직접 재판을 했으면 하오."

"그러시면, 우선 법률을 공부하셔야 합니다."

소왕은 법률 책을 읽기 시작했다. 하지만 얼마 지나지 않아 졸음이 몰려왔고 '나는 법률 같은 건 못하겠다'라며 포기했다고 한다.

《한비자》에서는 이 일화를 다음과 같이 말한다.

"군주는 권력의 핵심만 잡고 있으면 된다. 신하에게 맡겨도 될 일까지 직접 하려고 하면 피곤하기만 할 뿐이다."

　조직을 관리할 때는 중요한 핵심만 꽉 잡고 있으면 충분하다는 발상이다. 또한 《한비자》에서는 경영자를 상, 중, 하로 나누었다.

　"삼류 경영자는 자신의 능력을 이용하고, 이류 경영자는 남의 힘을 이용하며, 일류 경영자는 남의 능력을 이용한다下君盡己能, 中君盡己力, 上君盡人能."

　군주를 경영자나 지도자로 바꾸어도 마찬가지다.

　여기서 말하는 하군, 중군, 상군은 군주를 상, 중, 하로 나누어 일컫는다. '진인능盡人能'은 부하 각자에게 있는 능력을 발휘할 수 있도록 이끈다는 뜻이다. 이에 관해 《한비자》에서는 이렇게 말한다.

　"한 사람의 힘으로는 다수를 이길 수 없으며 한 사람의 지혜로 만물의 이치를 알기는 어렵다. 한 사람의 지혜와 힘보다는 온 백성의 지혜와 힘을 쓰는 것이 현명하다.

　물론 한 사람의 생각으로 일을 처리해도 성공할 때가 있지만 많은 노력이 필요하며, 실패할 경우에는 엉망이 되기도 한다."

　"닭이 아침이 왔음을 알리고 고양이가 쥐를 잡듯이, 부하 개개인의 능력을 충분히 발휘하도록 이끌 수 있으면 지도자가 직접 나설 필요가 없다. 지도자가 직접 자신의 능력을 발휘해도 부하의 능력을 끌어내지 못하면 일을 원활하게 진행시킬 수 없다."

　이렇듯 경영자가 묵묵히 위엄을 지키는 방법이 이상적인 조직관리다. 그러기 위해서는 '법', '술', '세'를 확실하게 거머쥐고 있어야 한다. 《한비자》에서는 그중에서도 특히 '술'을 잘 터득하여 부하를 다뤄야 한다고 주장한다.

'술'로 부하를 통솔하라

전국시대를 살펴보면 어느 나라이건 종종 부하에게 살해당한 영주가 있었다. 중국, 일본뿐만 아니라 한국에서도 마찬가지다. 오늘날 그런 암살은 거의 없어졌지만 믿었던 부하에게 모욕이나 배신을 당하는 경우는 많은 듯하다.

부하에게 배신을 당해도 개인의 손해에서 끝나면 다행이지만, 그 악영향이 회사와 사회에까지 미치면 지도자로서는 실격이다.

그렇다면 부하에게 왜 배신을 당할까?

한비는 지도자가 안일한 태도로 조직을 관리하고 부하를 제대로 통솔하지 못하기 때문이라고 말한다. 이런 불상사를 피하기 위해 부하를 통솔하고 관리하는 '술'을 완벽하게 터득해야 한다.

그렇다면 '술'은 무엇이고 또 어떻게 사용해야 하는지 자세하게 살펴보자.

첫째, 공을 세운 사람에게는 상을 주고 실수한 사람에게는 벌을 주는 권한을 확고히 해야 한다.

그렇게 하면 당근과 채찍을 적당히 사용하여 부하를 마음대로 부릴 수 있다.

《한비자》에서는 이렇게 말한다.

"호랑이가 개를 굴복시킬 수 있는 것은 호랑이에게 강한 발톱과 날카로운 이빨이 있기 때문이다. 만약 개에게 호랑이의 발톱과 이빨을 주면 전세는 역전되어 호랑이가 개에게 복종할 것이다."

이와 마찬가지로 군주가 자신의 권한을 신하에게 넘기면 백성들은 신하를 두려워하고 군주를 얕잡아 본다. 민심은 군주를 떠나 신하에게 모이기 마련이다.

지도자의 권한은 호랑이의 발톱과 이빨과 같다. 자신의 권한을 포기한 지도자는 발톱과 이빨이 빠진 종이호랑이에 지나지 않으며 부하를 뜻대로 부릴 수 없다. 그러므로 '술'의 첫째 조건은 자신의 권한을 확고히 하는 것이다.

둘째, 엄격한 근무 평가다. 평가 방식에 관해 《한비자》에서는 '형명참동刑名參同'이라는 독특한 방식을 내세웠다. '형명참동'은 부하의 보고를 바탕으로 일을 맡겨 보고와 성과가 일치한 자에게는 상을 주고 그렇지 않는 자에게는 벌을 내리는 방식이다.

보고와 성과가 일치하지 않는 경우는 크게 두 가지다.

하나는 보고에 못 미치는 성과를 올렸을 때로 이 경우에는 마땅히 벌을 내려야 한다. 다른 하나는 보고한 것보다 높은 성과를 올린 경우인데 《한비자》에서는 이 또한 벌을 내려야 한다고 주장한다.

이는 얼마간의 성과를 이뤘다고 해서 보고와 성과가 일치하지 않은데서 발생한 부정적인 결과를 덮어두고 상을 줄 수 없다는 매우 엄격한 방식이다. 섣불리 사용하면 조직원의 반발을 초래할 수 있으니 주의해야 한다.

그러나 《한비자》에서는 부하들이 각자의 직분을 지키고 실수를 은폐하는 행동을 막으려면 엄격하게 해야 한다고 강조한다.

셋째, 부하에게 좋고 싫은 감정을 드러내서는 안 된다. 군주가 신하에게 이런 감정을 보이면 신하는 이를 이용하여 자신의 이익을 챙기려 든다. 그러면 신하를 부리기는커녕 오히려 부림을 당한다. 게다가 교활한 신하는 틈을 노려 계략을 꾸미고 군주의 지위를 위협하기도 한다. 그러므로 허점을 보여서는 안 된다.

넷째, 가끔 부하에게 예기치 못한 질문을 한다. 이는 부하에게 자극과 긴장을 줘 부하를 제어하는 데 효과적이다.

《한비자》에 실린 일화를 인용한다.

하루는 송나라 재상이 부하에게 시장을 돌아보게 했다. 부하가 돌아오자 재상이 물었다.

"시장에 뭔가 특별한 게 있던가?"

"아니오, 아무 일도 없었습니다."

"하지만 분명 뭔가 있었을 텐데?"

"그러고 보니 시장 밖에 쇠달구지가 진을 치고 있어서 지나가기가 힘들었습니다."

"그래? 지금 이 이야기는 아무한테도 해서는 안 되네. 알겠나?"

재상은 그렇게 일러두고 시장 관리자를 불러 꾸짖었다.

"시장 밖이 온통 소똥으로 가득하지 않는가! 어서 빨리 치우도록 하게."

관리자는 재상이 이런 사소한 일까지 알고 있다는 사실에 두려워하여 이후로는 직무를 게을리 하지 않았다고 한다.

마지막으로 《한비자》에서는 알고 있으면서도 모른 척하고 물어보거나, 거짓말과 속임수를 사용하여 부하의 의중을 떠보는 방법도 효과적이라고 말한다.

《한비자》에서 내세운 '술'로 부하를 조정한다는 생각에 불만을 품는 사람도 있을지 모른다. 그러나 배워야 할 점도 많으므로 자신의 처지에 적합한 방법으로 응용하여 사용하면 도움이 될 것이다.

지도자가 자멸하는 원인

열심히 일해 출세 길에 오르고 마침내 지도자가 되었지만 스스로 무덤을 파서 자멸하는 사람이 있다.

그 원인은 무엇일까? 《한비자》에서는 여러 각도에서 그 이유를 분석하고 있다. '넘어지기 전에 지팡이를 짚어라' 라는 속담도 있듯이 미리 대비하면 실패를 줄일 수 있다.

앞에서도 말했듯이 《한비자》에서는 인간은 누구나 이익을 좇아 움직인다고 주장한다.

'이익' 이라고는 해도 각자의 처지에 따라 의미가 다르다. 한평생 같이 사는 부부라도 남편의 이익과 아내의 이익은 엄연히 다르다. 또 같은 조직이라도 윗사람과 아랫사람의 이익은 분명히 다르다. 《한비자》에서는 이런 사례를 소개하고 있다.

어느 부부가 기도를 드리는데 아내가 이렇게 빌었다.
"신이시여, 부디 옷감을 100필만 내려주세요."
"그건 너무 적잖소?"
남편의 말에 아내가 대답했다.
"더 많아지면 당신이 허튼 데 쓸 게 뻔하잖아요."

부부 사이에서도 이처럼 이해관계가 다르다. 하물며 군주와 신하, 부리는 사람과 부림을 당하는 사람과의 이해관계는 어떠하겠는가.

그런데 세상에는 사리를 분별하지 못하고 안이한 생각으로 다른 이에게 권한을 넘기는 지도자가 있다. 《한비자》에서는 자신의 권한을 다른 이에게 넘기면 곧바로 실권이 떨어져 영향력을 상실할 것이라고 경고한다.

"군주의 권한을 신하에게 맡기면 신하의 세력은 점점 커진다. 그러면 백성들은 신하를 위해 일하고 군주는 외면한다."

자신의 자리를 유지하려면 권력을 틀어잡고 절대 다른 이에게 넘겨서는 안 된다.

지도자가 자멸하는 둘째 원인은 사사로운 일에 집착해서다. 이에 대해《한비자》에서는 다음과 같은 구체적인 사례를 든다.

옛날, 진晉이라는 큰 나라가 '곽虢'이라는 작은 나라를 공격하려던 때의 일이다. 곽나라를 치려면 인접해 있는 우虞나라를 지나가야 했다. 그래서 진나라는 우나라 왕에게 보석과 준마를 선물하고 지나갈 수 있도록 요청했다.

그러나 우나라의 중신 한 명이 반대했다.

"곽나라는 우리나라와 인접해 있는 이웃나라로 지금껏 서로 의지하며 지내왔습니다. 그런데 만약 진나라의 요청을 받아들이신다면 곽나라가 멸망하는 날, 우리나라도 멸망할 것입니다. 그러니 그들의 요청을 받아들여서는 안 됩니다. 부디 허락하지 말아주십시오."

그러나 보석과 준마에 눈이 먼 우나라 왕은 신하들의 반대를 무릅쓰고 길을 내주고 말았다. 그러자 중신이 우려했던 대로 진나라 군대는 곽나라를 쓰러뜨린 뒤 바로 우나라를 공격하여 보석과 준마를 빼앗았다.

우나라 왕은 눈앞의 이익에만 사로잡혀 앞을 내다보지 못했다. 그러나 누가 그를 어리석다고 비난할 수 있겠는가. 누구나 한두 번쯤은 이런 실수를 했을 것이다.

특히 조직을 이끄는 지도자가 되면 책임은 더 막중하다. 지도자의 그릇된 판단은 자신뿐만 아니라 조직의 위험까지 초래한다. 그러므로 《한비자》에서는 "욕심에 눈이 멀어 이익만을 쫓으면 자신은 물론, 나라까지 위태롭다"라고 경고한다.

지도자가 자멸하는 셋째 이유는 쾌락에 빠지기 때문이다. 《한비자》에서는 지도자들이 음악과 가무의 쾌락에 쉽게 빠진다고 경고했는데 당시 가무는 여성들이 했으므로 '여색에 빠진다'고 바꿔 말할 수 있다.

당시에는 즐길 수 있는 오락이 적었기 때문에 음악과 가무에만 빠지지 않도록 주의하면 되었다. 하지만 다양한 놀이 문화가 생긴 오늘날은 여기저기 유혹의 손길이 많다. 그러므로 유혹에 빠지지 않으려면 좀 더 주의를 기울여야 한다.

유혹에 빠지지 말라는 것은 놀이를 즐기지 말라는 의미가 아니다. 놀이는 기분전환이나 스트레스 해소를 위해 누구에게나 필요하다.

한비도 그것까지 부정할 정도로 고지식하지는 않다. 핵심은 일을 중시하고 적당히 놀이를 즐겨야지 놀이에 빠져 일을 내버려두면 안 된다는 것이다.

남에게 의지하지 마라

《한비자》에서 말하는 지도자가 자멸하는 넷째 원인은 '본거지를 비워두는 것'이다.

본거지란 군주에게는 나라, 경영자에게는 기업을 의미한다. 지도자가 오랫동안 본거지를 비우면 지배력을 상실하게 된다.

군주가 나라를 비운 사이에 반란이 일어나 밀려난 지배자, 또는 직무를 게을리 하여 다음 선거에서 낙선하는 거물급 의원 등의 사례를 종종 볼 수 있다. 이는 본거지를 비워서 자멸한 좋은 사례라 할 수 있다.

회사도 마찬가지다. 상사가 회사에 있으면 사내에는 일종의 긴장감이 감돈다. 그러나 상사가 자주 자리를 비우면 긴장감이 떨어지고 그 결과, 실적부진으로 나타나기도 한다. 직원을 너무 감시해도 안 좋지만, 너무 풀어놓아도 좋지 않다.

《한비자》에 나오는 '본거지'라는 말은 다른 뜻으로도 해석할 수 있는데 여러가지 사업을 병행하는 경우에 본업, 즉 주가 되는 직업이나 사업으로 바꿔 이해하면 된다.

요즈음 흔히 쓰는 '다각경영多角經營'이라는 말은 왠지 거창한 느낌이 든다. 게다가 예전과 달리 오늘날에는 부업하는 사람을 부정적인 시선으로 보지 않는다. 물론 생존을 위해 다각경영이 필요할 때도 있다. 그러나 부업은 어디까지나 부업이지, 본업을 뒷전으로 하고 부업에 매달려서는 안 된다.

《한비자》에서는 지도자가 자멸하는 다섯째 원인으로 '충신의 의견을 듣지 않는 것'을 든다. 충신의 충고를 받아들이지 않고 잘못된 길을 고집하면 명성을 잃고 세상의 웃음거리가 된다.

이는 독재자나 독단적인 경영자에게 보내는 경고다.

그렇다고 불필요한 부하 의견에 일일이 귀를 기울여 귀중한 시간을 허비할 필요는 없다. 그러므로 귀담아들을 만한 가치 있는 의견을 말하는 우수한 부하를 얻는 것이 무엇보다 중요하다.

옛날부터 중국인은 지도자로서 큰 공적을 세우기 위해서 두 가지 조건을 만족시켜야 한다고 했다.

우수한 인재 확보와 그들의 의견에 귀를 기울이는 일이 바로 그것이다. 기껏 우수한 인재를 등용하고도 그들의 의견에 귀를 기울이지 않으면 아무 의미가 없다.

이런 점에서 항우와 유방은 대조적이다. 항우는 많은 인재를 등용했으나 그들의 의견에 귀를 기울이지 않아 결국 자멸의 길을 걸었다. 이와 달리 유방은 자기보다 뛰어난 인재를 등용하고 그들의 의견에 귀를 기울임으로써 천하를 얻었다. 《한비자》에서는 항우와 유방의 사례를 들어 충신의 의견에 귀를 기울이라고 말한다.

여섯째 자멸의 원인은 '다른 사람의 힘에 의지하는 것'이다.

《한비자》에서는 "자국의 힘을 정확하게 인식하지 못한 채 다른 나라의 힘에만 의존하면 멸망한다"라고 말한다.

이 문제는 작은 나라나 작은 기업일수록 심각하다. 작은 나라가 살아남으려면 다른 나라와 협력해야 한다. 하지만 외교에만 의지하면 결국 멸시를 당하게 된다. 그러므로 다른 나라에 의존하지 않고 살아남을 수 있는 방법을 모색해야 한다. 기업도 마찬가지다. 실적이 좋을 때는 더욱 박차를 가해 기강을 튼튼히 해야 한다. 구체적인 방법으로 '무차입無借入 경영'과 '독자적인 상품 개발'을 들 수 있다.

《한비자》에서는 다른 사람의 힘에 의지하려는 안이한 생각을 경계한다.

지도자가 자멸하는 마지막 이유는 힘도 없으면서 예의조차 없기 때문이다. 오늘날에는 분수를 모르고 날뛰는 사람이 줄었지만 2세 경영자들 중에는 간혹 무능하면서 예의 없는 사람들이 있다. 선천적인 원인도 있겠지만 이는 우물 안 개구리식의 틀에 박힌 생활환경에서 기인한다.

이러한 경영자가 이끄는 기업은 쇠퇴할 수밖에 없다.

윗사람의 노여움을 사지 말고 자신의 의견을 말하라

지금까지 《한비자》에서 말하는 지도자의 참된 모습을 주로 소개했다. 그러나 오늘날의 지도자는 절대적이지 않으며 대개는 아부해야 할 좀 더 높은 존재가 있다. 사장이라고 해도 모회사나 은행에 끌려 다니기도 하며, 부하를 통제하는 권한도 옛날의 왕과 비교하면 턱없이 약하다.

오늘날의 지도자는 대부분 중간관리직의 성격을 띤다. 그래서 자기보다 권력이 큰 상대에게 어떻게 대응하는지에 따라 일의 성패와 지위가 좌우된다.

《한비자》에는 윗사람에게 자신의 의견을 어떻게 제시하면 좋은지에 대한 주의사항도 자세히 기록되어 있다. 마지막으로 그 방법을 소개하겠다.

《한비자》에서는 이렇게 설명한다.

윗사람에게 자신의 의견을 말하는 일은 어렵다. 이는 말하는 사람에게 해박한 지식이 없어서도 아니며, 자신의 의견을 말로 표현하는 일이 힘들어서도 아니다. 또 거침없이 말하는 용기가 없어서도 아니다. 윗사람에게 말하는 것이 어려운 이유는 상대의 마음을 헤아리고 자신의 의견을 상대에게 맞춰야 하기 때문이다.

명성을 얻고자 하는 사람을 예로 들어보자. 이런 사람에게 큰 이익을 올릴 수 있는 방법을 말하면 아랫사람에게 무시를 당했다고 생각하여 상대하지 않으려고 할 것이다.

반대로 이익만을 추구하는 사람에게 명성을 얻을 수 있는 마음가짐에 대해 말하면 고지식하고 세상물정 모르는 사람이라 여겨 멀리할 것이다. 윗사람에게 의견을 말하려면 이 정도는 알아야 한다.

덧붙여 《한비자》에서는 상대에게 말하는 구체적인 방법을 소개하고 있다.

상대가 자랑스럽게 생각하는 일은 칭찬하고 수치스럽게 생각하는 일은 덮어둔다. 적어도 이 정도는 반드시 기억해야 한다. 남에게 피해를 줄까봐 행동을 주저하는 사람에게는 대의명분을 주어 자신감을 갖게 한다.

하찮은 일이라고 생각하면서도 그만두지 못하는 사람에게는 해가 되지 않으므로 그만두지 않아도 된다고 안심시킨다.

높은 이상 때문에 힘겨워하는 사람에게는 이상이 그에게 부적합하다고 지적하고 실행하지 않는 편이 좋다고 설득한다. 위험한 사업을 중지하도록 간청할 때는 명예가 걸린 문제라고 조언하고 지도자 자신에게 이익이 되지 않음을 명시하는 것이 좋다.

이를 아첨이나 추종으로 오해하면 안 된다. 윗사람에게 자신의 의견을 말할 때는 먼저 상대의 심리와 욕망을 분석하고 그에 맞는 방법으로 설득해야 한다.

결론적으로 한비는 다음과 같은 말로 주의를 주었다.

《韓非子》

"용이란 동물을 길들이면 사람이 탈 수 있을 정도로 순하다. 그러나 목 아래 거꾸로 난 1척 정도의 비늘을 건드리면 바로 물려 죽는다. 지도자도 이와 같아서 그의 노여움을 사지 않고 자신의 의견을 말할 수 있으면 성공한 것이나 다름없다."

상대에 대한 이런 배려는 상사뿐만 아니라 원만한 인간관계를 유지하기 위해 반드시 필요하다.

사기

단순한 자료집을 뛰어넘은 뛰어난 역사문학서

《사기 史記》

《사기》에 대해

《사기》는 한대漢代의 사마천司馬遷이 쓴 역사서다. 태고의 전설시대에서 시작하여 하夏, 은殷, 주周 3대 왕조를 거쳐 춘추전국시대와 진제국秦帝國의 통일과 와해, 그리고 기원전 2세기의 한대 초기에 이르는 긴 역사가 담겨 있다. 〈본기本紀〉 12권, 〈표表〉 10권, 〈서書〉 8권, 〈세가世家〉 30권, 〈열전列傳〉 70권으로 전부 130권으로 구성되어 있다.

일반 역사서에서 흔히 볼 수 있는 연대별로 사건을 기록하는 편년체編年體에서 벗어나, 〈본기本紀〉와 〈열전列傳〉을 중심으로 한 기전체紀傳體를 채택하여 입체적으로 역사를 묘사했다. 《사기》를 시작으로 기전체는 정사正史를 편찬하는 데 규범이 되었다.

사마천은 사관史官의 가문에서 태어났다. 패장 이릉李陵을 변호하여 궁형宮刑거세하여 생식을 못하게 하는 형벌-역주을 받았지만, 그 굴욕을 참아내고 《사기》를 집필하는 데 전념했다. 《사기》의 구절마다 사마천의 개성이 묻어나며, 왕후 귀족에서 서민에 이르기까지 박력 있는 필치로 생생하게 묘사했다. 단순한 자료집이 아닌 뛰어난 역사문학서라고 할 수 있다.

《사기》의 명언

- '큰일을 할 때는 사소한 일을 문제 삼지 않는다大行不顧細謹, 大禮不辭小讓.' 〈항우본기項羽本紀〉
- '기회란 잡기는 어려우나 놓치기는 쉽다時難得而易失' 〈제태공세가齊太公世家〉
- '부잣집 자식은 객사하지 않는다千金之子不死於市' 〈월세가越世家〉
- '왕후장상王侯將相의 씨가 어찌 따로 있는가王侯將相寧有種乎.' 〈진섭세가陳涉世家〉
- '없애야 할 것을 없애지 않으면 화가 된다當斷不斷, 反受其亂.' 〈제도혜왕세가齊悼惠王世家〉
- '예부터 군자는 절교를 할지언정 남을 험담하지는 않는다臣聞古之君子, 交絕不出惡聲.' 〈악의전樂毅傳〉
- '빛은 바래고 사랑은 시들기 마련이다色衰而愛弛' 〈여불위전呂不韋傳〉
- '결단을 내리고 과감하게 행동하면 귀신도 방해하지 못한다斷而敢行, 鬼神避之.' 〈이사전李斯傳〉
- '패전한 장군은 병법을 논할 자격이 없다敗軍之將, 不可以言勇.' 〈회음후전淮陰侯傳〉
- '덕이 있는 자에게는 저절로 사람들이 모여든다桃李不言, 下自成蹊.' 〈이광전李廣傳〉

지도자의 필독서, 역사책을 읽어라

　삼국시대에 오吳나라 손권의 부하 가운데 여몽呂蒙이라는 장군이 있었다. 그는 싸움을 매우 잘하여 장군의 자리에 올랐으나 안타깝게도 학문과 교양이 부족했다. 어렸을 때 집이 가난하여 공부할 여유가 없었기 때문이다.
　중국에서 학문과 교양은 지도자의 필수조건이었다. 아무리 싸움을 잘하고 정치적 수완이 뛰어나도 학문과 교양이 부족하면 무식하다며 멸시를 받았다. 여몽도 예외는 아니었다.
　"자네도 이제 중직에 올랐으니 조금이라도 학문을 익혀 자기계발을 하는 것이 좋겠네."
　"아닙니다. 군무로 바빠서 그럴 여유가 없습니다."
　이렇게 말하고 서둘러 자리를 뜨려는 여몽을 잡고 손권이 말했다.
　"자네더러 학자가 되라는 게 아닐세. 역사 공부를 좀 하라는 걸세. 바쁜 걸로 치자면 자네보다는 내가 더 하네. 그래도 나는 어렸을 때부터 책을 가까이 하고 왕이 된 후로도 역사서와 병법서를 읽으며 많은 가르침을 받았네. 그러니 자네도 도망칠 궁리를 하지말고 꼭 읽도록 하게."
　손권은 직접 책 목록을 적어 주면서 여몽에게 읽도록 권했다. 목록에는 《손자》를 비롯한 병법서에서 《사기》에 이르는 역사서가 적혀 있었다. 장군인 여몽에게 병법서를 읽으라고 권유한 것은 당연한 일이지만 역사서를 읽으라고 한 이유는 무엇일까?
　병법서에는 싸움의 원리원칙이 고스란히 담겨 있다. 그러나 원리원칙만 익힌다고 해서 반드시 싸움에서 승리하는 것은 아니다. 무엇보다 상황에 맞게 임기응변으로 대응하는 능력이 중요하다. 이는 대표적인 병법서 《손자》에서도 강조하는 사항이다. 싸움에서 이기려면 원리원칙을 확실하게 익히고 어떠한 상황에든 적용할 수 있도록 능숙하게 임기응변으로 대처해야 한다.

이때 역사서가 도움이 된다. 역사서는 과거에 있었던 수많은 전쟁을 생생하게 담은 사례집이기 때문이다. 과거의 사례를 많이 접함으로써 임기응변에 능해질 수 있다.

손권의 권유로 여몽은 학자들에게 처지지 않을 정도로 역사서를 많이 읽었으며, 마침내 무력으로 싸우던 무장에서 두뇌로 싸우는 지장으로 멋지게 변신할 수 있었다.

역사서를 읽으면 싸움의 방법은 물론이고 다양한 실제 사례를 접할 수 있다.

'○○는 이렇듯 악정을 펼쳐 나라의 혼란을 불러일으키고 마침내 멸망했다', '○○는 이러한 방법으로 부하를 통솔하는 데 성공했다', '○○는 이러한 비열한 방법을 썼기 때문에 인심을 잃고 자멸했다' 라는 다양한 사례를 소개하고 있어, 인간학의 보고라고도 할 수 있다. 그래서 역사서는 오랫동안 시도자의 필독서로 사랑을 받아왔다.

중국은 기록광이라고 할 정도로 많은 기록을 남겼는데 특히 역사 기록에 대한 집념이 강하다. 그래서 오늘날까지 어마어마한 양의 역사서가 남아 있다. 그중에서도 '정사正史'라고 불리는 역사서가 중심 위치를 차지한다. 정사는 각 왕조별로 그 시대의 역사를 기록한 책이다. 예를 들면, 한대의 《한서漢書》, 명대의 《명사明史》는 정사에 속한다. 정사는 오늘날까지 25편 정도 쓰였는데 그 중에서도 《사기》는 가장 오래된 역사를 처음으로 기록한 정사다.

《사기》는 지금부터 약 2천 년쯤 전에 역사가인 사마천이 썼다. 전설상의 황제시대에서 사마천이 살았던 한대에 이르기까지 천 년 이상의 역사를 배경으로 했다.

《사기》는 단순하게 연대기를 기록한 책이 아니다. 왕후 귀족을 비롯하여 서민, 심지어 불량배에 이르기까지 모든 계층의 인물이 등장하며, 광대한 중국대륙을 무대로 한 이들의 종횡무진 활약상을 그린 대서사시다.

사마천은 성공과 실패의 자취를 방대한 양의 일화를 들어 묘사했다. 그래서 2천 년이 지난 오늘날 읽어도 흥미진진하다. 게다가 현대 사회를 살아가는 데 귀중한 가르침을 얻을 수 있다는 점이 《사기》의 가장 큰 특징이다.

이 책으로 《사기》의 내용을 전부 소개하기에는 그 양이 너무 방대하다. 그러므로 그중에서 지도자에게 도움이 될만한 내용을 선별하여 소개하고자 한다.

배짱 두둑한 초나라의 장왕

지금으로 2천 년쯤 전, 초나라에 장왕莊王이라는 명군이 나타나 후진국이었던 초나라를 최강국으로 만들었다.

장왕은 군주로서 갖추어야 할 장점이 많았다. 그에 대한 일화로 다음과 같은 이야기가 있다.

장왕은 보위에 오르고 3년 동안 정치는 뒷전으로 하고 매일 밤낮

《史記》

으로 향락에 빠져 있었다. 게다가 그는 '간언하는 자는 사형에 처한다' 라는 방을 내걸었다. 장왕의 횡포를 참다못한 오거伍擧라는 신하가 장왕을 찾아가 아뢰었다.

"수수께끼를 하나 드리겠습니다."

"말해 보시오."

"언덕 위에 새 한 마리가 있었습니다. 그런데 그 새는 3년 동안 날지도 않고 울지도 않았습니다. 이게 어떤 새이겠습니까?"

장왕은 재치 있게 대답했다.

"3년 동안 날지 않았어도 한 번 날면 하늘 높이 날아오를 것이고, 3년을 울지 않았어도 한 번 울면 그 울음소리가 세상을 놀라게 할 것이오. 그대가 무엇을 말하고자 하는지 알았으니 이제 그만 물러가시오."

그러나 몇 달이 지나도 장왕의 방탕한 생활을 그칠 줄 몰랐다. 오히려 그 정도가 심해졌다.

그러자 이번에는 소종蘇從이라는 신하가 나섰다. 그는 오거와 달리 거침없이 자기의 생각을 말했다. 목숨을 건 간언이었다. 장왕은 미리 주의를 주었다.

"간언하는 자는 사형에 처한다는 명령은 알고 있을 거라고 생각하오만."

"네. 알고 있습니다. 폐하께서 잘못을 깨달을 수만 있다면 이 한 목숨 기꺼이 바치겠습니다."

그의 각오를 들은 장왕은 그후로 방탕한 생활을 접고 정치 쇄신에 전념했다. 가장 먼저, 함께 향락에 빠져 있던 부패한 무리를 몰아내고 새로운 인재를 등용했다. 용기 있게 진언한 오거와 소종을 최고 책임자로 임명했다. 이 이야기에서 '불비불명不飛不鳴날지도 않고 울지도 않는다. 큰일을 위해 조용히 때를 기다린다는 뜻-역주' 이라는 속담이 유래했다.

장왕은 허세를 부리기 위해 향락을 즐겼던 게 아니다. 그는 방탕한 생활을 하는 동안 신하들을 주시하고 쓸만한 인재와 멀리해야 할 간신들을 판단하고 있었다. 그리고 일단 일을 시작하자 단숨에 인사쇄신을 단행하고 국정 기반을 다졌다. 장왕은 참으로 수완이 뛰어났다.

이 이야기에서도 알 수 있듯이 장왕은 수완이 뛰어나고 예리한 인물이었다. 예리한 인물은 부하들을 엄히 다스릴 수 있지만 진심으로 순종하게 만들지는 못한다. 그러나 장왕은 달랐다. 날카로운 판단력과 두둑한 배짱이 있었기 때문이다.

다음에 소개할 일화도 장왕이 정치는 뒷전으로 하고 방탕한 생활을 즐기던 때의 이야기다.

어느 날 밤, 많은 신하들을 불러 모아 연회를 베풀었다.

"오늘 밤은 신분이나 지위에 연연하지 말고 마음껏 먹고 즐기시오."

그러자 왕과 신하가 한데 어울려 떠들썩하게 연회를 즐겼다. 그런데 갑자기 어디선가 바람이 불어와 방안의 불이 모두 꺼졌다. 그때를 틈타 왕의 애첩을 농락한 사람이 있었다. 장왕의 애첩은 재빨리 그 사람의 갓끈을 잡아 뜯어 장왕에게 말했다.

"갓끈이 없는 자가 저를 희롱했으니, 당장 잡아들이셔야 하옵니다."

그러자 장왕이 말했다.

"아니오. 짐이 연회를 열어 일어난 일이오. 여자의 정조를 중시하여 부하를 욕되게 할 수는 없소."

장왕은 애첩을 달랜 후 큰 소리로 외쳤다.

"오늘은 신분이나 지위에 연연하지 않고 맘껏 즐기는 날이니 다들 갓끈을 잘라버리시오."

잠시 후 불을 켜보니 모두 갓끈을 잘라 누가 범인인지 알 수 없었다. 그로부터 몇 년이 지나, 장왕은 진나라와 싸우게 되었다. 그때마다 앞장서서 용감하게 싸우는 용사가 있었다. 그의 활약으로 진나라를 물리칠 수 있었다. 전쟁이 끝나자 장왕은 그를 불러들였다.

"그대와 같이 용감한 이를 미처 알아보지 못한 것은 짐의 불찰이오. 그런 짐을 원망하지 않고 목숨을 걸고 용감하게 싸워주었는데, 무슨 까닭이라도 있소?"

그러자 용사가 엎드려 대답했다.

"저는 한 번 죽었던 목숨입니다. 오래전 폐하께서 베풀어 주신 연회에서 술에 취해 무례를 범했을 때, 폐하께서 관용을 베풀어 주셔서 살아남을 수 있었습니다. 그후로 목숨을 바쳐서 은혜를 갚겠다고 맹세했습니다. 그날 밤, 갓끈을 뜯긴 자가 바로 저였습니다."

사소한 허물을 일일이 지적하면 부하의 진심어린 충성을 기대하기 어렵다.

이 일화는 지도자는 관용을 베풀고 포용력이 있어야 부하의 신뢰를 얻을 수 있다는 사실을 보여 준다.

오기의 부하 통솔법

《손오병법孫吳兵法》이라고 불릴 만큼 《손자》와 어깨를 나란히 하는 병법서로 《오자吳子》가 있다. 《오자》의 작가는 오기吳起다. 오기는 지금부터 2500년쯤 전 위나라 장군으로, 그에 관한 기록을 보면 지도자의 마음가짐에 대한 중요한 가르침을 들을 수 있다.

오기는 위나라의 무후왕武侯王을 모셨는데, 어느 날 무후왕이 신하들을 모아놓고 회의를 열었다. 그런데 아무도 무후왕보다 좋은 의견을 말하지 않았다. 회의를 마치고 이에 흡족해 하며 나가려는 무후왕을 오기가 쫓아나가 말했다.

"옛날 초나라 장왕이 신하와 회의를 했는데 아무도 그보다 좋은 의견을 말하는 사람이 없었습니다. 회의를 마친 장왕의 얼굴 표정이 어두운 것을 본 신공申公이라는 신하가 '무슨 일로 그리 근심이 가득한 얼굴을 하고 계십니까?' 라고 묻자, 장왕은 '어느 시대든 성인이 있고, 어느 나라에든 현자가 있기 마련이오. 성인을 찾아 스승으로 삼는 자는 왕이 되고, 현자를 찾아 벗으로 삼는 자는 패자霸者가 된다고 했소. 그런데 내 곁에는 나보다 좋은 의견을 낼 수 있는 인재가 없소이다. 우리나라의 앞날이 어떻게 될지 걱정이오' 라고 대답했다고 합니다. 장왕은 신하들의 무능함을 한탄했습니다. 그런데 폐하께서는 오히려 그것을 기뻐하고 계시니 나라의 앞날이 걱정입니다."

오기의 말을 들은 무후왕은 부끄러움에 얼굴을 붉혔다고 한다. 오기는 지도자는 늘 겸허해야 하며, 결코 자만해서는 안 된다고 말하고 싶었을 것이다.

《史記》

강유의 조직관리

지금부터 2500년쯤 전인 춘추시대 말기, 정鄭나라에 자산子産이라는 명재상이 있었다. 자산의 정치적 특징은 '강剛'과 '유柔', 즉 강인함과 유연함의 조화다.

그는 강유의 조화를 통해 정나라를 아무 문제없이 평화롭게 다스렸다. 그의 정치 방법은 현대의 조직 운영 면에서 참고할 만한 점이 많다. 여기서 잠깐 살펴보기로 하자.

먼저 자산의 강경책을 보자. 정나라는 나라가 작아서, 큰 나라들 사이에서 살아남으려면 무엇보다도 체질을 강화하여 국력을 기르는 일이 급선무였다.

자산은 여러 가지 방법으로 농촌의 진흥책을 강구하는 한편, 군사비를 확보하기 위해 새로운 세금제도를 도입했다. 그러나 과중한 세금을 견디다 못한 백성들은 "자산을 죽여라"고 외쳤으며, 온 나라에 원성이 자자했다. 비난의 소리가 거세게 타오르자 중신들은 세금제도를 중단하도록 진언했지만 자산은 뜻을 굽히지 않았다.

"나라의 이익을 위해서라면 이 한 몸 희생되어도 상관없소. '선행을 행하려면 끝까지 하라. 도중에 그만두면 그 전에 했던 선행도 소용없게 된다'는 말을 들은 적이 있소. 백성들의 비난을 듣는다고 해서 이제 와서 그만둘 수는 없소. 나는 끝까지 밀고 나갈 것이오."

자산은 이렇게 말하고 자신의 뜻을 끝까지 밀어붙였다.

그후 몇 해가 지나 농촌의 진흥책이 자리를 잡아 농민의 생활도 안정되었다. 그러자 처음에 자산을 죽이라고 소리 치던 백성들도 차츰 자산의 시책을 선정善政이라고 칭송했다.

이렇듯 비난에도 굴하지 않고 자신의 정책을 관철시킨 것은 '강'에 속한다. 한편 회유책은 그의 교육정책에서 볼 수 있다.
　정나라에는 옛날부터 각 지방에 지도자를 양성하는 교육기관으로써 '향교'가 있었다. 그런데 향교는 점차 정부 시책에 불만이 있는 사람들의 정치활동 거점으로 변질되었다. 자칫하면 반란으로 이어질 기세였다. 이를 우려한 측근들이 향교의 폐쇄를 진언했지만 자산은 반대했다.
　"그럴 필요 없소. 그들은 매일 밤, 일을 마치고 향교에 모여 우리의 정치를 비판하고 있소. 나는 그들의 의견을 참고로 평판이 좋은 정책은 실행하고, 평판이 나쁜 정책은 개선하려고 하오. 그들은 내게 스승과 같다오. 물론 무력으로 그들의 입을 막을 수는 있소. 그러나 이는 강물을 막는 것과 같소. 강물을 막으면 점점 불어난 강물이 둑을 무너트리고 큰 홍수가 나서 많은 사상자를 낼 것이오. 일이 그 지경이 되면 더 이상 손을 쓸 수 없게 되오. 그러니 강물을 막기보다는 조금씩 물을 흘려보내 수로를 만드는 편이 현명하오. 백성들의 언론도 마찬가지요. 억지로 입을 막으려 하기보다는 그들의 의견에 귀를 기울이고 참고로 하는 것이 좋소."
　이는 정치에 대한 유연한 자세를 보여 주는 전형적인 사례다.
　자산은 강인함과 유연성을 조화롭게 구사한 정치로, 명재상으로 칭송받았다. 이 두 가지를 균형 있게 하기란 어려운 일이다.
　세월이 흘러 자산이 병에 걸려 죽음을 앞두었을 때, 후임인 자대숙子大叔에게 충고했다.
　"정치를 하는 데는 두 가지 방법이 있소. 하나는 강경책이고, 또 하나는 회유책이요. 보통은 강경책을 쓰는 것이 좋소. 이 두 가지는 불과 물로 볼 수 있소. 불의 성질은 사납고 보기만 해도 두렵기 때문에 사람들이 가까이 하려 하지 않소. 그래서 오히려 불로 인한 피해가 적소. 그러나 물의 성질은 약하기 때문에 사람들은 그다지 물을 두려워 하지 않소. 그래서 오히려 물로 인한 피해가 크다오. 회유책은 물과 같아서 언뜻 보기에는 쉬워 보이지만 사실은 굉장히 어렵소."

일반적으로 정치가는 인기나 평판을 의식하여 지나치게 유연한 자세로 국민에게 편중된 정책을 내세우는 경향이 있다. 그러나 이는 정치의 혼란을 불러올 뿐이다. 자산은 이를 경계했다.

그러나 자대숙은 자산이 죽은 뒤, 강경책을 꺼려하고 오로지 관용으로 백성을 다스렸다. 그러자 나라의 기강이 흔들리고 좀도둑과 날치기가 설쳐댔다. 그때서야 그는 "처음부터 자산의 충고를 따라야 했는데…"라며 후회했다고 한다.

자산은 어느 한쪽으로 치우치지 않고 강인함과 유연함을 적절하게 조화시킨 정치를 실천했다. 다시 말해 밀 때는 확실히 밀고 당길 때는 당길 줄 아는 것이 자산의 정치에서 볼 수 있는 특징이다.

협객의 인심수람술

《사기》의 〈유협열전遊俠列傳〉에는 당시의 유협, 즉 협객들의 이야기가 소개되어 있다. 정사에는 다양한 계층의 인물이 등장한다. 그러나 한 장을 협객에 대한 이야기로 채운 역사서는 《사기》뿐이다. 사마천은 협객들의 생활방식에 크게 공감한 것으로 보인다. 그와 동시대 인물로 곽해郭解라는 협객이 있었다. 사마천은 그에 대해 다음과 같이 말했다.

"나는 일전에 곽해를 본 적이 있다. 그의 외모는 다소 떨어지고 어조에도 특별할 게 없었다. 그러나 그에 대한 평판은 굉장히 좋았다. 지위를 막론하고 그를 직접 만난 적이 없는 사람들도 협객이라 하면 그가 화제가 될 정도였다."

곽해는 한낱 서민에 불과했다. 권력자의 후원을 받기는커녕 오히려 종종 국가권력과 대립하기도 했다. 국가권력에 맞서기 위해서는 백성들의 지지를 받아야 했다. 백성들의 지지를 받으려면 남모르는 고충이 따르기 마련이다. 한낱 협객이 백성들의 뜨거운 지지를 얻을 수 있었던 것을 그의 탁월한 인심수람술 때문이다.

곽해한테는 누나가 있었다. 그런데 누나의 아들이 곽해의 위세를 믿고 나쁜 짓을 일삼았다. 이는 옛날부터 오늘날에 이르기까지 숱하게 일어나는 일이다.

어느 날, 그의 조카가 싫다는 사람을 억지로 술집에 데려가 술을 먹였다. 상대는 그만 마시겠다고 여러 차례 거절했지만 그는 막무가내로 먹였다. 결국 상대는 울화가 치밀어 비수로 곽해의 조카를 찔러 죽이고 달아났다. 아들을 잃은 곽해의 누나는 곽해를 부추겼다.

"이대로 가만히 보고만 있을 거니? 이건 나뿐만 아니라 네 체면이 걸린 문제란 말이다."

그는 부하들에게 조카를 죽인 사람을 잡아오라고 시켰다. 이 소문을 들은 사나이는 더 이상 도망칠 수 없다고 생각해 제 발로 곽해를 찾아왔다.

자초지종을 들은 곽해는 "당신이 내 조카를 죽일 만도 했군. 잘못

《史記》

은 내 조카가 했소"라며 조카의 잘못을 솔직히 인정하고 사나이를 돌려보냈다고 한다.

이 사건으로 그는 더욱 사람들에게 좋은 평판을 얻었다. 당시 곽해의 위세라면 사나이의 목숨을 해하는 일쯤은 아무 것도 아니었다. 그런데도 상대방의 말이 옳음을 솔직하게 인정하고 그에 맞게 일을 처리했다. 이는 아무나 할 수 있는 일이 아니다.

또, 이러한 이야기도 있다.

곽해가 지나가면 사람들이 길을 비켜 주었는데, 어느 날 한 사나이가 일부러 비키지 않고 곽해가 지나가는 모습을 빤히 쳐다보았다. 이를 본 곽해는 부하를 시켜 그의 이름을 알아냈다.

그의 부하가 "저 놈을 없애버릴까요?"라고 묻자, 곽해는 "안 되네. 마을 사람들이 나를 업신여기는 것은 내가 미흡하기 때문이지, 저 사람이 나빠서가 아닐세"라고 말하며 부하를 제지했다. 그리고 그 길로 곧장 마을의 관리인을 찾아가 몰래 부탁했다.

"내게는 소중한 사람이니, 병역 교체할 때 명부에서 이름을 빼주십시오."

시간이 지나 병역 교체시기가 몇 번이나 돌아왔는데도 그는 병역의 의무를 면할 수 있었다. 이상하게 생각한 사나이가 관리를 찾아가 그 이유를 물었더니 곽해가 부탁했다는 것이다. 사나이는 곽해에게 달려가 그때의 무례함을 정중히 사과했다. 이 이야기를 들은 사람들은 곽해를 더욱 존경하게 되었다고 한다.

마지막으로 한 가지만 더 소개하겠다.

낙양洛陽이라는 마을에 사는 한 사람이 다른 사람의 원한을 사서

곤경에 빠졌다. 마을의 유력자들이 중재에 나섰지만 상대는 도무지 사과를 받아들이지 않았다. 할 수 없이 그는 곽해에게 중재를 부탁했다.

곽해는 밤늦게 은밀히 상대를 찾아가 열심히 중재를 하여 겨우 상대의 마음을 풀 수 있었다. 다른 사람 같으면 자기의 공이라고 내세울 만도 한데 곽해는 그러지 않았다. 중재에 응해 준 상대에게 이렇게 부탁했다고 한다.

"이번 일은 낙양의 여러 유력자가 중재에 나섰지만 해결되지 않았다고 들었습니다. 다행이 당신이 내 중재에 응해 주셨지만, 타지 사람인 내가 이곳의 유력자들이 못한 일을 해냈다고 하면 그들의 처지가 난처해지지 않겠소. 그러하니 이번에도 중재에 응하지 않은 것처럼 하고 내가 돌아간 뒤, 유력자 중에 한 명을 내세워 타협한 것처럼 해 주시오."

얼마나 군자다운 행동인가. 곽해는 남을 배려하는 태도로 사람들의 마음을 사로잡을 수 있다는 사실을 잘 알고 있었다. 남을 배려하는 마음 또한 지도자가 반드시 갖추어야 할 조건이다.

범려의 명철보신

나이가 지긋한 사람이라면 범려范蠡라는 이름을 들은 적이 있을 것이다. 겐무중흥建武中興가마쿠라 막부를 타도하고 왕정을 실현시킨 정변-역주을 일으킨 고다이고後醍천왕이 아시카가 다카우지足利尊氏무로마치 막부 초대 장

《史記》

군-역주에 의해 오키隱岐로 유배되었을 때, 고지마 다카노리兒島高德가 천황의 숙소에 잠입하여 벚나무 기둥에 '걱정하지 마시오. 범려와 같은 충신이 없는 것도 아니오'라고 새겼다고 한다.

고지마 다카노리가 고다이고 천황에게 말한 이야기에 범려는 일본인이 좋아하는 충신으로 등장한다. 범려는 과연 어떤 충신이었을까?《사기》에 나오는 범려의 기록을 보면 그는 일본인이 생각하는 충신이라는 이미지와 사뭇 다르다.

기원전 5세기, 즉 지금부터 2500년쯤 전 지금의 소주蘇州와 항주抗州가 있는 강남에 오吳와 월越이라는 두 나라가 크게 번성하며, 팽팽하게 맞서고 있었다.

월왕인 구천勾踐은 오왕인 부차夫差에게 패배하여 회계산會稽山으로 숨었다가 버티지 못하고 굴욕적인 강화조약을 맺는다. 그후 구천은 회계산의 치욕을 씻기 위해 온갖 수모를 견디며 부국강병에 힘써 20년 후 마침내 오나라를 멸망시키고 한을 풀었다. 이때 월왕 구천을 도와 복수에 성공한 사람이 바로 범려다.

이를 보면 그는 분명 충신이라 할 수 있다. 그러나 그후의 모습을 보면 생각이 달라진다.

공적을 올려 대장군이라는 최고의 자리에 오른 범려는 생각했다.

'최고 절정기에 있는 군주를 오래 섬기는 일은 위험하다. 무엇보다 구천은 고난을 함께 할 수 있기는 해도 기쁨을 함께 나눌 수 있는 사람은 아니다.'

범려는 구천에게 서찰을 보내 사의를 밝혔다. 범려의 속마음을 알 리 없는 구천은 계속해서 만류했지만 범려는 이를 뿌리치고 높은 지위도 마다하고 제나라로 넘어갔다. 그후로 구천과 완전히 연락을 끊었다.

 범려의 이러한 처사는 충신이라고 보기 어렵다. 도대체 범려는 무슨 이유로 높은 지위를 마다하고 구천을 떠났을까? 그 이유를 알아보기 위해 좀 더 이야기를 살펴보자.

 제나라로 넘어간 범려는 그곳에서 자식들과 사업을 경영하여 얼마 되지 않아 큰 부자가 되었다. 능력을 인정받은 그는 제나라에서도 재상으로 취임해 달라는 청을 받았다. 그러나 그는 "초야에 묻혀 살면서도 천금의 부를 쌓고, 벼슬길에 올라 재상이 되었다. 필부의 몸으로 이보다 더 좋은 일은 없을 것이다. 그러나 이도 오래 지속되면 오히려 화가 된다"라고 말하며 제나라의 제안을 거절하고 재산을 마을사람들에게 나누어 준 후 몰래 제나라를 떠나 도陶라는 마을로 갔다.

 그리고 이곳에서 일으킨 사업에서도 성공을 거두어 순식간에 엄청난 부자가 되었다고 한다. 범려는 재산관리에도 수완이 뛰어났던 모양이다.

 그 즈음, 그의 둘째 아들이 초나라 사람을 죽여 체포되었다. 범려는 재빨리 막내아들에게 엄청난 황금을 건네주며 초나라로 가서 둘째아들을 구출해 오라고 시켰다. 이를 보고 장남이 "그런 일이라면 제가 해야 합니다. 부디 저에게 기회를 주십시오"라고 간청했다. 범려의 부인도 "큰애한테 맡겨 주세요"라고 부탁했다.

 할 수 없이 범려는 장남을 보내기로 했다. 그런데 장남은 들고 간 황금을 쓰기가 아까웠다. 결국 동생을 구출하는데 실패하고 처형당한 동생의 유해를 안고 돌아왔다.

 범려의 부인은 크게 상심하여 슬픔에 젖어 있었다. 그런데 범려는 쓴 웃음을 지으며 말했다.

"나는 이렇게 될 줄 처음부터 알고 있었소. 큰애가 동생을 생각하지 않는다는 뜻이 아니요. 다만 큰애는 어렸을 때부터 나와 함께 온갖 고생을 해 왔기 때문에 돈을 쉽게 쓰지 못하오. 그러나 막내는 그런 고충을 겪어보지 않았기 때문에 돈을 쓸 때 오히려 대담하오. 내가 처음에 막내를 보내려 했던 것은 막내라면 주저 없이 돈을 쓸 수 있다고 생각했기 때문이오. 큰애는 절대 그러지 못하오. 결국 둘째가 죽고 말았지만 이것도 다 그 아이의 운명이니 슬퍼하지 마시오. 나는 처음부터 둘째가 살아 돌아오지 못할 것이라는 사실을 알고 있었소."

범려의 통찰력은 실로 대단했다. 범려는 정황을 정확하게 파악하고 앞날을 내다볼 줄 아는 인물이었다. 그가 구천을 떠난 것이나 제나라의 제안을 거절한 것도, 계속해서 사업에서 성공한 것도 놀라운 통찰력 때문이다.

'명철보신明哲保身' 이라는 말이 있다. '명철' 이란 깊은 통찰력을 말하며, '보신' 이란 몸을 지키는 일, 즉 깊은 통찰력을 발휘하여 몸을 지키는 것을 말한다. 범려는 충신이라기보다는 오히려 명철보신에 뛰어난 사람이라고 할 수 있다. 조직을 이끌어가는 지도자에게 이러한 깊은 통찰력은 필수다.

지금까지 《사기》에 등장하는 인물 중 몇 명을 골라 지도자의 마음가짐에 대해 살펴보았다. 물론 《사기》에 등장하는 인물은 개성이 굉장히 다채롭다. 한번 책을 읽기 시작하면 흥미진진한 인물들에게 매료되어 쉽게 책을 놓을 수가 없다. 이 책은 인간을 연구하는 데도 큰 도움이 될 것이다.

三事忠告

삼사충고

조직을 이끌어 가는 지도자의 마음가짐

《삼사충고 三事忠告》

《삼사충고》에 대해

《삼사충고》는 원나라의 정치가 장양호張養浩 1269~1329가 동료와 후배들을 위해 지도자의 마음가짐을 설명한 책이다. 일본에서는 《위정삼부서爲政三部書》로 알려져 있다. 재상과 대신의 마음가짐을 설명한 〈묘당충고廟堂忠告〉, 감찰관과 검찰관의 마음가짐을 설명한 〈풍헌충고風憲忠告〉, 지방장관의 마음가짐을 설명한 〈목민충고牧民忠告〉 등 3부로 구성되어 있으며 책 이름도 《삼사충고》라고 지었다.

당시 중국은 이민족의 지배를 받으며 힘겨운 시대를 겪었다. 조정의 기강이 해이해졌으나 그런 와중에도 장양호는 시종일관 청렴한 자세를 잃지 않았다. 그래서 그는 매우 엄격하게 윗사람의 행동지침을 빠짐없이 기록했으며 실질적인 내용을 쉽게 설명했다.

《삼사충고》의 명언

➡ '재상의 가장 중요한 직책은 인재를 등용하는 일이다宰相之職 莫重用賢.' 〈묘당廟堂〉

➡ '일에는 정상적인 경우와 비정상적인 경우가 있다事機之發 有常有變.' 〈묘당〉

➡ '잘된 일은 남에게 돌리고 잘못된 일은 자기를 탓한다善則歸君 過則歸己.' 〈묘당〉

➡ '사람들은 자신에게 엄격한 사람을 따르기 마련이다自律不嚴 何以服衆.' 〈풍헌風憲〉

➡ '많은 것은 적은 것보다 낫고 적은 것은 없는 것보다 낫다多算勝少算 少算勝無算.' 〈풍헌〉

➡ '정치의 요체는 마음을 깨끗이 비우는 것이 최고다爲治之道 其要莫如省心.' 〈목민牧民〉

➡ '각자의 분수에 맞게 맡은 일을 처리하면 천하를 능히 다스릴 수 있다各安其分而事其事天下.' 〈목민〉

➡ '옳은 일은 남에게 돌아가고 그른 일은 자기에게 돌아온다是則歸人 非則歸己.' 〈목민〉

➡ '겸손한 사람은 뜻이 높고 높은 이상을 갖고 있다夫能下人者 其志必高 其所至必遠.' 〈목민〉

절의를 지킨 장양호

《삼사충고》는 지금으로부터 700년쯤 전인 원나라시대에 장양호가 쓴 책이다.

이 책의 특징은 조직을 이끌어 가는 지도자의 마음가짐을 설명했다는 점이다. 제1부에서는 재상과 대신의 마음가짐, 제2부는 감찰관과 검찰관의 마음가짐, 그리고 제3부는 지방장관의 마음가짐을 다루었다. 중국 고전은 원래 우수한 인재가 다른 우수한 인재들에게 도움을 주고자 쓴 책이 많고 모두 지도자의 올바른 자세를 중요한 주제로 다룬다. 그중에서도 이 책은 지도자의 자세에 대해 집중적으로 다뤘다.

내용을 살펴보기 전에 작자인 장양호와 그가 살았던 원 왕조를 간단하게 설명하겠다.

장양호는 1269년 산동성 제남濟南에서 태어났다. 어릴 때부터 책 읽기를 좋아하여 부모가 주의를 줘도 책을 손에서 놓지 않았다고 한다.

타고난 학구파였으므로 꾸준히 학문에 정진했으며 과거에 급제하여 고급관리가 되었을 것이다. 그러나 그가 10살 때, 약 300백 년 동안 이어 오던 송 왕조가 이민족인 원에게 멸망당했다.

원은 희대의 영웅 칭기즈칸이 창설한 몽골 제국으로, 칭기즈칸은 중국을 손에 넣자 중국의 독자적인 인재등용제도인 과거 제도를 폐지하고 주요 관직에 몽골인을 등용했다. 그래서 한족 사람들은 출세길이 막히고 몽골족의 지배를 받으며 굴욕적인 생활을 했다.

장양호가 살던 당시 중국은 몽골족의 지배를 받으며 유례없는 고난을 겪었다. 하지만 그는 다행이 학식과 인격, 재능을 몽골족 고관

《三事忠告》

에게 인정받아 한족 출신자로서는 비교적 높은 지위에 올랐다. 그러나 그는 절대로 상사인 몽골인에게 아부를 떨거나 자신의 지위를 이용하여 이익을 얻으려고 하지 않았으며 한족의 자부심을 잃지 않고 끝까지 절의를 지켰다.

그는 '절의'를 다음과 같이 설명했다.

"절의란 천하의 법도이며 신하가 마땅히 지켜야 할 최대의 덕목이다. 재산이 많고 지위가 높다하여 함부로 행동하면 안 된다. 가난하고 천하다 하여 위축되거나 비굴하게 굴면 안 되며 위협과 무력에도 굴하지 말아야 한다. 오로지 정도를 지키며 살아야 한다."

"인간은 체구가 작고 수명도 짧다. 그러나 절의를 지키기 때문에 값진 인생을 살 수 있다."

장양호는 이를 몸소 실행하며 살았다. 그래서 그의 주장은 더욱 설득력을 갖는다. 지방장관을 비롯하여 감찰관, 대신의 지위에 올라 나라를 다스리면서 마음만 있으면 얼마든지 부를 얻을 수 있었지만 모든 유혹을 뿌리치고 청렴결백하게 살았다.

장양호에 얽힌 일화가 있다.

어느 날, 장양호가 병이 나서 집에서 쉬고 있는데 상사인 몽골인이 병문안을 왔다. 그런데 그의 방에는 값진 물건이 하나도 없었다. 이를 본 상사는 "장양호처럼 검찰관에 적격인 사람은 없을 것이다"라고 감탄했다고 한다.

장양호는 청렴결백했을 뿐만 아니라 개인 재산을 털어 가난한 백성들을 돕고 범죄자를 바로 잡아 올바른 길로 인도하는 데 힘썼으며 몽골인 실력자들이 파벌 싸움에 열을 올릴 때도 거침없이 당당하게 정론을 펼치며 이를 나무랐다. 그 일로 생명의 위협을 받아 한때는 개명하고 숨어 지내야 했지만 장양호는 자신의 의지를 꺾지 않았다.

"남에게 빌붙어 굽신거리며 상대가 시키는대로 하는 사람은 성패는 막론하고 정도에서 벗어난 길을 가는 것이다. 한때 영광을 누릴 수도 있지만 시간이 흘러 사태가 바뀌면 수포로 돌아갈 것이며 사람들의 기억 속에 간사하고 악독한 사람으로 낙인찍혀 후세에까지 기억될 것이다. 후세에 오명을 남기기보다는 정도를 지키다 죽는 편이 낫다."

그의 심정을 그대로 보여 주는 글귀이며 이민족 권력자에게 빌붙어 살아가는 한족에 대한 통렬한 비판이 담겨 있다.

1329년 장양호는 60세의 나이로 부임지인 관중關中 지방에서 생을 마감했다. 심한 가뭄으로 어려움을 겪는 백성을 구제하기 위해 불철주야로 구조활동을 펼치다가 심신의 피로가 겹쳐 쓰러지고 말았다. 절의를 지키며 살아온 장양호다운 최후였다. 관중 사람들은 장양호의 죽음에 마치 어버이를 잃은 것처럼 슬퍼했다고 한다.

《삼사충고》는 장양호의 체험과 깊은 교양을 토대로 지도자의 마음가짐을 정리한 책이다. 그의 진심어린 심정을 털어놓은 책인 만큼 700년이 지난 지금까지도 설득력이 있고 배울 점이 많다.

자신에게 엄격하라

이민족의 지배를 받으면서 평생 절의를 지키며 살아간 장양호의 사례는 매우 드문 일이다. 더욱이 오늘날처럼 급변하는 사회에서 절의를 지키며 살아가기란 결코 쉽지 않다. 사람은 누구나 부와 명예를 얻어 근심 없이 편하게 살기를 바라기 때문이다. 장양호는 《삼사충고》에서 이런 안이한 생각을 날카롭게 지적했다.

"'사람은 일단 벼슬길에 오르면 최고의 자리에 오르기를 원한다'라는 말이 있다. 그러나 이는 부와 명예가 치욕을 당하게 되는 원인이라는 사실을 모르고 하는 소리다. 항상 자기 수련에 힘쓰는 자는 명예를 얻을 것이고 게을리 한 자는 치욕을 당할 것이다."

자기 수련에 힘쓰는 사람이란 구체적으로 어떤 사람일까?

"자기 수련에 힘쓰는 자는 항상 청렴한 태도를 유지하고 충성심이 강하고 정도에 맞게 일을 해결하며 겸손하고 조심스런 자세로 부하를 대하는 인물이다."

장양호는 이런 인물을 이상적인 지도자라고 생각하며 이렇게 단언했다.

"이런 사람은 굳이 애쓰지 않아도 크게 명성을 떨치고 여론의 지지와 신의 가호를 받는다. 그러면 명예를 얻고자 하지 않아도 명예가 주어진다."

반대로 자기 수련을 게을리 한 사람은 어떤 사람일까?

"직무를 잊고 사리사욕을 쫓으며 탐욕스럽고 과거의 잘못을 반성할 줄 모르며 나라를 위해 몸과 마음을 바쳐 일하려는 마음이 없는 사람이다."

자기 수련에 힘쓰는 사람은 자신에게 엄격해야 한다. 장양호는 지도자의 첫째 마음가짐으로 자신에게 엄격할 것을 꼽았다.

"무릇 선비는 자신에게 엄격해야 한다. 그리고 책임을 져야 할 위치에 있는 사람은 보통 선비보다 더 엄격하게 자신을 대해야 한다."

'선비'란 사회 지도자적 위치에 있는 사람을 일컫는다. 그밖에 지도자를 가리키는 말로 '군자'가 있는데 이 경우 조금 더 폭넓은 의미를 갖으며 훌륭한 인물과 이상적인 인격자라는 느낌을 준다.

지도자는 서민과 달라야 한다. 장양호가 말한 자기에게 엄격하게 대하는 자세도 그 가운데 하나다. 특히 부와 이익을 추구하는 무리를 엄하게 경계했다.

"원래 '이익'과 '정의'는 양립할 수 없다. 정의를 지키면 이익을 얻기 힘들고 이익을 중시하면 정의를 지키기 어렵다. 하물며 백성의 본보기가 되어야 할 위치에 있는 사람이 자신의 이익만 추구한다면 서민들이 이처럼 행동했을 때보다 사람들에게 깊은 원망을 사고 경멸을 당할 것이다. 군자는 정치를 할 때 사리사욕을 쫓아 자산을 늘리기보다 가난을 감수하고 직무에 충실해야 한다. 또 다른 사람의 이익을 가로채지 말고 뒤로 물러나 자기의 이익을 희생해야 한다."

"이 세상에는 수많은 사람들이 살고 있다. 그러나 그중에서 벼슬길에 오르는 사람은 일부다. 자애심이 부족하면 천자의 명을 받아 민중을 지도하는 자리에 올랐을 때 청렴한 태도를 유지하지 못한다. 이런 사람은 비난을 받아 마땅하다. 탐욕을 부려도 한계가 있다. 하찮은 욕심을 앞세우면 자기의 장래를 망치게 된다. 재상이 되면 모든 선행을 행할 수 있으며 어떠한 공적도 세울 수 있거늘 작은 이익에 현혹되어 하찮은 일에 손을 대어 일을 그르치면 얼마나 안타까운 일인가.

예부터 재상 중에 의식주가 부족하여 죽은 사람은 없었다. 그러나 어느 시대든 재물을 탐하고 쾌락을 쫓아 자멸한 자는 많다."

마지막 구절은 '재상'을 대신하여 경영자, 정치가, 조직의 임원으로 바꿔서 적용한다고 해도 그대로 들어맞는다. 실제로 예나 지금이나 이익을 추구하여 자멸의 길을 가는 사람은 무수히 많다. 인간은 왜 그런 위험한 짓을 하는 걸까? 이는 눈앞의 이익에 현혹되어 냉정하게 판단하는 능력을 상실하기 때문이다.

장양호는 사리사욕을 쫓아 후추 800여 석을 몰래 빼돌리는 등 많은 재물을 축적하다가 자멸한 당의 재상 원재元載 사건을 인용하여 충고했다.

"사람은 100세까지 살 수 있으나 하늘에서 주어진 수명은 80세에서 90세를 넘지 않는다. 가령 80세를 기준으로 해도 뜻을 세운 이후의 기간은 3, 40년이 고작이다. 3, 40년 동안 어떻게 800여 석이나 되는 후추를 먹을 수 있단 말인가? '이익에 현혹되면 머리가 이상해진다'고 했는데 원재가 바로 그 예다."

당시 후추는 서역에서 들어온 귀중품이었다. 하지만 원재는 귀중품을 탐내다가 그로 인해 자멸했다. 높은 자리에 있는 사람일수록 자신을 엄격하게 대해야 한다는 사실은 예나 지금이나 변함없는 원칙이다.

끝으로 장양호는 다음과 같은 성향이 있는 사람은 지도자로서 부적당하다고 말했다. 이와 같은 항목은 오늘날에도 적용해 볼 수 있다.

첫째, 권세를 무기로 자기 욕심을 충족시킨다.
둘째, 사리사욕을 채운다.
셋째, 술에 빠져 정신을 차리지 못한다.
넷째, 측근의 편을 든다.
다섯째, 향락을 즐긴다.

여섯째, 지위를 이용하여 이익을 얻는다.

일곱째, 함부로 급하지도 않은 공사를 벌인다.

여덟째, 자신의 직무를 게을리 한다.

아홉째, 일가친척의 비리를 모른 척 한다.

위기에 대처하는 방법

'위기관리'라는 말을 자주 듣는다. 쉽게 말하면 경영활동에 수반되는 여러 가지 위기를 최소한으로 줄이는 체계적인 조치다. 구체적으로 각종 위기를 찾아내어 그 내용을 분석, 평가하여 위기에 대처하는 방법을 검토하고 실행하는 과정을 말한다.

위기관리의 목적은 언제 발생할지 모르는 위기에 적절하게 대처하고 기업의 생존을 도모하는 일이다. 《삼사충고》에서도 위기관리에 관한 설명이 있다.

"사람들은 집이 불타 없어진 후에 화근이 된 장작을 없애려고 하고 배가 뒤집힌 후에 구명도구를 찾는다. 병이 깊어진 후에 치료하려고 하면 때를 놓쳐 안간힘을 써도 소용없다. 튼튼하게 쌓아올린 방죽에 작은 구멍이 생기면 언뜻 보기에 문제가 없을 것 같지만 주도면밀한 사람은 방죽이 무너질 것을 우려하여 즉시 구멍을 막는다. 어떤 일이든지 간에 만일의 경우를 대비하여 일이 커지기 전에 방지하면 나중에 크게 걱정할 일이 없다."

개미구멍과 방죽에 얽힌 일화는 《한비자》에 나온 이야기로, 작은 실수로 큰 손해를 초래했을 때 자주 사용된다. 장양호도 이 일화를 인용하여 지도자에게 위기관리의 중요성을 설명했다.

위기를 미연에 방지하려면 어떻게 해야 할까? 도움이 될만한 구절을 들어보자.

"보통 사람은 이미 일어난 일은 알 수 있지만 앞으로 일어날 일은 알지 못한다. 그러나 용의주도한 사람은 이미 일어난 일을 미루어 앞으로 일어날 일을 예측한다."

공자는 "먼 앞일을 깊이 헤아리지 못하면 가까이에 근심이 생긴다遠慮與近憂"라고 했다. 그러나 아무리 깊이 헤아려 신중하게 행동해도 재해나 전쟁 등 외부에서 발생하는 위험까지 피할 수는 없다. 이때 어떻게 대처하면 좋을까?

"모든 일에는 정상적인 상태와 비정상적인 상태가 있다. 정상적인 상태일 때는 누구나 여유를 갖고 대처할 수 있지만 비정상적인 상태에서는 현명한 사람도 대처하기 어렵다."

장양호는 돌발사태에 대응하기 어렵다는 사실을 인정하고 먼저 사태를 정확하게 파악한 후 냉정하게 대처 방안을 강구해야 한다고 말했다.

"평소처럼 일을 보고 있는데 갑자기 적이 쳐들어온다는 보고를 받았다고 하자. 이때 사실 여부를 확인하는 일이 급선무다. 절대 보고를 받자마자 확인하지 않고 왕에게 상주하거나 동원령을 내리는 등 경솔하게 행동하면 안 된다."

중국 고전에서는 인물을 평가할 때 '희노의 감정이 드러나지 않는다'라는 표현을 자주 쓴다. 지도자는 기쁠 때나 분노를 느낄 때도 감정을 드러내지 않고 항상 태연하게 행동해야 한다. 예기치 못한 재난이나 난관에 부딪쳤을 때 당황하며 허둥대는 사람은 지도자로서 자격이 없다.

장양호는 훌륭한 인물들이 어떻게 위기에 대처했는지 그 사례를 소개하고 바람직한 지도자상을 제시했다.

"재상은 막중한 지위다. 이런 지위에 있으면서 위기에 대처하지 못하는 사람은 재상의 책임을 다했다고 할 수 없다."

"명예를 누릴 때는 괜찮지만 일단 불명예스런 일에 휘말리면 다시 일어서기 어렵다. 일이 순조로울 때는 웬만큼 잘 해나가다가 일단 난관에 부딪치면 쉽게 좌절하는 사람은 책임 있는 지위에 올라 업적을 세울 수 없다. 사람을 평가할 때는 이 점을 주의 깊게 살펴야 한다."

위기와 재난에 직면했을 때 대응하는 방법을 보면 지도자의 기량을 짐작할 수 있다.

공자는 "군자도 곤경에 빠질 때가 있다. 소인은 궁지에 빠지면 마음이 동요되지만 군자는 어떤 곤경이 닥쳐도 마음의 평정을 유지한다"라고 말했다. 이렇듯 역경에 처했을 때 대처하는 모습을 보면 그 사람을 파악할 수 있다.

오늘날에도 이와 같은 경우를 찾아볼 수 있다. 1974년 오일파동이 일어났을 때 정확하게 정보를 파악하고 냉정하게 상황을 분석했다면 차분하게 대응할 수 있었을 것이다. 그러나 전 세계가 우왕좌왕하며 패닉 상태에 빠졌다. 평범한 사람들의 비애라고 볼 수 있다.

적어도 지도자적 위치에 있는 사람은 이런 패닉 상태에 빠지지 않고 냉철한 시선으로 앞을 내다보면서 태연한 마음가짐으로 원칙에 집착하지 말고 때와 장소에 맞춰 유연하게 대처해야 한다. 장양호도 평소에 하던 방법으로 비상사태에 대처하면 예기치 못한 사태가 발생하므로 실패로 끝난다고 했다.

그는 당나라의 학자 한유(韓愈)의 말을 인용하여 개인의 난관을 극복하는 방법을 설명했다.

"한유는 이렇게 말했다. '군자는 예기치 못한 난관에 부딪치면 세 가지 방법으로 대처한다. 첫째, 난관을 자기 본연의 생활태도와 전혀 관계없다는 생각으로 거부한다. 이렇게 하면 빗물을 막기 위해 둑을 쌓는 것과 같이 조금의 틈도 생기지 않는다. 둘째, 난관을 운명으로 받아들이고 그에 따른 고충을 마음속으로 해소한다. 이렇게 하면 물이 바다로 흘러들고, 여름에 얼음이 녹는 것처럼 무리 없이 순조롭게 진행된다. 셋째, 느긋한 마음으로 난관을 즐기고 문자로 만든다. 이렇게 하면 금석의 소리가 귀뚜라미 소리를 압도하는 것처럼 의연한 태도를 유지할 수 있다."

난관에 부딪쳤을 때 한번쯤 이 말을 떠올려 보면 도움이 될 것이다.

인재를 등용하라

장양호는 인재를 등용하는 일을 재상의 중요한 임무로 꼽았다. 재상은 물론이고 조직의 지도자적 위치에 있는 사람이라면 조직을 활성화하고 성장시키며 조직 내에서 인재를 효율적으로 활용할 수 있도록 인사문제에 많은 관심을 기울여야 한다.

하지만 적재적소에 인재를 등용하기란 생각처럼 쉽지 않다. 특히 연령과 경력을 중시하는 조직에서 이를 무시하고 능력 있는 인재를 등용하려면 용기가 필요하다. 점차 능력 위주로 바뀌고는 있지만 학력에 편중한 인사제도가 아직 뿌리깊게 남아 있다. 게다가 파벌이나 학벌에 따른 정실 인사의 폐해가 적지 않다.

그러므로 인재를 등용하는 문제는 오늘날 조직을 관리할 때도 중요한 문제이다. 장양호는 인재를 판별하는 기준으로 세 가지를 제시했다.

첫째, 주변 사람들의 평판을 듣는다.

둘째, 행동을 살핀다.

셋째, 주변에 어떤 사람을 소개하는지 살핀다.

설명을 덧붙이자면 첫째, 주변 사람들의 평판을 듣는 방법은 인재를 발굴하는 보편적인 방법으로 독단적이고 편견에 치우친 평가를 피할 수 있다.

장양호는 다음과 같이 말했다.

"한 나라를 다스리는 일과 한 가정을 다스리는 일은 거의 비슷하다. 가정을 잘 다스리는 사람은 가족은 물론이고 시종들의 성격과 인격까지 정확하게 알고 있다. 하나라도 놓쳐 완벽하게 파악하지 못하면 틈을 노려 각자 제멋대로 행동한다. 이런 상태로 오랜 시간이 지나면 옳고 그름을 판단하지 못하고 아첨을 충성이라 여기고, 탐욕을 청렴이라 여기며, 무능함을 유능함이라고 착각하게 된다."

또 사람들의 의견을 수렴하여 알려지지 않은 인재를 찾아내고 발탁하는 노력을 아끼지 않는다면 다른 사람들에게 좋은 자극제가 될 것이라고 말했다.

둘째, 행동을 살피는 방법은 평소에 그 사람이 어떻게 일을 처리하는지 관찰하는 것이다. 마지막으로 인재를 판별할 때는 친분이 있는 주변사람을 살펴보면 된다. 그 사람들을 통해 그 사람의 능력과

《三事忠告》

인격을 짐작할 수 있기 때문이다.

　세 가지 방법 모두 옳은 방법이지만 인재를 발굴하는 일과 함께 잊지 말아야 할 점은 부하의 의욕을 이끌어내 그 능력을 충분히 발휘시킬 수 있어야 한다는 것이다. 장양호는 사람을 다루는 방법을 이렇게 설명했다.

　"재상이라고 해서 모든 것을 알아야 하는 것은 아니다. 다만 남의 재능을 시기하지 말고 항상 공평한 태도로 대하면 지혜로운 사람에게는 좋은 방책을 얻고 용기 있는 사람에게는 힘을 빌릴 수 있다. 반대로 자신의 재능과 말솜씨를 과시하면 비록 현명한 사람이 옆에 있어도 도움을 받기 어렵다."

　"윗사람이 번잡한 일을 간소화시키고 차분함으로 과격함을 절제하고 천하의 동향에 대응해야 한다. 그러면 부하들은 기꺼이 명령에 따르고 의욕을 불태울 것이다."

　"재상이 비난과 질책을 모두 자기 책임으로 돌리고 일을 처리하면 관리들은 절개와 지조를 지키고 백성들의 인심도 후해질 것이다. 그리고 앞으로 나라를 위해 절의를 지키고 기꺼이 목숨 바치려는 사람이 속출할 것이다."

　즉 기본적인 사항은 확실하게 관리하고 나머지는 부하에게 믿고 맡기며 문제가 발생하면 자신이 책임지는 지도자라면 부하들은 기꺼이 충성할 것이다.

　오나라의 손권은 사람을 다루는 데 명수라고 불릴 만큼 훌륭한 인재를 많이 모았다. 그는 부하의 단점을 눈감아주고 장점을 최대한 발휘할 수 있도록 기회를 주었기 때문에 가능한 일이었다.

　그러나 부하의 단점만 보고 일을 맡기지 않는 지도자가 많다. 특히 자존심이 강한 사람이 이런 경향을 보인다. 이런 사람들은 자신의 능력에만 의지하려고 하기 때문에 부하들을 믿지 못한다. 하지만 이런 사람은 훌륭한 지도자가 될 수 없다. 독단적으로 행동하는 지도자는 다음 구절을 마음깊이 새기고 주의하자.

"비록 인재를 등용했어도 상대를 믿지 못해 일을 맡기지 않으면 인재를 등용하지 않고 혼자 일하는 것과 마찬가지다. 그러면 목표를 달성할 수 없을 뿐더러 아첨하는 무리에게 이용당한다."

그리고 "아무리 성인이나 현인이라도 혼자서 모든 능력을 겸비할 수는 없다"라고 덧붙였다. 조직과 기업은 많은 인재들의 협력을 얻어야 유지되고 발전할 수 있다.

부하의 능력을 잘 이끌어 내어 적재적소에 활용하는 지도자가 진정한 지도자이다.

공생하는 방법을 찾아라

부하를 다루는 법을 포함한 인간관계에 대한 장양호의 의견을 살펴보자.

장양호는 평생 이익보다 정의를 중시하며 살았다. 그의 이러한 인생관은 대인관계에서도 나타난다. 다음의 말은 그의 이러한 사상을 단적으로 보여준다.

"다른 사람에게 배신당해도 남을 배신하지 않으면 자신을 살릴 수 있고 선행을 독점하지 않고 남에게 나누어주면 남을 살릴 수 있다. 그렇게 하면 도리에 맞는 삶을 살 수 있다."

"정치를 하다보면 칭찬과 비난을 듣기 마련이다. 이때 비난은 자신이 받고 칭찬은 다른 사람에게 돌리는 마음가짐이 중요하다."

배신을 당해도 남을 배신하지 않고 선행을 다른 사람과 나누며 칭찬은 남에게 돌리고 자신이 비난받는 행동은 평범한 사람은 도저히 따라할 수 없다. 그러나 장양호는 지도자라면 이러한 마음가짐이 있어야 한다고 주장했다.

"동료가 실수를 했더라도 정치에 악영향을 미치지 않는 한 질책해서는 안 된다. 자신에게는 엄격하고 남에게는 너그러워야 한다. 다른 사람이 자기와 같기를 기대해서는 안 된다."

"정치가가 고생하면 백성이 편안해지고 정치가가 편안하면 백성이 고생하기 마련이다. 혼자 고생하기 싫다고 백성을 부리는 사람은 훌륭한 지도자라고 할 수 없다."

이렇듯 장양호는 인간관계를 맺을 때 자기를 희생하고 상대방의 처지에서 생각하라고 권했다. 그것이야말로 자기를 살리고 남을 살리는 유일한 방법이기 때문이다. 상사와 동료, 혹은 부하에게 이같이 대하면 수월하게 협력을 요구할 수 있고, 더더욱 돈독한 관계를 유지힐 수 있다.

그는 "겸허한 사람일수록 의지가 강하고 큰일을 이룰 수 있다"라고 말했다.

원활한 인간관계를 맺으려면 겸허함과 인내심이 필요하다.

"인내심이 강하면 일을 달성할 수 있다."

"큰일을 이루려면 반드시 인내심이 있어야 한다."

"인내야말로 모든 일의 출발점이다."

장양호는 이렇듯 인내심을 중시했는데 그의 생각을 구체적으로 살펴보자.

"한때의 분노를 참지 못하면 동료에게 신뢰를 잃고 정치가 혼란해진다. 이런 사람은 소인배라는 말을 들어 마땅하다."

큰소리로 언쟁을 하거나 질책하지 말라는 뜻이다.

"석연치 않은 점이 있더라도 내색하지 않고 그 자리에서는 마지못해 따르지만, 일단 그 자리를 벗어나면 다른 사람에게 울분을 털어놓는다. 그러면 두 사람의 사이가 벌어지고 그 틈을 노려 거짓으로 남을 헐뜯는 사람이 나타난다."

이렇게 되면 인간관계에 금이 가고 자기를 살릴 수도, 남을 살릴 수도 없다.

장양호는 조직 내의 인간관계에서는 협동 정신이 필요하다고 주장하며 다음과 같이 말했다.

"두 사람이 같은 조직에서 같은 일을 한다고 치자. 한 명이 새로운 일을 맡게 되었을 때 다른 사람도 협력하여 일을 무사히 완수할 수 있게 도와야 한다. 만약 다른 사람이 보고도 못 본 척하며 돕지 않는다면 그 일은 실패로 끝날 것이다. 상대의 업적은 곧 나의 업적이며 상대가 업적을 올릴 수 있도록 배려하는 것은 곧 자기의 업적을 올리는 것과 같다. 남이 업적을 올리는 것은 꺼리면서 자신만 업적을 올리려고 하면 안 된다."

조직 내의 협동 정신을 만들어 내는 일도 지도자의 중요한 임무임을 명심하자.

《三事忠告》

물러날 때를 알라

아무리 눈부신 업적을 올려도 물러날 때를 놓쳐 힘들게 쌓은 명성을 더럽힌 사례는 동서고금 어디에서나 쉽게 찾아볼 수 있다. 때를 알고 깨끗이 물러나는 일은 어렵다. 권좌에 지나치게 집착하다가 주위 사람들에게 떠밀려 물러나는 모습을 보면 안타깝다기보다는 한심하다는 생각이 든다. 권력이란 자리가 그렇게 사람의 마음을 사로잡는 것일까?

중국 사람들은 높은 지위가 예기치 않게 찾아온다고 생각했다.

장자의 말을 인용해 보자.

"높은 지위는 저절로 굴러 들어오는 것이므로 막을 수도 쫓을 수도 없다. 그러므로 얻었다고 기뻐할 일도 아니며 얻지 못했다고 세상 풍속에 맞출 필요도 없다."

이에 대해 장양호는 "옛날 사람들도 말했듯이 높은 지위는 저절로 굴러 들어오는 것이므로 지위를 얻었다고 이득이 되는 것이 아니며 잃었다고 손해가 되는 것도 아니다"라고 말했다. 그러므로 스스로 권좌를 얻으려고 이름을 팔거나 권력에 집착하는 행동은 인간으로서 부끄럽게 여겨야 한다고 주장했다.

"관직에 오르고 못 오르고는 다 자기 하기 나름이다. 결코 남의 힘을 빌려서는 안 된다. 남의 힘을 빌려 부귀영달을 얻으려 하는 것은 바람직하지 않다."

"세상 사람들은 가난과 부귀를 하늘의 뜻이라고 생각했다. 하늘이 가난하도록 정해 놓은 사람은 아무리 열심히 노력해도 가난에서 벗어날 수 없으며, 하늘이 부유하도록 정해 놓은 사람은 결국 부유해진다고 믿었다. 군자는 점쟁이가 입버릇처럼 하는 말에 현혹되면 안 된다.

군자는 하늘의 뜻보다 의를 중시해야 하며 하늘의 뜻에 얽매여 의를 잃어서는 안 된다. 즉 나아갈 때 나아가고 물러설 때 물러나며 좋다고 생각하면 실행하고 그렇지 않다고 생각하면 중지할 뿐 하늘의 뜻이라는 말은 입 밖에 내지 않는다. 부귀영달을 추구하는 데 급급하여 거기에서 헤어 나오지 못하는 자들 가운데는 하늘의 뜻에 연연하며 스스로 자신을 속박하는 경우가 많다. 게다가 이들은 화를 자초하고 있음을 깨닫지 못하고 있으니 참으로 안타까운 일이다."

"후임자가 부임하기 전에 자기의 공덕을 기리는 비석을 세우려고 백성을 선동하고 경제력이 있는 자들을 불러들여 성대한 송별회를 열게 한다거나 노잣돈으로 쓰기 위해 돈을 걷고 사당을 지어 후세에 자기의 이름을 남기려는 사람이 있는데 이런 사람은 군자로서 자격이 없다."

사람의 등급은 세 단계로 나눌 수 있다.

첫째, 훌륭한 업적을 세우고도 사람들이 알아주기를 바라지 않는 사람으로 가장 높은 단계에 속한다.

둘째, 자신의 업적이 사람들에게 알려져도 과시하지 않는 사람은 중간 단계에 속한다.

셋째, 자신의 업적을 알리는 데 열중하고 허명을 떨치려는 자는 가장 낮은 단계에 속한다.

높은 지위가 저절로 오는 것이라고 해서 쉽게 생각해서는 안 된다. 장양호는 직책의 중요성을 충분히 인식하고 있었으며 "관직이 높아질수록 책임이 무거워지고 책임이 무거워질수록 마음을 써야 할 일이 많아진다"라고 말했다.

　그리고 지위를 이용하여 돈벌이를 하거나 권력의 자리에 있는 것을 좋아하여 제때에 물러나지 않는 사람을 경멸했다. 자기가 그 자리에 적합하지 않는 사람이라고 생각되거나 조직이 나가려는 방향과 자신의 생각이 맞지 않고 책임을 다하지 못한다고 판단되면 과감히 자리에서 물러나야 한다.

　"절조를 지키는 사람은 재산이 없어도 풍요롭고 높은 지위에 오르지 않아도 존경받을 자격이 있다. 그러나 절조를 지키지 않는 사람은 정절을 지키지 않는 여자와 같다. 이런 사람은 강한 자에게는 약하고 이용가치가 있다고 생각되는 상대에게 다가간다.

　이처럼 행동하는 사람은 아무리 장점이 많아도 결점을 보상할 수 없다. 옛날 사람들도 '벼슬과 재산을 얻기는 쉬우나 절조를 지키기는 어렵다'고 말했다. 벼슬과 재산은 잃어도 다시 얻을 수 있지만 절조는 한 번 잃으면 다시는 돌이킬 수 없다."

　이를 명심하고 지위와 절조를 지킬 때를 잘 판단하여 적절한 시기에 물러나야 한다. 장양호는 "그 사람의 됨됨이보다 지위로 사람을 평가하는 것은 어리석은 짓이다"라고 말했다.

전국책

책사와 모사들의 언론과 행동을 대표하는 '응대사령의 학문'

《전국책 戰國策》

《전국책》에 대해

《전국책》은 이름에서도 알 수 있듯이 전국시대의 책략을 기록한 책이다. 주로 전국시대에 활약했던 책사나 모사들의 언론활동과 술책이 담겨 있다.

전국시대에 패권을 다툰 진秦, 제齊, 초楚, 한漢, 위魏, 조趙, 연燕의 7강强과 동주東周, 서주西周, 송宋, 위衛, 중산中山 등 12개국에 대해 나라별로 구성되어 있다. 모두 33편이며, 사마천이 《사기》를 집필할 때 중요한 사료로 삼았다고 한다.

원저자가 누구인지는 알려지지 않았다. 전한의 유향劉向이라는 학자가 궁중의 장서를 교정할 때, 〈국책國策〉, 〈국사國事〉, 〈단장短長〉이라는 이름으로 보존되었던 여러 자료를 정리하여 33권으로 재편집하고 《전국책》이라 이름 지었다. 역사서로 분류되어 있지만 전편에 걸쳐 책사와 모사들의 언론과 행동이 실려 있다.

비교적 짧은 일화로 구성되어 있으므로 가볍게 읽을 수 있다.

《전국책》의 명언

→ '백 리를 가는 자는 구십 리를 절반으로 친다行百里者 半九十.'
〈진책秦策〉

→ '기린(천리마)도 쇠약해지면 둔한 말에게 처진다騏麟衰也 駑馬先之.'
〈제책齊策〉

→ '꾀 많은 토끼는 굴을 세 개나 갖고 있다狡兔三窟.' 〈제책齊策〉

→ '선비는 자기를 알아주는 사람을 위해 죽고 여자는 자기를 좋아해주는 사람을 위해 몸을 치장한다士爲知己者死, 女爲悅己者容.' 〈조책趙策〉

→ '큰 공적을 세우는 사람은 여러 사람과 모의하지 않는다成大功子, 不謀干衆.' 〈조책〉

→ '세 사람이 호랑이를 봤다고 하면 거짓이라도 믿는다三人成虎.' 〈위책魏策〉

→ '닭 벼슬이 될망정 소꼬리는 되지 마라鷄口牛後.' 〈한책韓策〉

→ '입술이 없으면 이가 시리다脣亡齒寒.' 〈한책〉

→ '먼저 외부터 시작하라先之於隗.' 〈연책燕策〉

→ '바람은 쓸쓸하고 역수는 차가운데, 장사는 한 번 가면 다시는 돌아오지 않는다風蕭蕭易水寒, 壯士一去兮不復還.' 〈연책〉

응대사령의 보고

한학자인 야스오카 마사도쿠安岡正篤는 중국 고전을 '응대사령의 학문'이라고 지적했다. 그중에서 대표적인 책이 바로《전국책》이다.

'응대사령應對辭令'이란 설득이나 교섭, 또는 부하를 부리는 방법 등 인간관계를 유지하는 모든 방법을 의미한다.《전국책》은 응대사령의 보고寶庫이다.

자공이 지도자의 조건을 묻자 공자는 '여러 나라에 사신으로 가서 나라를 욕되게 하지 않는 것'을 첫 번째로 꼽았다. 다시 말해 지도자는 다른 나라와 외교교섭을 할 때 국민의 기대에 부응하는 훌륭한 성과를 얻을 수 있어야 한다.

교섭에서 성공하려면 응대사령을 습득해야 한다. 그래서 사회의 지도자 위치에 있는 경영자나 관리직에 있는 사람이 교섭에서 맡은 직무를 다하려면《전국책》을 읽어야 한다.

《전국책》은 결코 딱딱하거나 지루하지 않다. 전국시대의 역사서라고는 하지만 당시에 활약한 세객들의 생생한 경험담을 담은 책이다.

지금부터 2천 년 전의 중국은 약육강식의 시대였다. 천하통일을 두고 피비린내 나는 무력항쟁이 벌어졌다. 그러는 한편 활발한 외교교섭을 펼쳐 살아남으려고 발버둥쳤다. 외교 교섭을 담당하는 사람을 '세객'이라고 불렀다.

세객들은 각국의 왕이 자기를 등용하도록 유세활동을 펼쳐야 했다. 왕의 신임을 얻어 등용되어야만 비로소 활약할 수 있는 기회가 왔다. 일이 순조롭게 진행되어 외교 교섭을 맡게 되더라도 교섭에 실패하면 바로 물러나야 했다. 지위를 유지하려면 어떻게 해서든 교섭에 성공해야 했다.

그들의 말에는 상대를 매료시키는 박력 넘치는 설득력이 있다. 전국시대에는 몇 천 명이나 되는 세객들이 세 치의 혀로 혼란한 세상을 누비고 다녔다. 그들의 활약상을 기록한 것이 바로 《전국책》이다.

여기서 잠깐 유명한 일화를 보자.

조나라가 연나라를 공격하려던 때의 일이다. 소대蘇代라는 세객이 연나라 임금의 명령을 받고 조나라 왕을 설득하러 갔다. 소대는 조나라 왕을 설득했다.

"오는 길에 역수易水 강을 건너 왔습니다. 건너는 동안 가만히 보고 있자니 모래 위에 조개가 나와 있었습니다. 그때 도요새가 날아와서 그 살을 쪼아 먹으려 했습니다. 그러자 조개는 벌렸던 입을 꽉 다물어 도요새의 주둥이를 물었습니다. 도요새가 '이놈아, 2, 3일 동안 비가 내리지 않으면 넌 죽고 말걸'이라고 소리쳤습니다. 그러자 조개도 지지 않고 소리쳤습니다. '무슨 소릴 하는 거야. 이대로 있으면 그 전에 네가 먼저 끝장날 걸'이라고 받아쳤습니다. 쌍방은 한 치의 양보도 없이 팽팽하게 맞서고 있었습니다. 바로 그때 어부가 다가와 둘 다 잡아갔습니다. 조나라는 지금 연나라를 공격하려고 합니다. 전쟁이 길어져 국력이 쇠퇴하면 이웃에 있는 진나라가 이득을 볼 것은 뻔한 일입니다. 그러니 부디 다시 한번 신중히 생각해 주시기 바랍니다."

조나라 왕은 소대의 말을 듣고 "과연 그대의 말이 옳구려. 잘 알겠소"라며 연나라를 공격하려던 계획을 중지했다고 한다.

이 이야기에서 '어부지리漁夫之利'라는 말이 유래했다. 이 이야기를 통해 재치 있는 비유를 들어 상대를 설득하는 방법이 얼마나 큰 효과가 있는지를 알 수 있다.

상대에게 부탁을 할 때, 무조건 머리를 조아리며 간청해 봐도 좋은 성과를 얻기 어렵다. 교섭에 능한 사람은 상대에게 이익이 될 만한 부분을 부각시켜 상대가 스스로 부탁을 들어주고 싶다는 마음이 생기도록 유도한다.

조나라의 왕을 설득한 소대의 방법이 그 전형적인 사례라고 할 수 있다. 《전국책》에는 이러한 응대사령의 요령이 많이 수록되어 있다.

상대의 의표를 찌르는 설득법

사람을 설득하는 방법에는 여러 가지 비결이 있다. 그중 하나로 상대의 의표를 찌르는 방법이 있다. 상대가 전혀 예상하지 못한 이야기로 상대의 관심을 유발한 후 본론으로 들어간다.

이 방법은 설득하기 까다로운 상대에게 효과적이다. 세객들은 자주 이 방법을 사용하여 목적을 달성했다.

그 성공 사례를 두 가지 일화로 소개해 보자.

제나라의 재상으로 정곽군靖郭君이라는 사람이 있었다. 그는 설薛이라는 곳에 영지를 갖고 있었는데, 어느 날 그곳에 성을 쌓으려고 했다. 그러자 그의 주변에 있던 세객들이 그에게 계획을 중지하도록 설득하기 시작했다. 진절머리가 난 정곽군은 앞으로 세객을 들이지

《戰國策》 87

말라고 지시했다.

그런데 얼마 후 한 세객이 찾아와 "딱 세 마디만 말씀드리겠습니다. 그 이상으로 말하면 끓는 가마솥에 처넣어도 좋습니다"라며 만나달라고 청했다.

재미있는 사람이라고 생각한 정곽군은 그를 만나보기로 했다. 세객은 잰걸음으로 들어와 "해海, 대大, 어魚"라고 말하고는 돌아가려고 했다. 분명 그가 말한대로 세 마디였지만 무슨 뜻인지 도저히 알 수가 없었다.

"잠깐 기다리시오."

정곽군이 엉겁결에 소리를 지르자, 세객이 말했다.

"저는 헛되이 죽고 싶지 않습니다."

"염려 말고 자세히 설명해 보시오."

그러자 세객이 말했다.

"대어를 알고 계실 겁니다. 너무 커서 그물에 걸리지도 않고, 낚시 줄로 낚아 올릴 수도 없습니다. 그러나 제아무리 큰 물고기라도 물 밖으로 나오면 벌레들의 먹이가 됩니다. 재상에게 제나라는 물에 해당합니다. 제나라만 제대로 다스린다면 설에 성을 쌓을 필요가 없습니다. 그러나 제나라를 제대로 다스리지 못한다면 아무리 높은 성벽을 쌓아도 아무런 도움이 되지 않을 것입니다."

"과연, 그대의 말이 맞소."

정곽군은 즉시 성을 짓는 일을 중지시켰다.

세객은 분수를 모르면 파멸을 초래한다는 이치를 일깨워 주었다. 이 이야기에서 흥미로운 것은 그의 독특한 설득 방법이다. 세 마디만 하겠다는 기발한 발상으로 상대의 관심을 유발하여 본론으로 들어가는 방법은 오늘날의 광고 선전에서도 흔히 볼 수 있다.

한 가지 사례를 더 보자.

위나라의 안리왕安釐王이 이웃에 있는 조나라를 공격하려던 때의 일이다. 위나라의 계량季梁이라는 세객이 있었는데 그는 자주 다른 나라로 유세활동을 떠나 본국에 없을 때가 많았다. 위나라가 조나라를 공격하려 한다는 소문을 들은 그는 서둘러 본국으로 돌아와 안리왕을 찾아갔다. 계량은 반드시 이 전쟁을 막아야 한다고 생각했지만 설득에 능한 사람이라 처음에는 절대 자신의 생각을 드러내지 않았다. 그는 안리왕을 만나자마자 이런 비유를 들어 이야기를 꺼냈다.

"조금 전 돌아오는 길에 한 사나이를 만났는데, 마차를 북쪽으로 몰면서 초나라로 간다고 하더군요. 초나라는 남쪽에 있는데 어째서 반대쪽으로 가느냐고 물었더니 자기의 말은 천하의 명마라고 하는 겁니다. 그래서 명마일지는 모르겠지만 길을 잘못 들었다고 말하자, 여비도 넉넉하게 있으니 걱정 없다고 하는 겁니다. 그래도 길을 잘못 들었다고 말하자, 이번에는 좋은 마부가 있으니 상관없다고 했습니다. 그는 좋은 조건을 두루 갖추었지만 목적지와 점점 멀어져갈 뿐이었습니다."

안리왕이 계량의 이야기에 호기심을 보이자 계량은 천천히 본론으로 들어갔다.

"지금 폐하께서는 천하의 신뢰를 얻어 왕이 되셨고 천하를 호령하려고 하십니다. 나라가 크고 군대가 강한 것을 믿고 이웃나라를 공격하여 영토를 확장하고 명성을 얻으려고 하십니다. 그러나 지금 섣불리 행동하시면 폐하께서 바라는 바와 오히려 멀어질 뿐입니다. 이는 초나라에 가려고 하면서 반대쪽으로 향하는 것과 같습니다."

계량의 말을 듣고 안리왕은 조나라를 공격하려던 계획을 중단했다고 한다. 계량의 이야기를 통해 기본 방침이 잘못되면 아무리 노력해도, 아니 노력할수록 목적에서 멀어진다는 사실을 배울 수 있다. 우리도 이 같은 실수를 저지르기 쉽다. 기업을 경영할 때는 물론이고 인생을 살아갈 때도 끊임없이 기본 방침을 제대로 세웠는지 확인해야 한다. 이를 게을리하면 애써 흘린 땀도 헛수고가 된다.

절묘한 비유로 상대의 관심을 끌어낸 계량의 이야기도 상대의 의표를 찔러 상대를 설득하는 방법의 전형적인 사례라 할 수 있다. 이 방법을 능숙하게 구사할 수 있는 사람은 드물지만 굉장히 효과적이다.

뛰어난 술책

술책도 응대사령에 속한다. 술책을 떳떳하지 못한 방법이라고 생각하는 사람이 많지만 살벌한 경쟁사회에서 살아남기 위해서 때로는 필요하다.

전국시대에 활약한 세객들은 이 방법을 생활의 지혜로 받아들였다. 그러한 세객들 중에서도 술수에 능한 '장의張儀'라는 사람이 있었다. 그는 훗날 외교 교섭에서 뛰어난 실력을 발휘했다. 그가 젊었을 때 다음과 같은 일이 있었다고 한다.

　초나라의 회왕懷王을 만나 유세활동을 펼쳤을 때의 일이다. 아직 젊다보니 그의 유세활동은 순조롭게 진행되지 않았고, 생활도 궁핍해졌다. 수행하던 사람들도 하나둘 떠나기 시작했다. 회왕은 여색에 빠져 있었는데, 그 무렵 남후南后와 정수鄭袖라는 미녀들을 총애하고 있었다. 그 사실을 안 장의는 다시 회왕을 찾아갔다.
　"폐하께서 저를 등용하실 생각이 없으신 것 같으니, 저는 이제 그만 물러나서 진나라로 갈 생각입니다."
　"마음대로 하시오."
　"혹시 진나라에서 필요한 게 없으신지요."
　"우리나라엔 금은보화, 코뿔소, 코끼리 등 없는 게 없는데 뭐가 더 필요하겠소."
　"그럼 미인도 필요 없으시다는 말씀이십니까?"
　"음. 글쎄."
　"진나라 미인들은 참으로 아름답습니다. 마치 하늘에서 내려온 선녀를 보는 것 같은 착각이 들 정도입니다."
　"하긴 우리나라는 미인이 드물긴 하오. 진나라의 미인들을 한 번 만나보고 싶소."
　회왕은 미인이라면 꼼짝 못한다. 곧장 장의에게 자금을 주며 미인을 데려오라고 부탁했다. 남후와 정수는 이 이야기를 듣고 초조해졌다. 진나라의 미인을 데려온다면 더 이상 왕의 총애를 받을 수 없다고 생각한 남후는 당장 장의에게 사람을 보냈다.
　"듣자하니 진나라로 가신다기에 금 천 근을 보냅니다. 부디 노잣돈으로 써주십시오."

정수도 성의의 표시라며 금 5백 근을 보내왔다. 장의는 노잣돈을 두둑이 챙겨 넣고 다시 회왕에게 작별 인사를 했다.

"각 나라에서 외인들의 왕래를 엄격하게 제한하고 있어 언제 다시 뵐지 알 수 없습니다. 하오니 이별의 술잔이라도 내려 주시옵소서."

"좋소."

회왕은 술을 대접했다. 장의는 적당한 때를 노려 이야기를 꺼냈다.

"둘이서 마시자니 좀 적적합니다. 아무나 마음에 드시는 분을 불러주시면 어떻겠습니까?"

"그렇구려."

회왕은 남후와 정수를 불러 술을 따르도록 시켰다. 그러나 장의는 정색을 하며 사죄를 드렸다.

"죄송합니다."

"그게, 무슨 말이오?"

"많은 나라를 다녀봤지만 이렇게 아름다운 분들은 처음 뵙습니다. 그것도 모르고 미인을 데려오겠다고 했으니 제가 어리석었습니다."

"허허. 아니오. 실은 짐도 천하에 이들보다 아름다운 사람들은 없을 거라고 생각하고 있었소."

이렇게 해서 장의는 밑천도 들이지 않고 담보도 없이 많은 금을 얻었다. 게다가 회왕을 만족시키는 동시에 두 애첩의 불안도 해소해 줬다. 이 얼마나 멋진 술책인가.

장의는 훗날 외교 교섭을 할 때도 멋진 술책으로 상대를 설득하여 능력 있는 책사로 명성을 떨쳤다. 장의는 인간의 약점을 잘 파악하고 그에 맞는 술책을 구사했다.

앞에서 소개한 사례에서도 여색을 즐겼던 회왕과 미인들의 약점까지 정확하게 간파했다. 술책을 효과적으로 구사하려면 깊은 통찰력을 갖춰야 한다. 이는 또한 지도자가 갖춰야 할 조건이다.

인간관계의 오묘한 이치

어떻게 하면 원만한 인간관계를 맺을 수 있을까? 이는 우리의 숙원이자 앞으로도 풀어나가야 할 과제다. 자칫하면 다른 사람의 원한을 사기도 하고 생각지 못한 곳에서 제지를 당하기도 한다. 특히 윗사람은 인간관계의 오묘한 이치를 정확하게 이해해야 한다.

그렇지 않으면 부하를 잘 다스릴 수도 없으며 순조롭게 일을 진행할 수도 없다.

《전국책》에 나온 일화 중에 도움이 될 만한 이야기를 하겠다.

전국시대에 중산中山이란 작은 나라가 있었다. 어느 날, 왕이 국내의 명사들을 불러 연회를 베풀었다. 그런데 이때, 양고기로 만든 죽이 부족하여 모두에게 골고루 돌릴 수 없었다. 양고기 죽을 먹지 못한 한 사람이 이에 불만을 품고 초나라로 도망가, 초나라 왕을 부추겨 중산을 치게 했다고 한다.

대국이었던 초나라의 공격을 받은 중산 나라는 더 이상 버틸 수가

《戰國策》

없었다. 중산 나라 왕은 어쩔 수 없이 다른 나라로 도망치려 했다. 그런데 창을 든 두 사람이 뒤를 쫓아왔다. 왕이 뒤돌아보며 소리쳤다.

"어떤 놈들이냐?"

"오래전에 폐하께서 주신 음식을 먹고 죽음을 면한 사람이 있습니다. 저희들은 그 사람의 자식입니다. 부친께서 돌아가실 때 폐하께 무슨 일이 생기면 목숨을 걸고 은혜를 보답하라는 유언을 남기셨습니다. 그래서 이렇게 달려온 것입니다."

중산 나라 왕은 탄식하며 말했다.

"아주 사소한 은혜라도 상대가 곤란할 때 베풀면 그 효과가 바로 나타나고, 사소한 실수라도 상대를 상처 입히면 크게 보복을 당한다. 나는 죽 한 그릇으로 나라를 잃었고, 음식 한 바구니로 용사 두 사람을 얻었구나."

인간관계의 오묘한 이치를 잘 표현한 말로, 이는 현대 사회에서도 마찬가지다. 이번에는 맹상군의 일화를 소개한다.

맹상군은 제나라 재상으로, 외교 교섭이 뛰어나 명성을 떨친 정치가다. 그의 집에는 항상 많은 식객들이 묵고 있었는데 그 중에 그의 첩과 밀통한 사람이 있었다. 이 사실을 안 가신이 맹상군에게 말했다.

"식객으로 있으면서 주군의 여자와 밀통한 것은 용서할 수 없는 일입니다. 지금 즉시 처벌을 내리셔야 합니다."

그러자 맹상군은 "아름다운 여인을 보고 끌리는 것은 당연한 일 아닌가, 그냥 내버려두게"라며 처벌을 내리지 않았다. 그렇게 1년이 지났다. 어느 날 맹상군은 자신의 첩과 밀통하던 식객을 불렀다.

"기껏 나를 찾아왔는데 좋은 지위를 주지도 못하고 참으로 미안하오. 그렇다고 하급 관리직을 줄 수도 없고…. 그래서 말인데 나는 위衛나라의 왕과 아주 친하다오. 마차와 노자를 준비해 드릴 테니 위나라에 가시는 게 어떻겠소?"

얼마 후 식객은 위나라로 건너가 중요한 직책을 맡았다.

세월이 지나 제나라와 위나라의 국교가 단절되고 위나라 왕은 다른 나라들과 연합하여 제나라를 공격하려고 했다. 그때 맹상군의 식객으로 있던 자가 위나라 왕에게 간언했다.

"제가 폐하를 모시게 된 것은 맹상군이 변변치 못한 저를 추천해 주었기 때문입니다. 오래전 제나라와 위나라는 대대손손 서로에게 칼을 들이대지 않기로 맹세했습니다. 그런데 폐하께서는 지금 다른 나라들과 손을 잡고 제나라를 공격하려고 하십니다. 이는 선왕의 맹세를 어기는 일이며, 또한 맹상군과의 우정을 저버리는 일이기도 합니다. 부디 다시 생각해 주십시오. 생각을 바꾸지 않으신다면 저는 여기서 죽을 각오가 되어 있습니다."

이 이야기를 전해 들은 제나라 사람들은 "맹상군은 현명한 사람이군. 전화위복이 되도록 했으니 말이야"라고 칭송했다.

지도자는 관용의 미덕을 갖추어야 한다. 부하의 약점을 모조리 들춰내 꾸짖기만 하고 너그럽게 받아들이지 못하고 용서하지 않는다면 사람들이 따르지 않을 것이다.

《戰國策》

부하의 의욕을 높이는 방법

　인간관계의 오묘한 이치를 조금 다른 각도에서 말하는 것이 "선비는 자기를 알아주는 사람을 위해 죽는다土爲知己者死"이다. 선비, 즉 훌륭한 인물은 자신을 이해해 주는 사람을 위하여 목숨을 바친다는 뜻이다. 《전국책》에서 나온 말로 이와 관련하여 다음과 같은 이야기가 있다.

　진나라에 여양予讓이라는 사람이 있었다. 여양은 처음에 범范과 중행中行이라는 중신을 섬겼는데 크게 쓰임을 받지 못했다. 그래서 지백智伯이라는 중신을 섬겼는데 이번에는 높은 지위를 얻었다.
　그러나 지백은 세력다툼 끝에 조양자趙襄子라는 중신에게 죽임을 당했다. 당시 진나라에서는 중신들 사이에 세력 다툼이 치열하여 서로 죽고 죽이는 일이 비일비재했다.
　주군을 잃은 여양은 산 속으로 도망가 "선비는 자기를 알아주는 사람을 위해 죽고, 여자는 자기를 좋아하는 사람을 위해 몸을 치장한다. 내 반드시 주군의 원수를 갚고야 말겠다"며 복수를 다짐했다.
　여양은 이름을 바꾸고 조양자의 궁전에 들어가 화장실 벽을 칠하면서 복수할 기회를 노렸다. 그러던 어느 날 조양자가 변소에 들어서려고 할 때, 갑자기 이상한 기운을 느꼈다. 벽을 칠하고 있던 일꾼을 잡고 보니 여양이었다. 게다가 여양은 비수를 감추고 있었다.
　엄중히 문초했더니, 죽은 주군인 지백의 원수를 갚으려 했다고 자백했다. 그러자 조양자의 부하들은 여양의 목을 당장 베야 한다고 소리쳤다. 그러나 이를 제지하고 "이 사람은 의로운 사람일세. 나만 조심하면 되네. 지백은 이미 죽고 자손도 없는데 그의 부하가 주군의 원수를 갚으려 했으니, 이 얼마나 장한 일인가"라며 그를 놓아주었다.

이 일화를 보면 조양자도 꽤 너그러운 사람인 듯하다.

한편, 죽음을 면한 여양도 어수룩한 사람은 아닌지라 이번에는 몸에 옻칠을 하여 문둥이처럼 보이게 했다. 게다가 머리를 자르고 눈썹을 밀어서 딴사람처럼 변장을 하고 숯을 먹어 목소리까지 변조하여 음식을 동냥하며 조양자를 죽일 기회를 노렸다.

어느 날, 조양자가 외출을 나갔다. 여양은 다리 밑에서 그를 기다리고 있었다. 그런데 조양자가 다리를 건너려 하자 말이 갑자기 놀라 날뛰었다.

여양이 숨어 있다고 생각한 조양자는 부하를 시켜 주변을 수색했다. 과연 여양이 다리 밑에 숨어 있었다. 아무리 너그러운 조양자도 이번에는 참지 못하고 여양을 꾸짖었다.

"너는 일찍이 범과 중행을 섬기지 않았는가? 지백이 그들을 죽였거든 너는 그 원수는 갚지 않고 오히려 정성을 다해 지백을 섬겼다. 그런데 지백이 죽음을 당했을 때는 어째서 원수를 갚으려고 하는 게냐?"

그러자 여양이 대답했다.

"범과 중행을 섬기기는 했으나 별 다른 대우를 받지 못했으니 나도 받은 만큼 갚았을 뿐이오. 그러나 지백은 나를 진심으로 대해주었으니 진심으로 보답하는 것이오."

이 말을 듣고 조양자가 탄식하여 말했다.

"자네는 이미 지백에 대한 의리를 지켰네. 나도 참을 만큼 참았으니 더 이상은 용서할 수 없네."

말이 끝나자 조양자의 부하들이 여양을 둘러쌌다. 여양도 이제는 마지막이라고 느꼈는지 조양자에게 말했다.

"당신은 나를 한 번 살려주었소. 세상 사람들은 모두 입을 모아 당신을 칭찬하고 있소. 이제는 나도 기꺼이 죽을 것이오. 다만 죽기 전에 당신의 옷이라도 칼로 베게 해 주시오. 그렇게 하면 죽어도 여한이 없겠소."

조양자는 그의 의리에 감동받아 옷을 벗어 주었다. 여양은 칼을 뽑아 조양자의 옷을 세 번 벤 후 "주군의 은혜를 갚았다"고 외치고 자결했다고 한다.

이 이야기는 "선비는 자기를 알아주는 사람을 위해 죽는다"는 말에 얽힌 일화다.

여양이 정성으로 섬기고, 원수를 갚아 주려고 했던 지백이라는 인물은 그다지 평판이 좋은 편은 아니었다. 그가 조양자에게 멸망한 것도 자업자득이라 할 수 있다. 여양은 그런 인물을 위해 목숨을 버리면서까지 원수를 갚으려 했다. 이는 그가 자기를 이해해 주고 진심으로 대우해 준 지백에 대한 고마움을 갚고 싶었기 때문이었을 것이다.

현대의 인간관계는 점점 각박해져 간다. 그러나 지금도 사람들은 자기를 이해해 주는 상사 밑에서 일하고 싶어한다. 먼저 상대를 이해하고 그의 생각과 장점을 인정해 주면 부하의 의욕을 높일 수 있다.

여양의 이야기는 어떻게 하면 부하의 의욕을 높일 수 있는지 깨우침을 준다.

'먼저 외부터 시작하라'

"먼저 외부터 시작하라先之於隗"라는 유명한 말이 있다. 이는 일을 시작할 때는 말을 꺼낸 본인이 먼저 시작하고, 쉬운 일부터 하라는 의미다. 《전국책》에서 나온 말로 인재를 다루는 마음가짐에 대한 것이다.

전국시대에 연燕이란 나라가 있었다. 지금의 북경 근처다. 연나라는 이웃나라인 제나라의 공격을 받아 참패했다. 이때 소왕昭王이 즉위했다.

그는 나라를 바로잡고 패전의 수치를 씻어 내겠다고 결심했다. 그러려면 우선 우수한 인재를 찾아야 했다. 그래서 소왕은 현자로 명성이 자자한 곽외郭隗를 불러 의논했다.

"우리나라는 내란으로 제나라에게 패하고 말았소. 이 치욕을 씻어내고 싶지만 워낙 작은 나라인지라 역부족인 것 같소. 그래서 인재를 등용하여 그들의 협력을 얻고 선대의 치욕을 씻어 내고 싶소. 선생은 어떻게 생각하시오?"

곽외가 대답했다.

"예로부터 제왕은 훌륭한 인재를 곁에 두었습니다. 또한 왕자는 훌륭한 벗을 가까이 하고, 패자는 훌륭한 부하를 곁에 두었습니다. 반면 나라를 망하게 한 왕들 주변에는 변변치 못한 사람들만 있습니

《戰國策》

다. 훌륭한 인재를 찾는 데는 몇 가지 방법이 있습니다. 먼저 예의를 갖추어 상대를 대하고, 정중하게 가르침을 받아야 합니다.

그러면 자신보다 백 배나 훌륭한 인재를 얻을 수 있습니다. 다음으로 상대에게 경의를 표하고 의견에 귀를 기울여야 합니다. 그러면 자신보다 열 배나 훌륭한 인재를 얻을 수 있습니다. 상대와 똑같이 행동한다면 자신과 비슷한 사람밖에 얻지 못합니다.

예의를 갖추지 않고 상대를 대하면 하급관리들만 모일 것이고, 상대를 몰아붙인다면 소인배들만 모일 것입니다. 이것이 인재를 모으는 요령입니다. 나라 안에 인재를 뽑아 그들의 가르침을 받는다는 소문이 퍼지면 나라 밖에 있는 인재들도 몰려들 것입니다."

이와 관련하여 '야랑자대夜郞自大'라는 말이 있다.

옛날 한왕조시대에 중국 대륙 남쪽 구석에 '야랑'이라는 작은 나라가 있었다. 어느 날 한나라의 사신이 야랑을 방문했을 때, 야랑의 왕이 "우리나라와 한나라 중 어느 쪽이 크오?"라고 물었다고 한다.

이때부터 자기 분수도 모르고 위세를 부리는 사람을 일컬어 '야랑자대'라고 하며 비웃었다. "우물 안 개구리가 바다 넓은 줄 모른다"는 말과 일맥상통한다.

곽외가 하려는 말도 지도자는 분수를 모르고 위세를 부려서는 안 된다는 것이었다. 다시 본론으로 돌아가 곽외는 인재를 모으는 방법에 대해 다음과 같이 말했다.

"이런 이야기를 들은 적이 있습니다. 옛날 한 나라의 왕이 금 천 근을 걸고 하루에 천 리를 달린다는 준마를 구했지만 몇 년이 지나도 얻지 못했습니다. 그때 신하 한 명이 '제가 구해오겠습니다' 라고 나섰습니다. 그래서 왕은 그에게 일을 맡겼습니다.

그후 3개월 뒤 신하가 준마가 있다는 곳을 수소문하여 찾아갔더니 말은 이미 죽어 있었습니다. 신하는 말의 뼈를 반값에 주고 사들고 와 왕에게 보고했습니다. 왕은 몹시 화를 내며 그 신하를 꾸짖었습니다.

"짐이 찾은 것은 살아 있는 말이오. 죽은 말을 금 5백 근이나 주는 사람이 어디 있소."

그러자 신하가 말했습니다.

"죽은 준마를 5백 근을 주고 샀다는 소문이 돌면, 살아 있는 준마는 그보다 훨씬 높은 가격에 사들일 거라고 생각하고 준마를 가진 자들이 모여들 것입니다. 기다려 보십시오. 곧 폐하께서 원하시는 준마를 구할 수 있을 것입니다."

왕이 그의 말대로 했더니 정말 1년도 안 되서 천하의 준마가 세 마리나 모여들었다고 한다.

이 사례를 든 후, 곽외는 본론으로 들어갔다.

"그러니 폐하께서도 진심으로 훌륭한 인재를 얻고자 하신다면 먼저 주변 사람들을 먼저 아끼십시오. 저와 같은 자도 귀한 대접을 받는다는 소문이 퍼지면 저보다 뛰어난 인재들이 몰려들 것입니다."

그의 말에 일리가 있다고 생각한 소왕은 즉시 곽외를 최고의 고문으로 받아들여, 스승으로 받들며 가르침을 받았다. 그러자 각지에서 인재들이 모여들었다. 소왕은 그들의 도움을 받아 마침내 제나라에게 당했던 치욕을 갚을 수 있었다고 한다.

저성장기일 때는 조직을 더 이상 늘려서는 안 된다. 사원의 수보다는 능력을 중시해야 한다. 능력 있는 사원을 많이 확보하는 것만이 기업이 살아남는 길이다. 이러한 점에서 곽외의 이야기가 큰 도움이 될 것이다.

전습록

자기를 수양하고 남을 다스리는 인간학적인 귀중한 잠언

《전습록 傳習錄》

《전습록》에 대해

《전습록》은 명대 중기의 사상가 왕양명王陽明의 주장을 수록한 어록이다. 이 책은 양명학의 입문서로 중국, 일본은 물론이고 우리나라에서도 널리 읽혔다. 상중하 3권으로 되어 있으며, 원형은 왕양명이 살아 있을 당시 그의 제자들에 의해 기록되었다. 그리고 오늘날 전해 오는 것은 왕양명이 죽은 뒤 그의 제자 전덕홍錢德洪이 내용을 보강하여 편집한 책이다.

이 책은 어록과 서간집 형식으로 되어 있어 양명학을 체계적으로 이해하는 데 적절하다고 할 수는 없다. 그러나 왕양명의 가르침을 생생한 필치로 느낄 수 있다는 점에서 상당히 매력적이다.

왕양명의 이름은 수인守仁이다. 젊었을 때는 주자학의 열렬한 추종자였으나 점차 주자학에 의문을 품고 오랜 고심 끝에 실천을 중시하는 양명학을 주장하게 되었다. 《전습록》 전반에서 그의 끊임없는 실천욕구를 느낄 수 있는데 이러한 점에 매료되어 다수의 열렬한 추종자가 나왔다.

《전습록》의 명언

→ '친구를 사귈 때 겸허하면 득이 되나 오만하면 해가 된다處朋友 務相下, 則得益 相上則損.' 〈상권上卷〉

→ '자고로 사람은 배워서 얻은 게 있으면 실천하여 자신을 향상시켜야 한다人須在事上磨.' 〈상권〉

→ '지(知)는 행(行)의 시작이며, 행은 지를 이룬다知是行之始, 行是知之成.' 〈상권〉

→ '마음을 떠나서는 이치가 없고 마음을 떠나서는 일이 없다. 마음은 만물의 근본이다心外無理 心外無事.' 〈상권〉

→ '크나 근원을 모르는 구정물이 되기보다는 작아도 근원이 맑고 깨끗한 물이 되는 편이 낫다與其爲數頃無源之塘水 不若爲數尺有源之井水, 生意不窮.' 〈상권〉

→ '양지는 누구의 마음속에나 존재하며 이는 고금천지를 막론하고 마찬가지다良知之在人心, 無間於聖愚, 天下古今之所同也.' 〈중권中卷〉

→ '선과 악을 아는 것을 양시良知라 하며, 선을 행하고 악을 버려서 선을 이루는 것을 격물(格物)이라 한다知善知惡是良知, 爲善去惡是格物.' 〈하권下卷〉

→ '인생의 가장 큰 병폐는 오직 오傲(거만함)라는 한 글자에 있다人生大病, 只是一傲字.' 〈하권〉

양명학과 《전습록》

　양명학에 관심이 있는 사람이라면 누구나 《전습록》을 알고 있을 것이다. 《전습록》은 옛날부터 양명학의 입문서로 널리 읽혀 왔으며, 양명학과 밀접한 관계에 있다. 그래서 《전습록》을 다루는 일은 어떤 의미에서 양명학을 다루는 것과 같다.
　따라서 《전습록》을 통해 양명학이 어떠한 사상인지를 간단히 소개하려고 한다.
　양명학은 지금으로부터 500년 전쯤, 명나라에서 활약했던 사상가 왕양명이 주장한 학문이다. 당시 중국에는 주자학이 전성기를 누리고 있었는데, 왕양명도 처음에는 주자학에 깊이 매료되어 있었다. 하지만 점차 이에 의문을 품고 주자학에 반대하여 양명학을 주장하게 된다.
　주자학과 양명학은 모두 유교에 뿌리를 두고 있으며 자기를 수양하고 남을 다스리는 '수기치인修己治人'을 목표로 한다. 하지만 목표를 이루는 방법은 다르다.
　주자학과 양명학은 '격물치지格物致知'라는 기본적인 방법론의 차이에서 각기 다른 길로 가게 된다.
　주자학은 '이理'는 인간 내면은 물론이고 외계 사물에도 존재한다는 '성즉리'를 명제로 내세웠다. 그리고 사물의 이치를 깊이 연구하여 '지知'를 완성해야 하며 이것만이 인간을 형성해 가는 길이라고 주장했다.
　하지만 왕양명은 주자학의 이러한 이론에 의문을 제기했다.
　"주자는 세상 모든 사물의 이치를 연구하여 '지'를 완성해야 한다고 했는데, 대체 그 많은 사물의 이치를 어떻게 연구한단 말인가? 나무 한 그루, 풀 한 포기에도 모두 '이'가 존재한다니 그 이치를 일일이 연구하는 것은 무리다."

왕양명이 젊었을 때 어떤 인물이었는지를 보여 주는 일화가 있다.

어느 날, 왕양명과 그의 친구는 정원에 심어 놓은 대나무의 이치를 연구하고자 했다. 주자의 격물치지 이론을 실천으로 옮겨 대나무의 '이'를 구하려 했던 것이다. 그러나 그의 친구는 시작한 지 3일 만에 포기하고 그도 7일 만에 병을 얻어 중단하고 말았다.

그는 '성인이란 되려고 해서 될 수 있는 것이 아니다'라며 쓴웃음을 지었다고 한다.

가볍게 웃어넘길 수도 있는 이야기지만 왕양명이 젊은 시절 '격물치지'의 해석 문제를 놓고 얼마나 고심했는지를 보여 주는 일화이다. 그는 꽤 오랫동안 고심한 끝에 37세에 마침내 깨달음을 얻고 주자학을 극복했다.

그 깨달음이 바로 '심즉리性卽理'라고 하는 유명한 명제였다. 왕양명은 "'심'은 곧 '이'다. '심'에서 벗어난 '이'는 없다"라고 말했다.

그는 "'심'이 곧 '이'고 '심'과 '이'는 분리되지 않는다"라며 '격물'의 주체는 어디까지나 마음에 있다는 주장을 내세웠다. 그는 천성적인 마음의 본체를 '양지良知'라 하고 이를 최대한 발휘하는 일이 '치지'라고 주장했다.

그의 주장을 살펴보자.

"내가 말하는 '격물치지'란 우리 마음의 양지를 모든 사물에 이루는 것이다. 우리 마음의 양지를 모든 사물에 이루면 사물은 '이'를 얻는다. 우리 마음의 양지를 이루는 것이 '치지'이며, 모든 사물의 '이'를 얻는 것이 '격물'이다."

다시 말해 인간 내면에 있는 '양지'에 절대 권위를 인정하고, '치지'는 만물의 이를 연구하는 것이 아니라 각자가 갖고 있는 '양지'를 충분히 발휘시키는 것이라는 주장이다.

이해하기 쉽게 풀어 말하면 주자학이 고상하게 만물의 '이'를 연구하고자 했던 것에 비해 양명학은 주제적인 처지를 강조하여 마음의 작용과 의욕, 기백을 중시했다.

이것이 양명학의 첫 번째 특징이다. 그리고 여기에서 '지행합일'이라는 양명학의 두 번째 특징이 나왔다.

왕양명은 "알고도 행하지 않는 사람은 없다. 알고도 행하지 않는 것은 아직 진정으로 안다고 할 수 없다"라고 말했다. 바로 이러한 발상에서 행동으로 옮기려는 끊임없는 열의가 솟구친다.

《전습록》은 이러한 양명학의 사상을 정리한 책이다. 이 책은 왕양명의 말과 편지를 모은 것으로 양명학을 체계적으로 이해하는 데 적합하다고 할 수는 없다. 그러나 양명학의 가르침을 생생하게 기록했다는 점에서 매력적이며 오래전부터 양명학의 입문서로 널리 읽혀져 왔다.

지금부터 다양한 각도에서 좀 더 구체적으로 양명학을 다루고 오늘날에도 충분히 활용할 수 있는 행동지침을 살펴보자.

《傳習錄》

'지행합일'의 학문

말만 앞세우고 행동이 뒷받침되지 않으면 단순히 떠벌이는 것과 다를 바 없다. 실제로 우리 주변에는 말과 행동이 일치하지 않는 사람이 많다. 비단 정치가만 그런 것이 아니다. 점잖은 얼굴로 도덕성을 주장하던 대학교수나 평론가가 뒤로는 방탕한 생활을 하거나, 마르크스주의를 주장하던 학자가 으리으리한 집에 살며 고급차를 타고 다니는 사례도 쉽게 접할 수 있다.

사상은 그 가치에 걸맞게 행동과 실천으로 옮기려는 끊임없는 욕구를 갖는다. 그러므로 행동과 실천이 따르지 않는 사상은 단순한 떠벌림에 불과하다.

양명학만큼 행동과 실천으로 옮기려는 끊임없는 욕구가 강한 학문은 없다. 이는 양명학에서 중시하는 '지행합일'만 봐도 알 수 있다.

왕양명은 이렇게 말했다.

"'지'는 '행'의 시작이며, '행'은 '지'를 이룬 것이다知是行之始. 行是知之成."

왕양명은 아는 것은 행동의 시작이며, 행동하는 것은 이미 알고 있음을 전제로 성립된다고 주장했다. 가령 음식의 맛이 좋고 나쁜지 직접 맛보지 않으면 알 수 없는 것과 같다.

왕양명은 또한 이렇게 말했다.

"'진지眞知'는 곧 행동을 이루는 까닭이다. 행동으로 옮기지 않으면 '지'라고 할 수 없다."

진정한 지는 행동으로 옮길 계기를 내포한다. 그러므로 행동이 뒤따르지 않으면 '지'라고 할 수 없다는 뜻이다.

어느 날, 왕양명은 제자들의 질문에 이렇게 대답했다.

"아름다운 색을 보는 것은 '지'에 속하고 그것을 좋아하는 것은 '행'에 속하네. 아름다운 색을 본 순간 이미 자연스럽게 그 색을 좋아하게 된 것이지, 본 후에 색을 좋아하도록 다른 마음이 작용한 게 아닐세. 또한 악취를 맡는 것은 '지'에 속하고 그것을 싫어하는 것은 '행'에 속하네. 악취를 맡는 순간 이미 그 냄새를 싫어하게 된 것이지, 맡은 후에 냄새를 싫어할 만한 다른 마음이 작용한 게 아니네. 부모님께 효도하는 것도 마찬가지일세. 이미 효도를 하고 있기 때문에 비로소 알게 되는 걸세. 그럴 듯하게 효도에 대해 아는 것처럼 말한다고 해서 알고 있다고 할 수는 없지. 마찬가지로 아픔도 직접 체험해 봐야 비로소 알 수 있네. 이는 추위나 배고픔도 마찬가지지. 이처럼 '지'와 '행'은 분리할 수 없다네. 원래 '지'와 '행'은 하나이며, 억지로 나누려 해서는 안 되네. 예부터 성인들은 이러한 '지'와 '행'을 하나로 보았네. 그래야 비로소 '지'라고 할 수 있지 '행'이 없는 '지'는 '지'라고 할 수 없네. 진정한 지를 행동으로 옮겨 지와 행을 하나로 하는 일은 매우 절실하고도 실질적인 과제일세."

'지행합일'을 주장한 양명학은 '지'와 '행'은 둘로 나눌 수 없다는 주장을 내세웠다. 그리고 이러한 발상에서 양명학의 두 번째 특징인 행동으로 옮기고자 하는 끊임없는 열의가 생긴다. 행동으로 옮기려는 열의는 오늘날을 살아가는 우리에게도 매우 중요한 과제다.

오늘날과 같은 정보화 사회에서는 쉽게 지식을 얻을 수 있다. 그러나 행동이 뒷받침되지 않을 때가 많다. 그러므로 행동이 뒤따르지 않는 지식을 쌓는 데 인생을 허비하지 말고 행동으로 옮겨 직접 현실에 부딪쳐보자. 실패하더라도 원인을 분석하고 재도전하면 된다.

하지만 아무리 행동으로 옮기는 것이 중요하다고 해도 지식이 뒷받침되지 않으면 아무 소용이 없다. 행동으로 옮기려면 충분한 정보를 모으고 명석한 사고분별을 한 뒤 시작해야 한다.

이렇듯 지행합일의 가르침은 현대를 살아가는 우리에게도 많은 교훈을 준다.

인격 형성의 네 가지 지침

인격 형성이라는 관점에서 보면 주자학과 양명학은 모두 사회에 유용한 인간을 목표로 한다. 그러나 양명학은 주자학과 달리 실천 정신을 불태우고 행동으로 옮기려는 열의를 가지고 있다는 점에서 주목할 만하다.

사회에 유용한 인간을 목표로 자신을 수양하려면 어떻게 행동하고 실천해야 할까? 왕양명은 그 방법으로 네 가지를 들었다.

첫째, '입지立志' 뜻을 세우는 일이다. '지'는 목표를 설정하고 실현하려는 의욕을 내포한다.

왕양명은 이렇게 말했다.

"먼저 뜻을 세우지 않으면 어떠한 일도 성공할 수 없다. 온갖 기술과 재주를 가졌더라도 먼저 뜻을 세워야 한다."

"뜻을 세우지 않으면 키가 없는 배와 같고 재갈을 물리지 않은 말과 같다. 키가 없는 배는 풍파에 휩쓸려 정처 없이 떠돌며, 재갈을 물리지 않는 말은 멋대로 돌아다녀 어디로 갈지 예측할 수 없다."

확실한 목표를 세우고 끈기 있게 실현하려는 의지가 없다면 어떤 일도 이룰 수 없다. 목표를 세우지 않으면 우리의 소중한 삶이 무의미하게 끝날 것이다.

이렇듯 사회에 유용한 사람이 되려면 우선 뜻을 세워야 한다. 그러나 이것만으로는 부족하다.

두 번째로 학문에 힘쓰는 자세, 즉 '근학勤學'이 필요하다.

"이미 뜻을 세우고 군자가 되고자 하면 학문에 종사해야 한다. 학문에 힘쓰지 않는 것은 뜻을 제대로 세우지 못했기 때문이다."

이때 학문은 단순한 지식의 습득이 아니라 자신의 인격을 향상시키는 데 도움이 될만한 지식을 습득하는 학문을 말한다.

"겸허한 자세로 자신의 무능함을 자각하고 열심히 학문에 힘쓰며, 다른 사람의 장점은 칭찬하고 자신의 단점은 반성해야 한다. 성실하고 온화하며 한결같은 인물은 천성적으로 우매할지라도 주변 사람들로부터 사랑을 받는다.

이런 사람은 굳이 사람들 앞에 나서지 않아도 사람들에게 존경받는다.

이러한 이치를 깨달으면 학문을 통해 무엇을 배워야 할지 저절로 알 수 있다."

왕양명이 추천한 학문은 지금 학교에서 가르치는 학문과는 상당히 달랐던 것 같다.

세 번째로 잘못을 고치는 '개과改過'가 필요하다.

"아무리 현명한 사람이라도 잘못을 저지를 때가 있다. 그러나 현명한 사람은 자신이 저지른 잘못을 반성하고 고친다. 그러므로 잘못을 저지르지 않는 것이 중요한 것이 아니라 저지른 잘못을 고치려는 자세가 중요하다."

물론 잘못을 저지르지 않는 것이 가장 좋다. 그러나 인간이기 때문에 누구나 잘못을 저지른다. 문제는 그후에 어떻게 처리하는지에 달려 있다.

잘못을 깨달으면 솔직하게 인정하고 고쳐야 한다. 그래야 인간으로서 진보하고 향상될 수 있다. 공자도 《논어》에서 "허물이 있으면 고치기를 꺼려하지 말라"고 말했다.

왕양명은 또한 이렇게 말했다.

"이제 와서 잘못을 고쳐 봐야 남들이 믿어주지 않을 거라며 잘못을 고치지 않는 사람이 있다. 그런 사람은 발전을 기대할 수 없다."

극단적인 표현일지는 모르나 이런 비판을 듣지 않으려면 자신의 잘못을 엄하게 다스리고 고쳐 나가야 한다.

마지막으로 착한 일을 권하는 '책선責善'이다.

인간은 사회적 동물이라서 혼자서는 살지 못한다. 어떤 일을 하든 함께 할 사람이 필요하다. 인격을 형성할 때도 좋은 동료를 가까이 하면 서로에게 도움이 되어 좀 더 좋은 효과를 얻을 수 있다. '책선'은 이러한 동료에 대한 마음가짐을 말한 것으로, 왕양명은 다음과 같이 말했다.

"만약 친구에게 나쁜 점이 있으면 나서서 충고해 준다. 그러나 상대방에 대한 배려가 결여된 질책이나 매도는 삼가야 한다. 그리고 자신에게 엄격하고 남에게는 너그러워야 한다. 다른 사람에게 아무리 심한 비판을 받아도 대범하게 받아들일 마음의 여유를 가져야 한다. 그런 의미에서 다른 사람에게 착한 일을 권하기 전에 자기가 먼저 착한 일을 해야 한다."

"자고로 다른 사람의 단점을 들추고, 비밀을 폭로하며, 옳고 그름만 따지는 행동은 착한 일을 권하는 자라고 할 수 없다."

상대방의 단점이나 숨기고 싶은 비밀을 폭로하여 자기만 좋은 사람이 되려는 행동은 책선이라 할 수 없다.

왕양명은 자신을 단련시키기 위한 출발점으로 입지, 근학, 개과, 책선의 지침 네 가지를 들었다.

이는 오늘날에도 인격 형성을 위한 행동지침으로 그대로 적용될 수 있을 것이다.

성찰극치로 인욕을 극복하라

왕양명은 46세 되던 해, 조정의 명을 받아 반란을 평정하기 위해 지방으로 출정했다. 그때 그는 자신의 제자에게 '산중의 적은 물리치기 쉬워도 심중의 적을 물리치기는 어렵다' 라는 글을 적어 보냈다고 한다. 이는 반란을 평정하는 일도 어렵지만 자기의 마음을 다스리는 일이 훨씬 어렵다는 뜻이다.

왕양명은 사람은 누구나 천성적으로 훌륭한 마음을 갖고 있다고 말하고, 그 마음을 '양지' 라고 했다.

그러나 우리 마음속에는 양지만 존재하는 것이 아니며 온갖 욕망과 사악한 생각이 시시각각으로 양지의 작용을 방해한다.

왕양명은 이러한 욕망을 '인욕'이라고 말했다.

가령, 책을 읽으려고 마음먹었다가도 TV에서 재미있는 프로그램이 나오면 마음이 빼앗겨 시간을 허비한다. 또 일을 하려다가도 같이 게임하자는 동료의 유혹에 넘어가기도 한다.

이는 모두 인욕 때문이며 다시 말해 '인욕'이란 인간이 가진 본질적인 약점이다.

인욕을 극복하기는 어렵다. 그래서 인간은 쉽게 인욕에 굴복하고 끌려 다니며 인생을 헛되이 보내기 일쑤다. 왕양명이 말한 마음속의 적은 바로 인욕을 말한다. 인욕을 극복하려는 노력을 게을리 하면 인격 형성을 도모할 수 없다. 왕양명은 인욕을 극복하려는 노력을 '성찰극치省察克治'라고 불렀다.

'성찰'이란 안일한 생각에 빠지거나 나쁜 마음을 품게 하는 요소들을 일일이 끌어내어 점검하고 반성하는 일이다. 또한 '극치'는 뿌리째 뽑아 제거하는 것을 말한다. 이에 대해 왕양명은 이렇게 말했다.

"평소에 마음속에 자리 잡고 있는 색욕, 금전욕, 명예욕을 일일이 끌어내어 두 번 다시는 그런 마음이 생기지 않도록 뿌리째 제거하는 일이 중요하다. 마치 고양이가 쥐를 쫓을 때와 같이 가만히 눈과 귀를 기울여 조금이라도 사욕이 생기면 곧바로 제거한다. 또한 강철을 자르듯이 사욕의 뿌리를 완전히 뽑아내어 숨거나 도망갈 여지를 완전히 봉쇄해야 한다. 그러면 모든 사욕이 사라질 것이다."

또한 이렇게 말했다.

"자신을 이기기 위해서는 사욕을 완전히 없애야 한다. 조금이라도 남겨두면 온갖 사악한 기운이 몰려든다."

일시적인 대중요법은 전혀 효과가 없으며 마음속에 싹트는 모든 악의 근원을 뿌리째 제거해야 한다. 물론 말처럼 쉬운 일은 아니다. 그러나 적어도 실천으로 옮기고자 하는 강한 의지를 가져야 한다. 왕양명은 이러한 의지가 없으면 성실한 사람이 될 수 없다며 강한 의지를 가지라고 충고했다.

왕양명의 제자 가운데 '맹원孟源'이라는 인물이 있었다. 그는 남달리 자부심이 높고 명예욕이 강했다. 왕양명은 그의 단점을 지적하고 여러 차례 주의를 줬다. 주의를 받은 지 얼마 되지 않아 하루는 다른 제자가 평소에 수양을 어떻게 해야 하는지에 대해 왕양명의 조언을 구했다. 그러자 맹원이 옆에서 "그 문제라면 언젠가 내가 말한 적이 있소"라며 나섰다. 이를 본 왕양명이 "자네, 또 그 버릇이 나왔군" 하고 주의를 주자 맹원은 불만스런 표정을 지으며 변명하려고 했다.

그러자 왕양명은 이를 저지하며 이렇게 말했다.

"이것이야말로 자네가 반드시 고쳐야 할 버릇일세. 마치 좁은 땅 위에 큰 나무를 심어 놓은 것과 같네. 단비가 내려 토양이 비옥해져도 모든 양분은 나무가 빨아먹지. 그 주변에 곡물을 심으려고 해도 나뭇가지가 빛을 차단하고 나무뿌리가 양분을 빨아먹으며 땅속을 차지하고 있어 곡물이 자라지 못하지. 그러니 곡물을 키우려면 우선 이 나무를 베고 안전하게 뿌리째 뽑아 없애야 하네. 그러지 않으면 아무리 정성을 들여 논밭을 일구어도 나무의 뿌리만 살찌울 뿐일세."

핵심적인 것을 잊고 부수적인 것에만 신경을 쓰면 성과를 올릴 수 없다. 부수적인 일에 신경 쓰지 말고 핵심적인 일에 온 신경을 집중해야 한다는 왕양명의 가르침은 인격을 수양하는 데는 물론이고 인생을 영위하는 데도 그대로 적용된다.

일을 하면서도 꾸준히 수양을 쌓아라

'지행합일'을 내세운 양명학은 인격 형성에 있어서도 매우 실천적이다. 살면서 누구나 한두 번은 역경에 처하며 또 냉혹한 시련을 맞기도 한다. 문제는 그때 어떻게 대처하느냐에 달려 있다.

모든 일이 순조로울 때는 누구나 쉽게 대응해 나간다. 하지만 역경에 처했을 때 비로소 그 사람의 진가를 알 수 있다. 우리 주변에 역경에 부딪치면 이성을 잃거나 자포자기하고, 위험한 일에 손을 대어 스스로 자멸을 초래하는 등 중요한 시기에 적절하게 대응하지 못해 일을 그르치는 사람이 많다. 그러므로 역경을 극복하기 위해서는 평소에 자기 수양을 쌓아야 한다.

양명학에서는 수양 방법으로 '사상연마事上鍊磨'를 중시한다. '사상연마'란 일을 하면서 연마한다. 즉 매일 일을 하면서 자신을 단련한다는 뜻이다. 이에 대해 왕양명은 이렇게 말했다.

"사람은 자고로 일을 하면서 수양을 쌓고 연구해야 한다. 가만히 있기를 좋아하는 사람은 새로운 일이 닥치면 갈피를 잡지 못하고 크게 발전하지 못한다."

단순히 지식을 많이 쌓는 것만으로는 변화무쌍한 삶을 살아갈 수 없다. 다시 말하면 백 가지의 지식보다 실제 경험을 통해 터득한 한 가지의 느낌과 생각이 실생활에 도움이 된다.

　기업경영을 예로 들어보자. 경영 육감이나 노하우는 책을 읽거나 다른 사람에게 배운다고 터득할 수 있는 것이 아니다. 이는 직접 체험하여 익혀야 한다.

　경영 컨설턴트에게 경영을 전부 일임했다가 파산을 맞은 회사나 경영권을 물려받은 경영 2세가 위기를 맞아 회사의 존속이 위험해졌다는 이야기는 비일비재하다.

　이는 지식을 쌓아 경영 이론은 갖추었으나 실전 경험이 부족하기 때문이다.

　왕양명이 일을 하면서 평소에 수양을 쌓으라고 권하는 이유는 바로 이 때문이다. 그는 단순한 지식이 아닌 살아 있는 지혜를 익히라고 거듭 강조했다.

　어느 날, 제자 중의 한 사람이 물었다.

　"아무 일도 없을 때는 마음속의 어떠한 동요도 일어나지 않는데 뭔가 일이 생기면 마음의 동요가 생깁니다. 이는 무엇 때문입니까?"

　그러자 왕양명이 대답했다.

　"이는 조용한 환경에 마음이 빼앗겨 자기를 이겨내는 수양을 게을리 했기 때문이네. 수양을 게을리 하면 어떤 일이 닥쳤을 때 금방 마음이 동요되지. 인간은 일을 하면서 평소에 자기를 단련시켜야 하네. 그러면 자아를 확립할 수 있고 언제 어떠한 사태에도 냉정하게 대처할 수 있지."

　왕양명의 말대로 위기가 닥쳤을 때 동요되지 않으려면 일을 하면서 평소에 수양을 쌓아야 한다.

또한 이런 이야기도 있다.

어느 날, 벼슬자리에 있는 제자 한 명이 이렇게 말했다.

"스승님의 가르침은 참으로 훌륭하십니다. 하지만 장부 정리와 재판 처리 등 업무에 쫓겨 공부할 시간이 없어 안타깝습니다."

그러자 왕양명이 대답했다.

"나는 이제껏 자네에게 만사를 제쳐두고 학문에 힘쓰라고 가르친 적이 없네. 자네가 지금 맡고 있는 일을 충실히 하면서 자기를 단련시키려는 마음만 있다면 그것으로 충분하네. 자네가 하고 있는 일 하나 하나가 모두 학문을 익힐 수 있는 학습의 장이 될 걸세. 따로 시간을 내서 학문을 익히려 하지 말고 지금 하는 일을 통해 수양을 쌓도록 하게."

이 말에는 어떠한 환경 속에서도 배우려는 의욕만 있으면 모든 것이 자신을 단련시키는 재료로 활용할 수 있다는 사고방식이 담겨 있다. 따라서 무엇보다 본인의 의욕이 중요하다는 말이다.

이런 일화도 있다.

한 제자가 고향에 있는 아들이 중태에 빠졌다는 소식을 듣고 걱정이 되어 초조함을 감추지 못했다. 이를 본 왕양명이 말했다.

"이런 때일수록 자기 수양이 필요하네. 이럴 때 수양을 쌓지 않고 시간을 헛되이 보낸다면 평소에 열심히 공부한들 무슨 소용이 있겠나. 지금이 절호의 기회라고 생각하고 수양을 쌓게."

이를테면 왕양명이 주장한 일을 하면서 자신을 연마하는 것은 언제 어떠한 경우에라도 자기를 극복하려는 의욕으로 상황에 대처함을 의미한다.

우리도 이러한 각오로 모든 일에 대처한다면 지금까지는 보지 못했던 긍정적인 방향이 보이지 않을까?

왕양명의 인물됨과 그의 명언

양명학을 주장한 왕양명은 1472년에 태어나 1528년 57세의 나이로 세상을 떠났다. 그의 생애를 살펴보면 두 가지 특이한 점을 발견할 수 있다.

첫째, 그는 주자학이 한창 전성기를 누릴 때 태어나 주자학의 열렬한 신봉자가 되었다. 그러나 그는 점차 주자학에 의문을 품고 오랜 고민 끝에 깨달음을 얻어 양명학을 주장했다. 깨달음을 얻기까지 그는 꽤 오랫동안 정통학문인 유학에서 벗어나 다른 학문에 빠져들었다.

이를 왕양명의 '오익五溺'이라 한다.

'오익'의 첫째는 '임협任俠'이다. 약자를 돕고 강자를 꺾는 협객의 세계를 말한다. 둘째, '기사騎射'다. 이는 말을 타고 활을 쏘는 일로 그는 무장으로서의 생활을 동경했다. 셋째, '사장辭章'인데, 즉 문학을 말한다. 넷째, '신선神仙'이다. 그는 불노장생을 추구하는 신선의 세계를 동경했던 것 같다. 마지막 다섯 번째로 '불교'가 있다.

그가 이렇게 여러 대상에 빠져들었던 것은 그만큼 주자학에 대한 불만이 크고 사상적인 번뇌가 깊었기 때문인지도 모른다.

그는 긴 방황 끝에 결국 양명학을 창시했는데, 한때의 방황이 의외로 도움이 된 예라고 하겠다.

또 하나 흥미로운 점은 왕양명의 이력이다.

그는 28세에 과거에 급제하여 고급관리직을 맡았으며 더욱이 종종 군사령관으로 기용되어 반란을 진압하는 데 앞장섰다.

게다가 그때마다 훌륭하게 목적을 달성했다. 소규모의 반란은 물론이고 자칫하면 전국적인 규모로 확산될 수도 있었던 큰 반란도 훌륭하게 진압했다.

이러한 점으로 보면 왕양명은 정치가, 용병가로서도 뛰어난 역량을 지니고 있었던 모양이다.

양명학은 실천이 뒤따르지 않는 쓸데없는 이론을 멀리한 실천적 학문이다. 그리고 이런 학문적 이론은 왕양명 자신이 몸소 실천에 옮겼으며, 그래서 그의 주장은 더욱 설득력이 있다.

끝으로 《전습록》에 실린 왕양명의 명언을 소개해 보도록 한다.

"크나 근원을 모르는 구정물이 되기보다는 작아도 근원이 밝고 깨끗한 물이 되는 편이 낫다與其爲數頃無源之塘, 不若爲數尺有源之井水, 生意不窮."

더러운 물로 가득한 넓은 웅덩이보다 좁더라도 항상 깨끗하고 신선한 물이 솟는 우물이 되는 편이 낫다는 뜻으로, 항상 마음속에 뜨거운 도전 열의를 불태워야 한다.

이 또한 양명학의 진수를 보여 주는 명언이다.

"잘못을 뉘우치는 것은 질병을 고치는 약이다. 그러나 무엇보다 잘못을 고치는 일이 중요하다. 그것을 계속해서 마음에 두고 있으면 오히려 마음의 병이 된다."

잘못을 저지르고도 고치려 하지 않는 것도 문제지만 과거의 잘못에 집착하여 헤어나지 못하는 것도 문제가 된다. 잘못을 저질렀으면 반성하고 기분을 전환하여 새로운 목표를 향해 기민하게 대응해야 한다. 이 얼마나 실천적인 조언인가!

"'시비是非'라는 두 글자는 사물을 판단하는 중요한 기준이다. 그러나 그 기준을 운용할 때의 묘미는 그것을 사용하는 사람에게 달려 있다是非兩字是箇大規矩, 巧處則存乎其人."

아무리 훌륭한 기준이라도 획일적으로 적용하면 오히려 일을 그르친다. 따라서 상황에 맞춰 적절하게 응용시켜야 하는데 이 또한 실천을 중시한 왕양명다운 발언이다.

"인생의 가장 큰 병폐는 오직 오傲(거만함)라는 한 글자에 있다人生大病, 只是一傲字."

'오'란 겸허함의 반대로 거만함을 말한다. 바로 거만하게 다른 사람들을 얕잡아보는 태도를 일컫는 말로, 거만함은 살아가는 데 가장 큰 장애물이 된다.

왕양명은 "'겸'은 선이 모이는 데 기본이 되고 '오'는 악이 모이는 데 으뜸이다謙者衆善之基, 傲者衆惡之魁"라고 덧붙였다.

겸허하게 행동하면 선이 모여들고 거만하게 행동하면 악이 모여들기 마련이다.

지금까지 간략하게 《전습록》의 내용을 살펴봤다. 인간학적인 측면에서 봐도 《전습록》은 귀중한 잠언들로 가득하다.

그 가르침 하나 하나가 오늘날 우리의 마음에 깊이 와 닿는 이유는 왕양명 자신이 많은 번뇌를 극복하고 진지하게 살았기 때문이다.

장자

상식에 구애받지 않는 견해와 세속적인 가치관을 초월한 생활방식

《장자 莊者》

《장자》에 대해

《장자》는 〈소요유逍遙遊〉, 〈제물론齊物論〉, 〈양생주養生主〉, 〈인간세人間世〉, 〈덕충부德充符〉, 〈대종사大宗師〉, 〈응제왕應帝王〉이라는 내편 7편과 〈병모편騈母篇〉을 비롯한 외편 15편, 〈경상초庚桑楚〉〉를 비롯한 잡편 11편으로 모두 33편이다. 약 6만 5천 자로 구성되어 있다.

이 책은 곳곳에 우화를 삽입하여 문학적인 표현이 두드러진다. 《장자》의 저자는 장자지만 그가 직접 쓴 것은 내편뿐이고 외편과 잡편은 후인이 썼다는 설이 일반적이다.

장자는 노자와 마찬가지로 만물의 근원에 '도'가 있다고 여기고 '도'에 입각하면 모든 사물에는 차별이 없다고 주장했다. 이를 '만물제동萬物齊同사상'이라고 하며 장자사상의 기반이 되었다.

《장자》는 《노자》와 함께 노장사상의 원전이다. 그러나 노자가 현실을 헤쳐 나가는 처세의 지혜를 내세우는 것과 달리 장자는 현실을 초월하여 해탈하라고 주장한다.

장자는 기원전 4세기경 사람으로 송나라에서 태어났으며 벼슬길에 오르지 않고 초야에 묻혀 생애를 마쳤다.

《장자》의 명언

→ '뱁새가 깊은 숲 속에 둥지를 튼다 한들 나뭇가지 하나면 족하고, 두더지가 강물을 마신다고 해도 그 작은 배를 채우는 데 불과하다 巢於深林不過一枝 偃鼠飮河不過滿腹.' 〈소요유편逍遙遊篇〉

→ '뛰어난 언변은 말로 풀어서 이야기할 수 없으며, 참된 인仁은 인이라 하지 않는다 大辯不言, 大仁不仁.' 〈제물론편齊物論篇〉

→ '하늘이 정해 준 때에 안주하고 운명에 따르면 슬픔이나 기쁨이 끼어들지 못한다 適來 夫子時也, 適去 夫子順也. 安時而處順, 哀樂不能入也.' 〈양생주편養生主篇〉

→ '세상 사람들은 모두 유용한 것의 쓰임은 알면서 무용한 것의 쓰임은 알지 못한다 無用之用.' 〈인간세편人間世篇〉

→ '사람은 흐르는 물을 거울로 삼지 않고 잔잔한 물을 거울로 삼는다. 잔잔하게 가라앉아 있기 때문에 다른 모든 가라앉은 것을 잔잔하게 할 수 있다 人莫鑑於流水 而鑑於止水 唯止能止衆止.' 〈덕충부편德充符篇〉

→ '서로 웃는 얼굴로 대하면 거리낌이 사라지고 친구가 될 수 있다 相視而笑, 莫逆於心, 遂相與爲友.' 〈대종사편大宗師篇〉

→ '오래 살면 욕된 일이 많다 壽則多辱.' 〈천지편天地篇〉

→ '곧은 나무는 먼저 잘리고 맛있는 우물은 먼저 마른다 直木先伐, 甘井先竭.' 〈산목편山木篇〉

→ '궁할 때도 즐겁게 살고 통할 때도 즐겁게 산다 窮亦樂通亦樂.' 〈양왕편讓王篇〉

발상을 전환하라

《장자》는 재미있기로 소문난 책이다. 다른 고전에서는 맛볼 수 없는 매력이 넘친다.

그중에서도 문학적인 요소가 풍부하다. 다른 고전은 대부분 이론이 중심이기 때문에 딱딱한 느낌이 강하다. 그러나 《장자》는 비유와 우화가 많아 이론서라기보다 문학서에 더 가깝고 또 그만큼 재미있게 읽을 수 있다.

내용면에서도 다른 고전은 현실을 살아가는 방법에 대한 문제를 소개하는데 장자는 현실을 초월해야 한다고 주장한다. '해탈 사상'이 두드러지게 나타나는《장자》에서는 세상의 상식에 구애받지 않는 견해와 세속적인 가치관을 초월한 생활방식 등을 이야기한다. 그런 의미에서 수많은 중국 고전 가운데서도 상당히 이색적이다.

설명은 이쯤해서 그치고 내용을 살펴보자.

우선 '붕鵬'이라는 유명한 새에 관한 설화를 보자. '명횡강名橫綱의 대붕'이라는 별명이 있는 붕의 이야기다.

먼 북쪽 바다에 '곤鯤'이라는 물고기가 있었다. 너무 커서 길이를 잴 수조차 없었다. '곤'이 변하면 붕이라는 새가 된다. 엄청나게 큰 몸통과 날개를 펼쳐서 하늘을 날면 하늘은 온통 먹구름으로 뒤덮인 것 같았다. 붕은 바람이 불고 물결이 거칠어지는 추운 계절에 먼 남쪽 바다로 날아간다.

《속제해기續齊諧記》라는 책에는 기이한 이야기가 많이 수록되어 있는데 붕을 다음과 같이 기록했다.

"붕이 남쪽 바다로 날아갈 때 날갯짓을 하면 물길이 솟는데 그 높이가 3천 리나 되며, 바람을 타고 9만 리 상공으로 날아올라 6개월 동안 쉬지 않고 날아간다."

붕이 하늘을 날면 땅에는 아지랑이가 일고 먼지가 날리며 생물은 숨쉬기조차 힘들다. 그러나 하늘은 더 없이 푸르다. 이 푸른빛은 하늘 자체의 빛깔이 아니라 끝없이 멀기 때문에 그렇게 보이는 것이다. 9만 리 상공을 나는 붕의 눈에도 땅은 푸르게 보인다.

무릇 얕은 물에서는 큰 배를 띄울 수 없다. 작은 돛단배를 띄울 수는 있지만 얕은 물에 큰 배를 띄우면 배 밑이 바닥에 닿는다. 하늘을 나는 것도 마찬가지다. 큰 날개를 펼치고 하늘을 날려면 강한 바람이 필요하다. 붕은 강한 바람을 이용하여 9만 리 상공으로 날아오른다.

바람을 타고 하늘을 나는 붕의 앞길은 아무도 가로막을 수 없다. 그렇게 붕은 곧장 남쪽 바다로 날아간다.

매미나 비둘기는 붕을 비웃으며 말한다.

"우리는 있는 힘을 다해 날아야 겨우 느릅나무에 오를 수 있어. 때로는 거기에 이르지 못하고 떨어지는데 뭣 때문에 9만 리 상공으로 날아 남쪽으로 가?"

가까운 교외로 나가는 사람은 하루 분 식량이면 충분하지만 백 리 길을 나서는 사람은 전날부터 준비를 하고, 천 리를 여행하는 사람은 3개월 전부터 준비해야 한다. 참새가 어찌 봉황의 뜻을 알겠는가? 작은 세계에서 사는 사람이 상상도 할 수 없는 큰 세계가 있다.

시간도 마찬가지다. 초나라 남쪽에 '명영冥靈'이라는 나무가 있었는데 이 나무는 천 년에 한 번씩 나이테가 생겼다. 그리고 아주 먼

옛날에 존재했다는 '대춘大椿'이라는 나무는 1만 6천 년에 한 번씩 나이테가 생겼다. 이에 비하면 인간의 수명은 참으로 하찮다. 무병장수를 기원하는 인간의 바람이 얼마나 덧없는지를 느끼게 한다.

대략 이런 이야기다. 대붕을 비웃는 매미와 비둘기는 세속적인 가치관을 가진 사람들을 대표한다. 그리고 유유히 하늘을 나는 대붕은 《장자》에서 내세우는 인간의 이상적인 삶을 상징한다.

《장자》를 읽으면 우리가 지금까지 가치 있다고 생각한 것이 정말로 가치 있는지 다시 한번 돌아보게 된다. 그리고 '좁은 시야로 사물을 본 것은 아닐까', '시야를 좀 더 넓고 크게 하면 진실을 찾을 수 있지 않을까' 하는 새로운 발상의 전환을 시도하는 계기도 된다.

이것이 바로 《장자》에서 느낄 수 있는 묘한 매력이다.

기량을 키워라

현실을 초월한다는 것이 현실을 외면한다는 의미는 아니다.

《장자》에서는 만물의 근원을 '도'라고 했다. '도'는 모든 존재의 근원이며 지배하는 근본원리다. '도'에 입각하여 만물을 보면 모든 사물에 차별이 없다. 옳고 그름, 선과 악도 없으며 가치의 있고 없음도 구별할 수 없다.

때때로 차별이 있는 것처럼 보여도 일시적일 뿐이다. 따라서 사물에 차별이 있다고 생각하는 것은 어리석다.

이에 대한 예로 '조삼모사朝三暮四'라는 유명한 우화가 있다.

《壯者》

　　어느 날 사육사가 원숭이에게 상수리를 주며 말했다.
　　"앞으로는 아침에 3개, 저녁에는 4개를 줄게."
　　그러자 원숭이들은 몹시 분개하며 난동을 부렸다. 사육사가 말을 바꾸어 "미안, 미안. 그러면 아침에 4개, 저녁에는 3개를 줄게"라고 하자 원숭이들이 좋아했다.
　　아침에 3개, 저녁에 4개나 아침에 4개, 저녁에 3개나 실제로는 아무런 차이가 없다. 그것을 알지 못하고 당장 눈앞의 일에만 집착하는 어리석음을 비웃는 이야기다. 우리는 종종 하찮은 일에 얽매여 큰일을 그르친다.
　　또 좁은 시야로 판단을 그르치는 태도를 경계한 말로 '와우각상蝸牛角上'이 있다.
　　옛날 위魏나라에 혜왕惠王이 있었다. 그는 제나라와 동맹을 맺었는데 어느 날 상대가 일방적으로 동맹을 파기했다. 화가 난 혜왕은 어떻게든 복수해야겠다고 생각하고 중신들을 모아 대책을 논의했다. 그런데 즉시 전쟁을 벌여야 한다는 자들과 평화적으로 문제를 해결해야 한다는 자들로 나눠져서 쉽게 결론이 나지 않았다.
　　이때 대진인戴晉人이라는 현인이 혜왕에게 물었다.
　　"폐하, 달팽이라는 미물을 알고 계십니까?"
　　"물론 알고 있소."
　　"그 달팽이의 왼쪽 촉각에 촉觸이라는 나라가 있고 오른쪽 촉각에 만蠻이라는 나라가 있었는데, 이들이 영토를 차지하기 위해 전쟁을 일으켰습니다.
　　이 싸움은 수만 명의 사망자를 내고 15일 만에 겨우 전쟁을 멈추었다고 합니다."

"그런 말도 안 되는 소리가 어디 있소."

"하오면 이 이야기를 사실에 비유해 볼 테니 제 말씀을 잘 들어 보십시오.

폐하께서는 이 우주의 상하사방上下四方에 끝이 있다고 생각하십니까?"

"아니, 끝은 없다고 생각하오."

"하오면 이 무한한 세상을 다스리는 자가 보기에 지상의 나라들은 하찮은 존재로 보일 것입니다."

"으음, 과연 그렇겠군."

"그 수많은 나라 가운데 위나라가 있고 위나라 안에 도읍이 있으며, 그 도읍 안에 폐하께서 계십니다. 그렇다면 폐하와 만蠻나라의 왕은 어떤 차이가 있겠습니까?"

"별 차이가 없을 것 같구려."

혜왕은 대진인이 물러간 뒤에도 한참을 멍하니 있었다고 한다.

끝없는 대우주의 관점에서 보면 지구상에서 일어나는 사건은 하찮은 일일뿐이다. 《장자》에서 말하는 '현실 초월'은 이처럼 하찮은 이해관계에 얽매이지 않는 태도를 말한다.

하지만 인간의 삶은 다양한 이해관계로 영위된다. 이해관계에 얽매이지 않는다고 해서 간단하게 초월할 수 있는 것도 아니다. 수많은 굴레 속에서 억척스럽게 살아가는 것이 우리의 인생이다.

그렇지만 《장자》에서 말하는 세계가 우리가 사는 세계와 전혀 무관하지는 않다.

예를 들어 자수성가한 경영자를 만났다고 생각해 보자. 경영자의 성공비결에 동감하여 성공 의지를 불태우는 사람이 있는가 하면 지금까지 자신의 인맥이 좁았다고 느끼는 사람도 있을 것이다.

또한 기업의 관리직에 있는 재능 있는 사람과 이야기를 나누다가 그들의 시야가 좁다고 느끼는 사람도 있다.

그런 인상을 주는 이유는 자신의 생활과 일에만 얽매여 좀 더 넓은 세계로 시선을 돌리지 못하기 때문이다. 《장자》는 그런 사람들이 읽어야 할 고전이다.

《장자》를 읽으면 인간으로서 기량을 키울 수 있다. 그렇지 못한다 해도 적어도 그런 계기를 만들 수는 있을 것이다.

무용지용

이 세상의 가치는 모두 상대적이다. 그래서 《장자》에서는 지나치게 속세의 가치에 얽매이는 것은 어리석다고 한다. 더 나아가 '무용無用' 이야말로 유용하다는 무용의 가치를 적극적으로 평가하고 가치관의 전환을 주장했다.

장자는 몇 가지 우화를 실어 '무용의 쓰임'에 대해 말한다. 그중에서도 가장 유명한 도편수 이야기를 소개하겠다.

옛날에 '석石'이라는 도편수가 있었다. 그는 제나라를 여행하다 우연히 곡원曲轅지방에 접어들었다. 그곳에서는 거대한 상수리나무를 신성한 나무로 받들고 있었다.

그 나무는 그늘에 소 수천 마리가 쉴 수 있을 정도로 엄청나게 컸다. 나무 기둥의 굵기는 백 아름이나 되고 높이는 산을 내려다볼 수 있을 정도였다.

지상 7~80척 쯤 되는 높이에는 한 개로도 충분히 배를 만들 수 있을 정도의 굵은 가지가 몇 십 개나 뻗어 있었다.

이 나무를 보기 위해 찾아오는 사람의 발길이 끊이지 않았으며 주변은 시장을 방불케 할 정도로 어수선했다. 석의 제자들은 숨을 죽이고 그 나무를 올려다보았다.

그런데 석은 눈길 한 번 주지 않고 빠른 걸음으로 나무를 지나쳤다. 겨우 그를 쫓아온 제자들이 물었다.

"스승님, 지금껏 저렇게 훌륭한 재목은 처음 봅니다. 그런데 눈길 한 번 주지 않고 지나치시다니 도대체 무슨 까닭이십니까?"

"주제 넘는 소리 말거라. 저 나무는 아무 짝에도 쓸모가 없다. 배를 만들면 가라앉을 것이고 관을 만들면 금방 썩을 것이다. 가구를 만들면 금세 부서지고 문짝을 만들면 뒤틀리게 될 게야. 기둥으로 삼으면 벌레가 슬 테니 쓸모없는 무용지물일 뿐이다. 이렇게 크고 오랫동안 살아 있을 수 있던 것도 다 쓸모가 없기 때문이야."

과연 도편수답게 제자들과 달리 날카로운 시각으로 말했다.

그런데 석이 여행에서 돌아온 그날 밤, 꿈에 거목의 혼령이 나타나 그에게 말했다.

"자네는 도대체 나를 무엇과 비교하여 무용지물이라 했는가? 어찌하여 인간에게 필요한 나무와 비교한단 말인가. 배나무나 유자나무는 열매를 맺으니 너희 인간들에게 도움이 되겠지. 그러나 열매가 달리기 때문에 가지가 잘리고 쪼개져서 천수를 다하지 못하고 죽는 것이네. 자신의 장점이 오히려 생명을 단축시키는 것일세. 즉, 불행을 자초하는 게지. 세상 사람이나 사물 모두 유용해지려는 어리석음을 계속 반복하고 있는 거라네. 하지만 나는 다르네. 지금까지 오로지 무용해지려고 노력해 왔네. 천수를 다한 지금에서야 겨우 무용한 나무가 되었지. 만일 내가 유용했다면 오래전에 잘렸을 걸세."

이 거목의 이야기야말로 장자가 말하고자 하는 진리다. 애써 유용해지려고 하지 않고 오히려 철저하게 무용했기 때문에 천수를 누릴 수 있었다.

《장자》에는 장자와 그의 논쟁 적수인 혜시惠施, 중국 전국시대 송의 사상가-역주의 논쟁을 다룬 일화가 많이 실려 있다. 그 일화 가운데 하나를 소개한다.

하루는 혜시가 장자의 주장을 비판했다.

"자네 이론은 현실에는 아무런 도움도 안 되네."

그러자 장자가 바로 되받아쳤다.

"나는 무용의 진정한 의미를 아는 사람만이 유용을 논할 자격이 있다고 생각하네. 예를 들어 우리가 서 있는 이 대지는 그 끝을 헤아릴 수 없을 만큼 넓네. 하지만 지금 우리에게는 두 발을 딛을 작은 공간이면 충분해. 그렇다고 해서 발을 딛을 만큼만 남기고 주위의 땅을 깊이 파내면 어떻게 되겠는가? 남은 부분이 우리에게 도움이 되겠는가?"

"물론 아무런 도움이 안 되겠지."

"그것 보게. 쓸모없는 것이 오히려 쓰임이 있는 것일세. 알겠는가?"

이런 생각으로 주위를 돌아보면 쓸모없는 것이 오히려 도움이 되는 경우가 많다. 우리가 유용한 것에만 마음을 빼앗겨 미처 그 진리를 깨닫지 못할 뿐이다.

장자는 '세상 사람들은 모두 유용한 것의 쓰임은 알면서도 무용한 것의 쓰임은 모른다'고 탄식했다.

오로지 유용성만을 추구하는 사람은 크게 되기 어렵다. 《장자》에서 주장하는 '무용의 쓰임'을 발견할 수 있다면 분명 새로운 인생이 펼쳐질 것이다.

망각의 효용

일본 에도시대 말기에 고급관리를 지낸 가쓰 가이슈勝海舟는 《빙천청화氷川淸話》에서 다음과 같이 말했다.

"사람이 어떤 일이든 잊지 못하고 마음속 깊이 새겨둔 채 계속해서 그것에 마음을 쓰면 고통스럽기 마련이다. '좌망坐忘'이라 하여 모든 것을 잊고 마음을 비워 한 가지 일에만 집착하지 않는 경지에 이르면 비로소 모든 사물을 자유롭게 판단할 수 있다."

무심의 경지에 이르러야 어떤 사태에도 유연하게 대응할 수 있는 판단력이 생긴다. 여기에서 가쓰 가이슈가 말한 '좌망'은 《장자》에서 나온 단어로 쉽게 말해 '무심의 경지'라고 할 수 있다.

《장자》에는 공자와 그의 제자 안회顔回가 좌망에 대해 나눈 대화가 소개되어 있다.

《壯者》

어느 날 안회가 공자에게 말했다.

"스승님, 저도 이제 어느 정도 수양을 쌓은 것 같습니다."

"으흠, 어째서 그렇게 생각하는가?"

"저는 인의仁義를 잊을 수 있습니다."

"그래, 그거 굉장한 일이군. 하지만 아직은 충분하지 않네."

그후, 안회가 다시 공자에게 말했다.

"저는 그때보다 한층 깊은 수양을 쌓았습니다."

"그건 또 어째서 그렇게 생각하는가."

"저는 예악禮樂을 잊을 수 있습니다."

"거참, 잘 되었군. 하지만 아직도 충분하지 않네."

그러고 나서 또 며칠이 지나 안회는 다시 공자에게 말했다.

"저는 더욱 깊은 수양을 쌓았습니다."

"어떻게 말인가?"

"저는 좌망을 할 수 있게 되었습니다."

"좌망?"

그러자 공자는 갑자기 태도를 바꾸며 되물었다.

"그게 뭔가?"

"오체五體의 힘을 빼고 모든 감각을 없애며 몸과 마음을 비워 '도'의 움직임을 받아들이는 것입니다."

안회의 말을 듣고 공자가 말했다.

"도의 움직임을 받아들이면 모든 감정에 구애받지 않고 도와 함께 변하여 무한한 자유를 얻을 수 있다. 네가 그렇게까지 깊은 수양을 쌓았단 말이냐. 나도 처지지 않도록 분발해야겠구나."

이는 공자와 안회에 관한 유명한 일화이며, '좌망'은 무심의 경지, 잡념을 제거한 상태로 이해하면 된다.
좌망에 얽힌 공자와 안회의 대화를 하나 더 소개하겠다.

어느 날 안회가 공자에게 물었다.
"언젠가 나룻배로 깊은 연못을 건너간 적이 있습니다. 그런데 사공이 배를 다루는 솜씨가 어찌나 뛰어난지 그야말로 예술이었습니다. 그래서 저는 누구나 그렇게 될 수 있냐고 물었습니다."
그러자 그는 "글쎄요. 수영을 잘하는 사람이라면 금방 할 수 있겠죠. 잠수를 잘 하는 사람은 배를 처음 봤어도 쉽게 익숙해질 겁니다"라고 대답했습니다. 그래서 그 이유를 물었더니 대답을 하지 않더군요. 도대체 그 이유가 무엇이겠습니까?"
공자는 안회의 질문에 대답했다.
"수영을 잘하는 사람이 금방 배를 다룰 수 있는 것은 물을 두려워하지 않기 때문일세. 잠수를 잘 하는 사람이 쉽게 익숙해지는 것은 연못이 육지와 똑같이 보이기 때문이지. 그래서 눈앞에 어떤 일이 벌어져도 마음이 동요하지 않고 항상 느긋하게 대처할 수 있는 걸세.
노름을 예로 들어보세. 별로 가치가 없는 기왓장을 걸고 내기를 하면 잘 따다가도 장신구처럼 값나가는 물건을 걸면 마음의 평정을 잃고 황금 같이 값진 물건을 걸면 마음이 흔들리지. 실력은 똑같은데 잃으면 아깝다는 생각이 강해지면서 마음도 심하게 흔들리는 걸세."

어떤 것도 의식하지 않고 구애받지 않는 경지에 도달하면 고정관념에 얽매이지 않고 아무 거리낌 없이 정세의 변화에 대처할 수 있다.

더욱이 중요한 결정을 내리는 지도자는 무심의 경지, 무아지경으로 들어가야 한다. 다시 말해 '좌망'의 경지에 도달해야 비로소 올바른 판단을 할 수 있다.

이상적인 지도자가 되려면 나무 닭을 닮아라

《장자》에서 말하는 이상적인 지도자상을 살펴보자.

"역경에 닥쳐도 불만을 품지 않고 출세를 기뻐하지 않으며 모든 일을 있는 그대로 받아들이고 계략을 꾸미지 않는다. 실패에도 굴하지 않으며 성공해도 으스대지 않는다."

그리고 이런 말도 있다.

"마음은 거울과 같다. 거울은 움직이지 않지만 보이는 것을 있는 그대로 비춘다. 그러나 지나가면 아무런 흔적도 남기지 않는다. 그래서 어떤 사태에도 대응할 수 있으며 상처를 받지도 않는다."

이 두 글귀는 다소 추상적이어서 이해가 잘 안 될지도 모르겠다. 중국 전국시대의 학자 양자거陽子居와 노자가 나눈 대화를 통해 좀 더 구체적으로 알아보자.

어느 날 양자거가 노자에게 물었다.

"민첩하고 과감한 행동력, 투철한 통찰력을 두루 갖추고 끊임없이 '도'를 배운 사람이 있다면 이상적인 지도자라고 할 수 있지 않을까요?"

노자는 고개를 저으면서 대답했다.

"그렇지 않다네. 그런 사람은 기껏해야 말단 관리밖에 될 수 없어. 변변찮은 재능에 얽매여 심신이 피곤한 불쌍한 사람이지. 게다가 그런 재능이 있어 봐야 오히려 피해를 본다네. 호랑이와 표범은 아름다운 가죽 때문에 사냥꾼에게 잡히고, 원숭이와 사냥개는 그 민첩함 때문에 목에 쇠사슬을 걸고 있는 걸세. 그런 사람을 어떻게 이상적인 지도자라 할 수 있겠는가?"

양자거는 부끄러워하며 기어 들어가는 소리로 다시 물었다.

"그렇다면 이상적인 정치는 무엇입니까?"

"글쎄, 쌓은 공덕은 천하를 뒤덮을 만큼 엄청나지만 보통 사람들에게는 그것과 아무 관계가 없는 것처럼 보이고, 그 영향력이 만물에 미치나 사람들은 그것을 전혀 깨닫지 못한다네. 천하를 다스리지만 정책의 흔적은 남질 않지. 그러면서도 만물의 능력을 최대한으로 사용하는 것이 이상적인 정치라네."

장자가 본 이상적인 지도자는 재능이 넘치더라도 아무 재능이 없는 듯 행동하며 무언의 설득력으로 사람들을 감화시킬 수 있어야 한다. 이러한 이상적인 지도자상을 다룬 일화가 있다.

옛날에 싸움닭을 훈련시키는 기성자記渻子라는 명인이 있었는데, 어느 날 닭 한 마리를 훈련시키라는 왕명을 받았다. 닭을 훈련시킨 지 열흘이 지나자 왕이 물었다.

"어떤가, 이제 싸움을 시켜도 되겠는가?"

그러자 기성자가 대답했다.

"아직 멀었습니다. 지금은 저돌적으로 살기를 드러내며 끊임없이 싸울 상대를 찾고 있습니다."

다시 시간이 흘러 열흘이 지나 왕이 묻자, 또 대답했다.

"아직 멀었습니다. 다른 닭의 울음소리를 듣거나 그림자만 봐도 덮치려고 난리를 칩니다."

또 열흘이 지났다.

"아직도 훈련이 덜 됐습니다. 여전히 다른 닭을 노려보거나 지지 않으려고 합니다."

다시 열흘이 지나자 기성자가 왕에게 말했다.

"이제 됐습니다. 이제는 상대 닭이 아무리 소리치며 덤벼들어도 조금도 동요하지 않습니다. 멀리서 보면 흡사 나무를 깎아 만든 닭 같습니다. 이는 덕이 충만하다는 증거로 어떤 닭도 당해내지 못할 겁니다. 그의 모습만 봐도 모든 닭이 싸울 엄두를 내지 못하고 도망칠 것입니다."

원문을 직역하면 다음과 같다.

"멀리서 바라보면 마치 나무로 만든 닭과 같다. 그 덕이 온전해진 것이다望之似木鷄矣, 其德全矣."

이때 '덕'은 재능이나 권모술수도 포함한다. 이러한 요소를 충분히 갖추고 있으면서도 겉보기에는 나무를 깎아 만든 닭 같다. 그런데도 상대는 꼬리를 내리고 도망가니 상대를 압도하는 능력이 단연 돋보인다.

이러한 목계야말로 《장자》에서 추구하는 이상적인 지도자상이다. '목계'라는 단어를 들으면 후타바 야마雙葉山라는 유명한 씨름선수가 생각난다. 그는 도장에 '목계'라고 쓴 큰 액자를 걸어놓고 선수들을 가르친다. 그리고 전무후무한 연승기록이 69회로 끝난 그날 밤, 존경하는 인생 선배에게 아직 목계가 되기에는 부족하다고 전보를 보내 패배한 심경을 고백했다고 한다.

그는 항상 목계의 경지를 목표로 자신을 단련시켰다.

명예와 이익에 얽매이지 않는 생활태도

《사기》에 장자의 이름은 주周, 송나라 몽현 출신으로 젊었을 때 국영인 칠원漆園에서 일한 적도 있다고 나오지만 상세한 경력은 알려지지 않았다.

장자는 지금부터 약 2300년쯤 전, 전국시대 번성기에 태어났다. 당시 중국 각 나라에서는 널리 인재를 등용하여 부국강병을 도모했기 때문에 재능만 있으면 얼마든지 출세할 수 있었다.

그러나 장자는 세상을 등지고 초야에 묻혀 생애를 마감했다. 그런 의미에서 그는 자신의 주장을 몸소 실천했다고 할 수 있다.

장자에 얽힌 일화가 있다.

장자는 여느 때와 마찬가지로 복수라는 강에서 낚시를 즐기고 있었다. 그런데 초나라 중신 두 사람이 왕명을 받고 찾아왔다. 그들은 장자를 만나 말했다.

"부디 왕의 부탁을 받아들여 우리나라의 재상이 되어주십시오."

장자는 낚싯대를 드리운 채, 뒤도 돌아보지도 않고 대답했다.

"초나라에는 죽은 지 3천 년이나 된 영험한 거북이 등딱지를 비단에 싸서 묘당에 소중히 보관하고 있다고 들었소. 그 거북이 처지에서 보면 죽고 나서 제사를 받는 지금과 진흙 속에 꼬리를 끌면서 살던 때 중, 어느 쪽이 좋겠소?"

"그거야 진흙 속에서 살던 때겠지요."

장자가 말했다.

"그렇다면 이제 그만 돌아가 주시오. 나도 진흙 속에서 꼬리를 끌며 살고 싶소."

대신이 되어 나라를 다스리기보다는 보잘것없는 자유인으로 여유 있게 살고 싶다는 장자의 말에서 명예와 이익에 집착하지 않은 그의 생각을 엿볼 수 있다.

장자의 생활방식을 보여주는 다른 이야기도 있다.

송나라 조상曹商이 왕의 명령을 받고 진나라에 사신으로 갔다. 갈 때는 짐이 몇 수레 안 되었는데 어떤 연유로 진나라 왕의 마음에 들어 돌아올 때는 수레 백 대를 끌고 왔다. 조상은 장자를 만나 자랑했다.

"가난하여 누추한 집에 살면서 야윈 몰골로 짚신을 만들 때는 괴롭더니 대국의 왕을 설득해서 수레 백 대를 얻는 것은 쉽더군."

그러자 장자가 말했다.

"진나라 왕이 병을 고치려고 여러 나라에서 명의를 모으고 있다고 하더군. 종기를 째서 낫게 하는 자에게는 수레 한 대, 치질을 고치는 자에게는 수레 다섯 대를 준다네. 아래로 내려갈수록 수레가 많아진다지. 자네가 그렇게 많은 수레를 받은 것을 보니 치질이라도 고쳤나 보군. 이제 그만 돌아가게."

이 또한 명예와 이익에 욕심을 부리지 않는 훌륭한 자유인의 모습이다. 《장자》에는 장자의 이런 생활방식이 많이 소개되어 있다. 그러나 모두 좋은 이야기만 있지는 않다. 그중에는 장자가 실수를 한 흥미진진한 이야기도 있다.

장자가 숲에서 사냥을 즐기는데 남쪽에서 이상하게 생긴 까치 한 마리가 날아왔다. 까치는 장자의 머리 위를 스치듯 날더니 근처 밤나무 숲에 내려앉았다.

"거참, 묘한 새일세. 큰 날개가 있으면서도 잘 날지를 못하고 큰 눈이 있으면서도 잘 보지 못하다니."

이렇게 중얼거리던 장자는 소매를 걷어붙이고 밤나무 숲에 들어가 까치를 겨냥하여 활을 당기려고 했다. 그런데 까치가 나뭇잎 그늘에 있는 사마귀를 노리고 있다는 사실을 알았다. 그리고 사마귀는 시원한 나무 그늘에서 울고 있는 매미를 노리고 있었다. 사마귀와 까치는 먹이에 정신이 팔려 자기에게 다가오는 위험은 눈치 채지 못했다.

"먹이를 노리면 먹이가 된다. 이익을 찾으면 오히려 불행을 초래한다. 거참, 무서운 일이로고."

그 상황에서 큰 깨달음을 얻은 장자는 그렇게 중얼거리며 활을 내던지고 급히 숲을 빠져나왔다.

그런데 뒤따라온 밤나무 숲 관리인에게 도둑으로 잡혀서 곤욕을 치렀다. 장자는 그후 3개월 동안 방에서 꼼짝하지 않았다고 한다.

명예나 이익에 집착하지 않던 장자조차도 때로는 이런 실수를 저질렀다. 하물며 우리 같이 평범한 사람들이야 더 말해 무엇하겠는가.

《장자》에서 내세우는 '좌망'이나 '목계'의 경지에 도달할 수는 없다 해도 꾸준히 노력하면 인간으로서 더 크게 성장할 수 있을 것이다. 그 지혜를 《장자》에서 깨달았으면 하는 바람이다.

노자

냉혹한 현실을 헤쳐 나가는 데 도움이 되는 지혜

《노자 老子》

《노자》에 대해

《노자》는 81장으로 구성된 잠언집이다. 냉혹한 현실을 헤쳐 나가는 데 도움이 되는 지혜가 담겨 있다. 훗날 도가道家의 원전이 되었으며, 도道와 덕德을 중시하여 《도덕경道德經》이라고도 한다.

《노자》에서는 만물의 근원에는 보편적인 원리가 작용한다고 생각하고 이를 '도'라고 불렀다. 도를 습득하면 도에 있는 광대한 '덕'을 익힐 수 있다고 주장했다. 《노자》에서 말하는 '덕'은 무심無心, 무욕無欲, 유연柔軟, 겸허謙虛, 유약柔弱, 질박質朴, 겸양謙讓으로 7가지다.

《노자》의 저자는 공자보다 조금 선배인 노담老聃이라는 설이 유력하나 여기에는 다른 설도 많다.

오늘날 전해지는 《노자》는 특정인물이 썼다기보다는 오히려 사상이 같은 불특정 다수가 정리했다고 보는 편이 바람직하다. 공자보다 훨씬 후대인 전국시대戰國時代에 성립된 것으로 추정된다.

《노자》의 명언

- '공을 이루면 물러나는 것이 하늘의 도리다功遂身退天之道.' 9장
- '대도가 사라지니 인자함과 정의가 생겼다大道廢有仁義.' 18장
- '자신을 칭찬하는 자는 오래가지 못한다自矜者不長.' 24장
- '능숙한 여행가는 바퀴자국이나 발자국을 남기지 않는다善行無轍迹.' 27장
- '무기는 아무리 정교해도 상서롭지 못하다夫佳兵者不祥之器.' 31장
- '큰 그릇은 늦게 만들어진다大器晚成.' 41장
- '만족할 줄 알면 욕됨을 면한다知足不辱.' 44장
- '최고의 웅변은 말을 더듬는 것처럼 보인다大辯若訥躁.' 45장
- '원한을 덕으로 갚는다報怨以德.' 63장
- '적을 가장 잘 이기는 자는 적과 마주치지 않는다善勝敵者不興.' 68장
- '하늘의 그물은 성글어도 빠트리지 않는다天恢恢疏而不失.' 73장

강인한 처세술

일반적으로 유교와 도교를 같은 선상에 놓고 말한다. 중국에서는 오래전부터 두 사상이 미묘하게 교차하면서 사람들의 의식과 행동을 규제했다.

유교가 국가를 다스리는 지식층의 사상인데 비해, 도교는 현실에 밀착된 서민의 사상이다. 또 유교가 마땅히 해야 할 도리를 내세운 외면적인 도덕이라면, 도교는 생활을 지탱하는 내면적인 도덕이다.

이미 알려져 있듯이 유교는 공자와 맹자의 가르침을 근본으로 한다. 이와 달리 도교는 훗날 다양한 요소가 추가되었지만 노장사상老莊思想을 바탕으로 한다. 노장사상의 기원은 바로 《노자》와 《장자》다.

일반적으로 노장사상을 하나로 보지만 실제로 《노자》와 《장자》는 취지가 상당히 다르다. 그 차이를 간략하게 설명하면 《장자》는 현실을 초월하고 해탈할 것을 가르치는 반면, 《노자》는 냉혹한 현실을 헤쳐 나가는 지혜를 가르친다.

흔히 '노장사상'을 현실을 등지고 살아가는 은둔사상으로 생각한다. 그러나 이는 일부분을 이해하는 것에 지나지 않는다. 《장자》는 조금 다르지만 《노자》는 현실을 등지는 것이 아니라 오히려 강하게 맞서 대처하는 지혜를 담고 있다.

일본인은 대개 조직을 구성하여 행동하는 집단행동에 익숙하다. 어떤 면에서는 큰 장점이라고 할 수 있지만 개인으로 행동할 때는 힘을 제대로 발휘하지 못한다. 인내력과 끈기가 부족하기 때문이다.

바로 그 점이 중국인과 다르다. 중국인은 집단행동에 익숙지 않으며 개인의 목소리가 강하다. 그래서 개인행동을 할 때는 강인함을 보인다. 역경에 처해도 쓰러지지 않고 인내심을 갖고 기회를 기다린다.

노자가 말하는 처세철학에서 이러한 중국인의 끈기 있는 생활방식과 정신적 풍토를 엿볼 수 있다.

《노자》에서 내세우는 끈기 있는 생활방식과 강인한 생활태도를 가장 잘 표현한 말로 '최선의 선善은 물과 같다上善若水'라는 문구가 있다. 이상적인 생활방식은 물과 같다는 뜻이다. 앞에서 말했듯이 손자는 물의 형상을 보고 이상적인 전쟁 법을 찾았는데 노자는 물의 형상을 보고 이상적인 생활방식을 찾았다.

그렇다면 이들은 왜 물의 형상을 이상적이라고 생각했을까? 《노자》에서는 그 이유를 세 가지 들고 있다.

첫째, 물은 상대를 거스르지 않고 상대에 따라 다양하게 대응할 수 있는 유연성이 있다.

둘째, 물은 낮은 곳으로 흘러가는데 이는 인간의 겸허한 모습을 보여준다.

셋째, 물은 항상 약하다. 그러나 그것이 강한 힘을 낸다.

노자는 다음과 같이 말한다.

"물과 같은 생활방식이 가장 이상적이다. 물은 만물에 혜택을 주면서 상대를 거스르지 않고 사람이 꺼리는 낮은 곳으로 흘러간다. 낮은 곳에 몸을 두고 심연과 같이 깊은 마음을 겸비하고 있다. 줄 때는 차별을 하지 않고 거짓을 말하지 않는다. 나라를 다스릴 때는 파탄을 일으키지 않고 모든 일에 적절하게 대응하며 시기를 보아 적합한 때에 행동한다. 이것이 바로 물의 형상이다. 물과 같이 거스름이 없는 생활방식을 취하면 실패를 막을 수 있다."

이것이 바로 노자의 발상이며 중국인의 전통적인 지혜다. 또 다음과 같이 말한다.

"이 세상에 물만큼 약한 것은 없다. 그러면서도 물만큼 강한 것을 이길 수 있는 것은 없다. 이는 물이 항상 약한 모습을 보이기 때문이다."

다소 추상적이고 이해하기 어려울 것이다. 이를 구체적으로 살펴보면 다음과 같다.

"뛰어난 지휘관은 함부로 무력을 휘두르지 않으며 싸움에 능한 사람은 감정적으로 행동하지 않는다. 이기는 데 명수는 힘으로 싸우지 않으며 사람을 다루는 데 능한 사람은 겸손한 자세를 취한다."

《노자》에서는 이를 '부쟁不爭의 덕'이라고 한다. 상대를 거스르지 않고 상대와 싸우지 않으면서 우위를 차지한다는 뜻이다.

노자가 말하는 '최선의 선은 물과 같다'와 '부쟁의 덕'은 내면에 적극성을 갖춘 수동적인 자세를 표현한다. 바로 여기에 노자가 내세우는 처세철학의 강인함이 있다.

재능을 과시하지 마라

2천 년 이상 된 중국 고전 중에는 저자의 이름을 따서 제목을 붙인 책이 많다. 《노자》도 그 가운데 하나다.

노자에 대해 몇 가지 설이 있지만 정확한 내용은 알 수 없다. 역사상 실존한 인물인지조차 확실하지 않다. 전설상의 인물이라고 보는 편이 옳을지도 모른다.

《사기》를 보면 공자는 젊었을 때, 먼 길을 마다 않고 노자를 찾아가 가르침을 구했다고 한다. 그때, 노자는 공자를 훈계했다.

"총명하고 통찰력이 풍부하지만 도처에 죽음이 도사리는 사람은 다른 사람을 지나치게 비판하기 때문일세. 말도 잘하고 해박한데도 적이 많은 사람은 다른 사람의 결점을 들추어내기 때문이지. 자네도 지나치게 자기주장을 내세우지 않는 게 좋을 게야."

다시 말해 쓸데없이 나서지 말라는 조언이었다. 노자는 '군자는 성덕을 갖추되, 어수룩하게 보여야 한다'고 말했다.

'성덕盛德'이란 뛰어난 재능을 말한다. 즉 군자는 재능이 뛰어나더라도 겉으로 드러내지 않고 어수룩하게 보여야 한다. 노자는 "군자는 절대로 자신의 재능을 뽐내서는 안 된다"고 충고했다.

또 《장자》에 따르면 양자陽子가 가르침을 청했을 때, 노자는 다음과 같이 훈계했다.

"마음을 느긋하게 먹고 좀 겸손해질 순 없겠나? 도대체 그렇게 잘난 척하면서 어떻게 다른 사람들과 어울리겠는가? 나는 자네의 그런 교만함이 맘에 안 드네."

이처럼 노자는 기회가 있을 때마다 '사람은 자고로 겸손하고 조심성 있게 행동해야 한다'고 가르쳤다. 물론 《노자》에서도 겸손함을 반복적으로 강조하고 있다.

겸손함이나 조심성은 다소 소극적인 덕목으로 들릴지도 모른다. 그러나 그렇지 않다. 노자의 경우, 그 이면에 겸손함을 갖춘 사람은 사람들에게 칭송받고, 조심성 있게 행동하면 존경받는다는 계산된 의도가 숨어 있음을 간과해서는 안 된다.

노자는 말한다.

"스스로 내세우지 않기 때문에 오히려 다른 사람들에게 추대받고, 자신을 도외시하기 때문에 오히려 다른 사람에게 존경받는다."

이렇게 철저한 계산 아래 행동하는 것이 노자식 처세철학이다.

또 이렇게도 말한다.

"자기를 내세우지 않기 때문에 오히려 사람들에게 인정받고 자기를 과시하지 않기 때문에 사람들에게 추대받는다. 또한 공적을 자랑하지 않기 때문에 오히려 사람들에게 칭송받는다."

똑같은 내용을 다른 각도로 말한 문구도 있다. 되풀이 하는 느낌이 들긴 하지만 중요한 부분이므로 인용해 보겠다.

"발을 들고 서려 하면 오히려 발 밑이 불안정하다. 자기를 내세우면 오히려 무시당한다. 자기를 과시하면 배척당하고, 공적을 뽐내면 비난을 산다. 자기의 재능을 내세우면 오히려 제지를 당한다."

사람은 누구나 조심성 있게 행동하고 겸손해야 한다. 노자는 이를 특히 사람들을 이끌어 가는 조직의 지도자가 반드시 갖추어야 할 조건이라고 생각했다.

"훌륭한 군주는 백성을 통치할 때, 겸손한 자세로 백성 앞에 자기를 낮추고 백성을 지도할 때는 뒤로 한 발 물러나 군주인 척하지 말아야 한다. 그래야 높은 자리에 있어도 백성이 어렵다고 느끼지 않으며, 선두에 서 있어도 방해가 된다고 생각하지 않는다. 이렇게 백성에게 환영받을 수 있는 이유는 자신의 재능이나 공적을 내세우려 하지 않기 때문이다. 백성은 자진해서 군주를 따른다."

교훈적인 내용이 함축적으로 담긴 이야기로, 마지막 부분을 원문으로 인용하여 살펴보자.

"세상 사람들이 기꺼이 그를 추대하고 싫어하지 않음은 싸우지 않기 때문이다. 고로 세상 사람들이 그와 더불어 싸우지 않는다是以天

《老子》   155

下樂推而不厭 以其不爭 故天下莫能與之爭."

이 문구를 보면 주은래周恩來가 떠오른다. 그는 살아 있을 당시 국민의 지지를 한 몸에 받은 지도자로, 죽은 뒤에도 '경애敬愛하는 총리總理'로 추모받고 있다.

정치가로서 그는 이렇다 할만한 실적을 남기지 못했다. 그러나 그가 총리 자리에 있다는 사실 자체에 사람들은 안도감을 느꼈다. 자신의 주장을 내세우지 않고 그저 묵묵히 일을 수행하여 국민의 폭넓은 지지를 얻었다.

세상 사람들이 기꺼이 그를 추대하며 싫어하지 않았다. 주은래야말로《노자》에서 내세우는 지도자의 전형이다.

만족함을 알라

《노자》에서는 절제하지 못하고 도가 지나친 행동을 경계한다.

"이 세상에서 가장 큰 죄는 끝없는 욕망에서 발생한다. 또 최대의 불행은 만족할 줄 모르는 욕심에서 비롯되며, 최대의 실수는 이익을 탐내는 마음에서 기인한다."

더 나아가 처세의 요점은 만족할 줄 아는 마음에 있음을 강조하며 다음과 같이 말했다.

"지위에 너무 집착하면 생명이 단축되고 재산을 지나치게 많이 모으면 모두 잃게 된다. 그러므로 만족할 줄 알면 욕됨을 당하지 않으며 그만둘 때를 알면 위태롭지 않다是故甚愛必大費, 多藏必厚亡. 故知足不辱, 知止不殆."

이를 '지족止足의 훈계訓戒'라고 한다. 이는 노자 한 사람뿐만 아니라 중국인 전체의 생각이라고 할 수 있다.

《안씨가훈顏氏家訓》은 지금부터 1500년쯤 전에 안지추顏之推라는 인물이 자손을 위해 남겨놓은 교훈서로, 중국에서 가장 사랑받는 《가훈》이다. 저자인 안지추는 특별히 '지족止足'이라는 장을 마련하고 다음과 같이 말했다.

"관직에 몸담고 있으면서 자신의 안위를 꾀하려면 중간 자리에 머무는 것이 좋다. 앞뒤로 50명씩 두고 중간 자리에 있으면 부끄러울 일도 없으며 위험한 일도 없다."

그리고 "욕심은 정도껏 부려야 한다. 관직에 있을 때는 그 재산이 2천 석을 넘지 않도록 하고, 혼인을 할 때는 세력가의 딸을 피하는 게 좋다"라고 말했다.

이 또한 '지족의 훈계'에 해당된다. 현대인에게는 공감이 가지 않을 정도로 신중한 태도라고 생각할지도 모르지만, 살벌한 세상에서 자신을 보호하려면 신중에 신중을 기해야 한다.

다시 《노자》 이야기로 돌아가자.

《노자》에서는 난세를 헤쳐 나가는 데 필요한 마음가짐으로 다음 세 가지를 꼽는다.

'사람을 귀하게 여겨라, 매사에 신중을 기하라, 선두에 나서지 말라.'

위 세 가지에 대해 노자는 말한다.

"사람을 귀하게 여기면 용기가 생긴다. 매사에 신중을 기하면 궁지에 몰리지 않으며, 선두에 나서지 않으면 오히려 지도자로 추대받는다."

여기에서도 노자는 만족함을 아는 자세를 강조한다.

또한 《노자》에는 "공을 이루면 물러나는 것이 하늘의 도리다"라는 명언이 있다. 군자는 물러 날 때를 알고 깨끗이 물러나야 한다. 이 또한 만족함을 아는 처세법에서 나왔다.

노자는 말한다.

"가득 차 있는 상태를 무리하게 유지하려는 짓은 어리석다. 쏟아부은 물은 금방 넘치고 너무 날카롭게 간 칼은 잘 부러진다. 금은보화를 방안 가득 쌓아 두어도 끝까지 지킬 수 없고, 출세하여 뽐내면 제지를 당한다. 공을 이루면 물러나는 것이 하늘의 도리다."

공을 세우면 왜 물러나야 할까? 그렇게 해야 지금까지 쌓아온 공적과 명성을 유지할 수 있기 때문이다. 어느 정도 지위에 올랐으면 물러날 때를 생각해야 한다.

물론, 이런 처세법에도 도전정신이 희박해지고 현실에 만족하여 매사를 적극적으로 대하지 않는 부정적인 영향이 있다. 현재의 중국인에게도 이런 경향이 보인다.

한편, 우리는 경제성장을 위해 단기간에 좀 더 많은 이익을 얻으려고 쉬지 않고 달려왔다. 《노자》에서 내세운 만족함을 아는 처세법은 앞만 보고 달려온 우리에게 좋은 가르침을 준다.

얻고자 한다면 먼저 주라

일본인은 직선적으로 행동하는 성향이 강하다. 목적을 향해 곧장 달려들어 벽에 부딪쳐도 무리하게 정면 돌파를 시도한다. 일본인의 이러한 방식은 제2차 세계대전 이후 일본의 비약적인 경제성장을 달성시켰다는 점에서 장점으로 꼽을 수 있다. 그러나 부정적인 면도 많다.

첫째, 항상 전력을 다해 질주하기 때문에 여유가 없다. 힘을 전부 써버리면 갑자기 속도가 떨어진다. 상승하는 속도가 빠른 만큼 하강하는 속도도 빠르므로 지속할 수 없다.

반면 여유를 갖고 자신의 리듬에 맞춰 달리려는 사람도 많다. 그러나 정면 돌파형 사람들은 이런 사람들을 밀치고, 때로는 들이받으면서 달려야 한다. 그러다보니 자연히 다른 나라 사람들에게 따가운 시선을 받을 때가 많다. 국제 문제가 있을 때마다 거론되는 미국을 비롯한 거의 모든 나라와 경제마찰을 일으키는 것을 봐도 알 수 있다.

노자의 가르침은 이러한 결점을 보완하는 데 큰 도움이 될 것이다.

《노자》에서는 곡선적인 자세를 취하는 것이 바람직하다고 말한다. 그 바탕에는 무작정 앞으로 나가면 벽에 부딪치므로 두 발 전진을 위해 한 발 물러설 줄 알아야 한다는 노자의 사상이 깔려 있다. 여기서 잠깐 이를 보여 주는 명언을 소개하겠다.

"구부러지면 목숨을 유지할 수 있다. 구부러져 있기 때문에 곧게 펼 수도 있다. 그릇은 움푹 패어 있기 때문에 물을 채울 수 있으며, 옷은 낡아 해져야 다시 새 옷을 입을 수 있다."

참고로 앞 문장의 원문인 '곡즉전曲則소'을 살펴보자.

'곡曲'이란 구부려 힘을 모으고 있는 상태를 말한다. 구부린 상태는 오래 유지할 수 있지만 곧게 편 상태는 부러지기 쉽다. 이는 곧바로 나가기보다는 조금 돌아서 가는 편이, 효율적으로 목표를 달성할 수 있다는 뜻으로 해석할 수 있다.

바로 여기에서 '곡전曲소'이란 말이 유래했으며, 훗날 노자 풍의 유연하면서도 강인한 처세철학을 대표하는 말이 되었다.

《老子》

이러한 생각을 발전시키면 다음과 같은 이치를 깨닫게 된다.

"움츠리고자 한다면 먼저 펴라. 약하게 하고자 한다면 먼저 세게 하라. 쫓아내고자 한다면 먼저 자기편으로 끌어들여라. 얻고자 한다면 먼저 줘라."

노자의 처세술은 상당히 계산적이다. 먼저 1을 주고 2~3배로 돌려받으려는 계산이 서 있다. 이러한 경향은 노자뿐만 아니라 중국인 대부분에게 공통적으로 나타난다.

관중管仲이라는 유명한 재상의 사례를 들어보자.

관중은 지금으로부터 2700년쯤 전 제나라의 재상으로, 경제를 발전시키고 군사력을 강화하여 제나라를 강대국으로 만든 주인공이다. 그는 "얻고자 한다면 먼저 줘라. 이것이 바로 정치를 하는 요령이다"라고 말했다. 관중의 이러한 생각에는 노자와 같은 사상이 뒷받침하고 있다.

그렇다면 관중의 정치는 어땠을까? 중국의 대표적인 역사가 사마천司馬遷은 관중의 정치를 다음과 같이 평했다.

"관중은 마치 물이 낮은 곳으로 흐르듯이, 끊임없이 백성의 의견을 수렴하여 적절히 대처했다. 정책을 논할 때는 실행에 중점을 두고, 백성이 무엇을 원하는지를 먼저 생각하고 정책에 반영했다. 만일 실패를 해도 거기에서 교훈을 얻어 성공으로 이끌었으며, 끊임없이 균형을 유지하려고 노력했다."

바로 '얻고자 한다면 먼저 줘라' 라는 방침에 토대를 둔 유연한 정치를 실현시켰던 것이다. 부하를 닦달하여 무리하게 일을 시키는 것이 아니라 스스로 일을 할 수 있는 분위기와 환경을 조성하는 것을 우선으로 생각했다.

노자가 노리는 바도 이와 같다. 노자는 말한다.

"천하를 얻고자 계략을 부린 자가 천하를 얻은 전례는 한 번도 없었다. 천하란 얻으려고 해서 얻을 수 있는 것이 아니다. 얻으려고 하면 균형을 잃고 잡으려고 하면 멀어진다."

이는 천하뿐만이 아니다.

무엇보다 '얻고자 한다면 먼저 줘라'는 노자사상을 명심하고 실천하는 것이 중요하다.

노자식 조직관리의 요점

지금까지 노자의 사상과 처세철학을 중심으로 소개했다. 물론 이것이 전부는 아니다.

예부터 중국인을 '정치인간'이라고 부를 정도로 중국인은 정치에 깊은 관심을 보였다. 그 결과, 모든 고전이 정치를 중요한 주제로 삼고 있으며 《노자》도 예외는 아니다. 《노자》는 정치서라고 해도 좋을 만큼 정치에 대한 내용이 많으며 이상적인 정치를 추구한다.

《노자》에서 내세우는 정치론의 진수는 한 마디로 '무위無爲' 또는 '청정淸靜'으로 표현할 수 있다. '무위'와 '청정'은 뜻이 비슷하다.

먼저, 노자의 말을 들어보자.

"천하를 다스리려면 무위에 철저해야 한다. 그렇다면 왜 무위에 철저해야 하는가? 지금까지의 사례를 보면 알 수 있듯이 금령禁令이 증가할수록 백성은 빈곤해지며, 기술이 발전할수록 사회는 어지러

《老子》

워진다. 인간의 지혜가 증가할수록 불행한 사건이 끊이지 않으며, 법령이 정비될수록 범죄자가 증가한다."

또, 노자는 지도자의 마음가짐에 대해 "무위하면 백성은 스스로 교화된다. 청정하면 백성은 스스로 정도를 걷는다"라고 말했다.

노자가 주장하는 '무위', '청정'을 간단히 말하면, 지시와 금령은 가능한 자제하고 백성에게 부담을 주는 정책은 실행하지 않는다. 마지막으로 가급적 조정의 개입을 피하고 백성의 힘에 맡긴다.

단, '무위'나 '청정'을 아무것도 하지 않고 가만히 있는 것으로 오해해서는 안 된다.

윗자리에 있는 사람은 항상 전체의 움직임에 주의를 기울이느라 쉴 틈이 없다. 그렇다고 불평을 하거나 나약한 소리를 내는 사람은 지도자로서 자격이 없다. 아무리 괴로워도 그것은 윗자리에 있는 사람의 당연한 임무이며, 괴로움을 드러내지 않고 상냥한 얼굴로 부하를 대해야 한다. 오리는 물에 뜨기 위해 필사적으로 발을 젓는다. 그러나 전혀 힘이 들지 않은 척 유유히 물위를 떠다닌다. 이것이 바로 노자가 말하는 무위이며 청정이다.

이러한《노자》의 정치철학을 가장 잘 표현한 말이 있다.

"큰 나라를 다스릴 때는 마치 작은 생선 굽듯 하라治大國 若烹小鮮."

'소선'이란 작은 생선을 말한다. 작은 생선을 구울 때, 함부로 자르거나 뒤집으면 모양이 망가지고 맛도 떨어진다. 그래서 조심해서 구워야 한다. 나라를 다스리는 일도 위에서 권력을 휘둘러 참견해서는 안 된다.

'무위', '청정'을 취지로 한 노자의 정치철학은 '황노黃老의 도' 또는 '황노의 술법'이라고도 한다. 이 명칭은 노자의 가르침을 계승해 온 이들이 자신들의 주장에 권위를 부여하기 위해, '황제黃帝'라는 전설상의 황제皇帝와 노자의 이름을 따서 '황노'라 부른 데서 유래했다.

일찍이 중국 정치가 중에는 '황노의 술법'을 신봉하는 사람이 많았다. 그 중 한 사람이 조참曹參이다. 그의 일화를 통해 '황노의 술법'을 좀 더 자세히 살펴보자.

조참은 원래 유방을 보필하여 한나라 개국에 큰 공적을 세운 인물로, 유방이 천하를 통일한 후에 제나라의 재상으로 임명되었다.

조참은 무장으로서 크게 활약한 인물이지만, 정치에서는 신출내기였다. 그래서 부임하자마자, 유능한 학자들을 모아 정치하는 요령을 물었다. 그러나 조언이 제각각 달라 도저히 감이 잡히질 않았다.

그러던 차에 '황노의 술법'을 터득한 노인이 있다는 소문을 듣고 즉시 노인을 초청하여 가르침을 청했다. 노인은 "치도治道는 청정을 중시해야 합니다. 그리하면 백성이 스스로 안정될 것이오"라고 말하고, 정치하는 요령을 구체적으로 가르쳐주었다.

'치도', 즉 정치의 도리는 청정을 취지로 한다. 그리하면 백성은 저절로 안정된 생활을 한다는 뜻이다.

조참은 노인의 가르침을 따라 나라를 다스렸고 나라는 안정되었다. 이리하여 그는 후세에 이르러서도 명재상으로 칭송받았다.

그렇다면 조참은 어떤 정치를 했을까?

얼마 후, 그는 실적을 인정받아 승상으로 발탁되어 제나라를 떠나게 되었는데 그때 후임 재상에게 다음과 같이 말했다.

"재판裁判과 시장市場에 대해서는 특별히 신중하게 대처하십시오."

후임자는 재판과 시장에 신중을 기해야 하는 이유를 이해할 수 없었다. 그래서 조참에게 물었다.

"정치를 할 때 이 두 가지보다 더 중요한 게 있을 거라고 생각합니다만."

조참이 대답했다.

"아니, 그렇지 않소. 재판과 시장은 모두 선과 악이 모여드는 곳이오. 단속을 지나치게 엄중히 하면 악인들은 궁지에 몰려 더욱 날뛰며 사회를 불안하게 만들 것이오. 그래서 나는 이 두 가지에 신중하게 대처하라고 말한 것이오."

조참의 말에서 알 수 있듯이, '황노의 술법'에 입각한 조참은 선과 악을 적당히 허용하면서 필요한 경우에만 제지했다. 이런 방식이야말로 《노자》에서 주장하는 '무위', '청정'의 정치다.

이 방법이 모든 경우에 통용되는 것은 아니지만, 이로써 조직을 원활하게 이끌 수 있다면 조직관리로서 이상적인 방법이라 할 수 있다.

지도자의 네 단계

《노자》는 《도덕경》이라고도 불리는데 이는 '도'와 '덕'을 바탕으로 한 교훈서이기 때문이다.

《노자》에서는 만물의 근원에는 만물을 성립시키는 존재가 있다고 생각하고, 그것을 '도'라고 불렀다. '도'는 만물을 창출하는 작용을 하면서도 조금도 자신을 내세우지 않는다. 겸허하고 조심성 있게 행동한다. 노자는 '도'를 터득함으로써 '도'에 있는 우수한 작용을 익힐 수 있다고 생각했으며, 이것이 바로 '덕德'이다.

노자의 주장을 살펴보자.

"도는 불확실한 존재다. 그러나 그 안에 어떠한 형태와 실체가 있다. 아주 깊숙한 곳에 엄청난 힘이 숨어 있다. 그 힘은 분명 실존하며 그 존재에 대해서는 의심할 여지가 없다. 큰 덕을 익히려면 도와 일체되어야 한다."

《노자》에서는 도를 터득하고 덕을 쌓은 인물을 이상적인 지도자상으로 보고 있다.

이상적인 지도자 상으로 속을 알 수 없는 멋이 있고, 그 깊이를 헤아릴 수 없는 인물을 내세우면서 다음과 같이 특징을 들었다.

첫째, 살얼음 위를 걷듯이 신중하다.

둘째, 사방의 적을 대비하듯이 주의를 기울인다.

셋째, 손님으로 초대받은 듯이 항상 단정하다.

넷째, 얼음이 녹듯이 구애됨이 없다.

다섯째, 가공하지 않은 원목처럼 꾸밈이 없다.

여섯째, 탁한 물처럼 포용력이 크다.

일곱째, 대자연의 골짜기처럼 광활하다.

언뜻 보기에는 느긋하고 소박한 느낌을 주지만 주의 깊게 살펴보면 어디 한 군데 빈틈이 없는 인물이다.

《노자》에서는 또 다음과 같이 말한다.

"도를 익힌 사람은 해박한 지식을 자랑하지 않는다. 지식을 자랑하는 사람은 도를 터득했다고 할 수 없다. 욕망에 얽매이지 않고 지식에 현혹되지 않으며 재능을 숨기고 세상의 흐름에 동조하는 인물이야말로 가장 이상적이다."

또 "훌륭한 지도자는 일을 하고도 자기가 했다는 내색을 하지 않으며 공적을 세워도 자랑하지 않는다. 자기의 재능을 내세우려 하지 않는다"라고 말한다.

앞의 내용을 종합해 보면 《노자》에서 주장하는 지도자는 적어도 다음 두 가지 조건을 충족시켜야 한다.

'훌륭한 재능이 있어도 드러내지 않는다.'

'큰일을 했더라도 뽐내지 않는다.'

이 두 가지는 훌륭한 지도자가 갖춰야 할 최소한의 조건이다.

그리고 노자는 지도자를 몇 단계로 나눴다.

"태상의 수준에 있는 지도자는 부하가 그의 존재를 알고, 두 번째 단계의 지도자는 부하가 친근감을 느끼고 칭송한다. 세 번째 단계의 지도자는 부하가 그를 두려워하고 네 번째 단계의 지도자는 부하가 그의 존재를 업신여긴다."

'태상太上'이란 최고의 단계를 말한다. 최고 지도자는 부하가 봤을 때, 그의 존재는 인식하지만 특별히 훌륭하다거나 대단하다는 의식을 하지 않을 정도로 자연스러워야 한다.

두 번째 단계의 지도자는 부하가 존경하고 친근감을 느낄 수 있어야 한다.

세 번째 단계의 지도자는 부하가 두려워하며, 상당히 수준이 낮은 지도자라고 할 수 있다.

가장 낮은 단계의 지도자는 부하에게 무시당하는 경우로, 지도자로서는 실격이다.

노자의 이러한 주장을 거울삼아 좀 더 수준이 높은 지도자를 목표로 삼아야 할 것이다.

손자

인간을 깊이 통찰하고 이를 토대로 한 승부에 관한 행동법칙

《손자 孫子》

《손자》에 대해

《손자》는 6천 자가 넘지만 중국 고전 중에서 긴 편은 아니다. 〈계計〉를 비롯하여 〈작전作戰〉, 〈모공謀攻〉, 〈군형軍形〉, 〈병세兵勢〉, 〈허실虛實〉, 〈군쟁軍爭〉, 〈구변九變〉, 〈행군行軍〉, 〈지형地形〉, 〈구지九地〉, 〈화공火攻〉, 〈용간用間〉으로 구성되어 있다. 각 편은 모두 '손자 가라사대孫子曰'로 시작하며 손자의 말을 수록한 형식으로 되어 있다.

손자의 본명은 손무孫武로, 그의 생애는 자세하게 알려지지 않았다. 제齊나라 사람이라는 설도 있고 오吳나라 사람이라는 설도 있다. 사마천이 쓴 《사기史記》에 따르면 손자는 《손자》 13편을 저술하고 오나라의 합려闔廬에게 뛰어난 자질을 인정받아, 장군으로서 오나라의 발전에 공헌했다고 한다. 이 이상 자세한 내용은 알려져 있지 않다.

손무 이외에도 전국시대戰國時代에는 많은 병법서兵法書가 나왔다. 그중에서도 《손자》는 대표적인 병법서로 오늘날까지도 많은 사람들에게 읽히고 있다. 손자가 이토록 오랜 세월 많은 사람들에게 인정을 받는 이유는 인간을 깊이 통찰하고 이를 토대로 승부에 관한 행동법칙을 모색했기 때문일 것이다.

《손자》의 명언

- '전쟁이란 궤도다兵子 詭道也.' 〈시계편始計篇〉
- '승산이 많으면 이기고, 승산이 적으면 이길 수 없다多算勝, 少算不勝.' 〈시계편〉
- '전쟁은 속전속결로 결판내야 한다兵聞拙速.' 〈작전편作戰篇〉
- '백 번 싸워서 백 번을 이긴다 하더라도 그것이 최고의 방법은 아니다. 싸우지 않고 남의 군사를 굴복시키는 것이 선한 자의 으뜸이다是故百戰百勝, 非善之善者也, 不戰而屈人之兵, 善之善者也.' 〈모공편謀攻篇〉
- '적을 알고 나를 알면, 백 번 싸워도 위태롭지 않다知彼知己 百戰不殆.' 〈모공편〉
- '전쟁을 잘하는 자는 쉬이 승리할 수 있는 적과 싸워 이겼다善戰者 勝于易勝者也.' 〈군형편軍形篇〉
- '무릇 전쟁의 형태는 물과 같다夫兵形象水.' 〈허실편虛實篇〉
- '전쟁이 어려운 것은 우회하면서 직진하는 효과를 만들어야 하고, 나의 환란을 이득으로 변화시켜야 하기 때문이다戰爭之難者, 以迂爲直, 以患爲利.' 〈군쟁편軍爭篇〉
- '빠르기는 질풍과 같고 서행하기는 숲처럼 고요하고, 침략은 불처럼 기세가 왕성하며 움직이지 않음은 산처럼 진중하다故其疾如風, 其徐如林, 侵掠如火, 不動如山.' 〈군쟁편〉
- '전쟁을 시작하면 처녀처럼 행동하여 적의 방심을 유도해 성문을 개방한 후에는 탈출하는 토끼처럼 빠르게 움직여 적국이 항거할 수 없게 한다是故始如處女, 敵人開戶, 後如脫兎, 敵不及拒.' 〈구지편九地篇〉

승산 없는 싸움은 하지 말라

《손자》는 병법서 중에서도 대표적인 고전이다. 중국의 고전이라기보다는 세계의 고전이라고 할 정도로 널리 알려져 있다. 《손자》는 지금부터 2500년 전에 손무孫武라는 장군이 쓴 병법서로, 그 내용은 지금까지도 우리에게 귀중한 가르침을 주고 있다.

병법서인 만큼 어떻게 하면 싸움을 유리하게 이끌 수 있을지 이기기 위한 전략전술과 패배하지 않기 위한 대책이 주요 내용이다.

그러나 《손자》는 싸움의 원리원칙을 알 수 있다는 점 외에도 그 속에서 전개되는 전략전술이 인간에 대한 깊은 통찰을 통해 뒷받침하고 있기 때문에 전쟁뿐만 아니라 인간관계의 모든 상황에 응용할 수 있다는 데 매력이 있다.

한 재계 인사가 "《손자》를 읽고 비로소 인간 사회를 살아가는 지혜를 배웠다"라고 말했듯이 인간관계와 경영전략의 참고서로 인정받고 있다는 점에서 현대인에게도 의미가 있다.

《손자》의 병법은 매우 유연한 사고방식으로 일관되어 있으며, 여기에서 다루는 전략전술은 크게 두 가지다.

첫 번째 원칙은 승산 없는 싸움은 하지 말라, 즉 이길 가망이 없는 싸움은 하지 말라는 뜻이다.

두 번째 원칙은 싸우지 않고 이기는 것이다.

두 번째 원칙은 뒤에서 좀 더 자세히 다루고, 먼저 '승산 없는 싸움은 하지 말라'는 첫 번째 원칙을 살펴보자.

손자는 말한다.

"승산이 많으면 이기고, 승산이 적으면 이길 수 없는데 하물며 승산조차 없다면 어찌 싸움을 하겠는가."

이때 '산算'이란 승산, 즉 이길 수 있는 가능성을 말한다. 승산이 많은 쪽이 이기고, 적은 쪽이 지게 되어 있다. 더군다나 승산이 없는 싸움에서 이길 리 만무하다.

또한 이런 말도 있다.

"적보다 병력이 우세하면 전쟁을 하고 밀리면 물러나야 한다. 아군이 적보다 병력이 모자라면 피해야 한다."

대부분의 사람들은 이 두 문구를 보고 당연하다고 생각할지도 모른다. 그러나 일본인은 그렇지 못하다. 태평양 전쟁을 예로 들어보자. 이때 일본은 거의 승산이 없는데도 국력을 총동원하여 전쟁에 돌입했다. 《손자》에 따르면 이러한 싸움은 어리석은 자나 하는 짓이다.

오래전부터 일본인은 일단 부딪쳐보자는 막무가내식 전법을 구사해 왔다. 오늘날의 비즈니스 전략에도 그 성향을 볼 수 있다. 분명 어떤 의미에서 일본인들의 이러한 적극적이고 과감한 경영자세는 일본 경제에 기반을 다지는 데 도움이 되었다.

그러나 앞으로도 이런 방식이 통하리라고 보기는 어렵다. 승산이 없는 싸움은 끝이 빤히 보인다. 그러므로 새로운 사업이나 분야에 도전할 때는 반드시 확실한 계획을 세우고 시작하는 편이 바람직하다.

동서고금을 막론하고 명장名將들은 결코 무리한 싸움이나 승산 없는 전쟁은 벌이지 않았다.

《삼국지三國志》에 등장하는 조조曹操를 예로 들어보자.

조조는 '전쟁에 행승幸勝이란 없다'라고 생각하고 항상 확실한 전력을 세웠다.

여기서 말하는 '행승'이란 운이 좋아 얻은 승리, 즉 적의 실수로 인해 요행으로 이긴다는 뜻이다. 조조는 요행으로 적을 이긴 적이 없었다. 그는 항상 확실한 승산을 세우고 작전대로 싸워 승리를 이끌어냈다.

조조와 닮은 인물로, 일본 장수 중에 다케다 신겐武田信玄을 꼽을 수 있다. 그가 거느린 다케다 군단은 당시 천하무적으로 이름을 떨쳤다. 다케다 군단이 이러한 호평을 받을 수 있던 이유는 승산이 없는 싸움은 하지 않았기 때문이다. 실제로 조조나 신겐은 《손자》의 병법을 깊이 연구했다. 그들은 '승산 없는 싸움은 하지 말라'는 기본원칙을 터득하고 실천함으로써 무적의 군단을 만들었다.

《손자》를 배우고자 하는 사람은 '승산 없는 싸움은 하지 말라'는 평범하지만 깊은 뜻이 담긴 진리를 명심하고 실생활에 응용해야 할 것이다.

싸우지 않고 이겨라

다음으로 《손자》의 병법 두 번째 기본 원칙인 '싸우지 않고 이겨라'에 대해 살펴보자.

"백 번 싸워서 백 번을 이긴다 하더라도 그것이 최고의 방법은 아니다. 싸우지 않고 적을 굴복시키는 것이야말로 선한 자의 으뜸이다."

이 명언은 유명하여 많은 사람들에게 널리 알려져 있다.

《孫子》

또한 손자는 말했다.

"최고의 병법은 적의 책모를 벌초하여 적의 의도를 봉쇄하는 것이다. 차선책으로는 적의 외교를 봉쇄하고 그 다음으로 적의 군대를 직접 공격하여 봉쇄하는 것이다. 가장 적합하지 못한 방법은 적의 성을 공격하는 것으로, 이는 아군의 피해가 발생하므로 최후의 수단으로 삼아야 한다."

무력으로 상대를 굴복시키는 것은 비록 승리를 거뒀더라도 비겁한 방책이다. 그렇다면 그 이유는 무엇일까? 이유는 두 가지다.

하나는 무력으로 밀어붙이는 싸움은 아무리 잘 싸우더라도 큰 타격을 받기 마련이다. 그러므로 이는 좋은 방책이라 할 수 없다. 다른 하나는 지금은 적이지만 상황이 바뀌어 우호관계를 맺을 수도 있다. 그러므로 상대를 다치게 하지 않고 자기편으로 만드는 것이 현명하다. 따라서 싸우지 않고 상대를 굴복시키는 방법이야말로 최고의 병법이라 할 수 있다.

이에 관련하여 뛰어난 검술로 유명한 쓰카하라 보쿠덴塚原卜傳에 얽힌 일화를 소개하겠다.

그가 여러 지방을 유랑하던 중, 하루는 배 안에서 다른 검객과 말다툼이 벌어졌다. 상대가 물었다.

"당신은 어느 파派인가?"

보꾸덴이 대답했다.

"무수승無手勝, 싸우지 않고 이긴다는 뜻-역주 파라네. 칼을 쓰려는 것을 보니, 자넨 아직 멀었군."

그러자 상대는 버럭 화를 내며 결투를 신청했다.

"이봐, 그렇다면 여기서 한판 겨뤄보자."

"좋네. 하지만 여기는 배 안이니 다른 사람들에게 피해가 가지 않도록 건너편 섬으로 가서 승부를 내세."

보쿠덴은 침착하게 섬으로 배를 향하게 했다.

배가 섬에 다다르자, 검객은 기다리지 못하고 칼을 뽑아든 채 섬으로 뛰어내렸다. 그러자 보쿠덴은 재빨리 뱃머리를 돌리며 외쳤다.

"무수승이란 바로 이런 거네. 거기에서 천천히 머리나 식히는 게 좋을 걸세."

쓰카하라 보쿠덴은 《손자》에서 말한 '싸우지 않고 이긴다'는 전략을 몸소 실천했다.

이러한 전략을 실천에 옮기기란 쉽지 않지만 소위 우리가 말하는 명장들은 '싸우지 않고 이긴다'는 명언을 가슴 깊이 새기고 실천했다.

그렇다면 싸우지 않고 이기려면 어떻게 해야 할까?

그 방법은 크게 두 가지로 생각할 수 있다.

하나는 외교 교섭으로 상대의 의도를 봉쇄하는 방법이다. 그러기 위해서는 뛰어난 교섭력을 갖춰야 한다.

다른 하나는 모략이나 지략을 적절하게 구사하여 상대를 사로잡는 방법으로, 무력이 아닌 두뇌로 상대를 제압하는 방법이다.

《손자》에 "전쟁은 궤도다兵者, 詭道也"라는 명언이 있다. 여기서 말하는 '궤도'란 속임수, 다시 말해 적의 판단을 흐리게 함을 말한다.

손자는 '궤도'에 관해 이렇게 말한다.

"전쟁은 속임수다. 고로, 능력이 없는 척하고 군대를 운용하지 않는 것처럼 하며, 가까운 곳을 보려면 먼 곳을 보는 것처럼 속일 것이며, 먼 곳을 보려하면 가까운 곳을 보는 것처럼 적을 속여야 한다. 상대가 편안하면 피곤하게 하고 단결된 적은 이간질을 시켜라. 적이 방심하는 틈을 공격하고 뜻하지 않을 때 무찌른다."

이것이 바로 '궤도'다. 모략이나 지략이라고도 한다.

세계 주니어 미들급 챔피언이었던 와지마 고이치輪島功一는 '개구리 뛰기'라는 독특한 전법을 구사하여 연속 6차 방어를 기록했다. 그는 "복싱은 소위 서로 속고 속이는 게임이다. 나보다 기술이 뛰어난 상대를 이기기 위해 상대방의 허점을 이용했다"라고 말했다.

이 경우도 《손자》에서 말하는 '궤도'에 해당된다.

요컨대, '싸우지 않고 이긴다'는 무력이 아닌 두뇌를 사용하여 상대를 제압해야 한다는 뜻이다. 요즘 말로 표현하면 아이디어로 승부한다는 말이다.

무릇, 전쟁의 형태는 물과 같아야 한다

앞에서도 말했듯이 《손자》의 병법 2대 원칙은 '승산 없는 싸움은 하지 말라', '싸우지 않고 이겨라'이다. 무력으로 상대를 굴복시키는 짓은 어리석다고 생각한 《손자》에서는 부득이하게 싸워야 할 때 구사할 수 있는 매우 유연한 전법을 제시하고 있다.

《손자》에서는 물의 형상을 보고 이상적인 전법을 고안하여 "무릇, 전쟁의 형태는 물과 같아야 한다"라고 말했다. 물은 담는 그릇에 따라 형태가 유연하게 변화한다. 그리고 높은 곳을 피하고 낮은 곳으로 흘러간다. 동시에 사용방법에 따라 엄청난 에너지를 갖는다. 소용돌이 치는 격류는 아무리 큰 바위나 나무도 밀어낼 수 있다.

손자는 이처럼 유연하면서도 깊은 곳에 엄청난 힘을 품고 있는 물의 형상을 보고 이상적인 전법을 모색했다.

이런 발상에서 다음과 같은 전법을 구사했다.

"전쟁을 시작하면 처녀처럼 행동하여 적이 방심하게 하고, 적의 성문이 열리면 토끼처럼 재빨리 움직여 적군이 항거할 수 없게 만들어야 한다."

'전쟁을 시작하면 처녀처럼 행동하라'는 말은 수세守勢에 처했을 때는 방비태세를 굳히고 가만히 있으라는 뜻이다. 반면 '토끼처럼 재빨리 움직인다'는 말은 일단 공세로 바뀌면 단숨에 상대를 몰아붙이는 전법을 말한다.

수세에 몰렸을 때 토끼와 같이 날뛰거나, 공세를 잡았을 때 처녀와 같이 소극적인 행동을 취한다면 싸움을 승리로 이끌 수 없다. 싸움을 할 때는 반드시 처음에는 처녀처럼 신중하게 행동하고, 나중에는 토끼처럼 민첩해야 한다.

이 또한 물의 형태를 보고 배운 용병用兵이다.

손자병법에는 '실實은 피하고 허虛를 공격하라'는 전법이 있다. 이때 '실'은 적의 사기가 왕성할 때를 말하고, '허'는 적의 사기가 떨어졌을 때를 말한다. '실을 피하고 허를 공격한다'는 말은 적의 사기가 왕성할 때는 싸움을 피하고, 사기가 떨어졌을 때 공격하라는 의미다. 분명 이런 싸움은 승산이 매우 높다.

손자는 말했다.

"물은 높은 곳을 피해 낮은 곳으로 흐른다. 군대의 형세도 적의 견실한 곳을 피하고 적의 허점을 공격해야 한다."

《孫子》

《손자》에서는 상당히 유연한 전법을 제시하며, 정면 돌파식의 강행작전이나 병력을 무시한 무리한 공격, 혹은 일단 부딪쳐보자는 막무가내식 전법은 어리석은 짓이라고 말한다.

그렇다면 강한 적과 대적해야 할 때는 어떻게 해야 할까?

때로는 불가피하게 승산 없는 싸움을 해야 할 때도 있다. 《손자》에서는 이럴 때의 대처방안으로 세 가지를 들고 있다.

첫째, 모든 방법을 강구하여 상대가 방심하게 하고 그 틈을 노려 공격한다.

둘째, 적의 병력은 분산시키고 아군의 힘을 하나로 집중시켜 공격한다. 예를 들어 아군의 병력이 1이고 적의 병력은 5라고 하자. 이 상태로는 고전을 면치 못한다. 그러나 적의 병력을 10으로 분산시키고 그중 하나를 집중적으로 공격하면 0.5의 적과 싸우게 된다. 이 전법을 제대로 구사할 수만 있다면 적은 병력으로도 유리하게 싸움을 이끌 수 있다.

셋째, 싸움을 주도한다. 누구에게나 잘하는 일이 있는가 하면 못하는 일도 있다. 상대가 능력을 발휘하지 못하도록 하는 한편 자신의 능력을 최대한 발휘할 수 있도록 싸움을 주도해야 한다.

물의 형태를 보고 전법을 터득한 《손자》는 시시각각 변하는 정황에 맞춰 재빨리 임기응변으로 대처하라고 가르친다.

"전쟁이란 물과 같아서 특정한 형태가 없다. 적의 태세에 맞춰 변화시키며 승리를 이끌어내는 것이야말로 절묘한 용법이라 할 수 있다."

병법서는 싸움의 원리원칙을 정리한 책이다. 그러나 원리원칙을 안다고 해서 싸움에서 반드시 이기는 것은 아니다. 상황에 맞게 임기응변으로 운용하는 것이 중요하다. 물론 원리원칙은 반드시 익혀야 한다. 그러나 싸움에서 승리할 수 있는 열쇠는 원리원칙을 어떻게 운용하느냐에 달려 있다.

이처럼 물의 형태를 보고 배운 유연한 전법은 전쟁뿐만 아니라 인생을 살아가는 지혜로서 여러분에게 많은 도움이 될 것이다.

곡선사고를 해라

삶을 슬기롭게 살아가는 지혜로《손자》에 '우직지계迂直之計'라는 계략이 있다.

'우迂'는 멀리 돌아간다는 의미이며, '직直'이란 곧장 가로질러 간다는 의미다. 쉽게 설명하면 공격을 할 때는 서둘러 공격하지 말고 멀리 돌아가되, 목적은 빨리 달성하라는 뜻이다. '급할수록 돌아가라'는 속담과 일맥상통한다.

'우'는 거리적, 시간적인 우회로迂廻路를 표현한 말이다. 언뜻 보기에는 돌아가는 것 같지만 오히려 빠르고 확실하게 목적을 달성한다는 뜻이다.

'실'을 예로 들어보자. 꼬인 실을 풀 때, 무작정 잡아당기는 사람은 없다. 무턱대고 잡아당기면 오히려 더 엉킨다는 사실을 경험을 통해 알기 때문이다. 꼬인 실을 풀려면 천천히 시간을 들여 차분히 풀어야 한다.

인간관계도 마찬가지다. 한 번 무너진 인간관계를 회복하려면 많은 시간과 정성을 들여야 한다.

일을 진행하거나 교섭할 때도 무턱대고 밀어붙이거나 서두르면 오히려 일을 그르친다. 이러한 때는 차분히 생각할 시간을 두고 한 발 물러서 적합한 시기를 기다리는 편이 좋다. 이를 《손자》에서는 '우직지계'라고 한다. '곡선사고曲線思考'라고도 할 수 있다.

곡선사고를 나타내는 말로 "궁구에게는 달려들지 말라窮寇勿迫"는 명언이 있다.

'궁구'란 궁지에 몰린 적을 말하며, 이때 적을 공격하면 목숨을 걸고 필사적으로 반격하여 예상치 못한 피해를 입을 수 있으므로 공격해서는 안 된다. 앞에서 말한 '싸우지 않고 이긴다'와도 통하는 발상이다.

적을 궁지로 몰아넣으려면 어떻게 하면 좋을까? 《손자》는 이렇게 말한다.

"적을 포위할 때는 반드시 한 쪽 길을 열어둬라."

다시 말해 포위된 적에게는 도망갈 길을 열어줘야 한다. 도망갈 길이 있어 살아날 구멍이 있다고 생각하면 죽음을 각오하면서까지 격렬한 반격을 하지 않기 때문이다.

이 또한 인간관계에서도 마찬가지다.

상대가 잘못을 했다고 해서 매몰차게 몰아세우면 언젠가는 보복을 당한다.

몇 해 전, 운전사를 크게 꾸짖었다가 원한을 사서 살해당한 사장이 있었다. 극단적인 사례라고 생각할지 모르지만 상대에게 조금의 틈도 주지 않고 몰아세우면 실제로도 얼마든지 일어날 수 있는 일이다. 《손자》의 '적을 포위할 때는 반드시 한쪽 길을 열어 둬라'는 가르침에서 우리는 야단을 치더라도 도망갈 길을 열어줘야 한다는 교훈을 얻을 수 있다.

　다른 사람과 논쟁할 때도 마찬가지다. 치밀한 논리를 펼쳐 상대방이 반론할 여지를 주지 않고 만족스런 표정을 짓는 사람을 가끔 볼 수 있다. 완벽하게 상대를 제압했다고 느낄지 모르지만 상대방의 처지도 배려해야 한다. 상대를 전혀 배려하지 않고 몰아세우면 상대의 지지를 얻을 수 없을 뿐만 아니라 언젠가는 보복을 당할 것이다.

　다른 사람과 충돌이 생겼을 때는 먼저 상대방의 말에 귀를 기울여라. 그리고 상대의 자존심이 상하지 않도록 빠져나갈 구멍을 만들어 주면서, 자신의 주장을 펼치면 좀 더 좋은 결과를 얻을 수 있다. 이것 또한 《손자》가 내세우는 유연한 곡선사고다.

'지', '용', '신'

　《손자》를 비롯한 모든 병법서에 나오는 기본적인 내용은 장수나 지도자, 또는 조직의 지도자가 읽고 반드시 숙지해야 한다. 그렇다면 《손자》에서 요구하는 지도자의 조건을 살펴보자.

　손자는 지도자의 조건으로 다섯 가지를 내세웠다.

　'지智', '용勇', '신信', '엄嚴', '인仁'이다.

　먼저, '지'란 정황을 판단하는 힘을 말한다. 바꿔 말하면 통찰력이다.

　《손자》에 '적을 알고 나를 알면 백 번 싸워도 위태롭지 않다知彼知己百戰不殆'라는 명언이 있다. 적을 알고 나를 아는 데 필요한 것이 바로 '지'다.

'승산이 없는 싸움은 하지 말라'는 원칙을 전제로 하는 《손자》에서 싸움의 승산은 '지'로 판단한다.

둘째로 '용'은 용기 또는 결단력을 말한다.

《손자》는 무조건 밀고 나가는 용기는 높이 평가하지 않는다. 일본 사람들은 일단 부딪치고 보자는 식으로 행동한다. 그러나 이러한 용기는 만용에 지나지 않는다.

그렇다면 《손자》에서 말하는 진정한 용기란 무엇일까?

진정한 용기란 승산이 없다고 판단되면 과감하게 물러설 줄 아는 것이다.

옛날부터 천하를 지배했던 영웅들은 공통적으로 물러나야 할 때를 판단하는 능력이 빨랐다. 결코 무리한 싸움을 하지 않았다. 더 이상 밀어붙여도 이길 수 없다고 생각하면 주저하지 않고 재빠르게 물러났다.

진 왕조를 예로 들어보자. 진 왕조가 멸망한 후, 숙명의 경쟁자로 패권을 다툰 항우項羽와 유방劉邦도 처음에는 항우가 압도적으로 우세하여 유방은 번번이 패배를 맛봤다. 그러나 유방은 결코 무리한 싸움을 하지 않았다. 승산이 없다고 판단되면 재빨리 물러나 다음 싸움을 준비했다.

이렇게 치고 빠지는 사이에 점차 항우 쪽 군사들은 지쳐 갔고 형세는 완전히 역전되었다. 유방이 승리를 거둘 수 있던 것은 정세를 정확하게 파악하고 불리하다는 생각이 들면 과감하게 물러나는 결단력 때문이라고 해도 과언이 아니다.

또 《삼국지》에 등장하는 조조도 치고 빠지기 전법으로 유명하다. 그는 《손자》의 병법을 자세히 연구하여 매우 높은 승률을 올렸다. 그가 높은 승률을 거둔 비결은 절대로 무리한 싸움을 하지 않아서다. 중국을 장악한 가장 큰 이유는 물러나야 할 때를 정확하게 판단하고 재빨리 물러날 줄 알았기 때문이다.

셋째, '신信'은 《손자》에서 특히 강조하는 지도자의 조건이다. '신'은 원래 '거짓말을 하지 않는다', '약속을 지킨다'는 뜻이다. 중국 사람들은 오래전부터 '신'을 인간이 갖춰야할 최소한의 조건으로 생각했다. 아무렇지도 않게 거짓말을 하고 약속을 지키지 않는 사람은 사람취급을 받지 못했다.

그렇다면 손자는 왜 굳이 '신'을 지도자의 조건으로 들었을까? 이는 부하에 대한 통솔력과 깊은 관련이 있기 때문일 것이다. 아무렇지도 않게 말을 바꾸는 지도자를 따를 부하는 없다. 거짓말을 하는 지도자는 부하의 마음을 사로잡을 수 없기 때문이다.

우리가 인간관계에서 실패하는 가장 큰 원인은 말과 행동을 경솔하게 하기 때문이다. 깊이 생각하지 않고 "알았어, 알았어"하고 건성으로 대답하고, 나중에 "그 이야기는 없던 걸로 해 줄게"라며 말을 바꾼다. 부하의 신뢰를 얻으려면 신중하게 생각하고 행동해야 한다.

지금까지 《손자》에서 말한 지도자의 다섯 가지 기본 조건 가운데 '지', '용', '신'의 세 가지를 살펴봤다.

'엄'과 '인'의 절충

《손자》에서 말한 지도자의 다섯 가지 조건 중 남은 '엄'과 '인'을 살펴보자.

《孫子》

'엄嚴'이란 엄격한 태도, 즉 부하가 칭찬받을 일을 했으면 칭찬을 아끼지 않고 질책을 받을 짓을 했으면 엄벌로 다스리는 것을 말한다. 이와 관련하여 《손자》의 저자인 손무와 얽힌 일화로 다음과 같은 이야기가 유명하다.

어느 날, 손무는 왕의 명령을 받아 미모의 궁녀 180명을 모아 부인부대를 편성하여 훈련시켰다. 먼저 180명을 두 무리로 나누고, 왕이 총애하는 궁녀 두 사람을 각 부대의 대장으로 임명하고 호령에 대해 설명했다.

'우향우'라고 하면 오른쪽을 돌고, '엎드려'하면 땅에 엎드리는 등 반복해서 설명하고 마침내 훈련에 들어갔다.

그러나 북을 치며 호령을 해도 궁녀들은 키득거리며 웃기만 할 뿐, 호령을 따르지 않았다. 손무는 '이런, 내가 설명을 제대로 못해서 호령을 이해하지 못했나 보군'하며 다시 한번 자세히 설명한 후 북을 치며 호령을 했다.

"우향우."

그러나 이번에도 궁녀들은 웃기만 했다. 그러자 손자는 "전에는 설명이 부족해서 그랬지만 이번에는 다르오. 다들 호령을 이해했을 텐데도 따르지 않은 것은 대장의 책임이오"라며 대장 두 명의 목을 그 자리에서 베었다. 그리고 새로운 대장을 임명한 뒤 다시 훈련을 시작했다.

이번에는 궁녀들이 대장의 호령에 따라 질서정연하게 행동하고 누구 하나 군말을 하지 않았다.

이것이 《손자》에서 말하는 '엄'이다. 부하를 통솔하려면 먼저 엄격해야 한다고 말한다.

그러나 '엄'으로는 명령에 따르게 할 수는 있어도 진심으로 복종하게 할 수는 없다. 겉으로는 복종하는 척하면서 마음속으로는 배반하는 사례가 비일비재하다. 그래서 《손자》에서는 '인'을 중시한다. '인'을 설명하기는 어렵지만 쉽게 말해 '배려'라고 할 수 있다. 상대방을 이해해 주고 상대의 처지에서 생각한다.

한 자위대 고위 간부에게 들은 이야기다.

유독 한 부대가 질서정연하게 통제가 잘 되어 있었다. 그가 중대장을 불러 특별한 비결이 있는지 묻자, 중대장은 잠시 생각한 후 대답했다.

"별로 특별한 건 없습니다만, 저는 평소에 대원과 의사소통을 원활하게 하고 때가 되면 가족들과 연락을 할 수 있도록 합니다. 그게 대원들에게 사기를 북돋아주는 것 같습니다."

이 중대장은 대원들과 원활한 의사소통을 통해 대원들의 사기를 북돋아주는 데 성공했다. 이러한 작은 배려도 《손자》에서 말하는 '인'에 해당된다.

다른 사례를 하나 더 들어보자.

탁월한 정치 수완으로 유명한 중국의 정치가 주은래周恩來에 관한 일화로, 홍콩의 한 대학 교수가 들려주었다.

중국 대륙으로 여행을 간 제자들은 열이면 열, 모두 주은래의 열렬한 팬이 되어 돌아왔다. 이 대학은 '반공사상'을 중시했기 때문에 학생들도 중국 공산당에 대해 반감이 있었다. 그런데 일단 주은래를 만나 이야기를 들으면 누구나 그의 지지자가 되었다.

　수상직에 있던 주은래는 아마도 몹시 바빴을 것이다. 그런데도 시간을 쪼개어 학생들과 만나 그들의 의견을 귀담아 듣고, 의문과 질문에도 일일이 성의껏 대답했다. 다른 정치가라면 적당히 얼버무리거나 속여 넘길 일도 주은래는 성심 성의껏 대답했다. 교수는 그의 이러한 태도가 젊은 학생들의 마음을 사로잡았을 것이라고 말한다. 작은 배려였지만 일종의 '인'이라 볼 수 있다.

　그러나 '인'만 있고 '엄'이 없다면 그 조직에는 허점이 생긴다. 분열이 생기고 긴장감이 풀어진다. 그렇게 되지 않으려면 '인'으로 부하에게 다가가는 한편 '엄'으로 다스리는 일관된 자세가 필요하다.

　《손자》에서는 지도자는 '인'과 '엄이' 적절하게 절충된 마음가짐을 갖도록 항상 노력해야 한다고 강조한다.

안씨가훈

시대를 초월하여 어느 시대에나 걸맞는 중국의 가훈을 담은 책

《안씨가훈 顔氏家訓》

《안씨가훈》에 대해

《안씨가훈》은 지금으로부터 1400년쯤 전, 안지추顔之推 531~602년가 후손을 위해 남긴 교훈서다. 중국의 대표적인 가훈을 모아 놓은 것으로 평소 마음가짐에서 문학론, 종교론에 이르는 다양한 내용이 담겨 있으며 〈서치序致〉, 〈교자敎子〉, 〈형제兄弟〉, 〈후취後娶〉, 〈치가治家〉, 〈풍조風操〉, 〈모현慕賢〉, 〈면학勉學〉, 〈문장文章〉, 〈명실名實〉, 〈섭무涉務〉, 〈성사省事〉, 〈지족止足〉, 〈계병誡兵〉, 〈양생養生〉, 〈귀심歸心〉, 〈서증書證〉, 〈음사音辭〉, 〈잡예雜藝〉, 〈종제終制〉 등 20편으로 되어 있다.

짧은 문장 여러 개로 각 편이 구성되어 있어 읽기에 편하다.

안지추가 살았던 당시, 중국은 남과 북으로 이분화 되어 대립하던 남북조시대였다. 그래서 그는 급변하는 시대의 흐름을 타고 파란만장한 삶을 살았다. 그는 전통문화를 중시하는 건전한 지식인이었으며 매우 신중하고 보수적이며 성실했다.

《안씨가훈》의 명언

- '형벌 제도가 적절하지 않으면 백성들이 설 곳을 잃는다刑罰不中則民無所措手足.' 〈치가편治家篇〉
- '헤어지기는 쉬워도 만나기는 어렵다別時容易見時難.' 〈풍조편風操篇〉
- '전쟁은 위험한 일이며 안전한 길이 아니다兵凶戰危 非安全之道.' 〈풍조편〉
- '세상에는 폐해가 많다. 귀로 듣는 것을 중시하고 눈으로 보는 것은 경시하며 먼 것을 중시하고 가까운 것을 경시한다世人多蔽 貴耳賤目 重遙輕近.' 〈모현편慕賢篇〉
- '독서와 학문을 하는 목적은 마음을 열고 안목을 가지며 행동에 도움이 되기 위함이다夫所以讀書學問 本欲開心明目 利於行耳.' 〈면학편勉學篇〉
- '가장 높은 단계에 속하는 선비는 자신의 이름을 잊고 중간 단계에 속하는 선비는 자신의 이름을 세우며 가장 낮은 단계에 속하는 선비는 남의 이름을 빼앗는다上士忘名 中士立名 下士竊名.' 〈명실편名實篇〉
- '학식이 많고 덕망이 높은 사람은 사물에 이익이 있음을 중시하고 세상에 대처한다士君子之處世 貴能有益於物耳.' 〈섭무편涉務篇〉
- '말을 삼가라. 말이 많으면 실수가 많다. 괜한 일에 관여하지 말라. 일이 많으면 근심도 많아진다無多言 多言多敗 無多事 多事多患.' 〈성사편省事篇〉

난세를 극복한 지혜

'가훈'은 집안 대대로 내려오는 교훈이다.

중국에서는 오래전부터 가훈을 담은 책이 많았는데 그 중에서도 《안씨가훈》이 대표적이다. 중국에서는 '가훈' 하면 백이면 백 《안씨가훈》을 떠올릴 만큼 유명하다. 내가 보유하고 있는 것은 대만에서 출간된 책으로 20쇄나 찍은 것으로 보아 지금까지도 대만에서 널리 읽히고 있음을 알 수 있다.

《안씨가훈》이 아직도 많은 인기를 누리는 비결은 무엇일까?

시대를 초월하여 어느 시대에나 걸맞는 보편성 때문에 오늘날의 냉혹한 현실을 헤쳐 나가는데 큰 도움이 되기 때문이다.

《안씨가훈》의 저자 안지추는 지금으로부터 약 1400년쯤 전인 6세기 후반에 활약한 인물이다. 당시 중국은 남과 북으로 나뉘어 팽팽하게 대립하던 '남북조시대'였는데 두 왕조 모두 끊임없이 정권 교체를 반복하다 마침내 수 왕조에 의해 통일되었다.

안지추는 이러한 격동의 시대에 태어나 그 영향을 받아 파란만장한 삶을 살았다. 안지추는 원래 남조의 귀족으로 재능을 인정받아 관직에 올랐으나 얼마 되지 않아 남조가 북조에게 망하자 유랑 생활을 하며 망국의 비애를 뼈저리게 느끼게 되었다.

그후 북조에서 벼슬을 하게 되었으나 오래지 않아 첫 번째 섬기던 왕조가 멸망하고 두 번째로 섬기던 왕조도 멸망하고 말았다. 남북 합쳐 세 나라를 섬겼으나 모두 멸망했다.

《顔氏家訓》

　　회사원에 비유하자면 다니던 회사가 세 군데나 도산당해 안정된 생활을 기대할 수 없는 상황이라 할 수 있다. 굉장히 힘겨운 생활을 보냈는지 안지추는 《안씨가훈》에 다음과 같이 적고 있다.

　　"나는 혼란한 시대에 태어나 전쟁을 겪으며 성장했고 여러 나라를 떠돌아다녔다."

　　안지추는 격동의 시대에서 수많은 난관에 부딪치며 힘들게 살았지만 역경을 극복하고 결국 통일왕조인 수왕조의 관리가 되어 평온하게 살다가 생애를 마쳤다.

　　누구나 알고 있는 것처럼 난세를 극복하고 끝까지 살아남기란 무척이나 어려운 일이다. 역경을 극복하려면 일을 처리할 때는 물론이고 인간관계를 맺을 때도 항상 신중해야 한다. 《안씨가훈》은 난세를 극복하는 삶의 지혜가 담겨 있는 결정체다.

　　일반적으로 가훈은 가족이나 자손을 위해 남긴 가르침이기 때문에 다른 사람에게 읽히리라고는 생각하지 않는다. 안지추도 이와 같은 목적으로 《안씨가훈》을 집필했으며 그는 다음과 같이 밝혔다.

　　"나는 세상 사람들에게 가르침을 주기 위해서가 아니라 내 자손들이 가정을 잘 꾸려나가고 훌륭한 사회인이 되기를 바라는 마음에서 이 책을 썼다."

　　《안씨가훈》은 개인사가 기록되어 있지만 유익한 내용이 많아 사람들에게 널리 읽혀왔다. 게다가 다른 가훈서들이 짧은 문장으로 구성되어 있는 것과는 다르게 《안씨가훈》은 비교적 문장이 길고 내용도 다양한데 이는 저자인 안지추가 평범한 관리가 아니라 당대를 대표하는 지식인이었기 때문이다. 그는 깊은 지식을 토대로 문장론이나 종교론, 더 나아가 음운학이나 문자학 등 여러 학문을 통해 다양하고 폭넓은 견해를 보여준다.

본서에서는 전문적인 내용보다는 생활 속의 역경을 극복한 안지추의 지혜를 중심으로 그 내용을 소개하겠다.

가정교육의 중요성

시대를 막론하고 집안과 자손이 번성하려면 가정교육이 중요하다. 가족 가운데 시원찮은 인간이 나오면 으레 집안을 망치기 때문이다. 《안씨가훈》에서도 가장 중요한 사항으로 자식의 가정교육에 대한 문제를 들었다. 이는 안지추 자신의 쓰라린 경험이 크게 작용한 것으로 보인다.

그는 어린 시절 부모와 두 형 아래서 인사 예절에서 사소한 행동거지까지 균형 잡힌 예절교육을 받으며 자랐다. 그러나 아홉 살 때 아버지를 잃은 후로 처지가 바뀌어 형들 손에 맡겨졌지만 그들은 생활에 쫓겨 어린 동생의 가정교육까지 신경을 쓰지 못했다. 그래서 안지추는 체면이나 관습에 얽매이지 않는 소년기를 보내고 제멋대로 행동하고 경박하게 말했으며 옷매무새도 단정치 않았다고 스스로를 회상했다.

안지추는 어린 시절에 몸에 밴 나쁜 습관을 어렵게 극복했다. 그는 자신의 경험을 통해 어린 시절에 배우는 가정교육의 중요성을 통감하고 조기에 가정교육을 시작하라고 조언한다.

"적어도 세, 네 살이 되면 어른의 표정이나 감정을 알아볼 수 있다. 그때 가정교육을 시작하여 해야 할 일과 해서는 안 될 일을 가르친다. 다섯 살이나 여섯 살이 되면 체벌해도 된다. 부모가 위엄이 있고 자애로우면 자식에게 무시당하지 않고 존경과 사랑을 받는다. 그러나 가정교육을 제대로 하지 않고 아이의 응석을 모두 받아주는 부모가 많다. 그런 부모는 음식을 만드는 법이나 평소의 행동거지 등 가정교육을 게을리하여 해서는 안 될 일을 반대로 부추기고 꾸짖어야 할 일도 웃어넘긴다. 가정교육을 제대로 받지 못한 아이는 사회에 나와서도 제멋대로 행동하고 꾸짖거나 조언을 해도 듣지 않는다. 화를 내며 호되게 혼을 내도 말을 듣기는커녕 도리어 원한을 품는다. 그러므로 가정교육을 제대로 받지 못한 사람은 사회에 전혀 도움이 되지 않는다."

정말 가슴에 와 닿는 이야기다. 최근에 비행청소년이 사회문제로 크게 대두되고 있는데 안지추가 살았던 시대에도 자녀문제로 골치를 앓는 부모가 많았던 모양이다.

누구에게나 자식은 사랑스러운 법이다. 아낌없이 사랑을 베푸는 것은 좋지만 꾸짖을 때는 꾸짖고 주의가 필요할 때는 주의를 줘야 한다. 이를 분명히 하지 않으면 아이는 선과 악을 구별하지 못하는 사람이 된다. 안지추는 가정교육에 남다른 생각을 가지고 체벌의 필요성을 강조했다.

"아이를 잘 가르치지 못하는 부모라도 아이가 잘못된 길로 빠지지 않길 바란다. 그들은 섣불리 꾸짖다 아이의 감정을 상하게 하거나 체벌을 가해 아이에게 상처를 줄까 두려워한다. 아이들은 가르쳐 올바른 길로 이끌어 줘야 하지만 그렇다고 몸에 상처를 입혀서는 안 된다. 그러나 가정교육을 제대로 시키려면 어느 정도의 체벌은 필요하다."

또한 그는 아이들을 편애하지 말라고 지적했다. 아들이나 딸, 혹은 똑똑한 아이와 그렇지 못한 아이를 차별해서는 안 된다고 거듭 강조하며 다음과 같이 말했다.

"예나 지금이나 부모가 자식을 편애하여 가정의 비극을 초래한 사례가 많다. 현명한 아이를 아끼는 것은 좋지만 그렇지 못한 아이도 불쌍히 여겨 신경을 써야 한다. 자식을 편애하면 자식을 위한 일이라고 생각한 일이 오히려 아이들을 불행하게 만든다."

또 그는 가정은 부모자식, 형제, 부부라는 세 가지 인간관계로 구성되어 있으며 이 관계가 원만해야 가정이 평화롭다고 말하면서 그렇게 하려면 윗사람이 아랫사람에게, 먼저 태어난 사람이 나중에 태어난 사람에게 덕을 베풀어야 한다고 말했다.

"부모가 자애롭지 못하면 자식은 불효자가 되기 마련이고 형이 아우를 친애하지 않으면 아우도 형을 경애하지 않는다. 또 남편의 행실이 바르지 않으면 아내가 따르지 않는다."

다소 시대에 뒤떨어진 이야기처럼 들릴지도 모르지만 이와 같은 인간관계의 기본은 오늘날에도 그다지 달라지지 않았다.

마지막으로 안지추는 가정을 평온하게 다스리려면 검소해야 한다고 말했다. 검소란 낭비하지 않는다는 말이다. 이 또한 현대에도 적용될 만한 충고다. 다만 검소함이 지나쳐 인색하게 구는 것은 바람직하지 않다고 안지추는 말했다.

"검소함이란 낭비를 줄여 '예'의 정신에 따르는 일이다. 인색함은 자신의 물건을 아껴 도움이 필요한 타인을 외면하는 일이다. 검소하되 인색하지 않은 것이 이상적이다."

꾸준히 배워라

안지추는 제법 긴 지면을 할애하여 《안씨가훈》을 통해 되도록 많이 배우라고 권유했다. 안지추는 학문을 위한 학문이 아니라 현실 생활에 도움이 되는 실천적 학문을 추구했다. 그는 판단력을 기르고 살아가는 데 도움이 되는 지식을 얻기 위해 책을 읽어야 한다고 주장하며 이렇게 말했다.

"'천만 재산이 서투른 기술만 못하다'라는 속담이 있다. 기술 중에서도 배우기 쉽고 유익한 것이 독서다. 사람들은 훌륭한 인물이나 사건에 대해 조금이라도 많이 알고 싶어 하지만 책을 읽어 정보를 얻으려고 하지 않는다. 이는 마치 배가 고파도 음식을 만들지 않는 일과 같다. 책을 읽으면 지구상에 존재했던 인물과 사건을 전부 알 수 있다. 또 인간이 어떤 실패를 거듭해 왔으며 어떤 것을 좋아하는 지도 알 수 있다."

그는 또 다음과 같이 덧붙였다.
"열심히 공부하여 지식을 쌓으면 일을 하는 데 도움이 된다. 그런데 세상에는 책을 읽어 말은 잘하는데 실행을 하지 않는 사람이 많다. 그들은 효행이나 인의와 같은 덕이 부족하다. 게다가 간단한 문제의 시시비비를 가리는 일도 명쾌하게 처리하지 못하고 작은 마을을 다스리게 해도 평온하게 다스리지 못한다. 그들은 제대로 공부하지 않았기 때문에 정작 필요할 때는 도움이 되지 않는다."

안지추는 혼란한 시대에 살았다. 실제로 몇 번이나 자기가 섬기던 왕조가 멸망하는 비극을 맛봤다. 이처럼 조직은 붕괴될 위험이 있으므로 믿을 만한 것이 못된다. 믿을 것은 오직 자신뿐이다. 안지추는 경험을 통해 이러한 현실을 절감했다.

혼란한 시대를 살아남으려면 개인도 무장을 해야 한다. 안지추는 학문과 교양을 제대로 갖춘 명문 귀족 출신으로 살아남기 위해 학문에 전념했다. 안지추에게 학문과 교양은 일과 생활에 밀접한 관련이 있는 이른바 살아 있는 학문, 살기 위한 학문이었으며 일종의 기술이었다.

"상대가 서민이든 상인이든 아니면 머슴이나 노예라도 인생의 선배라면 그들을 스승으로 여기고 배워야 한다. 직업이나 신분에 연연하지 않고 열심히 배우면 반드시 살아가는 데 도움이 된다."

평소에 꾸준히 공부하면 어떠한 역경에 부딪쳐도 헤쳐 나갈 수 있다. 그래서 안지추는 항상 배움을 게을리하지 말라고 강조했다.

《顔氏家訓》

　　책을 읽으며 공부하는 습관은 하루아침에 붙는 것이 아니므로 어릴 때부터 책 읽는 습관을 들여야 한다. 그러한 문제에 대해 안지추는 이렇게 말했다.

　　"인간은 어릴 때는 집중력이 좋으나 어른이 되면서 산만해지고 집중력이 떨어진다. 그러므로 되도록 빨리 교육을 받는 게 효과적이다. 나는 일곱 살 때 암기한 문장은 아직도 기억하지만 스무 살 이후에 외운 문장은 한 달만 지나면 잊어버린다."
　　누구나 한번쯤 이런 경험을 한 적이 있을 것이다. 그래서 더욱 공감할 수 있다. 또 안지추는 공부는 늦게 시작하더라도 반드시 삶에 도움이 되므로 나이가 들어서 공부를 포기한 사람들에게 지금부터라도 꾸준히 공부하라고 권한다.

　　"사람들은 어른이 되어서 하는 공부는 소용없다고 생각하며 쉽게 포기한다. 그러나 이는 어리석은 짓이다. 물론 어릴 때 배우면 환한 대낮에 길을 가는 것과 같이 쉽고 빨리 갈 수 있다. 반대로 나이가 들어 배우면 등불을 켜고 어두운 밤길을 가는 것과 같아 한 걸음 한 걸음이 조심스럽고 속도도 더디다. 그러나 상황이 그렇다 하더라노 공부하려는 마음이 있어 노력하는 사람은 눈을 감고 아무것도 보려 하지 않는 이들보다 훨씬 낫다."

　　집안 사정이나 경제적인 이유로 공부할 시기를 놓친 사람도 있을 것이다. 그러나 공부를 할 때 나이는 문제가 되지 않는다. 일본의 무장 도쿠가와 이에야스德川家康는 젊었을 때 생존을 위한 치열한 싸움으로 책을 읽을 여유가 없어서 50세가 넘어서야 본격적으로 책을 가까이 하기 시작했다.

눈부신 기술혁신과 하루가 다르게 변하는 요즘, 젊었을 때 배웠던 지식에만 의존하여 공부를 게을리하면 다른 사람에게 처질 수밖에 없다. 그래서 요즘에는 공부의 필요성을 절감하는 중장년층이 많다.

안지추는 학문과 공부의 필요성을 강조하고 꾸준히 공부하되 배운 지식을 뽐내지 말라고 충고했다.

"배움의 목적은 자신을 진보시키는 것이다. 그런데 세상에는 책을 조금 읽었다고 뽐내며 선배를 경멸하거나 동료를 깔보는 사람이 많다. 이런 행동은 오히려 사람들에게 미움을 살 뿐이다. 어설프게 배운 것을 뽐내어 사람들에게 미움을 사느니 처음부터 학문을 하지 않는 편이 낫다."

정도를 지켜라

《안씨가훈》의 특징은 절묘한 균형 감각에 있다. 안지추는 매사에 도를 넘지 말고 균형을 유지해야 한다고 주장했다. 그의 이러한 사상은 《안씨가훈》 전반에 짙게 깔려 있다.

《예기禮記》에 '욕불가종欲不可從'이라는 구절이 있다. 사람의 욕망은 끝이 없으므로 스스로 절제해야 한다는 뜻이다. 안지추는 이 구절을 인용하며 다음과 같이 덧붙였다.

"이 세상은 아무리 넓어도 끝이 있다. 하지만 사람의 욕망과 감정은 끝이 없다. 그러므로 욕망을 절제할 줄 알아야 한다. 우리 가문의

《顔氏家訓》

선조이신 정후靖侯는 '우리 가문은 대대로 학문을 중히 여기며 재물과 지위에 욕심내지 않았다. 앞으로 너희는 벼슬길에 오르더라도 절대 지방장관보다 높은 지위에 오르지 말고 세력가의 집안과 혼인을 맺지 말라'고 말씀하셨다. 지당하신 말씀이다. 그래서 나는 일생 동안 이를 지켜 왔다."

지위와 신분이 높아질수록 풍파를 겪기 마련이다. 그만큼 위험도 크고 자신의 자리에서 언제 밀려날지 알 수 없다. 특히 세상이 어지러울 때는 더욱 위험하다. 그러므로 안지추는 높은 지위에 오르지 말고 중간 위치에 있으라고 말했다.

'정후'라는 인물은 안가의 선조로 동진 왕조를 섬기며 많은 공적을 세워 제법 높은 지위까지 올랐다. 그는 당시 세력을 확장시켜 막강한 힘을 가졌던 단온桓溫에게 혼담이 들어왔을 때 단호하게 거절했다. 세력가 집안과 사돈을 맺으면 세력을 확장하는 데 유리하겠지만 정후는 오히려 달갑지 않게 생각했다.

세력가는 보통 사람보다 사람들의 원망을 살 일이 더 많고 언제 그 위치에서 밀려날지 알 수 없다. 설불리 세력가와 혼인을 맺으면 자칫 공연한 화를 입을 수 있고 최악의 경우 멸족을 할 위험도 있다. 정후는 이를 염려하여 세력가와 혼인을 피했다.

그의 자손인 안지추도 같은 생각을 갖고 있었다. 게다가 그는 지위나 신분은 물론이고 일상생활을 할 때도 정도를 지켜야 한다고 주장하며 "사치는 금물이다"라고 말했다.

"매사에 겸허한 자세로 조심스럽게 행동하면 화를 피할 수 있다.

비를 피할 집과 배고픔을 채울 음식만 있으면 인간다운 생활을 누릴 수 있으므로 사치할 필요가 없다. 의식주뿐만 아니라 다른 어떤 일에서도 사치는 금물이다."

이 말을 조금 더 구체적으로 설명하면 다음과 같다.

"20명의 가족이 생활하려면 머슴은 20명을 넘지 말아야 하고 밭은 45정보町步면 충분하다. 비를 피할 수 있는 정도의 집과 발을 대신할 만한 수레만 있으면 된다. 그리고 현금 몇 만금만 비축해 두면 급할 때 쓸 수 있다. 나머지 돈은 필요한 사람에게 나누어주는 편이 좋다. 가령 그 정도의 돈이 없어도 부정한 방법으로 재산을 늘려서는 안 된다."

이 구절을 보고 '근검절약이라고 하기에는 풍요로운 삶이 아닌가'라는 의문이 들겠지만 안지추는 평민이 아니라 귀족이었고 그렇기 때문에 위와 같은 생활환경은 아마도 체면을 유지하기 위한 최소한의 살림살이였을 것이다. 안지추는 분수에 맞지 않는 사치와 살림 확장을 경계하고 벼슬을 할 때도 마찬가지로 정도를 넘지 말라고 조언했다.

"관직에 몸담고 있으면서 자신의 안위를 꾀하려면 중간 위치에 머무는 것이 좋다. 앞뒤로 50명씩 두고 중간 자리에 있으면 부끄러울 일도 없고 위험한 일도 없다. 만일 그보다 높은 지위에 오르게 되면 즉시 속세를 떠나 자유로운 생활을 보내는 것이 좋다."

소극적인 생활방식이라고 생각하는 사람도 있을지 모르지만 불안정하고 가혹했던 당시의 상황을 고려할 때 시대의 흐름에 흔들리지 않는 매우 적극적인 생활방식이라고 생각할 수 있다. 우리도 안지추의 가르침을 본받아 자신의 생활에 만족하고 도를 넘지 않도록 균형 감각을 익혀야 할 것이다.

사회인의 마음가짐

예외도 있지만 인간은 이 세상에 태어난 이상 누구나 사회인의 한 명으로 맡은 일을 책임 있게 수행하고 가족을 부양하며 생활을 영위해야 한다.

사회인의 한 사람으로 온전한 생활을 영위하려면 어떤 마음가짐이 필요할까? 안지추는 이 문제를 다양한 각도에서 다뤘는데 도를 넘지 않는 균형 감각을 중시했던 만큼 자기를 기준으로 생각하고 행동하는 이기적인 행동을 경계했다.

"합당한 지위를 얻으려고 분주하게 뛰어다니는 사람을 보고 '저 사람은 저렇게 하지 않으면 원하는 지위를 얻기 힘들다'라고 불쌍하게 생각하는 사람이 있다. 이는 좋은 기회가 생기면 원하는 지위를 얻을 수 있다는 사실을 모르고 하는 소리다. 또 조용히 지금 처지에 만족하는 사람을 보고 '저렇게 소극적으로 있으면 좋은 지위를 얻을 수 없다'라고 비판하는 사람이 있다. 이는 아무리 아등바등 해도 상황이 바뀌지 않으면 소용없다는 사실을 모르고 하는 소리다. 어차피 구하지 않아도 저절로 굴러 들어오는 경우와 구하려고 안간힘을 써도 구할 수 없는 경우의 수는 반반이다."

안지추는 높은 지위를 얻으려고 아등바등하는 사람을 어리석은 자라고 생각했다. 과연 어떻게 사는 것이 바람직할까?

우선 첫째로 자신의 부가가치를 높이며 적절한 때를 기다린다.
"군자는 항상 옳은 길을 가며 덕을 쌓고 자신의 가치를 높이며 때를 기다려야 한다. 지위가 오르지 않고 녹봉이 오르지 않는 것은 하늘의 뜻이므로 인간의 힘으로는 어쩔 수 없다."
둘째로 각자 자기 위치에서 주어진 일을 책임감 있게 수행해야 한다. 아무리 보잘것없는 일이라도 불평하지 않고 성실히 수행하면 언젠가 반드시 인정받고 새로운 전망이 열리기 마련이다. 인생의 고뇌를 맛본 안지추다운 발상이다.
또 안지추는 다른 사람과 더불어 사회인으로 살아가려면 좋은 인간관계를 맺어야 하는데 그러기 위해서는 좋은 친구를 사귀어야 한다고 주장했다.

"사람은 훌륭한 사람과 사귀면 마치 향기 좋은 꽃이 가득한 방에 있는 것과 같아서 좋은 향기가 저절로 난다. 그러나 반대로 나쁜 친구를 사귀면 오랫동안 생선시장에 있었던 것처럼 자기도 모르게 악취가 밴다. 그러므로 군자는 친구를 신중하게 골라야 한다. 공자는 '자기보다 못한 사람은 친구로 삼지 말라' 고 했다. 가능한 한 자기보다 훌륭한 사람을 친구로 삼아라."
안지추는 사회인으로서 갖추어야 할 마지막 마음가짐에 대해 이렇게 말한다.
"남의 공을 훔치지 말라."
"상대의 의견을 채택하면서도 상대를 무시하는 행동은 부끄러운 짓이다. 아무리 사소한 의견이라도 다른 사람에게 빌렸으면 그 취지를 분명하게 밝혀야 하며 남의 공을 훔쳐 자기 것인 척 해서는 안 된다. 비록 상대가 자신보다 낮은 위치에 있는 사람이라 해도 그가 세운 공이면 인정해 줘야 한다."

인간관계를 원활하게 유지하려면 남이 세운 공적을 빼앗아 자신의 것처럼 속이면 안 된다.

건강에 힘써라

누구나 인생이 짧다고 느낄 것이다. 젊을 때는 미처 느끼지 못 하다가 나이 40이 되고 50이 넘어가면 백구지과극白駒之過郤이라는 말이 실감난다. 예부터 현자들은 짧은 인생을 어떻게 살아가면 좋을지 반복해서 자문했다. 그러나 우리는 바쁜 일상에 쫓겨 삶을 제대로 만끽하지 못하고 짧은 생을 마감한다. 참으로 안타까운 현실이다.

그러나 중국인은 달랐다. 그들은 항상 유익하고 즐거운 삶을 살려고 노력해 왔다. 예나 지금이나 즐거움이 없는 삶은 의미가 없다고 생각한다. 유익하고 즐겁게 살려면 우선 건강해야 한다. 몸이 아프면 인생을 즐길 수 없기 때문에 중국인은 옛날부터 건강을 유지하고 증진시키는 데 심혈을 기울여 왔다. 이를 '양생養生'이라 하는데, 중국에서는 오래전부터 신선술이나 불로장생술이 크게 성행했다. 이는 더 오래, 더 즐겁게 살고 싶어하는 중국인의 간절한 바람을 여실히 보여 준다.

"신선술을 반드시 나쁘다고 할 수는 없지만 선인이 된다고 죽음을 면할 수는 없다. 나는 너희들이 이런 일에 정력을 낭비하지 않길 바란다."

안지추는 위대한 지식인이었기 때문에 신선술이나 불로장생술에 회의적이었다. 그러나 건강을 관리해야 한다는 데는 의견을 같이 했다.

"다만, 온몸의 신경을 안정시키고 호흡을 가다듬어 절도 있는 생활을 하고 더위와 추위에 잘 적응하고 음식을 삼가고 적당히 약을 복용하여 천수를 누리고 단명을 예방하기 위한 정도라면 굳이 반대하지 않는다."

이 구절에서도 안지추의 도를 넘지 않고 정도를 지키려는 균형 감각이 엿보인다.

양생의 기본 목적은 천수를 누리는 것이다. 그러므로 질병에 걸리지 않도록 주의하는 동시에 재난 때문에 목숨을 잃지 않도록 조심해야 한다.

"건강을 유지하고 증진하는 데 힘쓰는 사람은 재난을 당하지 않도록 주의해야 한다. 양생의 진정한 의미는 천수를 누리는 데 있다. 그러므로 위험한 길은 피하고 음모나 반란에 가담하지 말며 욕심을 부리거나 남의 원망을 사는 행동은 피해야 한다."

이 같은 말을 통해 안지추의 신중한 성격을 짐작할 수 있다.

인생을 즐기는 방법으로는 취미와 놀이가 있다. 취미나 놀이를 즐기는 것은 좋으나 헤어 나오지 못할 정도로 빠져들어서는 안 된다. 바둑과 음악을 예로 들어보자.

"바둑은 품위 있는 놀이다. 그러나 지나치면 생활의 흐름이 깨진다. 그러므로 적당히 즐기되 깊이 빠지지 않도록 주의해야 한다."

"거문고의 음률에는 깊은 맛이 있어 마음을 평온하게 하는 힘이 있다. 그러나 이도 눈에 띄게 잘하면 술자리에 불려갈 우려가 있으므로 좋지 않다."

안지추는 음악을 취미로 즐기는 정도는 괜찮지만 너무 잘 하면 양반들의 노리개가 될 우려도 있으므로 도를 넘지 말라고 충고했다.

요즘에는 스포츠의 종류가 다양하지만 안지추가 살던 당시에는 그리 많지 않았다. 안지추는 그 가운데서 나라와 생명을 지키는 수단으로 쓰였던 활쏘기를 크게 장려하며 함부로 사냥하지 말라는 주의도 잊지 않았다.

바둑판 위에 바둑돌을 늘어놓고 서로 손가락으로 튕겨 상대의 돌을 맞혀 따먹는 놀이인 돌 따먹기는 그 당시의 대표적인 실내경기였다. 안지추는 "돌 따먹기 게임은 품격 있는 놀이다. 마음의 우환을 해소하는 데 도움이 되므로 종종 하는 것도 좋다"라고 추천했다.

안지추는 놀이와 스포츠를 건강을 유지하기 위한 수단일 뿐이므로 정도를 유지해야 한다고 강조했던 것이다.

채근담

불교, 유교, 도교의 가르침을 융합한 실천적인 인생의 지침서

《채근담 菜根譚》

《채근담》에 대해

《채근담》은 문장을 분류하는 방법에 따라 다소 차이가 있지만 일반적으로 〈전집〉과 〈후집〉으로 나뉜다. 전집 225개, 후집 135개 도합 360개로 된 잠언집이다.

〈전집〉이 주로 냉엄한 현실을 살아가는 처세술을 다루었다면, 〈후집〉은 여유 있게 한거하는 즐거움을 다룬 내용이 많다.

저자는 홍응명洪應明으로, 자는 자성自誠이며 호는 환초도인還初道人이다. 명의 만력연간萬曆年間 1573~1620의 사람으로, 본문에서도 다루겠지만 자세한 경력은 알려지지 않았다. 젊었을 때 과거에 급제하여 벼슬길에 올랐으나 도중에 그만두고 오로지 도교와 불교 연구에 매진했다.

《채근담》에는 저자의 생활방식이 짙게 깔려 있으며 불교, 유교, 도교의 가르침을 융합하여 처세술을 역설하고 있다. 연구의 대상이 아닌 인생을 살아가는 실천적인 지침서로 옛날부터 중국보다 일본에서 많은 사랑을 받았다.

《채근담》의 명언

- '어려운 길에서는 한 걸음 물러서라行不去處, 須知退一步之法.'〈전집 前集〉
- '태평한 세상을 살아갈 때는 몸가짐을 방정하게 하고, 어지러운 세상에서는 원만하게 살아야 한다處治世宜方, 處亂世宜圓.'〈전집〉
- '난관에 부딪쳤을 때는 인내심으로 초지일관하라處變當堅百忍以圖成.'〈전집〉
- '작은 은혜를 베풀기에 급급하여 전체 이익을 희생시켜서는 안 된다毋私小惠而傷大體.'〈전집〉
- '사나운 짐승을 길들이기는 쉬워도 사람의 마음을 굴복시키기는 어렵다猛獸易伏, 人心難降.'〈전집〉
- '오래 엎드린 새가 높이 날아오른다伏久者 飛必高.'〈전집〉
- '꽃은 반쯤 피었을 때가 아름답고 술은 거나하게 취했을 때가 좋다花看半開, 酒飮微醉.'〈전집〉
- '이로운 일이 있으면 해로운 일도 있다一事起, 則一害生.'〈전집〉

《채근담》은 인생의 책

이 책은 400년쯤 전인 명나라시대1368~1644에 쓰였다. 본서에서 다루는 고전 중에서는 가장 최근 작품이다. 저자는 홍자성洪自誠으로, 자세한 경력은 알려지지 않았다. 한때 벼슬길에 올랐으나 도중에 그만두고 초야에 묻혀 일생을 마쳤다.

'채근'은 변변치 못한 끼니를 일컫는 말로, 역경을 견딘 자만이 큰일을 한다는 의미다.

《채근담》에는 다른 고전에서 볼 수 없는 특징이 있다. 유교, 불교 그리고 도교의 세 종교를 융합하고, 그에 입각한 처세술을 주장했다는 점이다.

예로부터 중국에는 '유교사상'과 '도교사상'이 주류를 이뤘다. 이 두 사상은 대립하기도 하고 때로는 보완하면서 중국인의 의식과 행동을 지배했다. 그러나 중국 고전은 인간의 심적 문제는 거의 다루지 않았다. 중국인은 오로지 냉엄한 현실을 어떻게 살아갈지에 관심을 보였으며, 마음의 고뇌를 극복하는 방법에는 관심이 없었다. 인도에서 들어온 불교사상은 이러한 결점을 보완해 주었다. 이를 토대로 중국에서 독자적인 전개를 보인 것이 '선禪'이다.

《채근담》은 유교, 도교, 그리고 불교의 가르침을 융합하여 험난한 세상을 살아가는 처세술을 다뤘다는 점이 두드러진다. 모두 360개의 단문으로 구성된 잠언집이다. 그 내용을 살펴보자.

"하늘과 땅세상은 영원하지만 인생은 한 번뿐이다. 길어야 백 년인 인간의 수명은 눈 깜짝할 사이에 지나간다. 우리는 삶을 즐겁게 보내려고 노력하는 동시에 한 번뿐인 인생을 허비하지 않는지 항상 주의해야 한다."

누구나 인생은 짧다고 느낀다. 그래서 중국인들은 맘껏 즐기려고 한다. 《채근담》에서는 인생을 즐기는 동시에 의미 있는 인생을 보내야 한다고 경고한다. 이는 유교의 영향을 받았다.

"우리의 삶은 무엇이든 줄이려고 마음먹으면 그만큼 속세의 굴레에서 벗어날 수 있다. 만남을 줄이면 다툼을 피할 수 있다. 말수를 줄이면 비난을 면할 수 있고 생각을 줄이면 근심이 줄어든다. 머리를 덜 굴리면 진실된 마음으로 대할 수 있다. 줄일 생각은 않고 더 많은 것을 얻고자 하는 사람은 스스로 속세의 굴레를 쓰는 것과 같다."

이는 도교의 영향을 받았다. 또, 이런 말도 있다.

"부동의 경지에 이른 사람은 성공했다고 기뻐 날뛰지 않으며 실패했다고 전전긍긍하지도 않는다. 어떤 일에든 의연하게 대처할 수 있다. 외부의 충격에 마음이 동요되는 사람은 한계에 부딪치면 화를 내고, 일이 잘 풀리면 그것에만 집착하며 사소한 일에 얽매여 자유를 잃는다."

즉, 어떤 일에도 마음이 동요되지 않도록 해야 한다. 이는 선의 영향을 받았다고 할 수 있다. 《채근담》은 결코 어설픈 서생론書生論이 아니다. 인생의 원숙한 경지와 거침없는 처세술을 담고 있다. 이것이 바로 많은 사람들에게 사랑받는 이유일 것이다.

《채근담》은 오늘날에도 많은 교훈을 준다. 단숨에 읽어내려 갈 정도로 흥미진진하고 모든 사람에게 가슴에 와닿는 가르침을 준다. 냉엄한 현실에 맞서 고투하는 사람에게는 조언을, 불행으로 괴로워하는 사람에게는 위로와 격려를 해준다. 마음의 짐으로 힘겨워 하는 사람은 평온을 얻을 수 있을 것이다.

원만한 인간관계를 맺는 지혜

"지나치게 이론을 내세우면 다른 사람과 마찰이 생기고, 감성이 가는 대로 행동하면 잘못된 길로 빠지기 쉽다. 지나치게 고집을 부리면 구차해진다. 이렇듯 만만치 않은 것이 우리의 인생살이다."

일본의 유명한 소설가 나쓰메 소세키夏目漱石는 인간사회를 살아가는 어려움에 대해 이렇게 한탄했다. 어느 시대나 인간관계는 어렵다. 이는 모든 사람의 공통된 문제다.

때로는 친절을 베풀고자 한 행동이 상대에게 쓸데없는 간섭이 되기도 하며, 무심코 던진 말에 상대방이 상처를 받기도 한다. 또 믿었던 상대에게 배신을 당하는 등 우리의 일상생활은 온갖 문제로 가득하다. 인간관계를 원만하게 하려면 어떻게 해야 할까? 이 문제에 대해 《채근담》에서는 양보하는 마음을 첫 번째로 꼽았다.

"사람의 마음은 변하기 쉬우며 세상은 냉엄하다. 그러므로 험난한 길을 지날 때는 한발 물러서 양보하고, 넓은 곳에서도 다른 사람에게 양보하는 마음가짐이 필요하다."

그리고 이런 말도 있다.

"좁은 길을 갈 때는 한 걸음 멈추어 다른 행인에게 길을 비켜 주고 맛있는 음식을 먹을 때는 다른 사람과 나눠 먹는다. 이런 식으로 사람을 대하면 가장 안전하고 평화롭게 세상을 살 수 있다."

앞의 두 글귀는 '양보의 미덕'을 강조한다. 그러나 단순히 양보하는 행동 이면에는 치밀한 계산이 깔려 있음을 잊어서는 안 된다. 가령 '죽을 때까지 양보해 봐야 평생에 백 보가 안 된다'는 말이 있다. 평생 다른 사람에게 길을 양보해도 전부 합쳐서 백 보가 채 되지 않는다는 뜻으로, 양보하면 잃는 것보다 얻는 것이 훨씬 많다는 계산이 들어 있다. 《채근담》에서 말하는 양보도 이러한 계산이 바탕에 깔려 있다.

양보에 관한 글을 몇 가지 들어보자.

"이 세상을 평화롭게 살아가려면 항상 양보하는 마음을 가져야 한다. 한 걸음 물러서는 것은 한 걸음 전진하기 위한 준비단계다. 원만한 인간관계를 맺으려면 가능한 한 너그럽게 행동해야 한다. 다른 사람을 이롭게 하는 일이 곧 자신을 이롭게 하는 길이다."

"어떤 일이든 여유를 갖고 조심스럽게 양보하면서 대처한다. 그러면 사람은 물론이고 신의 노여움도 사지 않는다. 사업을 할 때나 공을 세울 때 양보하지 않고 무작정 앞으로만 밀고 나가면 다른 사람의 반발을 사게 되고 결국 저지를 당해 실패할 것이다."

"실패했을 때는 모두 같이 책임을 져야 한다. 그러나 성공했을 때 얻은 대가는 다른 사람에게 양보한다. 그렇게 해야 좋은 관계를 유지할 수 있다. 슬픔은 함께 하고 기쁨은 다른 사람에게 양보한다. 그렇지 않으면 미움이 싹튼다."

원만한 인간관계를 맺기 위한 충분한 조언이 되었을 것이다. 이때 주의해야 할 것은 양보하는 마음 이면에 있는 계산은 철저하게 숨겨야 한다. 밖으로 드러나면 더 이상 양보가 아니다. 《채근담》에서도 이러한 점에 주의를 기울이라고 충고한다.

"다른 사람에게 은혜를 베풀 때, 자선을 베푼다는 생각이나 보답을 기대하는 마음을 드러내서는 안 된다. 그래야 쌀 한 되를 주어도 백만 석의 가치가 있다.

다른 사람에게 도움을 줄 때, 효과를 계산하거나 보답을 기대해서는 안 된다. 만약 그렇지 못하면 백만 석을 주어도 쌀 한 톨의 가치도 없다."

마지막으로 하나 더 소개하겠다.

"이롭지 못한 사람을 저지할 때는 반드시 도망갈 길은 남겨 두어야 한다. 도망갈 길마저 빼앗아 더 이상 도망갈 곳이 없으면 최후의 발악을 하므로 많을 것을 잃게 된다."

'쥐도 궁지에 몰리면 고양이를 문다'는 속담에서도 알 수 있듯이, 상대를 지나치게 몰아세우면 필사적으로 반격한다. 그러므로 이를 항상 명심하고 사람을 대해야 한다.

부하를 꾸짖을 때도 마찬가지다. 호되게 야단을 치기보다는 상대의 처지를 충분히 고려하고 조용히 타이르는 방법이 훨씬 효과적이다. 이 또한 '한 걸음 양보'의 지혜라 할 수 있다.

관용을 베풀어라

《채근담》에서는 원만한 인간관계를 맺는 두 번째 지혜로 사람을 엄하게 야단치지 말고 관용을 베풀어야 한다고 말한다. 지극히 당연한 말이지만 관용을 베풀지 않으면 원만한 인간관계를 맺기 어렵다. 이 책에서는 관용에 대해 여러 관점에서 실천적인 조언을 하고 있다.

몇 가지를 들어보자.

"남의 단점은 가능한 한 감싸 주어야 한다. 이를 폭로시켜 드러낸다면 단점으로 단점을 질책하는 것이 되므로 아무런 효과를 기대할 수 없다. 남이 완고할 때는 잘 타일러야 한다. 감정적으로 대하면 완

《菜根譚》

고로 완고에 맞서는 것이 되므로 쉽게 해결될 문제도 어려워진다."

"사람을 꾸짖을 때, 너무 엄하게 하지 말고 상대가 감당할 수 있는가를 생각해야 한다. 사람을 가르칠 때도 지나치게 많은 기대를 걸어서는 안 된다. 상대가 실행할 수 있는 범위 내에서만 가르친다."

"남의 조그만 허물은 꾸짖지 않으며 사사로운 비밀은 폭로하지 않는다. 지난 날 남이 저지른 잘못은 생각하지 마라. 이 세 가지로 덕을 쌓으면 인격이 높아질 뿐 아니라 다른 사람들에게 원한을 살 염려도 없다."

간단하게 말해 원만한 인간관계를 구축하려면 남을 배려하고 유연한 자세로 대처해야 한다.

공자는 "사람을 가볍게 꾸짖으면 원한을 사지 않는다"고 말했다. 지나치게 엄격한 태도로 상대를 대하면 상대는 반발심을 갖고 원한을 품는다. 관용을 베풀면 이러한 불필요한 마찰을 피할 수 있다.

《채근담》에서는 이렇게 말한다.

"지나치게 결벽한 사람은 세상을 살기가 어렵다. 더러움과 추악함도 받아들일 수 있을 만큼의 도량을 갖춰야 한다. 사람을 대할 때는 좋고 싫은 감정을 노골적으로 드러내서는 안 된다. 어떤 유형의 사람이든 수용할 수 있는 포용력을 길러야 한다."

"땅이 더러운 곳에는 초목이 무성해지고 물이 너무 맑으면 고기가 살지 않는다. 더러운 것도 과감히 수용할 수 있는 도량을 갖춘 자만이 진정한 군주라 할 수 있다. 지나친 결벽증은 좋지 않다."

우리는 이러한 마음을 가져야 한다. 특히 많은 사람들을 이끌어야 할 조직의 지도자는 반드시 갖추어야 할 자질이다.

관용을 베풀려면 어떤 일이든 조급하게 생각하지 말고 여유를 갖고 침착하게 대처해야 한다.

"너무 조급하게 굴면 오히려 상황을 파악하기 어려울 때가 있다. 그럴 때는 마음을 느긋하게 먹고 저절로 밝혀지기를 기다린다. 무리하게 상대를 다그쳐서 반발심을 사서는 안 된다. 사람을 부릴 때, 좀처럼 마음먹은 대로 되지 않을 때가 있다. 이럴 때는 다그치지 말고 상대가 자발적으로 행동할 때까지 기다린다. 일일이 간섭하면 점점 엇나갈 뿐이다."

이 또한 지도자가 명심해야 할 실천적인 충고다.

지금까지 '관용의 미덕'에 대해 소개했다. 이때 관용은 다른 사람에게 베풀라는 의미이며 자신에게 베풀라는 뜻은 아니다. 자신은 엄하게 다스려야 한다. 자신에게 엄하지 못한 사람은 인간적인 성장을 기대하기 어렵다.

"남에게 책임을 물을 때는 상대의 실수를 지적하는 동시에 실수하지 않은 부분도 함께 평가한다. 그렇게 하면 상대도 불만을 갖지 않는다. 반면 자기를 반성할 때는 성공을 했어도 그중에서 잘못된 점을 찾아 반성할 정도로 엄해야 한다. 자신을 엄하게 다스리면 인간적으로 크게 성장할 수 있다."

마지막으로 조직의 지도자에게 필요한 마음가짐을 지적한 구절을 보자.

"다른 사람의 잘못에는 너그럽게 대하고 자신의 잘못은 엄격하게 다스려라. 자신의 고통은 이를 꽉 물고 견뎌야 하나 다른 사람의 고통은 그냥 지나쳐서는 안 된다."

《菜根譚》

균형감각을 길러라

일본인은 무슨 일을 하건 도가 지나치다. 반면 중국인은 이를 경계하고 적당한 지점을 찾아 균형을 잡으려고 노력한다.

중국인의 이러한 인생관은 《채근담》에도 그대로 드러난다. 그렇다면 중국인은 왜 도가 지나친 행동을 경계하는 것일까?

그 이유는 크게 두 가지로 볼 수 있는데, 하나는 너무 지나치면 오래 지속하기 어렵기 때문이며, 다른 하나는 주위 사람에게 눈총을 받거나 반발을 일으킬까 봐 두렵기 때문이다.

《채근담》에서는 이렇게 말한다.

"너무 높은 지위에는 오르지 않는 편이 좋다. 최고의 자리에 올라가면 수많은 함정이 도사리고 있다. 재능은 적당히 발휘하라. 지나치면 금방 한계가 드러난다. 훌륭한 행동도 정도껏 하라. 지나치면 다른 이들의 시기나 모함을 받기 때문이다."

공자는 '과유불급過猶不及'이라 하여 지나침은 미치지 못함과 같다고 말했다. 우리는 모자라거나 지나치지 않고 한쪽으로 치우치지 않은 상태를 '중용中庸'이라 부른다.

《채근담》에서도 이러한 '중용의 미덕'에 대해 언급한다. 참고로 몇 가지 예를 들어보자.

"자신뿐만 아니라 다른 사람에게도 세심하게 배려하는 빈틈없는 사람이 있는가 하면 다른 사람은 물론이고 자신조차 돌보지 않고 담담하게 살아가는 사람도 있다. 지나치게 빈틈이 없어서도 안 되지만 지나치게 담담해서도 안 된다. 훌륭한 사람은 중용의 미덕을 갖춰야 한다."

"이상을 높게 가져라. 그러나 어디까지나 현실 가능해야 한다. 매사에 주도면밀해야 하지만 사소한 일에 연연해서도 안 된다. 취미는 소박하되 지나치게 하찮아서도 안 된다. 절개와 지조를 지키되 비굴해서는 안 된다."

"청렴하면서 포용력이 있고 이해심이 많으면서도 결단력이 있다. 통찰력이 있으면서 남의 단점을 덮을 줄 안다. 순수하면서도 과격하지 않다. 이런 사람이야말로 꿀을 넣어도 지나치게 달지 않고, 소금을 넣어도 지나치게 짜지 않은 이상적인 중용의 미덕을 갖추었다고 할 수 있다."

이렇듯 세상을 살아가는 이상적인 태도는 부족하지도 지나치지도 않으면서 중용을 지키는 것이다. 쾌락도 마찬가지다. 도가 지나친 쾌락은 오히려 해가 된다.

이를 경계하는 글을 보자.

"친구들과 어울려 술잔을 기울이고 흥에 겨워 노래를 부른다. 어느 새 밤이 깊어 거리의 등불이 하나씩 꺼지고 떠들썩한 분위기도 점차 가라앉는다. 이쯤 되면 허무함에 눈물을 흘리는 사람이 나타나고 모든 것이 부질없다는 생각이 든다. 즐거움도 지나치면 오히려 슬픔이 된다. 왜 적당히 즐기지 못하고 이 지경에 이르는 것일까?"

"입을 즐겁게 하는 맛있는 음식은 장을 상하게 하고 뼈를 썩게 하는 독약이다. 지나치면 오히려 건강을 해친다. 쾌락은 몸을 망가트리고 덕을 잃는 원인이다. 지나친 쾌락은 후회를 남길 뿐이다."

"꽃은 활짝 피었을 때보다 피기 시작한 때가 아름답고, 술은 적당히 취기가 돌 때가 가장 기분이 좋다. 활짝 핀 꽃을 보거나 만취 상태가 될 때까지 술을 마시면 오히려 흥이 깨진다."

《菜根譚》

균형감각과 중용의 미덕이 있는 사람은 진정한 멋과 인생을 달관한 자로서 정취가 느껴진다.

균형감각과 중용은 업무를 할 때도 많은 도움이 된다. 《채근담》에서는 앞으로 나가려면 뒤로 물러설 때를 생각하라고 말하며 다음과 같이 설명했다.

"앞으로 나갈 때는 반드시 뒤로 물러설 때를 생각한다. 그러면 울타리에 뿔이 걸린 양처럼 꼼짝 못할 염려는 없다. 어떤 일을 시작할 때는 그만둘 때를 생각하라. 그러면 멈추지 못해 그대로 벽에 부딪쳐 쓰러질 염려는 없다."

마지막으로 실천적인 조언을 한 가지 더 소개하겠다.

"기쁜 나머지 경솔하게 행동해서는 안 되며 술기운을 빌어 불만을 터트려서도 안 된다. 일이 잘 풀린다고 지나치게 크게 벌려서도 안 되며 피곤하다고 도중에 그만둬서도 안 된다."

결코 듣기 좋은 이야기는 아니지만, 소중하고 안전한 생활을 영위하는 데 균형감각과 중용이 얼마나 중요한지 생각하게 한다.

역경을 견뎌 내라

진나라의 양고羊祜라는 무장은 "세상을 살면서 우리가 하는 일 중 70, 80퍼센트는 뜻대로 되지 않는다"며 한탄했다. 실제로 대부분이 마음먹은 대로 되지 않는다.

이런 세상을 살아가는 데 무엇보다 '인忍', 즉 인내심이 필요하다.

"산을 오를 때는 험한 길을 견뎌야 하고, 눈길을 걸을 때는 위험한 다리를 견뎌야 한다는 말이 있다. 견딘다는 말에는 깊은 의미가 함축되어 있다. 인심은 사납고 인생은 험난하다. 인내심이 없으면 금방 혼란에 빠지고 난관에 부딪친다."

무슨 일이든 참고 견딜 수 있도록 스스로 격려해야 한다. 그러나 참기만 한다면 세상을 살아갈 재미를 느낄 수 없고 무엇을 위해 인내해야 하는지 의문이 생길 것이다.

중국에는 '행복과 불행은 돌고 돈다'는 생각이 뿌리내려 있어, 지금 힘겨워도 언젠가는 반드시 좋아질 때가 온다고 생각하며 현재의 괴로움을 참는다. 행복한 미래를 꿈꾸며 지금의 고통을 참는 일도 보람이 있다. 반대로, 지금은 행복하지만 언제 고난이 닥칠지 예측할 수 없다. 그러므로 힘들 때는 물론이고 모든 일이 순조롭게 진행될 때도 긴장을 늦추지 말고 신중하게 행동해야 한다. 이러한 생각이 드러난 말을 소개하겠다.

"내리막길로 내달릴 징조는 가장 번성기일 때 나타나며, 새로운 일의 시작은 쇠퇴함이 극에 달했을 때 나타난다. 일이 순조롭게 진행될 때는 긴장을 늦추지 말고 변수에 대비하며, 난관에 부딪쳤을 때는 인내하며 뜻을 밀고 나가야 한다."

"하늘의 뜻은 예측할 수 없다. 시련을 주는가 하면 부귀와 영화를 누리게도 하고, 반대로 부귀와 영화를 주는가 하면 시련을 주기도 한다. 때로는 예측할 수 없는 하늘의 뜻에 영웅호걸들조차 당황하며 좌절하기도 한다. 그러나 진정한 영웅은 어떠한 역경도 견뎌 내며, 항상 만일의 사태를 대비한다. 그래서 하늘조차 함부로 훼방을 놓지 못한다."

살다보면 운이 따르지 않을 때가 있다. 예기치 못한 역경에 부딪치기도 한다. 이때 가장 좋은 방법은 끝까지 참는 것이다. 힘든 때야말로 자신을 성장시키고, 멋지게 도약할 수 있는 절호의 기회다.

"역경과 가난은 인간을 굳건하게 단련시키는 용광로와 같다. 단련된 몸과 마음은 더욱 강건해지며 단련되지 않은 사람은 진정한 인간이 될 수 없다."

"역경에 처하면 주변의 모든 것이 좋은 약이 되고, 절조와 행동이 자신도 모르는 사이에 단련된다. 만사가 잘 풀릴 때는 눈앞의 모든 것이 흉기가 되고 몸 속의 뼈가 빠져나가도 깨닫지 못한다."

일본의 무장 야마나카 시카노스케山中鹿之介는 "나에게 칠난팔고七難八苦, 일곱 가지의 고난과 여덟 가지의 고통-역주를 달라"라고 말했다. 굳이 고난을 자청할 필요는 없지만 어려움이 닥쳤을 때 당황하지 않고 의연하게 대처할 수 있는 여유를 가져야 한다.

역경에 처했을 때, 가장 난처한 것은 마음까지 위축된다는 사실이다. 두 번째는 초조한 나머지 안절부절한다. 세 번째는 지금 상황에서 벗어나기 위해 발버둥치며 경망스럽게 행동하는 것이다. 이런 행동은 점점 더 깊은 수렁 속으로 빠져 들게 한다.

역경을 극복하는 가장 좋은 방법은 차분히 기회를 기다리며 힘을 모으는 것이다. 《채근담》에서는 다음과 같이 충고한다.

"오랫동안 가만히 때를 기다린 새는 일단 날기 시작하면 하늘 높이 날아오른다. 먼저 핀 꽃은 빨리 지기 마련이다. 이러한 이치만 깨달으면 도중에 지쳐 포기할 염려도 없으며 공을 세우기 위해 조바심 낼 일도 없다."

우리도 이러한 마음가짐으로 긴 마라톤과 같은 인생을 완주해야 할 것이다.

항상 꾸준히 수양하라

설득력이 있는 지도자가 되려면 항상 자신을 단련해야 한다. 이러한 과정을 '수신修身' 또는 '수양修養'이라 한다. 그런데 제2차 세계대전 이후 일본에서는 특별한 이유 없이 이를 꺼리기 시작했다. 누구나 다른 사람에게 지시받거나 강요당하면 불쾌하기 마련이다. 그러나 수신이나 수양은 누가 시켜서 하는 것이 아니라 단련하기 위해 자발적으로 노력해야 한다. 특히 지도자는 이러한 노력을 꾸준히 해야 한다.

이에 대해 《채근담》에는 다음과 같이 말한다.

"급할 때 당황하여 일을 그르치지 않으려면 여유 있을 때 정신을 수양해야 한다."

주먹구구식으로 수양해서는 절대 안 되며 날마다 꾸준히 쌓아야 한다. 그렇다면 어떻게 해야 자신을 단련시킬 수 있을까?

《채근담》에서는 먼저 중요한 요소로 생활환경을 들고 있다.

이는 공자가 말한 "좋은 약은 입에 쓰나 질병에는 이롭고, 충언은 귀에 거슬리나 행동에는 이롭다"는 가르침과 일맥상통한다.

두 번째로 초조해 하지 말고 느긋해야 한다. 오랜 시간이 걸리더라도 확실하게 자신을 향상시킨다.

"자신을 단련할 때는 금을 정제할 때보다 더 많은 시간을 들여야 한다. 서두르면 깊이가 덜하다. 사업을 시작할 때는 독화살을 쏠 때처럼 신중해야 한다. 서두르면 좋은 성과를 얻지 못한다."

또, 이런 말도 있다.

"복숭아나무와 자두나무에는 아름다운 꽃이 핀다. 그러나 소나무나 떡갈나무의 푸른 빛깔에는 따라가지 못한다. 배나무와 살구나무에는 달콤한 열매가 열린다. 그러나 등자나 귤의 상큼한 향기를 따라가지는 못한다. 이처럼 아름다우나 생명이 짧은 것은 소박하면서 지속적인 것을 따라가지 못하며, 성급하게 이룬 성과는 느긋하게 이룬 성과에 미치지 못한다."

'대기만성'이라는 고사 성어는 《노자》에서 유래했다. 《채근담》에서도 꾸준히 노력하여 착실하게 일을 해야 한다고 가르친다.

인간은 누구에게나 장점과 단점이 있다. 수신이나 수양은 이러한 장점은 더욱 살리고, 단점을 보완하려는 노력이다. 그런 의미에서 참고가 될 만한 이야기를 소개하겠다.

"절개와 지조가 있는 사람은 온화한 태도를 취하려고 노력한다. 그렇게 하면 불필요한 다툼을 피할 수 있다. 공명심이 강한 사람은 겸양의 미덕을 쌓으려고 한다. 그러면 사람들의 시기를 피할 수 있다."

태어날 때부터 이상적인 지도자인 사람은 없다. 꾸준히 노력하여 한 단계씩 자신을 높여야 한다. 《채근담》에서 이상적인 지도자의 모습을 다음과 같이 묘사했다.

"사소한 일도 빈틈없이 처리해야 한다. 다른 사람이 보지 않을 때도 그릇된 일을 해서는 안 되며, 실의에 빠졌을 때도 자포지기해서는 안 된다. 그래야 훌륭한 사람이 될 수 있다."

"도를 터득하려면 먼저 올바른 마음가짐을 가져야 한다. 한편으로 사물에 집착하지 않는 소탈함도 필요하다. 자신을 엄하게만 다스린다면 고난만 있을 뿐 즐거움이 없다. 그러면서 어떻게 만물을 다룰 수 있겠는가?"

이 조건을 갖춘 훌륭한 지도자가 되려면 많은 노력이 필요할 것이다.

논어

현실에서 이상을 잃지 않고 살아간 인간에 대한 생생한 기록

《논어 論語》

《논어》에 대해

《논어》는 지금부터 약 2500년 전, 춘추시대 말기에 사상가로 활약한 공자의 말씀과 행동을 기록한 책이다. 〈학이편學而篇〉에서 〈요왈편堯曰篇〉에 이르기까지 총 20편으로, 구분하는 방법에 따라 다소 차이는 있지만 대략 5백 개 정도의 단문으로 구성되어 있다.

공자 사상의 핵심은 '인仁'이다. 이는 《논어》에도 그대로 반영되어 '인'에 대한 내용이 60장으로 전체 10퍼센트 이상을 차지한다. 《논어》에서는 '인'을 기초로 한 인간론人間論, 인생론人生論, 정치론政治論, 지도자론指導者論이 다양하게 전개된다. 하지만 체계적이지는 않다. 오히려 인간을 생생하게 기록했다는 점이 다른 고전에서는 볼 수 없는 독특한 멋이라고 할 수 있다.

공자는 기원전 551년에 노魯나라에서 태어났다. 불우한 가정환경 속에서도 학문에 정진하며 정치에 뜻을 세웠다. 그러나 정치활동은 순탄하지 못했고 만년에는 고향으로 돌아가 집필활동과 제자 육성에 전념했다.

《논어》는 현실에 입각하면서도 이상을 잃지 않고 당당하게 살아간 인간의 생생한 기록이라 할 수 있다.

《논어》의 명언

- '교묘한 말과 아첨하는 사람치고는 선한 이가 드물다 巧言令色, 鮮矣仁.' 〈학이편 學而篇〉
- '허물이 있으면 고치기를 꺼려하지 말라 過則勿憚改.' 〈학이편〉
- '배우기만 하고 생각하지 않으면 마음에 얻어지는 것이 없고, 생각만 하고 배우지 않으면 위태롭다 學而不思則罔, 思而不學則殆.' 〈위정편 爲政篇〉
- '아침에 도를 들으면 저녁에 죽어도 여한이 없다 朝聞道, 夕死可矣.' 〈이인편 里仁篇〉
- '덕이 있는 자는 외롭지 않다. 반드시 이웃이 있는 법이다 德不孤, 必有隣.' 〈이인편〉
- '사람이 죽을 때가 되면 선한 말을 한다 人之將死, 其言也善.' 〈태백편 泰伯篇〉
- '지나친 것은 미치지 못한 것과 같다 過猶不及.' 〈선진편 先進篇〉
- '군자는 화합하지만 和 부화뇌동하지 않고 소인은 부화뇌동하되 화합하지 않는다 君子和而不同, 小人同而不和.' 〈자로편 子路篇〉
- '잘못하고도 고치지 않는 것을 잘못이라고 한다 過而不改 是謂過矣.' 〈위영공편 衛靈公篇〉
- '여자와 소인은 다스리기가 어렵다. 가까이하면 불손하고 멀리하면 원망한다 唯女子與小人爲難養也.' 〈양화편 陽貨篇〉

주은래의 일침

1972년 9월, 일본의 다나카 가쿠에田中角榮 수상은 중국과 국교 회복 교섭을 하기 위해 중국을 방문했다. 교섭은 순조롭게 진행되어 공동성명 문안이 무사히 채택되었고 양국 대표단은 안도의 한숨을 쉬었다. 그때 주은래가 다나카 수상에게 '言必信 行必果언필신 행필과' 라고 적은 종이를 건넸다. 약속은 반드시 지키고 일단 시작한 일은 꼭 끝까지 해낸다는 의미다.

이를 본 다나카 수상은 매우 흡족해 하며 '믿음은 모든 일의 근본 信は万事の元'이라고 쓴 종이를 주은래에게 건넸다고 한다.

'言必信 行必果'는 《논어》에 나오는 말로 다나카 수상이 생각했던 것처럼 좋은 뜻만 있지는 않다. 그것의 진의를 알았다면 수상도 마냥 기뻐하지만은 않았을 것이다.

그렇다면 《논어》에서는 어떤 뜻으로 사용되었을까.

어느 날 제자인 자공子貢이 공자에게 물었다.
"스승님, '사士'는 어떤 사람을 일컫는 말입니까?"
여기서 말하는 '사'는 지도자의 위치에 있는 사람이라 할 수 있다. 요컨대, 자공은 지도자의 조건을 물은 것이다.

이에 공자는 다음과 같이 대답했다.
"자신의 행동을 부끄러워할 줄 알고 여러 나라에 사신으로 가서 나라를 욕되게 하지 않는 사람을 말하지."

자신의 말과 행동을 부끄러워할 줄 알고 사신으로 파견되면 훌륭하게 교섭해 낼 수 있는 인물이 바로 '사'라는 것이다.

《論語》

그러자 자공이 다시 물었다.

"그렇다면 한 단계 낮은 인물은 어떤 사람입니까?"

"어버이를 잘 모시고 형제와 우애가 깊으면 '사'라고 할 수 있지."

뭔가 대단한 대답을 기대했다면 조금 실망했을지도 모르겠다. 하지만 당연하다고 생각하기 때문에 오히려 실천으로 옮기지 못하는 것은 아닐까?

자공도 어렵다고 느꼈는지 다시 공자에게 물었다.

"거기서 다시 한 단계 낮추면 어떤 인물이겠습니까?"

자공의 질문에 공자는 이렇게 대답했다.

"약속은 반드시 지키고 시작한 일은 끝까지 해 내는 사람은 융통성이 부족한 소인이기는 해도 그런대로 '사'라고 할 수 있네."

'융통성이 부족한 소인'이라는 말은 결코 좋은 평이 아니다. 약속은 반드시 지키고 일단 시작한 일은 끝까지 해내는 사람은 비록 융통성은 없지만 '사'라 할 수 있다. 다시 말해 言必信 行必果 는 지도자가 갖추어야 할 최소한의 조건인 셈이다.

그에 덧붙여 자공은 당시 정치가들에 대한 공자의 생각을 물었다.

공자는 "그런 변변치 못한 사람들에 대해서는 왈가왈부할 필요도 없네"라고 대답했다. 말할 가치도 없다고 생각한 것이다.

이렇듯 《논어》에 나오는 '언필신행필과 言必信 行必果'는 말할 가치도 없는 인간보다는 높은 단계지만 '사' 부류에서는 최하위 단계에 속하는 사람을 말한다. 그러므로 칭찬하는 말이라고 보기 힘들다.

주은래는 분명 '우리가 오늘 한 약속을 지키지 않으면 당신도 변변치 못한 정치가들과 다르지 않다'는 의미로 종이를 건넸을 것이다. 그의 의도를 알아차렸다면 다나카 수상도 무조건 기뻐하지는 않았을 것이다.

이 일화는 외교 교섭에서 《논어》가 중요한 구실을 했음을 보여주는 사례라 할 수 있다. 이 일화를 통해 중국의 많은 정치가들과 마찬가지로 주은래 역시 일상생활은 물론 정치활동을 하는 데 《논어》를 지침서로 삼았음을 알 수 있다.

'서양은 《성경》, 동양은 《논어》'라고 말 할 정도로 《논어》는 가장 기본적인 교양서로 예부터 많은 이들에게 사랑을 받았다. 오늘날 지도자의 자리에 있는 경영자와 관리직 간부들은 반드시 읽어야 할 책이다. 인간으로서 어떻게 행동해야 하는지 등 인간학의 기초가 다양한 각도에서 제시되어 있기 때문이다.

일반적으로 중국 고전은 어느 정도 연륜이 쌓였을 때 읽으면 더 깊은 공감대를 형성할 수 있다. 특히 《논어》가 그렇다. 젊었을 때는 수긍할 수 없던 구절을 나이 들어 다시 읽으니 비로소 이해가 가더라는 이야기를 자주 듣는다. 《논어》는 한 번 읽고 책장에 꽂아둘 책이 아니다. 몇 번이고 반복해서 읽어야 비로소 깊은 맛을 느낄 수 있다.

자신이 살아온 방식을 돌아볼 때 특히 《논어》를 읽으라고 추천한다. 중요한 구절에 밑줄을 그어 가면서 오랜 시간 내용을 음미하면 좋을 것이다. 또 인생의 전환기를 맞고 있는 사람도 꼭 읽어 보기 바란다.

《論語》

인생의 고행자였던 공자

《논어》는 인간과 인생 그리고 정치에 대한 공자의 감상과 의견을 정리한 책이다. 대부분은 한두 줄의 짧은 문장이다.

《논어》를 읽어 보지는 않았더라도 책과 공자의 이름은 익히 들어 알 것이다. 그러나 요즘에는 읽는 사람이 점차 줄어드는 것 같다. 지나치게 엄격한 수양 지침서라는 인식이 강한 탓인지도 모른다. 실제로 《논어》를 딱딱한 설교만을 늘어놓은 고리타분한 책이라고 생각하여 읽기도 전에 거부반응을 보이는 사람도 많다.

여기에는 '공자는 성인聖人'이라는 선입관도 크게 작용한다. 공자의 학설과 학풍을 신봉하고 연구한 학자들을 유가儒家라고 하는데, 이들은 공자를 지나치게 숭앙하고 신격화하여 성인으로 추켜세웠다. 이러한 행동이 우리에게서 공자와 《논어》를 멀리하게 하는 원인이 되었다고 생각한다.

더욱이 공자는 완벽한 성인이 아니었다. 오히려 인생의 고행자라고 할 수 있다. 그는 일찍 아버지를 잃고 홀어머니 밑에서 자랐다. 그러나 어머니마저 그의 나이 열일곱 살에 세상을 떠났다. 그래서 그는 넉넉지 않은 생계를 꾸리기 위해 어렸을 때부터 일을 해야 했다.

공자는 스스로 "나는 젊었을 때 고생을 많이 했다. 생계를 꾸리기 위해 어쩔 수 없이 많은 일을 해야 했다"라고 말했다. 그는 삶의 온갖 고난을 모두 경험했다. 정치에 뜻을 세우고 각국을 돌며 유세활동을 펼쳤지만 실패로 끝나 결국 정치활동을 접었다. 공자는 뼈저린 실패와 고난을 충분히 맛보았다고 할 수 있다.

《논어》에 '먹고 마시고, 머리도 쓰지 않으며 빈둥거릴 바에는 노름이라도 하는 편이 낫다'는 말이 있다. 믿기 어렵지만 성인으로 추앙받는 공자가 남긴 말이다. 공자는 완전한 깨달음을 얻은 성인이라기보다 오히려 세상물정에 밝은 사람이었다. 이밖에도 《논어》에는 공자가 인생의 고행자였음을 보여 주는 이야기가 많이 실려 있다.

그 가운데 몇 가지를 소개하겠다.

"가난해지면 세상을 원망하고 다른 사람을 탓하기 쉽다. 가난하면서 남을 원망하지 않기는 어렵다. 이는 부자가 되어서 교만해지지 않는 것보다 더 대단한 일이다."

세상에는 부자가 되면 교만해져서 다른 사람을 깔보는 사람이 많다. 따라서 부자가 되어서도 교만해지지 않는 사람은 훌륭한 사람이라고 할 수 있다. 그러나 공자는 그보다 더 어려운 일이 가난하면서도 남을 원망하지 않는 것이라고 했다. 직접 가난의 고통을 경험했기 때문에 이런 말을 할 수 있던 것이다.

평생 신조로 삼을 만한 조언을 부탁한 자공에게 공자는 다음과 같이 말했다.

"'서恕'가 좋겠군. 내가 원하지 않는 바를 남에게 행해서는 안 된다는 뜻이네."

여기에서 말하는 '서'는 남을 배려하는 마음이다. 다른 사람이 나에게 하지 말았으면 하는 일은 나 또한 다른 사람에게 해서는 안 된다. 이는 원만한 인간관계를 유지하기 위해 지켜야 할 기본적인 예의다.

어느 날 자로子路라는 제자가 공자에게 물었다.

《論語》

"스승님, 스승님께서 이상적으로 그리는 삶은 어떤 것입니까?"
그러자 공자는 이렇게 대답했다.
"나이 많은 사람에게는 '저 사람이라면 안심할 수 있다'는 말을 듣고, 친구에게는 '저 사람이라면 믿을 수 있다', 나이 어린 사람에게는 '저 사람이라면 믿고 따를 수 있다'는 말을 들을 수 있는 삶이 가장 바람직하다고 생각하네."

평범하지만 곰곰이 생각해 보면 깊은 뜻이 함축되어 있는 이야기다. 이러한 공자의 말은 성인의 말씀이라기보다 인생에서 온갖 고난을 겪은 고행자의 말이라고 하는 것이 더 어울릴 것이다.
이러한 묘미 때문에 《논어》는 읽을수록 그 깊이를 더한다.

적극적이고 당당한 생활태도

수많은 고행자 가운데 공자가 특히 존경받는 것은 힘든 역경 속에서도 좌절하지 않고 당당하고 적극적인 자세로 살았기 때문이다.
"나는 15세에 배움에 뜻을 두었고 30세에 비로소 설 수 있었으며 40세에 미혹됨이 없었다. 50세에 천명을 알았고 60세에 귀에 들리는 것이 거슬림이 없었으며 70세에 마음이 하고자 하는 대로 행해도 법도에 어긋나지 않았다."
이 글은 공자의 일생을 그대로 보여 준다. 여기서 알 수 있듯이 공자는 15세에 배움에 뜻을 두겠다는 인생 목표를 세웠다. 30세에는 자립하여 사회인으로서 자신이 서야 할 위치를 깨달았고 40세가 되어서야 비로소 자신의 진로에 확신을 가졌다. 참고로 그 당시 40세는 오늘날의 60세에 해당할 것이다.

이렇듯 공자는 처음부터 완벽한 깨달음을 얻은 사람이 아니며 인생 목표를 세우고 그 목표를 달성하기 위해 끊임없이 자신을 단련한 인물이다.

공자는 69세에 정치활동을 접고 고향으로 돌아가 제자 교육에 전념했다. 그는 교육에 대해 다음과 같이 말했다

"나는 스스로 최선을 다하여 마지막까지 와 더는 방법을 몰라 고민하지 않는 사람이 아니면 절대 도움을 주지 않는다. 마음속에 하고 싶은 말이 있는데 제대로 표현하지 못해서 애가 타는 사람이 아니면 거들어 주지 않는다. 내가 예를 제시했을 때 바로 유추하여 반응을 나타내지 않는 사람은 더 가르칠 가치가 없다."

교육은 본인이 스스로 하고자 하는 의욕과 끊임없이 향상을 도모하는 마음가짐이 중요하다. 공자는 공부에 남달리 강한 자발성을 보인 인물이다.

공자의 74년 인생은 불행의 연속이었다. 그러나 불우한 환경 속에서도 좌절하지 않고 적극적으로 자기계발을 했다.

공자가 각국을 돌며 유세활동을 펼치던 때의 일이다. 그 일행이 적국 병사들에게 포위되어 꼼짝 못하는 신세가 되었다. 식량이 바닥나 굶주린 데다 피곤에 지쳐 쓰러지기 일보직전이었다. 그러나 공자는 조금도 초조해 하지 않았다. 보다 못한 자로가 공자에게 따져 물었다.

"군자도 곤경에 빠집니까?"

평소 군자를 위엄 있게 말하면서 그렇게 대단한 군자가 어떻게 곤경에 빠질 수 있냐는 원망이 담겨 있었다. 이에 공자는 이렇게 대답했다.

"군자도 곧잘 곤경에 빠진다네. 소인은 궁지에 빠지면 마음이 동요되지만 군자는 어떤 곤경에 처해도 마음의 평정을 유지하지."

군자도 곤경에 빠질 때가 있다. 하지만 군자는 의연하게 대처하고 소인은 쉽게 혼란스러워한다. 공자는 말을 마친 뒤에도 어떠한 마음의 동요도 없이 침착한 자세를 유지했다고 한다.

권투선수 중에는 맷집이 좋은 선수가 있기 마련이다. 그는 아무리 맞아도 좀처럼 쓰러지지 않는다. 결국 상대가 먼저 나가떨어진다.

역경에 강한 사람은 맷집 좋은 권투선수에 비유할 수 있는데 공자가 그 전형적인 인물이다. 공자는 역경을 극복하면서 자신을 크고 다부진 인간으로 단련시켰다.

공자는 강인한 인간이다. 하지만 그에게는 말로 형용할 수 없는 따스함이 있었다. 제자들은 공자를 '온순하면서도 엄숙하고, 위엄이 있으면서도 사납지 않고, 공손하면서도 거북하지 않다'고 평했다. 또 '다가가기 힘든 위엄이 있지만 가까이할수록 따스함이 느껴진다. 그의 말을 잘 생각해 보면 그 깊이를 알 수 있다'고 말하기도 했다.

이 얼마나 이상적인 인간상이란 말인가!

공자는 어떤 상황에서도 인생을 즐길 수 있는 방법을 터득했던 것 같다.

《논어》에 따르면 공자는 평소 화를 내지 않았다고 한다. 공자가 오늘날도 많은 사람들에게 존경받는 이유는 힘든 역경 속에서도 이상적인 인간상을 유지했기 때문일 것이다.

원만한 인간관계를 형성하는 요소

어느 날 자로가 공자에게 물었다.
"스승님, 신神은 어떠한 마음가짐으로 섬겨야 합니까?"
그러자 공자가 대답했다.
"신을 섬기기 전에 우선 사람을 섬기게."
자로가 다시 물었다.
"그렇다면 스승님, 죽음이란 도대체 무엇입니까?"
"사는 것도 모르거늘 어찌 죽음을 알겠는가?"

이 이야기에서도 알 수 있듯이 공자는 오로지 '인생을 어떻게 보낼 것인가', '현실을 어떻게 대처할 것인가' 같은 사회생활에 임하는 자세에 관심을 보였다. 사회생활을 하는 데 인간관계는 가장 중요하고 어려운 문제다. 《논어》에서는 이 문제를 다양한 각도에서 다루고 있다.

공자는 인간관계에 필요한 가장 기본적이고 중요한 요소로 '신信'을 꼽았다. '신'은 거짓을 말하지 않는다, 약속을 지킨다는 의미로 '성실'로도 바꿀 수 있다.

공자는 "사람에게 '신'이 없으면 사람이라고 할 수 없다"라고 말했다. '신'이 없으면 인간으로서 평가할 가치가 없다고 단언했다.

《論語》

이와 관련된 일화를 소개한다.

어느 날 자공이 공자에게 물었다.
"정치를 할 때 가장 중요한 과제는 무엇입니까?"
그러자 공자가 대답했다.
"풍족한 식량과 군비강화, 그리고 '신'이 있는 사회를 확립하는 일이네."
"그중 하나를 단념해야 한다면 어느 것이 좋겠습니까?"
"그야, 군비강화지."
"남은 두 가지 중 또 하나를 단념해야 한다면 어느 것이 좋겠습니까?"
"그야, 물론 식량확보일세. 인간은 언젠가는 죽는다네. 죽음은 어느 누구도 피할 수 없지. 하지만 이 사회에 '신'이 없으면 살아도 사는 것이 아닐세."

이 짧은 문답으로 공자가 인간관계를 형성하는데 '신', 즉 성실을 기초로 한 신뢰관계를 중시하고 있음을 분명하게 알 수 있다.

일본은 오래전부터 '화和', 즉 화합을 중시해 왔으며 오늘날에도 '화'는 변함없이 강조되고 있다.

'화'를 중시하는 것은 좋지만 일본인이 이해하고 있는 '화'는 조금 문제가 있다. 자신을 버리고 주위 의견에 동조하는 것을 '화'로 생각하는데 이는 잘못된 생각이다.

공자도 '화'를 중시했다. 그러나 일본인이 생각하는 것과 의미가 다르다. 일본인이 말하는 '화'는 거의 '동同', 즉 동조에 가깝다. 그러나 '군자는 화합하지만和 부화뇌동하지 않고 소인은 부화뇌동하되 화합하지 않는다'는 말에서도 알 수 있듯이 '화'와 '동'은 전혀 의미가 다르다.

'동'은 뚜렷한 주관 없이 남의 의견이나 행동을 따라하는 태도를 말한다. 이와 달리 '화'는 자신의 주체성을 유지하면서 다른 사람들에게 협조하는 것이다. 우리는 자칫 '화'를 도모하면서 '동'으로 치우치기 쉽다. 그러므로 공자가 말하는 진정한 '화'를 도모하도록 애써야 한다.

이 밖에도 인생의 고행자였던 공자는 인간관계에 관해 다양한 각도에서 유익한 충고를 남겼다.

우선 친구를 선택하는 방법을 살펴보자.

공자는 "자기보다 못한 사람을 사귀지 말라"고 했다. 그리고 친구를 유익한 벗과 유익하지 않은 벗으로 나누고 그 유형을 각각 세 가지씩 들었다.

강직한 사람, 성실한 사람, 교양이 있는 사람은 유익한 벗이요. 손쉬운 일만 하려는 사람, 남의 비위를 잘 맞추는 사람, 성의 없이 말하는 사람은 유익하지 않은 벗이다.

다음으로 손윗사람과 교제할 때 피해야 할 행동 세 가지가 있다.

첫째, 질문을 받지도 않았는데 먼저 자신의 의견을 말한다.

둘째, 질문을 받고도 대답하지 않는다.

셋째, 상대의 심리상태를 살피지 않고 혼자 떠든다.

이는 손윗사람뿐만 아니라 조직 상사에게도 마찬가지다. 세 가지 사항만 피하면 상사와 원만한 인간관계를 유지할 수 있을 것이다.

《論語》

이상적인 인간상

공자는 한평생 자아를 완성시키려고 노력했다. 그렇다면 그가 바람직한 인간상을 갖추기 위해 가장 중요시한 것은 무엇일까?

바로 '인仁'이다. 공자는 '인'을 실현하는 사람을 이상적인 인간상으로 여겼다.

그러나 '인'에 대해 명확한 답을 제시하지는 않았으며 상대나 상황에 따라 다르게 이야기했다.

'인'에 대한 공자의 말씀을 살펴보자.

"교묘한 말과 아첨하는 사람치고는 선한 이가 드물다巧言令色, 鮮矣仁."

풀이하면 말을 그럴 듯하게 꾸며대거나 남의 비위를 잘 맞추는 사람, 즉 남에게 잘 보이려는 사람치고 마음씨 착하고 진실한 사람이 적다는 뜻이다.

또 "의지가 굳고 용기가 있으며 꾸밈이 없고 말수가 적은 사람은 인에 가깝다剛毅木訥, 近仁"라는 말이 있다.

좀 더 쉽고 구체적인 사례를 들어보자.

번지樊遲라는 제자가 있었다. 그는 상냥히 이해력이 부족했던 모양인지 공자에게 세 번이나 '인'의 정의를 물었다. 이에 공자는 매번 다르게 말했다.

처음에는 "인이란 남을 사랑하는 마음이다"라고 답했다.

다음에는 "인간으로서 마땅히 해야 할 일이라면 노력에 비해 결과가 좋지 않을 것을 알면서도 과감하게 실천하는 것이다"라고 말했다.

마지막으로 "매사에 신중하게 행동하고 자기가 하는 일을 소중히 여기며 사람들에게 성의를 다하는 것이다"라고 좀 더 구체적인 답변을 했다.

'인'은 자신은 물론 다른 사람들에게도 성실하게 임하는 자세를 말한다. 이는 공자가 싫어하는 사람의 유형을 알면 더 쉽게 이해할 수 있다.

어느 날 자공이 물었다.

"스승님께서도 싫어하는 유형의 사람이 있으십니까?"

이 질문에 공자는 네 가지 유형을 들어 대답했다.

"첫째는 남의 좋지 않은 점을 말하기 좋아하는 사람, 즉 남의 실패를 즐거워하는 사람일세. 둘째는 자신이 모시는 상사를 비방하는 사람, 즉 상사의 험담을 늘어놓는 부하일세. 그 다음으로 싫어하는 사람은 용기는 있으나 예의가 없는 사람일세. 난폭함을 용기로 착각하는 사람이라고 할 수 있지. 마지막으로 과감하기는 하나 속이 좁은 사람을 싫어하네. 이런 사람들은 독단을 결단이라고 착각하지."

그에 덧붙여 공자는 "정열적이면서도 표리表裏가 있고, 순정가면서도 교묘한 술수를 부리며, 우직하면서도 약삭빠른 인간들은 달리 손 쓸 도리가 없다"며 체념했다.

또한 "지도자의 위치에 있으면서 너그럽지 못하고 예를 갖출 때 불성실하며, 장례식에 참석해서도 애도의 마음을 갖지 않는 사람은 말할 가치도 없는 인간이다"라고 말했다.

다음의 말에서도 공자가 어떤 사람을 싫어했는지 잘 알 수 있다.

"좌구명左丘明, 춘추시대의 노나라 학자-역주은 그럴 듯한 말을 꾸며대거나 남의 비위를 잘 맞추는 사람, 생글생글 웃으며 남에게 잘 보이려는 사람을 부끄럽게 여겼다. 또한 마음속으로는 미움을 품고 있으면서 겉으로 친한 척 하는 사람도 부끄러워했다. 나도 그와 같은 생각이다."

이렇듯 공자는 자신은 물론이고 다른 사람에게도 성실하지 못한 사람을 싫어했다.

군자의 조건

조직의 책임자, 관리직, 나아가 사회의 지도적 위치에 있는 사람들을 통틀어 '지도자'라고 한다면 최근 우리 사회에는 지도자로서 자질이 부족한 사람이 많다.

어째서 자질이 부족한 지도자가 많이 나오는 것일까? 그것은 자기수양이 부족하기 때문이다. 요즘 사람들은 자신을 단련하는 데 소홀하다.

지도자는 다른 사람에게는 없는 막중한 책임이 있다. 맡은 일에 책임을 다하려면 능력과 인격을 두루 갖춰야 한다. 그러므로 지도자는 능력 향상과 인격 형성을 위해 부단히 노력해야 한다. 이러한 노력을 게을리 하는 사람은 지도자가 될 수 없다.

공자는 일찍이 제자 육성에 힘썼으며 정치활동을 그만둔 뒤에는 더욱 제자 교육에 전념했다. 그는 단순히 지식을 가르친 것이 아니라 교육 과목 전반을 통틀어 국정을 담당할 인재, 즉 지도자 양성을 목표로 했다. 당시에는 이러한 인재를 '군자'라고 일컬었다.

"무릇, 군자는 민첩하게 일하고 신중하게 말하며 유도^{有道}, 도를 지키는 선인를 따라 바로 잡는다."

풀이하면 해야 할 일은 신속하게 처리하고, 자신의 말에 책임을 지며, 사소한 일이라도 선배들의 가르침을 받아 독선에 빠지지 않도록 해야 한다는 뜻이다.

비슷한 내용으로 '군자는 말에는 더디지만 일을 함에는 민첩하다'는 말이 있다. 공자는 말만 앞서고 행동하지 않는 사람을 싫어했다. 그렇다고 말 잘하는 사람을 경멸한 것은 아니다. 그는 말은 필요한 때만 신중하게 하면 된다고 생각했다.

"군자는 긍지를 가지나 다투지 않으며, 여러 사람과 어울리기는 하나 당파를 만들지 않는다."

풀이하면 군자는 항상 자신감을 갖고 행동하지만 남의 일에 함부로 끼어들지 않으며 사람들과 잘 어울리지만 분열은 일으키지 않는다는 뜻이다.

비슷한 내용으로 다음과 같은 표현이 있다.

"군자는 태연하나 교만하지 않다君子泰而不驕."

군자는 태연한 태도를 취하지만 사람을 업신여기지 않는다는 의미다.

"군자는 마음이 평탄하고 너그럽다君子坦蕩蕩."

군자는 항시 마음의 느긋함을 잃지 않고 평정을 유지한다는 뜻으로 풀이할 수 있다.

'군자'라는 단어를 '지도자'로 바꾸면 오늘날 지도자가 갖추어야 할 이상적인 자세로 볼 수 있다.

앞에서도 설명했듯이 좋은 성과는 거두지 못했지만 공자는 정치 개혁에 뜨거운 열정이 있었다. 그는 일생 동안 이상적인 정치 실현을 위해 노력했다. 그 때문에 《논어》에는 정치에 관한 문답이 많이 수록되어 있다. 그 가운데는 정치가의 올바른 자세에 대한 내용도 많다. 이상적인 지도자상을 제시한 글로, 충분히 읽을만한 가치가 있다.

몇 가지 구절을 살펴보자.

"맡은 일은 도중에 내팽개치면 안 된다. 끝까지 성실하게 책임을 다해야 한다居之無倦, 行之以忠."

이때 '충忠'은 성실을 의미한다.

"부하가 최대한 능력을 발휘할 수 있도록 적극적으로 지원하고 사사로운 일로 질책하지 않는다. 인재를 등용할 때는 각별히 주의를 기울인다."

"어떤 일이든 조급하게 생각하지 말고 하찮은 이익에 현혹되지 말라. 조급하게 굴면 일을 그르치고 하찮은 이익에 현혹되면 큰일을 할 수 없다."

이는 우리 모두가 갖추어야 할 마음가짐이다. 특히 지도자라면 반드시 갖추어야 한다.

지금까지 공자가 지향한 지도자의 올바른 자세에 대해 소개했다. 이를 간략하게 한 마디로 표현하면 다음과 같다.

"윗사람의 몸가짐이 바르면 명령하지 않아도 아랫사람은 행하고, 그 몸가짐이 부정하면 호령하더라도 아랫사람은 따르지 않는다."

더 이상의 설명은 필요 없다. 공자는 지도자로서 설득력을 높이려면 먼저 인간으로서 덕을 쌓아야 하며 그러기 위해 끊임없이 자기수양을 하라고 말한다.

오자

싸움의 전략전술과 위정자가 갖춰야 할 실전적인 가르침

《오자 吳子》

《오자》에 대해

《손오병법》으로 불릴 만큼 《오자》는 《손자》와 나란히 중국의 병법서를 대표하는 고전이다. 전국시대 초기 병법가인 오기吳起의 소론을 정리한 책으로, 〈도국圖國〉, 〈요적料敵〉, 〈치병治兵〉, 〈논장論將〉, 〈응변應變〉, 〈여사勵士〉의 6편으로 구성되어 있다.

오기는 전국시대 초, 위魏나라 문후文候 기원전 445~396 재위로부터 뛰어난 용병술로 인정받아 활약하면서 위나라의 부국강병에 크게 공헌했다. 그러나 문후가 세상을 뜨자 중신들과 의견 차이로 위나라를 떠나 초楚나라로 건너가 도왕悼王 기원전 401~381재위을 모시며 오로지 정치활동에 전념했다고 한다. 오기는 용병술은 물론이고 정치에도 상당한 실력을 갖춘 인물이었다.

《오자》는 용병가인 동시에 정치가로서 활약한 오기의 생애를 그대로 반영한다. 싸움의 전략전술은 물론이고 정치에서 위정자가 갖춰야 할 마음가짐에 대해서도 깊이 다루고 있다.

《오자》의 명언

→ '먼저 화합한 후에 큰일을 도모하라先和而後造大事.' 〈도국편圖國篇〉

→ '승리하여 천하를 얻은 자는 적으나 망한 자는 많다是以數勝得天下者稀, 以亡者衆.' 〈도국편〉

→ '유리하면 나아가고 불리하면 물러나라見可而進, 知難而退也.' 〈요적편料敵篇〉

→ '싸움을 할 때는 반드시 적의 허실을 살피고 급소를 공격하라用兵必須審敵虛實而趨其危.' 〈요적편〉

→ '승리하면 상을 주고 패하면 벌을 주되 공정하게 행해야 한다進有重賞, 退有重刑, 行之以信.' 〈치병편治兵篇〉

→ '작전에서 가장 큰 실패는 망설임에서 비롯되고 삼군의 재앙은 의심에서 생긴다用兵之害, 猶豫最大, 三軍之災, 生於孤疑.' 〈치병편〉

→ '모든 병사가 장수에게 복종하고 명령대로 움직이면 가히 겨룰 자가 없고 공격에 견딜 적이 없다三軍服威 士卒用命, 則戰無强敵, 攻無堅陳矣.' 〈응변편應變篇〉

→ '사람에게는 장단점이 있고 기세에는 기복이 있다臣聞人有短長, 氣有盛衰.' 〈여사편勵士篇〉

뛰어난 병법가 오기

옛날부터 《손오병법》으로 불릴 만큼 《오자》는 《손자》와 함께 중국의 병법서를 대표하는 고전으로 널리 읽혀 왔다. 《손자》는 물론이고 《오자》 또한 지도자가 읽어야 할 필독서다.

《오자》의 내용을 알아보기 전에 저자인 오기에 대해 간단하게 살펴보자.

오기는 지금으로부터 약 2400년 전인 전국시대 초기에 병법가로 활약한 인물이다. 그는 《손자》의 저자인 손무孫武보다 약 100년쯤 뒤에 태어났다. 당시 중국은 여러 나라로 분열되어 있었고 서로 살아남기 위해 격렬한 싸움을 벌여야 했다. 각국에서 인재를 등용하여 부국강병을 꾀하고 다른 나라보다 조금이라도 우위에 서려고 필사적으로 노력했다. 그래서 성공한 나라는 살아남고 실패한 나라는 멸망의 길을 걸었다.

오기는 격동의 시대에 병법가로 이름을 날리며 파란만장한 삶을 살았다. 그는 병법가로 재능을 인정받아 노나라에서 활동하게 되었다. 총사령관으로 발탁된 오기는 대군을 이끌고 쳐들어 온 이웃나라의 공격을 훌륭하게 격파하여 일약 병법가로 명성을 떨쳤다. 그러나 이를 시기한 중신들의 모략으로 공적을 인정받지 못하고 물러나야 했다.

어쩔 수 없이 새로운 벼슬길을 찾아 나선 오기는 위나라로 건너가 문후왕을 모시게 되었다. 당시 위나라는 열의로 가득 찬 새롭게 부상하는 신흥국가였다. 당시 위나라의 왕이었던 문후왕은 전국시대의 명군으로 손꼽히는데, 그는 널리 인재를 불러들여 국력강화를 도모했다.

오기에 대해 전혀 듣지 못했던 문후왕이 신하에게 그의 됨됨이가 어떤지 묻자 신하는 이렇게 대답했다.

"오기는 재물을 탐하고 여자를 좋아하지만 용병에 있어서만은 따를 자가 없습니다."

이 이야기를 미루어 보면 오기의 인격이 그다지 훌륭하지 않았다는 사실을 짐작할 수 있다. 그러나 문후왕은 실력 있는 사람이 필요했기 때문에 병법 전문가로 인정받는 오기에게 벼슬을 주어 자신을 보필하게 했다. 오기는 문후왕의 기대를 저버리지 않았다. 오기의 활약상에 대해 《오자》에서는 이렇게 묘사하고 있다.

"그리하여 문후는 오기를 대장으로 내세우고 서하를 지키도록 명령했다. 오기는 76번의 싸움에서 64번의 승리를 거두었다. 그의 눈부신 활약으로 위나라는 영토를 넓힐 수 있었다."

이렇게 오기는 자신을 발탁해 준 문후왕의 기대에 부응하여 자신의 역량을 힘껏 발휘해서 중신으로서의 확고부동한 지위를 굳혀 갔다. 그러나 문후왕이 죽고 2대 왕인 무후왕이 보위에 오르자 점차 상황이 변하여 유서 깊은 직계 보수파가 정치 실권을 장악하고 오기와 같은 외지인을 멀리하기 시작했다. 그와 동시에 국력도 점차 쇠퇴해 갔다.

국가든 기업이든 일이 순조롭게 진행되어 상승세를 탈 때도 있지만 언젠가는 하강세를 타기 마련이다. 그러므로 지도자 위치에 있는 사람은 우선 조직이 상승세를 타도록 유도하고 일단 상승세를 타면 그 기세를 지속적으로 유지시켜야 한다.

위나라는 명군이었던 문후왕의 노력으로 상승세를 타는 데 성공했고 그 기세를 몰아 강대국으로 입지를 굳혔다. 그러나 무후왕으로 세대가 교체되면서 그 기세가 꺾여 하강세로 돌아섰다. 점차 세력싸움이 격렬해지고 위나라는 결국 몰락의 길로 접어들었다.

보수파 세력에 밀려난 오기는 위나라를 떠나 초나라로 건너갔다. 도왕悼王에게 실력을 인정받아 재상으로 임명된 그는 정치를 쇄신함으로써 약소국이었던 초나라를 강대국으로 발전시키는 등 눈부신 업적을 세웠다.

그러나 오기의 운명은 초나라로 건너간 지 6년 되던 해 도왕의 갑작스런 죽음과 함께 완전히 뒤바뀌었다. 평소에 오기는 지나치게 엄격하고 철저한 방식을 고수했기 때문에 중신들의 미움을 받았다. 도왕이 죽자 중신들은 참았던 불만을 터뜨렸고 결국 오기는 그들에게 죽임을 당했다.

오기는 병법가였지만 전쟁광은 아니었다. 그는 정치가로서도 뛰어난 재능을 보이며 위나라와 초나라의 발전에 크게 공헌했다. 현대인에 비유하자면 수완 좋은 경영 컨설턴트나 기업재건가인 셈이다. 《오자》는 병법가로서 활약한 오기의 소론을 정리한 병법철학의 결정체라고 할 수 있다.

조직의 기강을 잡아라

병법서는 어떻게 하면 싸움에서 이길 수 있으며 어떻게 하면 지지 않는 싸움을 할 수 있는지에 대해 다루는 책이다. 《오자》도 그와 같은 내용을 담고 있다.

《오자》는 총 여섯 편으로 구성되고 《손자》의 절반 정도의 분량으로 그다지 길지 않다. 그러나 전편에 걸쳐 싸움을 승리로 이끌어 가는 방법이라는 일관된 주제를 다루고 있다. 또한 싸움에 이기는 방법으로 전략과 전술을 중시하면서도 국가조직의 기강을 다지는 일이 가장 중요하다고 언급하고 있다.

위나라의 무후가 어느 날 오기에게 물었다.

"적과 맞설 때 빈틈을 주지 않고 철통같이 수비하면서 반드시 승리할 수 있는 방법을 알려주시오."

"먼저 현명한 인물을 높은 지위에 세우고, 무능한 사람을 낮은 지위에 머물게 하면 적에게 빈틈을 보이지 않을 것입니다. 또한 위정자들이 백성의 생활을 안정시켜 전폭적인 신뢰를 받는다면 나라의 수비는 걱정할 필요가 없습니다. 마지막으로 모든 백성이 군주의 정치에 만족하고 적국의 정치에 불만을 품는다면 싸우지 않고도 승리할 수 있습니다."

이 말은 무엇보다 실력 있는 인재를 등용하고 백성의 안정을 도모하여 백성의 신뢰를 얻어야 한다는 뜻이다.

"옛날 군주들은 먼저 신하들을 교육시키고 백성의 단결을 도모했습니다. 현명한 군주일수록 먼저 백성을 단결시킨 후 결단을 내렸습니다."

그렇다면 국가의 기강을 세우고 내부 결속력을 끌어내려면 무엇이 필요할까? 그것은 바로 지도자의 덕이다.

오기가 위나라의 무후왕을 모시고 배를 타고 서하강을 따라 내려가고 있었다. 주변 경치를 둘러보던 무후왕이 오기에게 말했다.

"저 험준한 지형을 보시오. 정말 훌륭하지 않소? 저것이야말로 우리나라의 보물이오."

무후왕은 서하의 험준한 지형이 있으면 나라를 완벽하게 수비할 수 있다고 생각했다. 그러나 오기는 감격에 차 있는 무후왕에게 찬물을 끼얹었다. 그는 험준한 지형에 지나치게 의존하여 멸망한 나라의 사례를 몇 가지 든 후 이렇게 말했다.

"나라의 보물은 지형이 아니라 위정자의 덕이라는 사실은 지금 말씀드린 여러 사례를 통해서도 잘 알 수 있습니다. 만약 폐하께서 덕을 쌓지 않는다면 이 배에 함께 타고 있던 사람들까지도 폐하에게 등을 돌릴 것입니다."

이 말을 현대에 맞추어 생각해 보자. 공장에 들여온 최신 설비를 보며 "이 장비야말로 우리 회사의 보물이오"라고 자랑하는 사장에게 "그렇지 않습니다. 무엇보다도 사장님의 덕이 중요합니다"라고 말하는 것과 같다.

《오자》에서는 군주가 갖춰야 할 덕으로 '도', '의', '예', '인'의 네 가지 항목을 들었다.

첫째로 '도'는 꾸준히 기본원칙에 따라 행동하며 잔꾀를 부리지 않는다는 뜻이다. 둘째로, '의'는 다른 사람에게 비난받을 일은 하지 않으며 항상 옳은 길을 가는 대의명분을 말한다. 셋째로, '예'는 비겁하거나 치사한 방법을 쓰지 않고 분별력 있게 행동하는 것을 말한다. 마지막으로 '인'은 자기 맘대로 행동하지 않고 항상 상대의 기분이나 처지를 배려하는 마음을 말한다.

오기는 네 가지 덕에 대해 이렇게 말했다.

"'도'를 지키면 근본으로 돌아가 원점으로 되돌릴 수 있고 '의'를 행하면 큰일을 해내고 공적을 올릴 수 있다. '예'를 따르면 손해를 줄이고 이익이 생기며 '인'을 행하면 업적을 유지하고 성과를 얻을 수 있다.

신분이 귀하고 지위가 높아도 도에 어긋나고 의에 벗어난 행동을 하면 반드시 자멸하며 결국 나라마저 잃게 된다. 그러므로 성인은 도를 지켜 천하를 안정시키고 의를 행하여 백성을 다스렸다. 또 예를 따라 백성을 대하고 인을 행하여 백성을 보살폈다. 네 가지 덕을 지키면 나라는 발전할 것이고 그렇지 못하면 멸망할 것이다."

조직의 최고 지위에 있는 사람이 네 가지 덕을 고루 갖추고 조직의 기강을 확고히 하면 언제든 지지 않는 태세를 갖출 수 있다.

언뜻 보면 이런 방법은 멀리 돌아가는 것처럼 보이지만 실제로 승리를 이끌어 낼 수 있는 가장 빠른 지름길이다.

조직관리의 핵심

승리를 얻으려면 우선 지도자의 덕을 갖추고 주변의 기반을 확고히 다져야 한다. 그러나 그것만으로는 부족하기 때문에 평소에 조직을 철저하게 관리해야 한다.

오기는 조직을 관리하고 통제하는 임무를 매우 중시했다.

어느 날, 무후왕이 오기에게 물었다.

"싸움에서 승리를 결정짓는 요인이 무엇이오?"

"평소에 조직을 얼마나 철저하게 통제하느냐에 달려 있습니다."

무후왕이 "군대의 수가 중요한 요인이 되지 않겠소?"라고 반론을 제기하자, 오기는 이렇게 말했다.

"군령이 불확실하고 상벌 제도가 공평하게 이루어지지 않는다면 진격하라는 명령에도 진격하지 않을 것이며 멈추라는 명령에도 멈추지 않을 것입니다. 만일 그렇다면 제 아무리 100만이 넘는 대군이 있다 한들 무슨 소용이겠습니까?

제가 말씀드린 조직 통제란 평소에는 질서정연하며 예의 바르고 유사시에는 곧장 적을 압도하고 전진할 때는 감히 저지할 자가 없으며 후퇴할 때도 쫓을 자가 없도록 하는 것을 말합니다. 전진이나 후퇴할 때 절도가 있고 명령에 따라 질서정연하게 행동하고 행여 명령이 전달되지 않아도 진영이 무너지지 않아야 하며 산개대형을 펼칠 때에도 대열이 흩어지지 않아야 합니다. 장수와 병사가 하나가 되어 생사를 같이 하고 적이 이간질을 해도 흩어지지 않고 아무리 싸워도 지칠 줄 모르는 군대로 만든다면 어떠한 적과 싸운다 해도 절대 패하지 않을 것입니다."

오기는 조직을 효율적으로 관리하고 통제하려면 군령을 철저하게 주지시키고 상벌제도를 공평하게 적용해야 한다고 주장했다.

또한 오기는 다음과 같이 말했다.

"군대를 이끌고 전쟁터로 나갈 때에는 세 가지를 명심해야 한다.

첫째, 전진해야 할 때에는 전진하고, 후퇴해야 할 때는 후퇴한다. 진퇴의사를 분명히 밝히고 절도 있게 행동하라.

둘째, 병사를 굶주리게 해서는 안 되며 지나치게 배불리 먹여서도 안 된다. 음식의 절도를 지켜라.

셋째, 병사를 혹사시키지 말고 언제라도 최대한으로 힘을 발휘할 수 있도록 충분히 휴식시간을 주어라.

이러한 세 가지 항목만 확실하게 지키면 군대의 관리 통제 제도가 확립되고 임무를 훌륭히 완수할 수 있다. 반대로 전진하고 후퇴할 때 절도가 없으며 음식을 절제하지 못하고 병사가 지쳐 있는데도 휴식을 취하게 하지 않으면 병사들을 통제할 수 없고 임무를 제대로 이행하지 못해 싸움에서 반드시 패할 것이다."

조직을 관리할 때 병사를 훈련시키는 일도 매우 중요하다. 아무리 수가 많아도 제대로 훈련을 받지 못한 병사는 전혀 도움이 되지 않는다. 《오자》에서도 병사의 훈련을 중시했다.

"전쟁에서 패배하는 원인은 병사들의 능력이 부족하고 충분히 훈련받지 못했기 때문이다."

그러므로 병력을 키우려면 병사를 훈련시키는 일이 중요하다. 한 명이 전술을 익히면 열 명을 가르칠 수 있고, 열 명이 백 명을 가르치고 백 명이 천 명을, 천 명이 만 명을 가르치면 모든 훈련이 끝난다."

그렇다면 훈련에서 무엇을 가르치는가?

"동그란 진을 치는가 하면 네모난 진을 치고, 엎드려 있는가 하면 일어서고, 전진하는가 하면 멈춰 서고, 왼쪽으로 도는가 하며 오른쪽으로 돌고, 전진했는가 하면 후퇴하고 흩어져 있는가 하면 모여 있고, 모여 있는가 하면 흩어져 있다. 변화에 맞춰 전법을 반복하여 훈련시킨다. 이를 완벽하게 익혀야만 비로소 싸움에 나갈 수 있다."

오기는 병사를 훈련시킬 때 지켜야 할 원칙으로 두 가지를 들었다.

첫째, 한 명이 열 명을 훈련시키고 열 명이 백 명을 훈련시키는 방법이다. 이 방법은 짧은 시간에 군사들을 훈련시킬 수 있다.

둘째, 어떤 사태에도 대응할 수 있도록 실전을 방불케 하는 훈련을 시켜야 한다. 이렇게 응용능력을 길러야 만전을 기할 수 있다.

훈련에서 병사의 능력은 중요한 요소이다. 사람마다 능력의 차이가 다르다. 그래서 오기는 장수는 먼저 병사의 능력을 파악하고 그 능력에 맞게 적재적소에 배치해야 한다고 말했다.

"키가 작은 사람은 적에게 접근할 때 유리하므로 칼과 창을 훈련시키고 키가 큰 사람은 시야가 넓으므로 활을 훈련시킨다. 신체가 건강하지 않은 사람은 후방에 배치하고 명석한 사람은 참모로 기용한다. 출신지가 같은 사람끼리 한데 모아 협력하게 하고 분대별로 일치단결시켜 행동하게 한다."

이 전법을 현대에 그대로 사용할 수는 없지만 능력에 맞게 적재적소에 인재를 사용한다는 발상만은 받아들여야 한다. 뛰어난 사람이 부족하다고 한탄하고 있다면 먼저 부하직원을 철저하게 교육시켜 재능을 개발하고 적절한 사용방법을 모색해 보자.

신상필벌주의와 온정주의

의욕이 넘치는 부하 한 명이 의욕이 없는 부하 백 명보다 훨씬 힘이 된다. 또 같은 의욕을 가진 부하라도 억지로 하는 사람과 기쁜 마음으로 자진해서 하는 사람이 발휘하는 힘은 크게 다르다. 저성장 시대인 오늘날 조직의 비대화는 바람직하지 않다.

《吳子》

극심한 경쟁사회에서 살아남으려면 조직을 활성화 시켜야 한다. 그러기 위해서는 무엇보다 사원들의 의욕을 불어 일으키는 일이 중요하다.

어느 날, 무후왕이 물었다.
"신상필벌 제도를 철저히 시행하면 승리를 얻을 수 있겠소?"
그러자 오기가 대답했다.
"상과 벌을 내리는 일 자체는 승리를 보증할 수 없습니다. 군주가 동원령을 내리면 기꺼이 전쟁터에 나가고 기꺼이 명령에 복종하며 목숨을 던지려는 마음가짐을 가져야 비로소 승리를 보증할 수 있습니다."
신상필벌주의에 입각한 엄격한 관리방침만으로는 부하들의 의욕을 끌어낼 수 없고 승리는 더욱 기대하기 어렵다.
"그렇다면 부하들의 의욕을 끌어내려면 무엇이 필요하겠소?"
"공적을 세운 자에게는 그에 합당한 대우를 해줘야 합니다. 이는 지극히 당연한 일입니다. 또한 공적을 세우지 못한 자도 등한시 하지 말고 격려해 주어야 합니다."
부하를 대할 때는 신상필벌주의에 온정주의를 적절하게 포함시키는 것이 좋다. 지나치게 신상필벌주의에 의존하여 엄격한 방침을 고집하면 명령을 따르기는 하나 마음으로 복종하지 않는다. 부하를 배려하는 마음이 있어야 비로소 마음에서 우러나오는 복종을 기대할 수 있으며, 두 가지가 균형이 잡혀야 조직을 원활하게 운영할 수 있다.
중국의 훌륭한 장수들은 예부터 하나같이 이 문제를 고민해 왔다.

오기도 예외는 아니어서 여러모로 방법을 모색하고 병사의 마음을 사로잡기 위해 피나는 노력을 기울였다.

오기는 항상 부하를 배려하고 병사들과 함께 있을 때는 졸병들의 옷을 입고 그들과 같은 음식을 먹었다. 잠을 잘 때도 돗자리를 깔지 않고 행군을 할 때도 수레에 타지 않았다. 자기가 먹을 식량은 직접 짊어지고 무슨 일이든 병사와 함께 했다.

그가 어떻게 부하들의 마음을 사로잡았는지를 보여 주는 또 다른 일화가 있다.

어느 날, 병사 한 사람이 종기가 생겨 고생하고 있었다. 그것을 본 오기는 직접 종기에 입을 대고 고름을 빨아냈다. 그 이야기를 전해 들은 병사의 어머니가 와락 울음을 터트렸다. 옆에 있는 사람이 이상하게 여겨 "당신 아들은 하잘 것 없는 병사일 뿐인데, 장군께서 직접 고름을 빨아내 주셨소. 그런데 어째서 우는 거요?"라고 묻자 그녀는 이렇게 대답했다.

"실은 오래전 장군님께서 저희 남편의 고름도 빨아내 주셨습니다. 그후로 남편은 장군님을 따라 전쟁에 나갔는데, 장군님의 은혜를 갚기 위해 도망가지 않고 끝까지 싸우다 죽고 말았습니다. 그런데 이번에는 아들의 고름을 빨아 주셨다니, 이제 아들의 운명도 불 보듯 뻔하여 우는 것입니다."

명령으로 사람의 몸을 움직일 수 있어도 마음까지 움직이지는 못한다. 신상필벌주의를 기본으로 하되 때에 따라서는 온정을 베풀어야 부하의 의욕을 이끌어 낼 수 있음을 명심해야 한다. 당근과 채찍을 적절히 사용하여 조직을 관리하면 조직 내에 팽팽한 긴장감이 생기고, 조직원들의 의욕도 저절로 생길 것이다.

유연한 전략전술

지금까지 조직관리를 중심으로 《오자》의 병법론을 소개했다. 그는 조직관리를 가장 중요하게 생각했다. 그러나 조직관리가 아무리 중요해도 그것만으로는 승리를 거두지 못한다.

정확하고 치밀한 전략전술이 뒷받침되어야 비로소 승패를 결정지을 수 있다. 그래서 《오자》에서도 전략전술에 대해 심혈을 기울여 다루고 있다. 《오자》에 드러난 전략전술의 특징은 한 마디로 유연한 사고법이다.

그 내용을 살펴보자.

"승리를 거둘 수 있는 작전의 비법은 다음과 같다. 적장의 기량과 재능을 철저히 조사하고 상대의 행동에 따라 임기응변으로 대응한다. 그러면 힘들이지 않고도 좋은 결과를 얻을 수 있다. 적장이 사람을 쉽게 믿는 사람이면 속임수로 꾀어내고, 탐욕스럽고 수치심을 모르는 사람이라면 재물을 주어 내 편으로 만든다. 융통성이 없고 고지식한 사람이면 계략으로 분주하게 만들어 지치게 한다. 윗사람이 재력과 권력을 휘둘러 아랫 사람이 불만을 품고 있으면 이간질로 분열을 일으킨다. 적의 작전에 체계가 잡히지 않아 그 작전을 실행할 때 우왕좌왕해서 부하들이 장군의 지휘에 불안감을 느끼고 있으면 위협적인 공격을 펼쳐 적의 군사를 뿔뿔이 흩어 놓는다."

"원정은 피하고 멀리서 적이 쳐들어오면 맞서 싸우는 전술을 기본으로 한다. 최상의 전력으로 지친 적에 맞서 싸우고 병사들에게 식량 보급을 원활히 하여 적군이 식량이 떨어져 기아에 허덕일 때까지 기다린다."

《손자》에 '전쟁은 속임수다'라는 말이 있다. 이는 전력을 기울여 싸우는 방법이 아니다. 적의 판단을 교란시키고 적의 허점을 파고드는 방법을 말한다. 《오자》도 이런 면에서 《손자》와 뜻을 같이 했다. 무리하게 덤비지 않고 효율적으로 승리를 거둘 수 있는 방법에 주안점을 두었다.

어느 날, 무후왕이 오기에게 물었다.

"강한 적을 만났을 때 승기를 잡으려면 어떻게 하면 되겠소?"

"이것은 매우 중요한 문제입니다. 단순히 전력을 비교할 문제가 아니라 대국적으로 생각하는 뛰어난 판단력이 필요합니다. 싸움에서 이기려면 우선 전차 천 대와 기마병 만 명에 보병을 배치하고 이를 다섯 개의 부대로 나눠 다섯 곳에 포진시키십시오. 여러 군데로 흩어져 있으면 적은 어디를 공격해야 할지 쉽게 판단을 내리지 못할 것입니다.

만약 적이 공격을 하지 않고 상황을 지켜보며 수비를 강화하면 정탐꾼을 보내어 상대의 동향을 파악하고 상황에 따라 사자를 보내 화평 교섭을 제의하면 됩니다. 적이 교섭을 받아들여 철수하면 다행이지만 거절하면 부대를 이끌고 싸워야 합니다. 이때, 승산이 높다고 지나치게 쫓아가서는 안 됩니다. 또 이길 수 없다고 판단되면 재빨리 철수해야 합니다.

후퇴하는 척 적을 유인하여 전력을 유지하면서 기회를 노려 과감하게 공격합니다. 1개 군은 적의 정면을 막고, 1개 군은 적의 배후를 둘러싸고 측면에 배치된 2개 군이 좌우로 잠입하여 싸우면 승리할 수 있습니다."

오기의 말대로 하면 과연 쉽게 승리할 수 있을지 다소 의문스럽지만 그 발상에서는 배울 점이 몇 가지 있다.

첫째, 병력을 분산시킨다. 그러면 결정적인 피해를 줄일 수 있고 재공격을 할 때 연속적으로 공격할 수 있다.

둘째, 야구에 '런 앤 히트run & hit, 타자가 반드시 볼을 쳐야 한다는 부담 없이 상황에 따라 치거나 기다리고 주자도 무조건 다음 루로 달리는 공격작전-역주' 라는 작전이 있듯이 전쟁을 할 때도 이 작전을 사용하면 아군의 전력은 유지되고, 적군의 힘은 소모시킬 수 있다.

셋째, 이길 가능성이 없다고 판단되면 재빨리 철수한다. 괜한 열의를 불태우다 오히려 큰 손해를 입는다. 일단 후퇴하여 전력을 재정비하고 다음 기회를 노린다.

오기의 이러한 유연한 전략전술은 다음 문답에서도 잘 나타난다.

어느 날, 무후왕이 물었다.

"적이 계속해서 접근을 해와서 싸움을 멈출 수 없고 후퇴하고 싶어도 물러날 길이 차단되어 병사들이 우왕좌왕하고 있다면 어떻게 하면 좋겠소?"

"그런 상황일 때 만약 아군의 병력이 적의 병력보다 강하다면 병사들을 분산시켜 배치하고 적의 빈틈을 노려 공격하십시오. 반대로 아군의 병력이 적의 병력보다 약하면 상황에 맞는 임기응변으로 대처해야 합니다. 그래서 적의 의표를 찔러 싸우면 아무리 강한 군대라도 물리칠 수 있습니다."

오기는 이렇듯 적의 빈틈을 노려 의표를 찌르는 병법을 구사했다.

자고로 장수는 이래야 한다

군사를 지휘하는 장수의 능력과 자질에 따라 싸움의 승패가 좌우된다. 그런 만큼 장수의 책임은 막중하다. 《오자》에서는 〈논장論將〉이라는 장을 마련하여 장수에 자질에 대해 자세하게 다뤘다. 그 내용을 살펴보자.

"군을 통솔하는 자는 문무를 두루 겸비해야 한다. 강유정책을 잘 구사해야 싸움에서 승리할 수 있다. 흔히 장수의 자격을 논할 때, 용기를 중시하는 경향이 있는데 용기는 장수가 갖춰야 할 많은 조건 가운데 하나일 뿐이다. 용감한 사람은 물불을 가리지 않고 싸움에 달려들기 때문에 대국적인 판단력이 결여된 때가 많다. 이런 싸움은 반드시 패한다."

무턱대고 싸움을 하는 일만이 능사는 아니라는 뜻이다.

《오자》는 장수의 마음가짐을 다섯 가지로 들었다.

첫째, '이理'는 대군을 정비하여 일치단결시키는 것을 말한다. 장수는 조직을 확실하게 장악해야 한다. 조직을 제대로 정비하지 못하면 싸움을 승리로 이끌 수 없다.

둘째, '비備'는 준비를 말한다. 중국의 혁명가 모택동도 "준비되지 않은 싸움은 하지 마라"고 말했듯이 싸움을 할 때는 마음의 준비는 물론이고 물질적인 준비에도 만전을 기해야 한다.

셋째, '과果'는 과감하고 결단력 있게 끝까지 일을 처리하는 행동을 말한다. 일단 목표를 세웠으면 어떠한 난관에 부딪치더라도 포기하지 말고 상대의 움직임에 재빠르게 대응해야 한다.

넷째, '계戒'는 신중한 자세를 말한다. 작전을 세우고 행동으로 옮길 때 끊임없이 상황 변화를 고려하고 작은 일이라도 놓치지 말고 신중하게 조치해야 한다. 이겼을 때는 방심하지 말고 다음 싸움에 대비한다.

다섯째, '약約'은 간소함, 간결함을 이르는 말로,《오자》는 '약'이라는 단어를 "형식적인 규칙을 폐지하고 군령을 간소화하는 일이다"라고 말했다. 즉 '약'은 지휘명령 계통을 간소화하는 일이다. 실전 상황에서 지휘명령 계통이 복잡하면 정세 변화에 신속하게 대응할 수 없고 금방 상대에게 추월당할 것은 자명한 일이다.

이 다섯 가지 항목은 장수가 항상 염두에 두고 책임감 있게 처리해야 할 사항이다.

《오자》는 이와 더불어 장수의 자질에 대해 언급하고 그 요건을 네 가지로 들었다.

그 첫째 조건은 '위威'다. 이것은 존재한다는 사실만으로 조직을 원활하게 이끌어 가는 능력을 말하며 위엄 또는 위신이라고도 한다.

둘째는 '덕德'이다. 인격적인 조건을 말하며 의미하는 범위가 매우 광범위하다. 특히 주된 내용으로 겸허, 관용, 신뢰를 들 수 있다. 장수가 이러한 덕목을 갖추어야 비로소 부하에게 진심에서 우러난 복종을 기대할 수 있다.

셋째 조건은 '인仁'으로 부하를 배려하는 마음을 말한다. 장수는 부하들의 입장에서 그들의 고충을 헤아리고 배려해야 한다.

마지막 넷째 조건은 '용勇'이다. 이것은 결단력을 말한다. 《오자》에서는 이에 대해 다음과 같이 말한다.

"군대를 통솔할 때 우유부단하게 행동해서는 안 된다. 장수가 결단력 있게 판단을 내리지 못하면 군대 전체의 존속이 위태롭다."

결단력을 내려야 할 때 정확한 결단을 내리지 못하는 사람은 지도자로서 자격이 없다.

또한 "장수는 네 가지 조건을 모두 갖추어야 비로소 부하를 잘 통솔하고 백성을 안심시키며, 적을 위협할 수 있고 망설임 없이 결정을 내릴 수 있다.

또한 그래야 부하가 명령을 거스르지 않고 적이 함부로 쳐들어오지 못한다. 이런 장수가 있으면 나라를 강하게 만들 수 있지만 이런 장수가 없다면 그 나라는 멸망할 것이다"라고 오기는 말했다.

위에서 살펴본 장수의 마음가짐과 조건은 오늘날의 경영자와 지도자 위치에 있는 사람들에게도 적용시킬 수 있다. 오기라는 인물은 단순한 이론가가 아니라 장군과 재상으로 활약하면서 현장을 직접 체험한 실전파이기 때문에 그의 주장에는 무게감이 실려 있다.

그의 이러한 의견이 여러 면에서 지금까지도 설득력을 갖는 이유는 바로 그 때문일 것이다.

육도삼략

용병의 핵심이 고스란히 담긴 중국을 대표하는 병법서

《육도삼략 六韜三略》

《육도삼략》에 대해

중국을 대표하는 병법서로 알려진 《육도》와 《삼략》은 보통 하나로 묶어서 《육도삼략》이라고 부른다. 두 권 모두 군사로 명성을 떨친 태공망太公望과 깊은 관련이 있다.

《육도》는 〈문도文韜〉, 〈무도武韜〉, 〈용도龍韜〉, 〈호도虎韜〉, 〈표도豹韜〉, 〈견도犬韜〉의 여섯 편으로 구성되어 있으며 태공망과 주나라의 문왕 그리고 무왕이 나눈 내용을 문답 형식으로 기록했다.

전반부 세 편은 정치와 용병에 대한 문답을 싣고 후반부 세 편은 구체적인 전략전술을 다룬다. 한편, 《삼략》은 〈상략〉, 〈중략〉, 〈하략〉의 세 편으로 구성되어 있으며 정치와 병법의 요점이 비교적 짧은 문장으로 수록되어 있다.

오래전부터 병법서로 폭넓은 사랑을 받아 온 《육도》와 《삼략》은 두 권 모두 태공망의 이름으로 후세에 정리된 병법서로, 당시에 활용했던 중국식 용병의 핵심이 고스란히 담겨 있어 매우 시사적이다.

《육도삼략》의 명언

➜ '덕이 있는 곳에 천하의 민심이 모인다德之所在 天下歸之.' 〈문도文韜〉

➜ '무릇 계략을 세울 때는 주도면밀해야 한다凡謀之道, 周密爲寶.' 〈무도武韜〉

➜ '전쟁은 국가의 대사로, 국민의 생사와 국가의 존망이 나뉘는 갈림길이다兵者, 國之大事, 生死之地, 存亡之道.' 〈용도龍韜〉

➜ '싸움을 잘하는 사람은 적이 태세를 갖추기 전에 먼저 치고 난관을 잘 극복하는 사람은 모든 위험을 미연에 방지한다. 싸움에서 이기는 최선의 방법은 싸우기 전에 이기는 것이고 그보다 더 뛰어난 전법은 적과 싸우지 않는 것이다善除患者, 理於未生. 勝敵者, 勝於無形 上戰無與戰.' 〈용도〉

➜ '부드러움이 능히 거침을 제압하고, 약함이 능히 강함을 제압한다柔能制剛 弱能制强.' 〈상략上略〉

➜ '물고기는 맛있는 미끼에 걸려 죽고, 사람은 후한 상에 집착하여 죽는다香餌之下 必有懸魚, 重賞之下 必有死夫.' 〈상략上略〉

➜ '일선一善을 없애면 곧 중선衆善이 쇠해진다. 일악一惡을 상주면 곧 중악衆惡이 성한다廢一善則衆善衰, 賞一惡則衆惡掃.' 〈하략下略〉

태공망과 관련이 깊은 병법서

《손자》, 《오자》와 함께 중국을 대표하는 병법서로 알려진 《육도》와 《삼략》은 보통 하나로 묶어 《육도삼략》이라 부르나 실제로는 각기 다른 책이다. 그런데도 하나로 묶어 다루는 이유는 두 권 모두 태공망과 관련이 깊기 때문이다.

태공망은 낚시를 즐겼는데 지금으로부터 3천 년쯤 전, 위수에서 낚시를 하다 주나라 문왕에게 발탁되어 무왕 때 군사로 활약하는 등 주왕조를 세우는 데 크게 공헌했다.

우리에게 낚시의 대명사로 익히 알려져 있으나 실제로 그는 뛰어난 군사 전략가였다.

먼저 《육도》에 대해 살펴보자.

《육도》의 '도韜'는 원래 활을 보관하는 자루를 말한다. 여기에서 '감추다'라는 뜻이 유래되었고 더 나아가 '전략전술의 비법'이라는 의미를 갖게 되었다. 〈문도〉, 〈무도〉, 〈용도〉, 〈호도〉, 〈표도〉, 〈견도〉의 여섯 편으로 되어 있으며, 도가 여섯 개라 하여 《육도》라 부르게 되었다.

여섯 편 모두 문왕과 무왕이 질문하고 태공망이 대답하는 문답형식이다. 〈문도〉, 〈무도〉, 〈용도〉에는 주로 정치에 대한 내용이 담겨 있는데, 어떻게 하면 나라를 잘 다스릴 수 있는지, 위정자가 어떠한 마음가짐을 가져야 하는지 등 지도자의 조건을 다양한 각도에서 다뤘다.

이와 달리 〈호도〉, 〈표도〉, 〈견도〉는 구체적인 상황을 들어 어떻게 하면 싸움을 유리하게 이끌어갈 수 있는지 등 전술에 대한 내용을 주로 다룬다.

　태공망이 살던 시대와 오늘날은 전쟁방식이 판이하게 다르므로 전술에 대해 다룬 부분은 사실 큰 의미가 없다. 그러나 전반부 세 편에서 다룬 정치론과 용병론, 지도자론은 오늘날의 지도자에게도 많은 깨우침을 줄 수 있으리라 생각한다.

　다음으로 《삼략》에 대해 살펴보자.

　《삼략》의 '략'은 전략이나 책략을 뜻하며, 상중하 3편으로 되어 있어 《삼략》이라 부르게 되었다. 《삼략》도 태공망의 언설을 옮긴 책으로 《육도》와는 달리 병법의 비법을 비교적 짧은 문답 형식으로 정리한 것이 특징이다. 육도에서 자주 쓰는 '이유제강以柔制强, 부드러움으로 강함을 제압한다'이라는 말은 여기에서 유래되었다고 한다.

　《삼략》에 대한 일화로 다음과 같은 이야기가 있다.

　한나라의 고조 유방에게는 장량이라는 뛰어난 군사가 있었다. 그는 '장막 속에서 계책을 세워 천 리 밖의 승패를 결정짓는 인물이다'라고 추앙받을 만큼 계략에 뛰어났다. 그는 젊었을 때 진나라의 시황제를 암살하려다 실패하고 추격해 오는 진나라의 병사들을 피해 이름을 바꾸고 한 마을에 숨어 지냈다.

　어느 날 장량이 다리 옆을 지나는데 남루한 차림의 한 노인이 걸어오다가 일부러 신발을 다리 밑으로 떨어뜨리고 장량에게 이렇게 말했다.

　"이보게, 젊은이. 내 신발 좀 집어다 주게."

　장량이 신발을 주워오자 노인은 신발을 신겨 달라고 요구했다. 어쩔 수 없이 신을 신겨 주자 노인은 미소를 지으며 일어서서 가던 길을 가다가 뒤를 돌아보며 장량에게 말했다.

"보기 드문 젊은이로군. 닷새 후 새벽에 여기로 오게."

약속한 날, 장량이 약속 장소로 가보니 노인이 먼저 와 있었다.

"늙은이를 기다리게 하다니 멀었군."

노인은 호통을 치며

"닷새 후 새벽에 다시 오게"라고 말하곤 가버렸다.

그러나 5일 후 약속 장소에 나가보니 이번에도 노인이 먼저 나와 있었고 그들은 5일 후에 다시 만나기로 하고는 헤어졌다. 5일 후 장량은 밤중에 약속 장소로 나갔다. 잠시 기다리자 노인이 나타났다. 노인은 웃으며 "좋아, 좋아 그런 마음가짐이 중요한 걸세"라고 말하곤 품속에서 책을 한 권 꺼내 장량에게 건네주며 이렇게 말했다.

"이 책을 읽으면 분명 왕의 군사가 될 수 있을 거네. 10년 후에는 분명히 이름을 널리 떨칠 수 있을 걸세."

노인은 장량이 미처 뭐라 말할 틈도 주지 않고 자취를 감췄다. 그 책이 바로 태공망의 《삼략》이었다고 한다. 물론 사실인지는 확실하지 않지만 태공망과 장량을 연결지어 생각했다는 점이 흥미롭다.

《육도》와 《삼략》은 태공망과 깊은 관련을 맺고 있지만 그가 직접 쓴 것이 아니라 세월이 한참 흐른 뒤에 후세 사람이 태공망의 이름을 빌려 정리한 책이다. 태공망이 지금으로부터 약 3천 년쯤 전에 활약한 데 비해 이 책은 2천 년 쯤 전에 만들어진 것으로 추정된다.

태공망이 집필한 책이 아니라고 해서 가치가 떨어지는 것은 아니다. 오랫동안 《손자》, 《오자》와 더불어 널리 읽혀 왔다는 사실만 봐도 얼마나 값진 내용이 담겨 있는지 짐작할 수 있다. 《육도》와 《삼략》은 당당히 옛날 지도자들의 필독서로 널리 읽혀 왔다.

이제부터 《육도》를 중심으로 그 내용의 핵심을 알아보자.

정치의 핵심은 무엇일까?

《손자》, 《오자》, 《육도》, 《삼략》을 포함한 중국의 모든 병법서에는 싸움에서 이기는 전략전술은 물론이고 정치문제에 대해서도 심도 있게 다룬다. 전략전술만으로는 전쟁에서 승리할 수 없기 때문이다.

물론 전략전술을 익히는 일도 중요하다. 하지만 그 이상으로 국가가 안정되어 있고 모든 백성에게 호응을 얻을 수 있어야 비로소 승리를 기대할 수 있다.

그렇기 때문에 중국의 모든 병법서는 대부분 정치문제를 다루며 《육도삼략》도 예외는 아니다. 그렇다면 정치의 핵심은 무엇일까?

태공망은 정치의 요체는 백성을 아끼고 사랑하는 일이라고 단언했다. 그렇다면 백성을 아끼고 사랑하는 구체적인 방법으로는 무엇이 있을까?

태공망은 네 가지 방법을 들었다.

첫째, 백성에게 해가 되는 일은 하지 않는다.

둘째, 형벌을 간단하게 한다.

셋째, 세금을 가볍게 한다.

넷째, 낭비를 줄인다.

"백성이 헐벗고 굶주린 모습을 보면 가슴 아파하고 상이나 벌을 내릴 때는 마치 자기 일처럼 생각한다."

태공망은 이것이 바로 백성을 아끼고 사랑하는 정치라고 말하고 항상 백성의 입장이 되어 생각하고 행동하라고 말했다. '자기 살을 꼬집어 남의 아픔을 알라'라는 속담도 있듯이 나라를 잘 다스리려면 백성의 처지를 이해하고 배려하는 마음이 필요하다.

마찬가지로 《삼략》에서도 "백성의 마음을 헤아리고 시책을 펴라"고 말했다. 시책을 펼 때는 먼저 백성의 마음을 살피고 백성의 입장에서 생각한 후에 시행해야 한다. 태공망은 백성과 마음이 통하는 정치를 중시했다.

물론 백성의 입장을 배려하는 마음만으로 나라를 잘 다스릴 수 있는 것은 아니다. 이와 더불어 태공망은 지도자가 갖추어야 할 조건 여섯 가지를 들었다.

첫째, 천하를 포용할 수 있는 넓은 도량을 갖출 것.

둘째, 백성의 전폭적인 신뢰를 얻을 수 있을 정도로 신의를 지킬 것.

셋째, 백성에게 조건 없는 애정을 베풀 것.

넷째, 모든 백성에게 은혜를 두루 베풀 것.

다섯째, 나라를 하나로 단결시킬 강한 권력을 갖출 것.

여섯째, 과감하게 정책을 실행하는 강한 신념이 있을 것.

태공망은 지도자의 조건으로 도량, 신의, 애정, 은혜, 권력, 신념 등 여섯 가지를 들었는데, 이 가운데서 권력과 신념에 특히 주목해야 한다. 다른 네 가지 조건이 지도자의 덕을 강조한 것과 달리 권력과 신념은 네 가지 조건을 효과적으로 기능할 수 있도록 하는 구실을 한다. 그러므로 훌륭한 지도자가 되기 위해서는 강한 권력과 의지력이 필요하다.

또한 태공망은 신상필벌주의를 주장하며 상을 줄 만한 사람에게는 반드시 상을 주고 벌을 줄 만한 사람에게는 반드시 벌을 주라고 했다.

지도자는 덕망과 백성에 대한 배려심을 갖는 동시에 긴장감이 풀어지는 것을 방지하기 위해 엄격함도 갖춰야 한다. 그래서 태공망은 권력과 신념을 강조하고 신상필벌 제도를 철저하게 지키도록 조언했다.

지도자가 갖춰야 할 또 하나의 조건으로 결단력을 들 수 있다. 과감하게 결단해야 할 때는 정확하게 결정을 내릴 수 있는 결단력이 필수적이다.

태공망은 그릇된 결단을 내리는 이유를 세 가지로 들었다.

첫째, '선을 보고도 실행하지 않는다.' 즉 좋은 의견이라고 생각하면서도 게으름을 피우며 좀처럼 실행에 옮기지 않는다.

둘째, '모처럼의 기회가 찾아와도 머뭇거린다.' 우물쭈물하다 결국 좋은 기회를 놓친다.

셋째, '잘못을 알고도 고치지 않는다.' 잘못된 줄 알면서도 반성하지도 않고 고치려고 하지 않는다.

위의 세 가지는 어느 시대에나 해당되는 교훈으로 비단 지도자뿐만 아니라 모든 사람이 잊지 말고 조심해야 할 사항이다.

인재를 등용하는 높은 안목

아무리 유능한 지도자라도 사람이기 때문에 그 능력에 한계가 있기 마련이다. 그러므로 널리 인재를 등용하여 그들의 능력을 빌려야 한다. 인재를 등용하는 일은 예나 지금이나 중요하게 여겨지는 과제다.

《삼략》에는 "인재를 얻으면 나라와 가정이 평안하고 인재를 잃으면 나라와 가정이 혼란에 빠진다"라는 구절이 있다. 즉 '냉혹한 현실을 살아가려면 인재를 모으고 그들의 지혜와 힘을 빌려야 한다'는 뜻이다.

그렇다면 인재를 모으는 방법은 무엇일까?

《삼략》에서는 그 비법을 이렇게 말한다.

"인재를 대할 때는 예를 갖추고 후하게 대우를 해 줘야 한다."

유비는 제갈공명을 책사로 맞이하기 위해 예를 갖추고 세 번이나 찾아가는 정성을 보였다. 이렇듯 인재를 얻으려면 예를 갖춰야 한다.

하지만 예를 갖춘다고 해서 모두 인재를 모을 수 있는 것은 아니다. 그에 따른 후한 대우가 있어야 한다. 이는 언제 어디서나 통하는 진리다.

또한 유능하고 신의가 있는 사람을 인재로 등용해야 한다. 그러므로 등용하기 전에 상대가 이 같은 조건에 맞는 사람인지 헤아릴 수 있는 안목이 필요하다.

한 대기업 경영자가 후계자를 선별할 때 사내 여론을 따랐다고 한다면 그것 역시 나름으로 훌륭한 방법이다. 하지만 평판만을 기준으로 삼아서는 인재를 등용하기 어렵다.

《육도》에 다음과 같은 문답이 있다.

어느 날, 문왕이 태공망에게 이렇게 물었다.

"군주가 인재를 등용하여 나라를 평안하게 다스리려고 애쓰는데도 나라가 점점 더 쇠약해져 간다면 그 이유가 무엇이겠소?"

"무능한 인물을 등용했기 때문입니다."

"그 원인이 무엇이오?"

"사람들의 평판만 듣고 사람을 채용하기 때문에 훌륭한 인재들이 모여들지 않는 것입니다."

"왜 그런지 자세히 설명해 주겠소?"

"인재를 채용할 때 다른 사람들의 평판을 기준으로 하면 당연히 친구가 많은 사람이 유리하고 친구가 적은 사람은 불리합니다. 게다가 못된 무리가 한패가 되어 훌륭한 인재가 등용되지 못하도록 훼방을 놓습니다. 간신들이 중상모략으로 충신들을 죽이고 높은 지위를 차지하면 정치가 문란해져 결국 나라는 멸망할 것입니다."

실제로 평판만으로 사람을 등용하여 나라를 파멸로 몰아넣은 경우가 많았다. 여론은 조작될 수 있으므로 후계자를 선별할 때는 신중하게 검토해야 하는 것이다.

그렇다면 인재를 알아보는 방법은 어떤 것이 있을까? 《육도》에 소개된 여덟 가지 인재 구별법에 대해 살펴보자.

첫째, 질문을 하고 어느 정도 이해했는지 살핀다.

둘째, 몰아세워 순간적인 반응을 살핀다.

셋째, 첩자를 보내 유인하고 그 성실함을 살핀다.

넷째, 비밀을 털어놓고 인물 됨됨이를 살핀다.

다섯째, 재정을 맡겨 정직함을 살핀다.

여섯째, 여자를 접근시켜 강직함을 살핀다.

일곱째, 힘든 일을 주고 용기가 있는지 살핀다.

여덟째, 술을 먹여 술버릇을 살핀다.

너무 빈틈없고 자세한 방법일지도 모르나 훌륭한 인재를 선별하려면 신중을 기해야 한다는 점에는 충분히 공감할 수 있다.

또한 《육도》에는 다음과 같이 일곱 가지 유형으로 등용하지 말아야 할 사람을 구체적으로 열거하고 있다.

첫째, 지혜와 계책 없이 허풍만 떠는 사람

둘째, 평판과는 다르게 실력이 없고 변덕이 죽 끓듯 하며 이기적인 사람

셋째, 욕심이 없는 것처럼 보이지만 실제로는 명예와 재물욕이 강한 사람

넷째, 교양을 과시하고 자기는 아무것도 하지 않으면서 남을 비판하는 사람

다섯째, 확고한 견식이 없고 주위 상황에 맞춰 눈에 보이는 이익만 추구하는 사람

여섯째, 취미나 향락에 빠져 직무를 소홀히 하는 사람

일곱째, 사이비 종교에 빠진 사람

《육도》는 절대 이런 사람을 등용해서는 안 된다고 경고했다. 오늘날에도 회사 내에서 이런 사람들이 중요한 위치를 차지하고 있는 경우를 자주 볼 수 있는데, 이렇게 되면 회사의 존립 자체가 위험할 수 있다.

그러므로 인재를 등용할 때는 반드시 신중하게 판단하여 결정해야 한다.

《六韜三略》

중국 병법의 비법

　병법서로 알려진 《육도》와 《삼략》은 병법의 비법을 심도 있게 다룬다. 그 비법의 핵심은 '싸우지 않고 이긴다' 라는 한 마디로 요약할 수 있다. 《육도》에 이런 명언이 있다.
　"싸움을 잘하는 사람은 적이 태세를 갖추기 전에 먼저 치고, 난관을 잘 극복하는 사람은 모든 위험을 미연에 방지한다. 싸움에서 이기는 최선의 방법은 싸우기 전에 이기는 것이고 그보다 더 뛰어난 전법은 적과 싸우지 않는 것이다."
　진정으로 지혜로운 사람은 재난이 닥치기 전에 예방하는 것처럼 싸우지 않고 이기는 것이 진정한 전술 비법이다. 선의를 가지고 싸워도 무력을 사용하면 피해가 생기기 마련이다. 자칫하면 싸움에서 이겨도 큰 손실로 인해 국력이 쇠퇴될 수도 있다. 이런 승리는 나쁜 결과를 낳기 때문에 올바르지 않다.
　《육도》와 《삼략》을 비롯하여 《손자》에 이르는 중국 병법서의 대부분은 싸우지 않고 이기는 전법을 중시하고 있는데, 이는 중국 병법의 공통된 특징이다.
　그러나 어쩔 수 없이 싸워야 할 때도 있으므로, 《육도》에서는 그럴 때는 다음과 같이 대응하라고 말한다.
　"승산이 있다고 판단되면 즉각 싸움을 벌이고 승산이 없다고 판단되면 싸움을 피한다."
　이렇듯 승산이 높을 때는 단숨에 적을 공격하고, 낮을 때는 일단 한발 물러나 적절한 시기를 기다려야 한다.
　"싸움에 능한 자는 때를 놓치지 않는다. 유리한 기회를 놓치면 오히려 큰 피해를 입는다."

기회가 오면 재빨리 행동을 개시해야 한다. 그 기회를 놓치면 싸움에 이기지 못한다. 반대로 시기가 좋지 않은데도 무리하게 싸움을 벌이면 분명히 패한다. 이 또한 바람직하지 못하다. 싸울 때는 공격할 때와 물러날 때를 정확하게 판단하여 유연하게 대응해야 한다. 이에 관하여 《삼략》에서도 '유능제강'을 인용해서 다음과 같이 말했다.

"'유능제강 약능제강柔能制剛 弱能制強' 하지만 이 말은 부드러움柔과 약함弱만을 중시해야 한다는 말은 아니다. 부드러움과 굳셈, 약함과 강함을 두루 갖추고 정세에 맞춰 유연하게 대처해야 한다."

이 말 또한 공격할 때 확실하게 공격하고 수비할 때 철저하게 수비하는 유연한 대응방법의 중요성을 보여 준다.

《삼략》에서는 싸움에 임하는 자세로 세 가지를 들었다.

첫째, 비밀리에 전략을 짠다. 적에게 전략이 노출되면 싸움은 처음부터 어려워진다. 그러므로 비밀리에 전략을 세우고 누설되지 않도록 주의해야 한다.

둘째, 장수와 병사의 단결이다. 만약 장수와 병사가 단결하지 않으면 싸움을 제대로 이끌어 가지 못한다.

셋째, 공격할 때는 빠르게 움직여라. 앞에서도 여러 차례 강조했듯이 기회가 왔을 때 놓치지 말고 공격해야 한다.

그렇다면 실전에 임할 때는 어떻게 해야 하는지 《삼략》을 통해 그 비법을 알아보자.

"항상 적의 움직임을 살펴야 한다. 적이 쳐들어오면 수비를 강화하고 적의 세력이 커지면 상대의 비위를 맞춰 싸움을 피한다. 적의 병력이 강하면 군대를 철수시키고 적의 사기가 충만할 때는 그 기세가 꺾이기를 기다린다. 또한 적이 단결할 때는 이간질을 시켜 분위기를 흩트려 놓는다. 한편 아군의 장수와 병사가 단결하면 적이 함부로 공격하지 못할 것이며 상대의 의표를 찔러 공격하면 적을 무너트릴 수 있다. 거짓정보를 흘려 적을 동요시키고 혼란에 빠트려 사냥감을 잡듯이 사방에서 조여 가면 적을 궁지로 몰아넣을 수 있다."

이것은 '밀면 당기고 당기면 밀라'는 유도 기술을 연상시키는 변화무쌍한 전법이다.

태공망은 《육도》에서 "상대의 판단을 교란시킨 후에 몰래 적의 움직임을 살펴, 기회가 오면 재빨리 허점을 공격하라"고 말했다. 이렇듯 《육도삼략》은 '기민하고 유연한 대응' 방법이야말로 전쟁을 승리로 이끄는 핵심이라고 말하고 있는 것이다.

싸우지 않고 이기는 법

중국식 병법은 싸우지 않고 이기는 것을 궁긍적인 목표로 한다. 무력을 사용하지 않고 이길 수 있다면 이보다 더 좋은 병법은 없을 것이다. 《육도》에는 싸우지 않고 이기는 방법 열두 가지가 실려 있다.

그 내용을 차례로 살펴보자.

첫째, 상대를 거스르는 행동을 삼가하고 환심을 산다. 교만해진 상대는 실책을 범하기 마련이고 이때 조직을 무너뜨린다.

둘째, 상대가 신임하는 사람에게 접근하여 두 사람이 대립하게 만든다. 부하가 다른 마음을 품으면 적의 세력은 약해지기 마련이고 내부에 혼란이 생긴다.

셋째, 상대의 측근에 있는 사람을 매수하여 자기편으로 만든다. 이렇게 하면 상대의 조직은 몸은 그대로지만 마음이 떠난 측근으로 인해 혼란에 빠진다.

넷째, 상대를 향락에 빠뜨린다. 여자와 재물을 보내어 비위를 맞추면 상대는 싸울 의욕을 상실한다.

다섯째, 상대와 충실한 부하 사이를 이간질시킨다. 우선 양쪽에 선물을 보내되 부하에게 더 값진 선물을 보낸다. 그리고 부하가 교섭을 위해 찾아오면 일부러 교섭을 지연시켜 다른 부하가 찾아오도록 끌어들인다. 그런 다음 다른 부하가 오면 우호적인 자세로 교섭을 성사시킨다. 그러면 상대는 나중에 보낸 부하를 더 신임하게 될 것이다. 이런 계략으로 상대의 조직을 무력화시킨다.

여섯째, 상대의 유능한 부하를 회유하여 자기편으로 끌어들인다. 유능한 부하가 다른 조직에 협력하면 내분이 일어나고 결국 조직은 붕괴된다.

일곱째, 상대를 경제적인 어려움에 빠뜨린다. 뇌물로 측근을 매수하고 생산성을 저하시켜 경제적인 어려움에 빠뜨린다.

여덟째, 상대의 신뢰를 얻는다. 우선 뇌물을 보내 교섭을 요청하고 상대에게 유리하게 교섭을 이끌어 간다. 그러면 상대의 신뢰를 얻을 수 있으며 우호적으로 관계를 거듭하면 언젠가는 상대를 이용할 수 있다. 다른 조직에 이용당하는 지도자가 이끌어 가는 조직은 오래 버티지 못한다.

아홉째, 상대의 비위를 맞춰 부추긴다. 사람은 남들이 자신을 치켜세우고 두려워하는 척하면 우쭐해지기 마련이다. 그러므로 상대에게 우쭐한 마음을 부추겨 나라를 등한시하게 만든다.

열째, 상대의 믿음을 얻을 수 있도록 성심성의껏 대접한다. 상대의 의사에 따라 행동하여 완전히 신뢰하게 만든 후 몰래 일을 도모한다. 기회를 노려 이때다 싶을 때 공략하면 쉽게 상대를 무너트릴 수 있다.

열한 번째, 상대를 고립시킨다. 높은 지위와 재물을 원하고 실패를 두려워하는 부하들의 심리를 이용하여 분열을 조장하면 조직은 붕괴된다.

열두 번째, 모든 방법을 이용하여 상대를 현혹시킨다. 부하와 이간질시키거나 술이나 여색에 빠지게 한다. 명견이나 명마를 선물하여 사냥에 몰두하게 하는 방법도 있다. 상대가 다른 일에 열중하느라 조직을 소홀히 하면 기회를 노려 재빨리 공격하여 무너뜨린다.

태공망은 마지막으로 다음과 같이 덧붙였다.

"이와 같은 열두 가지 방법을 사용한 후에 비로소 무력을 사용하라. 즉 적절한 때를 노려 적이 무너질 조짐이 보이면 공격해야 한다는 뜻이다."

이 방법은 오늘날 외교 전략으로도 자주 사용된다.

오늘날처럼 냉혹한 경쟁사회에서는 많은 기업이 살아남기 위해 발버둥치고 있으며 그 가운데는 수단과 방법을 가리지 않고 경쟁 기업을 무너트리려는 기업도 있다.

그러므로 선인의 가르침을 가슴 깊이 새겨 항상 경계심을 늦추지 말아야 한다.

장수의 조건

이번 장에서는 실전에서 활약하는 지휘관의 조건을 살펴보자. 기업의 부장급 정도로 생각하면 이해하기 쉬울 것이다.

태공망은 장수의 조건으로 세 가지를 들었다.

첫째, 예를 갖출 것.

둘째, 몸을 아끼지 말 것.

셋째, 욕망을 절제할 것.

태공망은 이 세 가지 조건과 더불어 다음과 같은 말을 덧붙였다.

"예를 갖춘 장수는 겨울에도 따뜻한 옷을 걸치지 않고 병사들과 추위를 함께 하고 여름에는 부채를 부치지 않으며 병사들과 더위를 함께 한다. 또한 비가 오면 피하지 않고 병사들과 함께 비를 맞는다. 이처럼 직접 경험해 보아야 부하들의 처지를 이해할 수 있기 때문이다. 자기 몸을 아끼지 않는 장수는 험난한 지형이나 진창길을 행군할 때, 병사들과 함께 걷는다. 자신의 몸을 아끼는 장수는 부하들의 고충을 알지 못한다. 욕망을 절제할 줄 아는 장수는 병사들의 잠자리가 정해진 후에 잠을 자고 부하들의 식사준비가 되어야 식사를 하며, 부하들이 식사를 하지 못할 때에는 자기도 먹지 않는다. 욕망을 절제하지 못하는 장수는 부하들의 마음을 헤아리지 못한다."

태공망은 또한 장수가 고락을 함께 해야 부하들이 의욕을 갖고 싸울 수 있다고 조언했다.

《삼략》에도 장수의 조건을 설명한 다음과 같은 글이 있다.

군대를 이끌어 가는 장수는 병사들과 함께 생활하며 운명을 함께 해야 한다. 그래야 병사들은 두려움 없이 싸울 수 있다.

한 명장의 이야기를 예로 들어보자.

어느 날 한 장수가 술을 선물 받았다. 혼자서 마시기에는 충분했지만 병사들과 다같이 마시기에는 부족했다. 그는 술을 강에 붓고 그 강물을 병사들과 함께 마셨다.

강물에 술을 부었다고 해서 술맛이 날 리 없었지만 그의 배려에 감동받은 병사들은 그를 위해 목숨 바쳐 싸우리라 다짐했다.

장수가 평소에 병사들을 배려하면 둘 사이에 연대감이 형성되어 병사들은 혼신의 힘을 다해 지휘관과 나라를 위해 싸울 것이다.

부하를 아끼는 마음이 있어야 그들의 의욕을 일으킬 수 있고 병사들의 힘을 하나로 모을 수 있다. 그러므로 부하들과 운명을 함께 하는 자세는 아무리 강조해도 지나치지 않다.

그러나 이와 같은 조건만으로는 훌륭한 장수가 되기에는 부족하다. 태공망은 장수가 갖춰야 할 조건으로 '용勇', '지智', '인仁', '신信', '충忠'의 다섯 가지를 추가로 들었다.

첫째, '용'은 용기와 결단력을 말한다. '용'이 있는 장수는 절도 있게 행동하므로 적이 함부로 무시하지 못한다.

둘째, '지'는 통찰력 또는 판단력을 말한다. '지'가 있는 장수는 판단이 정확하여 적에게 빈틈을 보이지 않는다.

셋째, '인'은 부하들을 배려하고 아끼는 마음을 말한다.

넷째, '신'은 거짓을 말하지 않는 것이다. 진심으로 부하를 대해야 그들의 신뢰를 받을 수 있다.

다섯째, '충'은 충실함 또는 충성심을 말한다. '충'이 있어야 윗사람에게 신임을 받고 임무를 맡을 수 있다.

태공망은 이어서 장수가 경계해야 할 사항을 열 가지 들었다.

첫째, '용'이 지나쳐 죽음을 가볍게 여기는 것이다. 장수가 갖춰야 할 조건이라 해도 '용'이 지나치면 오히려 해가 된다.

둘째, 성격이 급하고 침착성을 잃는 것이다. 성격이 급하면 신중하게 판단하기 어렵다. 장수는 항상 심사숙고하여 정확한 판단을 내리고 결단이 서면 절도 있게 행동으로 옮겨야 한다.

셋째, 재물에 욕심을 부리는 것이다. 재물에 욕심이 많은 자는 장수로 부적합하다.

넷째, 인정이 많아 다른 사람이 싫어하는 일을 못하는 것이다. 남을 배려하는 마음은 장수가 되기 위한 필수조건이지만 지나치면 결단력이 떨어져 신속한 판단을 내릴 수 없게 된다.

다섯째, 지혜로우나 마음이 약한 것이다. 명석한 두뇌로 정확한 판단을 내리지만 결단력이 부족하여 즉시 행동으로 옮기지 못하는 사람은 장수로 부적합하다.

여섯째, 거짓을 말하지 않고 융통성 없이 남을 잘 믿는 것이다. 거짓말을 하지 않는 것은 장점이지만 다른 사람들도 모두 거짓말을 하지 않을 거라고 믿는 단순한 사람도 장수로 부적합하다. 쉽게 남을 믿는 사람은 적의 모략에 쉽게 걸려든다.

일곱째, 지나치게 청렴결백하여 남을 아낄 줄 모르는 것이다. 청렴결백은 미덕이지만 다른 사람에게 무리하게 강요하면 안 된다. 사람들은 도량이 좁고 융통성 없는 장수를 따르지 않는다.

여덟째, 지혜로우나 결단력이 없는 것이다. 판단력은 있으나 정세변화에 신속하게 대처하지 못한다.

아홉째, 강직하나 고집이 센 것이다. 지나치게 자신감이 넘치고 사람을 믿지 못해 남에게 일을 맡기지 못하는 사람은 장수가 될 자격이 없다.

열째, 자신감이 부족하여 직접 나서지 못하고 남에게 떠넘기는 것이다. 이렇게 되면 부하들에 모든 일을 떠넘기게 된다.

이미 장수의 자리에 있거나 장차 장수가 되려는 꿈을 품은 자라면 이와 같은 사항을 기억하여 경계해야 하는 것이다.

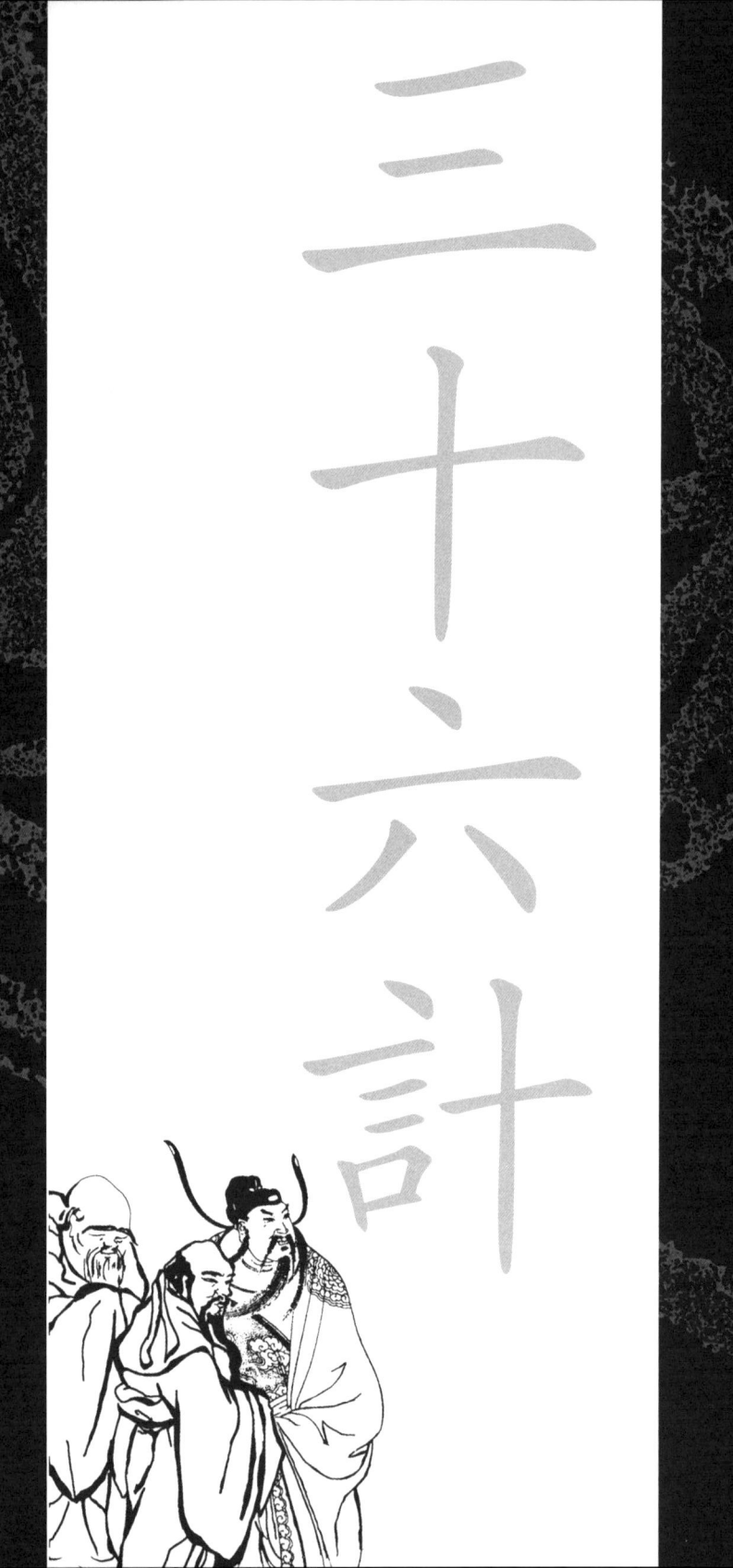

삼십육계

중국 병법가들의 지혜가 담겨 있는 병법의 결정체

《삼십육계 三十六計》

《삼십육계》에 대해

《삼십육계》는 중국인의 특기인 지략을 집대성한 책이지만 저자와 집필 연대는 확실하지 않다. 그러나 '삼십육계' 라는 단어는 상당히 오래전부터 사용되었다. 지금으로부터 1500년쯤 전의 역사를 기록한 정사《남제서南齊書》에 '단공의 삼십육책 중 주위상책走爲上策, 도망가는 게 상책이다' 이라는 기록이 시초였던 것으로 추정된다. '책' 과 '계' 는 같은 뜻으로 쓰이는데《삼십육계》는 후세 사람이 '삼십육책' 이라는 단어에서 영감을 얻어 집필한 것으로 보인다. 당시에는 그다지 인기 있는 책이 아니었으나 최근에 각광받기 시작했다.

내용상으로 〈승전계勝戰計〉, 〈적전계敵戰計〉, 〈공전계攻戰計〉, 〈혼전계混戰計〉, 〈병전계倂戰計〉, 〈패전계敗戰計〉 등 여섯 부분으로 구성되어 있으며 각기 6계씩 36계로 되어 있다. 이런 종류의 책은 보통 비현실적인 요소가 강하나 이 책은 굉장히 유연하고 합리적인 사고를 담고 있다.

《삼십육계》의 명언

- '병력이 집중된 적을 공격하는 것보다 적의 병력을 분산시킨다圍魏救趙.' 〈승전계勝戰計〉
- '남의 힘을 빌려 적을 물리친다借刀殺人.' 〈승전계〉
- '적이 위기에 처했을 때를 이용하여 적을 무너트린다趁火打劫.' 〈승전계〉
- '상대에게 믿음을 주어 안심하게 하고 비밀리에 일을 도모한다笑裏藏刀.' 〈적전계敵戰計〉
- '적의 작은 틈이라도 장악하여 기회로 삼는다順手牽羊.' 〈적전계〉
- '적이 내란으로 혼란한 틈을 타 내 의도대로 적을 따르게 한다混水摸魚.' 〈혼전계混戰計〉
- '강대국이 약소국을 지배하려면 위협을 주어 복종하게 만든다指桑罵槐.' 〈병전계倂戰計〉
- '기회를 엿보아 발을 들여놓고 주도권을 장악한다反客爲主.' 〈병전계〉
- '자신을 희생하여 적을 안심시킨다苦肉計.' 〈패전계敗戰計〉
- '도망치는 것이 상책이다走爲上.' 〈패전계〉

심리적 계략 비법

'춘추오패'라고 불리는 패자 다섯 명이 패권을 두고 치열한 싸움을 벌였던 춘추시대에서 제齊, 초楚, 진秦, 연燕, 한韓, 위魏, 조趙 등 7개국이 각지에서 세력을 구축하여 천하통일을 꾀하던 전국시대를 거쳐 진의 시황제가 죽자 격렬한 싸움을 벌였던 유방과 항우, 위촉오 삼국으로 갈라져 조조와 유비, 제갈공명, 사마중달 등 영웅호걸이 활약했던 삼국시대에 이르기까지 오랜 역사를 자랑하는 중국에서는 B.C 700년 이상 전부터 광대한 대륙을 무대로 수많은 나라가 흥망성쇠를 반복했다.

그러는 동안 많은 영웅들이 힘과 지혜를 최대한 발휘하여 패권다툼을 벌였고 상황에 따라 희비가 엇갈렸다. 이 장대한 싸움의 역사 속에서 《손자》, 《오자》, 《육도六韜》 등의 훌륭한 병법서들이 많이 집필되었다. 앞으로 소개할 《삼십육계》도 그 가운데 하나다.

중국 병법은 '싸우지 않고 이긴다'라는 원칙을 기본으로 한다. 바꿔 말하자면 무력을 사용하지 않고 지략으로 승리하는 것, 즉 인간의 심리를 교묘하게 이용하여 더 효율적인 방법으로 이기는 전략을 이상으로 여겨왔다.

《삼십육계》는 이러한 심리적 계략 비법을 서른여섯 가지로 집대성한 책으로 오늘날에도 처세술이나 경영 관리에서의 참고서로 손색이 없다. 이는 서른여섯 가지 계략이 인간의 미묘한 심리를 정확하게 꿰뚫고 있기 때문이다.

내용에 따라 크게 6장으로 나누어 설명했다. 그 첫째인 〈승전계〉를 살펴보자.

《三十六計》

제1부 〈승전계〉

제1계, 하늘을 가리고 바다를 건넌다는 뜻의 '만천과해瞞天過海.'

이상하게도 인간은 눈에 익거나 안전하다고 생각되는 것에 대해서는 그다지 의문이나 경계심을 품지 않는다. 그러한 심리를 잘 이용하면 아주 간단한 속임수로도 상대를 속일 수 있다.

삼국시대의 지장 태사자太史慈는 이러한 계략을 사용하여 적의 포위망을 뚫고 성공적으로 구원군을 요청할 수 있었다.

그는 매일 아침 성에서 나와 적들이 보는 앞에서 느긋하게 활 쏘는 연습을 하고 끝나면 다시 성안으로 돌아가는 일을 되풀이했다. 적들은 처음에는 경계하여 무기를 쥐고 공격에 대비했으나 태사자가 계속해서 활 쏘는 연습만 반복하자 더 이상 아무런 경계도 하지 않게 되었다. 이를 본 태사자는 여느 때와 마찬가지로 성을 나와 재빨리 말을 몰아 적진을 빠져나갔다고 한다.

제2계, 위나라를 포위하여 조나라를 구한 일화에서 유래된 '위위구조圍魏救趙.'

이 일은 전국시대의 일로서 조나라는 위나라 대군에게 도읍인 한단이 포위되자 이웃나라인 제나라에게 도움을 청했다. 이를 받아들여 제나라의 장군 전기田忌는 서둘러 군대를 이끌고 한단으로 가려했을 때, 군사인 손빈孫臏이 만류했다.

"위나라 대군과 정면승부를 한다면 우리의 손실이 클 테니 좋은 방법이 아닙니다. 지금 위나라는 조나라에 대군을 보내어 도심부 수비가 약할 테니 그곳을 공격하면 분명 한단을 포위했던 군사들을 철수시킬 것입니다. 그때 공격하는 것이 어떻겠습니까?"

전기는 손빈의 계략을 받아들여 즉시 위나라의 도읍을 공격했다. 손빈이 예측한 대로 위나라의 군사들은 놀라 서둘러 철수했다. 제나라의 군대는 그 길목을 기다리고 있다가 급습하여 크게 승리하고 조나라를 구했다.

'위위구조'는 강대한 적을 분산시켜 공격하는 데 취지를 두고 있다.

이 이야기의 경우, 제나라는 조나라를 도왔지만 만약 조나라를 없애고자 했다면 위나라의 힘을 빌려 멸망시키는 방법도 생각할 수 있다. 이 방법이 바로 삼십육계 중의 제3계이다.

제3계, A라는 상대를 치고자 할 때 자신이 직접 나서지 않고 B의 힘을 빌려 치는 '차도살인借刀殺人.'

즉 남의 칼을 빌려 적을 제거한다는 의미이다. 이 계략은 '싸우지 않고 이긴다'는 기본 원칙에 준한 중국인의 모습을 잘 보여 준다고 하겠다.

제4계, 쉬면서 힘을 비축했다가 피로에 지친 적을 맞아 싸운다는 뜻의 '이일대로以逸待勞.'

이때 '일逸'은 여유로운 상태, '노勞'는 피로에 지친 상태를 말한다. 아군은 여유를 갖고 수비에 만전을 기하면서 적이 지치기를 기다리는 것이다. 하지만 여기에서 운이 찾아오기만을 기다려서는 안 된다. 병력을 정비하고 힘을 비축하며 때를 기다리는 것이 이 계략을 성공시키는 열쇠다.

제5계, '진화타겁趁火打劫.'

이 계략은 '이일대로'와는 정반대의 전략이다. 우선 적의 전력상태를 보고 공격할지 방어할지를 판단한다. 적이 기세등등할 때는 '이일대로' 계략으로 적이 지치기를 기다리고, 열세에 처해 있을 때는 위압적인 자세로 공격하여 단숨에 숨통을 끊어 놓는다. 이것이 바로 병법의 묘미다.

'진화타겁'은 남의 집에 불난 틈을 타서 도둑질한다는 뜻으로 비겁하게 보일지는 모르나 승부의 세계는 냉정하기 때문에 인정에 휩쓸려서는 안 된다.

상대의 허점을 노려 쓰러트리는 것은 스포츠나 전쟁, 그리고 비즈니스에서도 마찬가지다. 상대가 틈을 보이면 재빨리 공격하여 숨통을 끊어 놓아야 한다.

제6계, '성동격서聲東擊西.'

'동쪽에서 시끄럽게 하면서 실제로는 서쪽을 공격한다.' 즉 동쪽을 공격한다는 거짓 정보를 흘려 적이 동쪽을 수비하게 만들고 그 틈을 노려 서쪽을 급습하는 전략으로 자주 사용된다.

적의 병력을 분산시키는 데 효과적이며, 제대로 적중하면 적에게 큰 타격을 줄 수 있다. 그러나 적에게 의도를 간파당하면 오히려 전멸당할 위험성도 있다. 그러므로 상대의 지휘계통을 교란시켜야만 이 계책을 성공시킬 수 있다.

제2부 〈적전계〉

제7계, 무에서 유를 창조한다는 뜻의 '무중생유無中生有.'

허와 실을 교묘하게 이용하여 적을 물리치는 계략으로 인간의 심리를 잘 꿰뚫어 보는 중국 병법의 깊은 지혜를 다시 한번 느끼게 한다.

당나라 현종 때 안록산은 반란군을 일으켜 옹구성을 포위했다. 성을 수비하던 군대는 화살을 다 써버렸고 이대로 가다가는 성을 빼앗길 위기에 처했다. 이때 수비대를 지휘하던 장순張巡이라는 장수가 묘안을 제시했다.

먼저 병사들에게 명령하여 볏짚인형을 천 개 정도 만들고 검은 옷을 입혀 병사처럼 보이게 만들었다. 그리고 그 인형을 밧줄로 묶어 밤중에 은밀히 성벽으로 내려 보냈다. 이를 본 반란군은 적병으로 오인하여 화살을 쏘았고 볏짚인형이라는 사실을 알았을 때는 이미 늦었다. 장순은 볏짚인형에 꽂힌 수만 개의 화살을 반란군에게 보이며 자기의 뛰어난 계략을 과시하였다.

그러나 이것은 다음 작전을 위한 사전 작업에 지나지 않았다. 장순은 볏짚인형 대신 진짜 수비병을 밧줄로 묶어 내려 보냈다. 반란군들은 볏짚인형으로 화살을 빼앗으려는 속임수라고 생각하고 활을 쏘지 않았다. 기세 좋게 아래로 내려온 수비병들은 반란군을 급습하여 이들을 진압했다.

이처럼 속임수로 상대를 교란시킨 다음 적이 방심한 틈을 타서 공격하면 승리를 거둘 수 있다.

제8계, '암도진창暗渡陳倉.'

옛날 유방의 장군 한신이 관중으로 진군할 때 정면으로 돌파할 것처럼 가장하고 몰래 진창으로 우회한 작전에서 이름 붙여졌다. 이를테면 A를 공격하는 것처럼 보인 다음 B를 공격하는 작전으로 '성동격서'와 그 방식이 비슷하다.

사상 최대의 작전으로 불리는 1944년 6월 연합군의 노르망디 상륙작전이 이에 해당한다. 당시 상륙 경로로 칼레와 노르망디가 거론되었다. 연합군은 처음부터 노르망디로 상륙하기로 결정하고 독일군이 눈치 채지 못하도록 계속해서 칼레로 상륙한다는 거짓 정보를 흘렸다. 게다가 칼레에 폭격을 가하여 곧 상륙작전이 시작될 조짐처럼 보이게 했다. 칼레는 물자 운송이나 공군 지원을 고려했을 때 유력한 후보지였기 때문에 독일군은 전혀 의심하지 않았고 그 허점을 노려 연합군은 성공적으로 노르망디에 상륙했다. 히틀러가 지나치게 꾀를 부리다 도리어 그 꾀에 자신이 넘어갔다는 일설도 있으나 결과적으로 이 전략은 완벽하게 성공했다. 그러나 '성동격서'에서도 말했듯이 자칫 잘못하면 단숨에 형세가 역전될 가능성이 있어 연합군에게는 사상 최대의 작전인 동시에 사상 최대의 모험이기도 했다.

제9계, '격안관화隔岸觀火.'

자신에게는 흥미가 없는 일을 비유하여 '강 건너 불구경'이라고 말한다. 강 건너에서 일어난 불로 일부러 접근해서 화상을 입는 일은 어리석은 짓이다. 아홉째 계략인 '격안관화隔岸觀火'는 이와 같은 발상에서 만들어졌다. 이때 '불'은 적의 내란을 말한다. 이때 섣불리 공격하면 적들이 단결할 수 있기 때문에 오히려 손해를 볼 수 있다. 잠시 조용히 지켜보며 적이 자멸할 때를 기다린다. '기다리는 자에게 복이 온다'는 속담도 이 같은 발상에서 나온 것이리라.

제10계, '소리장도笑裏藏刀.'

품에 비수를 숨기고 겉으로는 상냥한 척 행동한다는 뜻이다. 우호적인 태도로 접근하여 상대가 경계심을 풀면 단숨에 공격하는 계략이다.

송나라에 조위曹瑋라는 사람이 있었다. 그는 수천 명의 병사가 적국으로 도망갔다는 보고를 듣고 동요를 일으키는 장수들 앞에서 웃으며 이렇게 말했다.

"소란 피우지 말게. 그들은 모두 내 명령에 따라 행동한 걸세."

이 소문을 들은 적국은 도망쳐 온 병사를 믿지 못해 모조리 처형했다. '소리장도' 계략을 응용한 멋진 병법이라 할 수 있다.

제11계, '이대도강李代桃僵.'

오얏나무가 복숭아나무 대신에 말라죽는다는 뜻이다. 이 전략은 작은 것을 희생하여 큰 이익을 얻어 내기 위한 것이다. 바둑에서 흔히 사용하는 '사석작전'을 예로 들 수 있다. 전쟁을 하든 비즈니스를 하든 손실이 생기기 마련이다. 문제는 그 손실을 어떻게 이익으로 전환하느냐에 달려 있다. 무능한 지도자는 작은 손실에 마음을 빼앗겨 더 큰 손실을 초래한다. 이에 대해 《손자》에서는 다음과 같이 지적했다.

"지혜로운 사람은 반드시 이익과 손실을 함께 생각하므로 일을 순조롭게 진행시키고 손실을 입었을 때는 그로 인해 받을 이익도 같이 생각하므로 작은 손실에 얽매이지 않는다."

작은 손해에 연연하지 않고 그 손해를 버림돌로 활용하여 더 큰 이익을 얻으려고 노력해야 한다.

제12계, '순수견양順手牽羊.'

'순수견양'이란 가져올 수 있는 것은 가리지 않고 가져온다는 의미다. 그 뜻을 살펴보면 무리하지 않고 얻을 수 있는 이익이라면 마다하지 말고 챙겨야 하지만 그렇다고 눈앞의 이익에만 집착하면 실패하기 쉽다. 그러므로 확실한 목표를 설정하고 목표를 달성해 가면서 상황에 맞춰 임기응변으로 대처해야 한다.

한치 앞도 내다보기 어려운 저성장 시대에는 작은 이익이라도 착실하게 쌓아 가는 마음가짐이 중요하다.

제3부 〈공전계〉

손자는 '적을 알고 나를 알면, 백 번 싸워도 위태롭지 않다'라고 말했다. 적의 움직임을 파악하지 않고 무리하게 군대를 밀어붙이는 전법은 매우 위험하다. 그래서 적의 동향을 파악하기 위해 첩자를 보내는데, 전쟁은 물론이고 교섭이나 설득을 할 때도 자주 사용된다. 제13계는 여기에 해당된다.

제13계, '타초경사打草驚蛇.'

상대의 동정을 살핀다는 의미로 뱀을 치는 대신 풀을 쳐 뱀을 유인한다는 뜻이다. 사건이 벌어졌을 때 거물급을 검거하기 위해 주변의 추종자를 하나씩 잡아들이는 작전도 같은 맥락이다.

제14계, 죽은 사람의 영혼이 다른 사람의 시체를 빌려 부활한다는 뜻의 '차시환혼借屍還魂.'

세상에는 아직 이용가치가 있는데도 버림받는 것이 많다. '차시환혼'은 그것을 찾아내 자기 방위나 세력 확장 도구로 이용하는 방법이다. 죽은 사람의 육신을 빌려 부활한다니 이 얼마나 기발한 발상인가.

삼국지에 등장하는 조조는 권모술수에 능한 인물이었다. 위태로운 상황에 처한 황제를 자신의 편으로 만들어 자신의 세력을 확대하는 수단으로 이용했다. 또한 일본의 무장 오다 노부나가織田信長는 무로마치 막부의 마지막 장군 아시카가 요시아키足利義昭를 기후岐阜성으로 데려와 모시는 형식으로 최고의 권력을 누렸다. 조조가 모신 황제와 노부나가가 모신 요시아키는 실권이 전혀 없었다.

그러나 조조와 노부나가는 그들의 이용가치를 간파하여 최대한 활용했다. 이들이 남들보다 빨리 난세를 극복할 수 있었던 것은 더는 가치가 없다고 생각했던 상대의 이용가치를 간파하여 재빨리 이용하는 빈틈없는 판단력이 있었기 때문이다.

제15계, '조호이산調虎離山.'

산 속에 있을 때의 호랑이는 천하무적이지만 일단 평지로 내려오면 제힘을 발휘하지 못한다. '조호이산'은 요지에서 맞서 대항하는

《三十六計》

강적을 밖으로 유인하여 치는 계략이다. 다만, 호랑이와는 달리 사람을 끌어 낼 때는 매우 치밀하게 계획을 세워야 한다. 계략이 성공할지 실패할지는 얼마나 정교한 속임수를 사용하느냐에 달려 있다.

제16계, '욕금고종欲擒姑縱.'

쥐도 궁지에 몰리면 고양이를 물듯이 사람도 도망갈 길을 차단하고 공격하면 목숨을 걸고 반격한다. 오히려 도망갈 길을 열어주면 저절로 세력이 약해져 쉽게 제압할 수 있다. '욕금고종'은 큰 것을 얻기 위해 작은 것을 놓아주는 방법이다.

《삼국지》에 나오는 제갈공명은 이 계략을 보기 좋게 성공시켰다. 제갈공명은 남방 이민족의 반란을 평정할 때 주모자인 맹획孟獲을 일곱 번 사로잡았지만 그때마다 풀어주었다. 인망이 두터운 맹획을 처벌하면 반란군이 더욱 거센 기세로 반격해 올 것이라고 생각했기 때문이다. 그래서 맹획을 생포하여 평정군의 진을 보여 주고 언제든 공격할 테면 해 보라며 풀어주었다. 이에 감복한 맹획은 제갈공명에게 진심을 다해 충성할 것을 맹세했다. 이 일화에서 '칠종칠금七縱七擒'이라는 고사가 유래되었다.

'욕금고종'은 인간관계에도 적용된다. 《채근담》에서는 복잡하고 미묘한 인간관계에 대해 다음과 같이 말한다.

"사람을 부릴 때, 좀처럼 마음먹은 대로 되지 않을 때가 있다. 이럴 때는 다그치지 말고 상대가 자발적으로 행동할 때까지 기다린다. 일일이 간섭하면 점점 엇나갈 뿐이다."

이 또한 '욕금고종'과 일맥상통한다.

제17계, 돌을 던져서 구슬을 얻는 '포전인옥 抛磚引玉.'

이 계략은 미끼를 사용해서 상대방을 현혹시키는 방법으로, 일본의 속담에 '새우로 도미를 낚는다' 라는 말이 있는데, 이와 비슷한 뜻이다. 상대를 달콤한 미끼로 유인하여 때려잡는 이 작전에서는 상대가 미끼를 알아차리지 못하도록 하는 것이 중요하다. 미끼가 달콤할수록 큰 고기가 끌려오는 법이다. 반대로 유혹에 넘어가지 않으려면 미끼를 분별할 수 있는 냉정한 판단력을 길러야 한다.

《순자》에서도 '이로움만 보고 해로움을 간과해서는 안 된다' 라는 주의사항을 볼 수 있다. 눈앞에 보이는 이익만 보지 말고 그 뒤에 숨겨진 손실까지 예측해야 한다.

제18계, '금적금왕 擒賊擒王.'

이는 적을 잡으려면 우두머리부터 잡아야 한다는 뜻이다. 이 계략은 적의 중심 세력이나 중추부를 공략하여 적을 궤멸시키는 작전으로 이는 싸움할 때 통용되는 철칙인 동시에 처세술로도 멋지게 쓸 수 있는 지혜다.

모든 일에는 반드시 급소가 있기 마련이다. 여러 가지 복잡한 문제가 얽혀 있어 해결책을 찾지 못할 때는 급소만 잘 파악하면 의외로 쉽게 일을 처리할 수 있다. 그러므로 우선 급소를 찾아 공략한다. 마찬가지로 사람은 누구나 약점을 갖고 있는데, 이를 잘 공략하면 교섭이나 설득을 유리하게 진행시킬 수 있다.

제4부 〈혼전계〉

펄펄 끓는 가마솥은 너무 뜨거워서 손을 댈 수 없지만 불을 끄면 열이 식어 쉽게 옮길 수 있다. 마찬가지로 적의 세력이 강하여 싸워도 승산이 없을 때는 기세를 꺾어 약해진 틈을 노려야 한다. 이 계략은 열아홉 번째 계략에서 보여진다.

제19계, '부저추신釜底抽薪.'
이는 솥 밑에 타고 있는 장작을 꺼내 솥이 끓는 것을 막는다는 뜻이다. 즉 전쟁에서 적의 보급로를 차단함으로써 사기를 꺾는 방법이다.
《삼국지》의 중심인물인 조조는 관도의 싸움에서 원소의 대군을 물리치고 순식간에 중국 북쪽 일대를 장악했다. 원소와의 전쟁이 진행되는 동안 열세에 몰렸던 조조는 원소의 보급기지를 밤에 몰래 습격하여 형세를 완전히 역전시킨다. 이는 적의 보급로를 차단하여 승리를 거둔 좋은 사례라 할 수 있다.
한편 사기를 꺾어 승리를 거둔 사례로 송나라 설장유薛長儒의 일화를 들 수 있다. 설장유는 반란을 주도한 우두머리와 반란군 사이를 이간질시키고 설득하여 반란을 평정했다.
위와 같은 예는 모두 적의 에너지원을 차단하여 적을 무너트리는 방법을 사용하여 전쟁에서 승리한 사례다.

제20계, 물을 흐려 고기를 잡는다는 뜻의 '혼수모어混水摸魚.'
1944년 12월 히틀러는 프랑스 국경 아르덴느 언덕에 병사 수십만 명과 전차 2천여 대를 집결시켜 최후의 반격을 가했다. 영어에 능통한 장병 2천여 명을 선별하여 미군 군복을 입히고 적군의 후방으로 잠입시키는 교란 작전을 펼쳤는데, 이 작전은 제대로 적중하여 한때 미군의 지휘계통은 큰 혼란을 겪었다. 결국 주력군의 진출이 저지당하여 좋은 결실을 얻지는 못했지만 '혼수모어'를 응용한 훌륭한 전략이었다.

이 계략의 목적은 적의 내부에 혼란이 일어나 전력이 저하되고 지휘계통이 무너져 상대를 마음대로 조종하는 데 있다. 히틀러는 공작원을 잠입시켜 의도적으로 적을 혼란시키는 데 성공했다. 히틀러의 이와 같은 작전은 결국 실패했지만 제대로 활용하면 폭넓게 응용할 수 있다.

제21계, '금선탈각金蟬脫殼.'

흔히 싸움할 때는 공격하는 것보다 후퇴하는 일이 더 어렵다고 한다. 적절한 시기, 방법, 속도 등 한 가지만 어긋나도 전멸당할 가능성이 크므로 지휘관의 역량이 중요하다.

'금선탈각金蟬脫殼'은 바로 후퇴하는 방법을 말한다. 전열을 강화하여 끝까지 맞서 싸울 태세를 취하고 상대가 더 이상 공격하지 않고 때를 기다리고 있을 때 몰래 주요 병력을 이동시킨다. 마치 매미가 허물을 벗고 날아가는 모습과 비슷하다 하여 '금선탈각'이라 불렀다.

일본인은 후퇴를 부끄럽게 여기는 경향이 있다. 그래서 태평양전쟁에서 많은 부대가 후퇴하지 않고 끝까지 싸웠다. 그러나 '키스카 철수작전'에서는 드물게 후퇴를 감행했는데, 일본군의 기세에 두려움을 느낀 미군들은 서로 총격전을 벌여 사상자가 속출했다고 한다.

이처럼 때로는 살아남기 위해 상대의 눈을 속여 후퇴를 단행하는 결단력도 필요하다.

앞에서 말했듯이 쥐도 궁지에 몰리면 고양이를 물듯이 어려운 처지의 상대를 지나치게 몰아세우면 안 된다.

제22계, '관문착적關門捉賊.'

문을 닫아걸고 도적을 잡는다는 뜻으로 '욕금고종'과는 반대되는 계략이다. 서로 모순되는 것이 아닌가 생각하는 사람도 있겠지만 상황에 따라 두 가지 방법을 적절하게 나눠 써야 한다는 뜻이다.

적의 병력이 소수이고 약할 때나 살려 두면 화근이 될 우려가 있을 때 이 계략이 유효하다. 그 사례로 도쿠가와 이에야스가 히데요시의 사후에 히데요시 일가를 몰살시킨 사건을 들 수 있다. 상대가 약할 때는 정에 연연하지 말고 철저하게 무너트려야 한다.

제23계, 먼 나라와 친교를 맺고 가까운 나라를 공격하는 '원교근공遠交近攻.'

이 방법은 군대를 먼 곳으로 보내면 소모되는 것이 많고 이득이 적기 때문에 다수의 나라가 대립하거나 항쟁할 때 가장 유효하게 쓰였다. 조금씩 세력을 확장하여 적은 노력으로 큰 효과를 올릴 수 있기 때문이다. 진나라 시황제는 이 계략을 사용하여 한, 조, 위, 초, 연 등 가까운 나라부터 차례로 공격하고 마지막으로 제나라를 무너트려 천하를 통일했다.

제24계, '가도벌괵假道伐虢.'

이는 '길을 빌려서 괵나라를 친다' 라는 뜻으로 소국이 위태로울 때 침략하는 방법이다.

춘추시대에 '진'이라는 나라가 있었다. 진나라의 왕은 이웃나라인 괵나라와 우나라를 정복하려는 야심을 품었다. 그래서 우나라에 금은보화를 주며 괵나라를 치러갈 수 있도록 길을 빌려달라고 요청했다. 재물에 눈이 먼 우나라 왕이 길을 빌려주자 진나라는 괵나라를 장악하고 돌아오는 길에 우나라마저 손에 넣었다. '가도벌괵'은 이 일화에서 유래되었다.

강자가 약자를 굴복시키기는 쉬우나 얼마나 효과적이고 대의명분에 어긋나지 않게 상대를 장악할 수 있는지가 중요하다. 상대가 어려운 상황에 처해 도움을 청할 때가 기회다. 재빨리 군대를 보내 도와주면서 영향력을 확장시켜 기회가 오면 상대를 무너트려야 한다. 오늘날에도 이 계략은 자주 사용되는데 인간의 사고방식은 예나 지금이나 그다지 바뀌지 않는 모양이다.

제5부 〈병전계〉

어지러운 세상에서는 권모술수가 난무하기 때문에 오늘의 친구가 언제 내일의 적이 될지 알 수 없다. 방심하면 눈 깜짝할 사이에 발목을 잡혀 멸망당한다. 이러한 상황에서 살아남으려면 타인과 손을 잡는 것이 좋다. 국가와 국가 사이의 관계에서도 양국이 연합하여 적국에 대항하는 것이 유리하다. 〈병전계〉는 다른 나라와 연합하여 싸울 때 명심해야 할 사항을 정리해 놓았다.

제25계, '투량환주偸梁換柱.'

앞에서도 말했듯이 진나라의 시황제는 원교근공책을 구사하여 천하를 평정했다. 그는 제나라를 장악하기 위해 먼저 후승后勝이라는 실력자를 매수하여 자기편으로 끌어들이고 조금씩 내통자를 늘려 싸우기도 전에 이미 제나라를 조금씩 무너뜨렸다. 핵심인물을 차례차례 교묘한 꾀로 속여 이용하고 마침내 제나라를 장악한 시황제의 계략이 바로 스물다섯째 계략인 '투량환주偸梁換柱'인 것이다.

집을 지탱하는 대들보와 기둥을 도둑맞으면 아무리 튼튼한 집이라도 무너지기 마련이다. 지금까지 소개한 계략 가운데서도 매우 무시무시한 방법인데 다른 형태로 오늘날 기업 세력 확장 전략으로 자주 쓰인다. 그러므로 조직을 이끌어 가는 지도자는 이 계략에 말려들지 않도록 철저하게 조직을 관리해야 한다.

제26계, 뽕나무를 가리키며 회화나무를 욕한다는 뜻의 '지상매괴指桑罵槐.'

이 방법은 A라는 사람을 비판하고 싶으나 드러내 놓고 비판할 수 없을 때 A 대신 B를 꾸짖어 간접적으로 A를 비판하는 방법이다. 우호국을 드러내 놓고 비판할 수 없거나 부하에게 화를 내도 소용이 없을 때 이 방법을 사용하면 효과적이다. 이럴 때는 상대가 눈치챌 수 있을 정도로 간접적으로 비판하거나 꾸짖어야 한다.

일본 프로야구 자이언트 팀의 감독이었던 가와카미 데쓰하루川上哲治는 선수들의 의욕을 불러일으키기 위해 종종 '일본 야구계의 살아 있는 전설'로 불리던 나가시마 시게오長島茂雄를 꾸짖어 선수들을 긴장시켰다. 물론 이는 나가시마 선수가 낙천적인 성격이어서 꾸지람을 듣고도 맘에 담아 두지 않았기 때문에 가능한 일이었다. 이 방법은 조직을 관리할 때 유효한 기술로 지위가 높고 덕망 있는 사람을 야단칠수록 효과적이다.

제27계, '가치부전假痴不癲.'
이는 어리석은 척 하되 미친 척 하지 말라는 뜻이다.
《삼십육계》에서는 다음과 같이 해설했다.
"잘난 척하며 경거망동하지 하지말고 무지한 척 가장하며 행동을 삼가라. 머릿속으로는 치밀한 계획을 세워도 겉으로 드러내지 말라."
즉 어리숙함을 가장하여 상대가 방심하게 하는 전략이다.
에도시대 천황의 칙사를 접대하는 일을 맡고 있던 아사노 나가노리淺野長矩는 전문 의전관료인 기라 요시나카吉良義央와 의전 문제에 대해 의논하던 중 모욕을 당했다. 아사노의 부하인 오이시 구라노스케大石內藏는 복수를 다짐하고 세간의 이목을 피하기 위해 계획을 숨기고 방탕한 생활을 즐겼다. 그는 오랜 준비 끝에 마침내 기라의 집을 습격하여 성공적으로 복수했다. 오이시가《삼십육계》를 읽었는지는 알 수 없으나 '가치부전'을 멋지게 응용한 예라 할 수 있다.

훌륭한 지도자는 자신의 재능을 과시하지 않는다. 노자는 "지도자는 자신의 재능을 철저히 숨겨 어수룩해 보이는 것이 이상적이다"라고 말했다.

어수룩해 보이는 사람을 어떻게 훌륭한 지도자라 할 수 있느냐고 의아해 하는 사람도 있겠지만 상대를 교란시키는 계략의 하나로 어수룩함을 가장하라는 의미다.

제28계, '상옥추제上屋抽梯.'

지붕으로 유인한 뒤 사다리를 치운다는 뜻이다. 이는 고의로 자신의 약점을 노출시켜 적을 유인한 뒤에 적의 후방을 차단시켜 전멸시키는 방법이다. 강한 상대를 끌어들일 때 많이 사용하는 방법으로, 상대를 끌어들이기 위해서는 뛰어난 지혜와 미끼, 그리고 철저한 준비가 필요하다. 또한 반대로 상대의 계략에 걸려들지 않도록 긴장을 늦추지 말아야 한다. 당한 후에 후회해야 소용없다.

제29계, '수상개화樹上開花.'

나무에 꽃을 피운다는 뜻으로 창이나 칼, 북, 꽹과리 등을 사용하여 실제보다 병력이 많아 보이게 하는 방법이다. 적에 비해 병력이 적고 세력이 약할 때 쓰는 방법으로 동맹국에게 신뢰를 얻어 주도권을 잡을 때도 사용된다.

제30계, '반객위주反客爲主.'

이는 기회를 엿보다 조금씩 발을 들여놓고 사태를 파악한 후 영향력을 확대하여 주도권을 잡는 방법이다. 이 방법은 조금씩 단계를 밟아 실행해야 한다. 섣불리 행동하면 실패하기 십상이다. 일본 전국시대의 무사 사이토 도산藤齊道三은 미노美濃를 장악하는 데 15년이 걸렸다. 그는 흰개미가 집을 갈아먹듯이 주인인 도키 요리아키山岐賴藝의 영역을 조금씩 손에 넣고 마침내 그 자리마저 빼앗았다.

제6부 〈패전계〉

싸움을 하다보면 시기가 좋지 않아 패세로 몰릴 때가 있다. 그러나 진정한 지도자는 승산이 적더라도 끝까지 포기하지 않고 기회를 노린다. 〈폐전계〉는 싸움에서 기사회생하는 계략을 모아둔 장이다.

제31계, '미인계美人計.'
춘추시대에 오왕 부차에게 패한 월왕 구천이 와신상담한 끝에 복수한 이야기는 유명하다. 구천은 부차에게 서시라는 미인을 보내 그의 마음을 흔들어 놓았다.
"적이 강한 병력을 가졌으면 지휘관을 설득하고 지휘관이 현명한 사람이면 방안을 강구하여 의욕을 떨어트린다. 의욕이 저하되면 상대는 자멸할 것이다."
'미인계'의 목적은 상대를 혼란에 빠트리는 데 있다. 그러므로 미인계를 쓰려면 절세미녀가 아니면 안 된다. 구천이 부차에게 보낸 서시도 오랜 역사를 자랑하는 중국에서도 손꼽히는 미녀였다.

제32계, 빈 성으로 유인해 미궁에 빠뜨리는 '공성계空城計.'
소설 《삼국지연의》를 보면 제갈공명이 '공성계'로 사마중달을 물리치는 상황이 묘사되어 있다.
사마중달의 군대가 쳐들어오자 제갈공명은 도인의 복장으로 갈아입고 성문을 열어놓고 성루에 올라가 거문고를 연주하며 적군을 기다렸다. 이를 보고 '신중한 제갈공명이 저러고 있는 걸 보니 분명 어딘가에 복병을 숨겨 놓았겠지'라고 생각한 사마중달은 서둘러 철수했다.

이렇듯 '공성계'는 고의로 무방비 상태처럼 가장하여 적의 판단을 교란시키는 작전으로 앞에서 소개한 '수상개화'와 반대되는 심리를 이용한 방법이다.

적에게 탄로 나면 계략이 수포로 돌아가지만 분명 기사회생 할 수 있는 기발한 기책이다. 목숨을 건 계략인 만큼 실제와 똑같이 연기해야만 상대도 쉽게 걸려든다.

제33계, '반간계反間計.'

이 계책은 적의 판단을 교란시킨다는 점에서 매우 고도의 전략이다. '반간계'는 적의 첩자를 역이용하는 방법으로 거짓 정보를 흘려 적을 혼란에 빠트린다. 이때 첩자를 매수하는 방법과 모른 척 잘못된 정보를 흘리는 방법이 있는데, 어떤 방법이든 힘들이지 않고 승리할 수 있다.

《삼국지연의》에 나오는 적벽대전은 촉나라의 유비와 오나라의 손권 연합군이 위나라의 조조와 맞서 적벽에서 벌인 싸움으로 오나라는 노장 황개黃蓋의 계책으로 승리를 거두었다. 황개는 다른 신하들과 대립하고 있다는 거짓 소문을 퍼뜨리고 조조에게 밀서를 보내 귀순할 뜻을 전한다는 명목으로 배를 접근시켜 조조의 전함을 불살랐던 것이다.

조조의 군사들은 불길을 피해 도망가느라 정신이 없었고 조조도 간신히 도망칠 수 있었다. 이때 황개가 조조를 속이기 위해 자신의 몸에 상처를 내었는데 이 계략이 바로 서른네 번째 계략인 '고육계苦肉計'이다.

제34계, '고육계苦肉計.'

《삼국지연의》의 이야기는 작자가 만들어 낸 허구이지만 '고육계'는 옛날부터 실전에 채택된 일이 여러 번 있었다. 그중에는 가장 아끼는 가족이나 신하를 희생시킨 사례도 찾아 볼 수 있는데, 승부에 대한 지도자의 강한 집념을 엿볼 수 있다.

제35계, '연환계連環計.'

적벽대전에서 황개의 공격이 성공한 또 하나의 이유는 위나라의 전함이 쇠사슬로 연결되어 있어 자유롭게 움직이지 못했기 때문이다. 촉나라의 군사 방통龐統이 고안해 낸 방법으로 이 일화에서 '연환계'가 유래되었다. 우선 적의 움직임을 봉쇄하고 다른 계략을 더하여 강대한 적을 물리치는 전략이라는 점에서 주목할 만하다.

제36계, '주위상走爲上.'

여기에서 '삼십육계 줄행랑'이라는 말이 유래되었다.

일본인은 도망치느니 스스로 목숨을 끊는 방법을 선호하지만 중국인은 명예를 위해 목숨을 버리는 방법을 좋아하지 않는다. 《삼십육계》에서도 상황에 따라서는 후퇴해야 하며 이를 용병의 철칙이라고 말했다. 또한 《손자》에도 병력이 약하면 물러나고 승산이 없는 싸움은 하지 말라고 적혀 있다. 죽으면 그것으로 끝이지만 일단 후퇴하여 목숨을 부지하면 다시 전력을 재정비할 수 있기 때문이다. 그러므로 뛰어난 지도자라면 승산이 없다고 판단되었을 때, 결단력 있게 후퇴할 줄 알아야 한다.

《삼십육계》의 저자와 집필 연대는 확실치 않다. 아마도 역사서인 《남제서南齊書》에 "단공의 삼십육책 중 주위상책이 으뜸이다"라는 말에서 영감을 받은 후세 사람이 핵심적인 병법 서른여섯 가지를 모은 것으로 보인다.

이 병서 전반에 걸쳐 '싸우지 않고 이긴다' 라는 중국의 병법 사상이 짙게 깔려 있다. 《삼십육계》는 평생 싸움에 몸 바치고 인간의 심리를 꿰뚫어 보는 일에 생사를 걸어온 중국 병법가들의 지혜가 담겨 있는 병법의 결정체라고 할 수 있다.

또한 냉혹한 현실을 살아가는 우리에게 좋은 인생 지침서가 될 것이다

맹자

설득술의 묘미를 즐길 수 있는 철저한 왕도정치의 사상가

《맹자 孟子》

《맹자》에 대해

《맹자》는 전국시대의 사상가 맹자의 사상을 정리한 책이다. 〈양혜왕梁惠王〉, 〈공손축公孫丑〉, 〈등문공滕文公〉, 〈이루離婁〉, 〈만장萬章〉, 〈고자告子〉, 〈진심盡心〉의 7편, 260장으로 구성되어 있다. 7편 가운데 전반 3편은 주로 맹자의 유세활동을 기록한 것이며, 후반 4편은 은퇴한 후의 그의 언설을 기록했다.

맹자는 기원전 370년경, 추鄒나라에서 태어났다. 젊은 시절, 공자의 손자인 자사子思의 문하생이 되어 유교 사상을 배웠다. 맹자는 인간의 본성은 선하다는 '성선설' 과 인의仁義에 따른 '왕도정치'를 주장하여 유교 사상에 새로운 생명력을 불어넣었다.

40대 초반부터 등滕, 양梁, 임任, 제齊, 노魯, 설薛 등의 여러 나라를 돌며 인의에 따른 '왕도정치'를 실현해야 한다고 유세활동을 펼쳤다. 현실적인 이익 추구에 급급했던 당시 왕들은 맹자의 주장이 지나치게 이상적이라고 생각했다. 맹자의 유세활동은 결국 실패로 끝났고 만년에는 고향으로 돌아와 저술과 제자 육성에 전념했다. 기원전 289년 경, 84세에 세상을 떠났다고 한다.

《맹자》의 명언

- '오십 보를 도망친 사람이나 백 보를 도망친 사람이나 마찬가지다五十步百步.' 〈양혜왕편梁惠王篇〉
- '생활이 안정되지 않으면 바른 마음을 견지하기 어렵다無恒産無恒心.' 〈양혜왕편〉
- '뒤돌아 서서 딴소리를 한다顧而之他.' 〈양혜왕편〉
- '천시는 지리를 따르지 못하고 지리는 인화를 따르지 못한다天時不如地利, 地利不如人和.' 〈양혜왕편〉
- '마음을 써서 일하는 사람은 남을 다스리고, 힘을 써서 일하는 사람은 남에게 다스림을 당한다勞心者治人, 勞力者治於人.' 〈공손축편公孫丑篇〉
- '남의 실패를 본보기로 삼아야 한다殷鑑不遠.' 〈등문공편滕文公篇〉
- '군자에게는 평생의 번민은 있어도 외부에서 오는 마음의 동요는 없다君子有終身之憂 無一朝之患也.' 〈등문공편〉
- '하늘을 우러러 부끄러움이 없고, 굽어보아도 사람들에게 부끄럽지 않다仰不愧於天 俯不炸於人.' 〈진심편盡心篇〉
- '모두 책을 믿는다면, 책이 없는 것만 못하다盡信書則不如無書.' 〈진심편〉

전투적인 이상주의자

　맹자를 한 마디로 표현하자면 그는 '전투적인 이상주의자'다. 그가 활약한 시기는 지금부터 2300년쯤 전으로, 전국시대 중기다. 그 당시 모든 나라에서는 앞 다투어 자국의 부국강병을 도모하고 이익을 추구하는 데 여념이 없었다. 그러한 시대에 맹자는 과감하게 인의에 따른 왕도정치를 주장하며 각 나라 왕에게 이를 실현하도록 유세활동을 펼쳤다.
　그렇다면 맹자가 주장한 왕도정치란 무엇일까? 《맹자》는 그의 주장과 행동을 정리한 책으로, 그 서두에 다음의 유명한 일화가 나온다.

　어느 날 맹자는 자신의 주장을 설명하기 위해 위나라의 혜왕을 찾았다. 혜왕은 맹자를 보자마자 물었다.
　"선생이 먼 길을 마다 않고 일부러 여기까지 찾아 주신 것을 보니, 분명 우리나라의 이익이 될만한 묘안이 있을 것이라 생각하오."
　그러자 맹자가 대답했다.
　"어찌 그리 이익만을 생각하십니까? 이익보다는 '인의'가 중요합니다. 왕께서 나라의 이익만을 생각하신다면 중신들은 어떻게 하면 가문에 이익이 될지를 생각할 터이고, 관리나 서민들은 자기의 이익만을 생각할 것입니다. 이렇게 서로 자신의 이익만 생각한다면 나라가 어찌 바로 서겠습니까? 만승萬乘의 나라를 다스리는 왕을 죽이는 것은 천승千乘의 녹을 먹는 중신이며, 천승의 나라를 다스리는 왕을 죽이는 것은 백승의 녹을 먹는 중신입니다. 만승의 나라에서 천승의 녹을 먹고, 천승의 나라에서 백승의 녹을 먹는다면 그것으로도 충분

《孟子》

하거늘, 거기에 만족하지 못하고 나라를 통째로 빼앗으려는 것은 인의를 무시하고 이익만을 추구하기 때문입니다. '인'을 갖춘 사람은 부모를 버리지 않으며 '의'를 아는 사람은 주군을 업신여기지 않습니다. 그러니 부디 '인의'를 중시하셔야 합니다. 그런데 어찌 이익만을 생각하신단 말입니까?"

쉽게 말해 '인'은 남을 배려하는 마음이나 애정을 의미하며, '의'는 이치에 맞고 인간으로서 지켜야 할 도리를 말한다.
맹자가 말하는 '왕도정치'란 군주, 즉 위에 있는 사람이 '인'과 '의'를 갖추고 백성을 다스리는 것이다.
혜왕과 맹자가 나눈 대화를 통해 좀 더 구체적으로 살펴보자.

혜왕이 맹자에게 물었다.
"짐은 온 힘을 다해 나라를 다스리려고 항상 노력해 왔소. 다른 나라를 보더라도 짐만큼 나라를 생각하는 사람은 없는 것 같소. 그런데도 나라가 부강하지 못하니, 그 이유가 무엇이겠소?"
"폐하께서는 싸움을 좋아하시니 그에 얽힌 이야기를 예로 들어 말씀드리겠습니다. 진격을 알리는 북소리가 울려 퍼지고 드디어 싸움이 시작되었습니다. 그때, 갑옷을 벗어 던지고 칼을 끌며 도망가는 병사들이 있었습니다. 한 사람은 100보를 달아나다 멈추고 다른 한 사람은 50보를 달아나 멈추었습니다. 이때, 50보 달아난 자가 100보를 달아난 자를 보며 겁쟁이라고 비웃었습니다. 왕께서는 이를 어떻게 생각하십니까?"
"그런 어리석은 놈이 어디 있소. 100보를 달아났건 50보를 달아났건 도망간 건 마찬가지지 않소."

"그렇다면 폐하께서 펼친 정책과 부국강병을 꾀하는 다른 나라의 정책하고 무엇이 다르겠습니까? 농번기에 농민을 징용하지 않는다면 식량이 부족하지 않을 테니 백성들이 굶주림에 고통받는 일도 없을 것입니다. 물고기 어획량을 제한하면 물고기의 씨가 말라 버리는 일은 없을 테니 물고기가 부족하지 않을 것이고, 함부로 벌목하지 못하도록 제한하면 목재가 부족하여 난처해지는 일도 생기지 않을 것입니다. 식량과 물고기가 부족하지 않고 목재가 풍부하면 백성들은 안정된 삶을 누릴 수 있으며, 죽은 사람에게도 극진하게 장사를 지낼 수 있습니다. 그리하면 백성들은 불평불만을 품지 않을 것입니다. 백성들이 불만을 품지 않게 하는 것이 왕도정치의 첫걸음입니다. 그런데 폐하께서는 개나 돼지가 백성의 식량을 마구 먹어 치우는 모습을 보고도 말리려고 하지 않았습니다. 굶어 죽은 시체가 길가에 쌓여 있는데도 백성들에게 곡식을 나눠주려고 하지 않았습니다. 백성들은 굶어 죽는데도 '흉년이 들어 그러니 짐의 책임이 아니다'라고 말씀하십니다. 그렇다면 사람을 찔러 죽이고도 칼이 죽인 것이지, 내가 죽인 것이 아니라고 우기는 것과 무엇이 다르겠습니까? 폐하께서 백성의 굶주림이 흉년 탓이라는 생각을 버리셔야 백성들에게 존경받는 군주가 될 수 있습니다."

왕도정치의 첫걸음은 민생의 안정을 최우선으로 도모하는 일이다. 오늘날에 맞게 표현하자면 '국민의 복지를 우선하는 사회'라고 할 수 있다.

《孟子》

한편, '왕도정치'와 반대되는 의미로 '패도정치'가 있다. 패도정치란 인의를 무시하고 무력이나 권모술수로 나라를 다스리는 방식을 말한다.

이와 반대로 왕도정치는 군주가 덕을 갖추고 그 덕으로 사람들을 이끌어 가는 방식이다. 바꿔 말하면 백성들과 즐거움을 함께 나누는 정치라고 할 수 있다.

그러나 맹자가 살던 전국시대에는 현대 사회 이상으로 패도정치가 성행했으며, 오로지 이익만을 추구했다. 그런 어려운 상황에서 맹자는 인의를 바탕으로 한 왕도정치를 주장하고 실현하도록 혼신의 힘을 기울였다.

그의 정열은 실로 높이 살 만하다.

맹자는 진정한 전투적인 이상주의자이자 강인한 이상주의자다.

인간에 대한 깊은 신뢰

맹자가 주장한 왕도정치는 인간이 추구하기에는 실현 불가능한 이상理想일지도 모른다. 맹자가 살았던 전국시대의 중국은 물론이고 오늘날에도 왕도정치를 구현하기는 매우 어렵다.

그러나 맹자는 왕도정치를 실현할 수 있다고 확신했다. 인간의 본성은 선하므로 노력만 하면 그 본성을 발전시킬 수 있다고 생각했기 때문이다. 이 사상을 '성선설性善說'이라고 부른다.

그러나 인간의 본성은 아무리 선해도 그대로 방치하면 점차 악으로 변할 우려가 있다. 이를 막으려면 끊임없이 인격을 수양해야 한다. 인간은 누구나 노력하면 선한 본성을 한층 발전시킬 수 있다.

그러기 위해서는 먼저 윗사람이 자신의 본성을 자각하고 덕을 쌓아 다른 사람들을 덕으로 다스려야 한다. 그러면 천성적으로 본성이 선한 인간은 감화를 받아 더욱 선해진다. 맹자는 성선설에 입각하여 왕도정치에 대해 다음과 같이 말했다.

"인간에게는 누구나 남을 배려하는 마음이 있다. 옛날 성인이 인간미 넘치는 정치를 할 수 있던 것은 백성을 배려하는 마음이 있었기 때문이다. 배려하는 마음으로 인간미 넘치는 정치를 한다면 평탄하게 천하를 다스릴 수 있다. 어린아이가 우물가로 아장아장 걸어가는 모습을 보면 누구나 깜짝 놀라 아이를 구하려 할 것이다. 이는 아이의 부모에게 의도적으로 접근하기 위해서가 아니며, 다른 사람들에게 칭찬을 받기 위해서도 아니다. 그렇다고 가만히 있으면 비난을 받지 않을까 하는 두려움 때문도 아니다. 이것만 봐도 누구에게나 남을 배려하는 마음이 있다는 사실을 알 수 있다. 게다가 악을 부끄러워하고, 다른 사람에게 양보하며 선악을 판단할 수 있다."

남을 배려하는 마음은 '인仁'의 시작이며, 악을 부끄러워하는 마음은 '의義'의 시작이다. 양보하는 마음은 '예禮', 선악을 판단하는 마음은 '지智'의 시작이다.

인간은 태어날 때부터 두 팔과 두 다리가 있듯이 '인', '의', '예', '지'를 갖고 태어난다. 그러나 이를 멀리하면 악해진다. 군주가 이를 멀리한다면 선한 군주가 될 수 없다.

본래 자기가 갖고 태어난 덕목을 키우려고 노력하면 타오르는 불길과 솟아오르는 샘물처럼 끝없이 커진다. 이 덕목을 발전시키면 천하를 평온하게 다스릴 수 있지만 그렇지 않으면 자신을 낳아준 부모

《孟子》

조차 나 몰라라 할 것이다.

　인간의 본성에는 풍부한 가능성이 있어 이를 잘 발휘하려고 노력하면 훌륭한 사람이 될 수 있다. 맹자는 이를 우산牛山이라는 산의 나무에 비유하며 말했다.

　"한때, 우산은 나무가 울창하여 장관을 이뤘다. 그런데 도성 밖 외진 곳에 있다보니 몰래 나무를 베어 가는 사람이 많아 점차 그 아름다움을 잃어 갔다. 그러나 나무들은 생명력이 강하므로 또 자라기 마련이다. 게다가 자연도 그들이 성장하도록 도와주기 때문에 계속해서 새싹이 돋는다. 그러나 소와 양을 방목한 후로는 완전히 벌거숭이 산이 되고 말았다. 그러자 사람들은 지금의 우산을 보고 원래 나무가 자라지 않는다고 믿게 되었다. 그러나 결코 처음부터 나무가 자라지 않았던 것은 아니다. 이렇듯 인간에게도 결코 처음부터 인의가 없는 것이 아니다. 사람들이 우산의 나무를 자른 것과 같이 점차 그 마음을 잃었을 뿐이다. 이처럼 계속해서 인의를 잃어 간다면 인간의 아름다움도 사라질 것이다."

　나무를 베기만 하고 심지 않으면 어느 산이든 벌거숭이 산이 된다. 산에는 스스로 나무를 키우는 생명력이 있다. 그러므로 그 생명력을 잘 활용하면 울창하고 아름다운 숲을 만들 수 있다.

　인간도 산처럼 무한한 가능성을 갖고 태어난다. 그 가능성을 발전시키면 '인의예지'를 고루 갖춘 훌륭한 인재가 될 수 있다. 훌륭한 정치의 출발점은 바로 모든 사람들을 훌륭한 인재가 되도록 하는 것이다.

　이러한 맹자의 성선설은 인간성에 대한 깊은 신뢰에서 비롯되었다. 그러므로 그의 사상은 이익만을 추구하고 인간에 대한 불신으로 가득 찬 현실 사회에 대한 반성을 촉구한다. 이는 이익주의가 팽배하여 질식할 것 같은 현실 사회에 상쾌한 바람과 같은 역할을 한다.

이를 대장부라 한다

맹자는 인간의 본성은 선하며, 누구나 노력하면 훌륭한 사람이 될 수 있다고 생각했다. 그중에서도 사람들을 이끌어야 할 지도자는 끊임없이 노력을 기울여야 한다고 주장했다. 뒤에서 나쁜 일을 도모하거나 약한 자를 괴롭히고, 자신의 이익만을 추구하는 지도자는 아무리 옳은 주장을 내세워도 설득력이 없다. 그래서 맹자는 설득력이 있는 지도자가 되려면 솔선수범하여 '인의예지'의 덕목을 갖춰야 한다고 말한다.

앞에서도 다뤘지만 '인'은 남을 배려하고 불쌍히 여기는 마음이다. '의'는 도리에 따르고 악을 부끄러워하는 마음, '예'는 사리를 분별하고 다른 사람에게 양보하는 마음을 말한다. 이 세 가지 덕목에 옳고 그름, 선하고 악함을 판단하는 힘인 '지'를 더하여 '인의예지'라고 한다. 인, 의, 예가 인격적인 요건인데 비해 '지'는 능력적인 요건이다.

이 덕목은 누구나 수양과 수신을 통해 습득할 수 있다. 그러나 무엇보다 다른 사람의 강요가 아닌, 스스로 습득하려는 자각적인 노력이 필요하다.

그러나 현실에는 인격 수양이 부족하고 설득력이 없는 지도자가 많다. 이는 당시 중국도 마찬가지였다. 이를 한탄한 맹자가 말했다.

"옛날 현인들은 자신이 먼저 인격을 쌓은 후에 사람들을 지도했다. 그런데 오늘날의 지도자는 인격을 쌓지도 않고 지도자 노릇을 하고 있다."

이는 오늘날도 마찬가지다.

또한 맹자는 자신의 수양이 부족함을 끊임없이 반성함으로써 자신을 발전시킬 수 있다고 말한다.

"사람을 대할 때, 애정을 쏟아도 상대가 친근함을 느끼지 못한다면 자신이 '인'으로 대했는지 반성하라. 상대를 이끌어도 따라오지 않으면 '지'로 이끌었는지 반성하라. 노력해도 성과가 없다면 자신에게 원인이 있지는 않은지 반성하라. 자신이 옳지 않으면 사람들을 이끌 수 없다."

이러한 끊임없는 노력과 반성을 거듭해야 비로소 맹자가 말하는 이상적인 지도자상에 들 수 있다. 그렇다면 맹자가 말하는 이상적인 지도자상을 그려보자.

"'인'이라는 광대한 세계에 마음을 두고 '예'라는 바른 자리에 몸을 세우며 '의'라는 큰길을 가되 뜻을 얻었을 때는 백성과 더불어 '인', '의', '예'를 실천하고, 뜻을 얻지 못했을 때는 혼자서라도 그 길을 걷는다. 부귀도 그의 마음을 음탕하게 할 수 없고 기난하고 천해도 지조를 바꿀 수 없으며 무력도 그의 의지를 꺾을 수 없다. 이러한 사람을 일러 진정한 대장부라 한다."

이 얼마나 당당한 모습인가.

또한 맹자는 다른 사람에게 인정받든 그렇지 못하든 항상 평정심을 유지하라고 말했다. 그리고 그러기 위한 마음가짐에 대해 설명했다.

"자신의 덕을 중시하고 의를 지키는 일에서 기쁨을 느낀다면 언제든 평정심을 유지할 수 있다. 지도자 위치에 있는 자는 가난해도 의를 잃지 않고, 높은 자리에 올라도 도에서 벗어나지 않는다. 가난해도 의를 지키면 자존심을 지킬 수 있고, 높은 자리에 올라도 도리를 지키면 백성의 신망이 두터워진다."

이 또한 맹자가 그린 이상적인 지도자상이다.

부동심의 경지

맹자는 또 다른 지도자의 조건으로 '부동심不動心'을 들었다. 부동심이란 어떤 외계의 충동을 받아도 마음이 흔들리거나 움직이지 않는 것을 말한다.

《맹자》뿐만 아니라 중국 고전에는 '군자'라는 말이 자주 나온다. 군자를 영어로 표현하면 'Gentleman'이며, 사회 지도자나 이상적인 인간상을 의미한다. 맹자는 군자에 대해 다음과 같이 말했다.

군자와 보통 사람의 차이는 군자는 자신을 반성할 줄 안다는 점이다. 군자는 다른 사람에게 도리에 어긋난 대우를 받고도 먼저 자신을 돌아본다.

"나에게 인이 부족한 탓일까? 아니면 예가 부족할 탓일까? 그도 아니면 왜 이런 일이 일어난단 말인가?"

자신을 돌아보고 인과 예를 갖췄는데도 상대가 부당하게 대하면 다시 한번 자신을 돌아본다.

"분명히 성실함이 부족하기 때문일 거야."

다시 한번 자신을 돌아본 후에도 자신이 성실하게 대했다면 그때

《孟子》

비로소 군자는 상대를 판단한다.

"상대는 상식이 통하지 않는 자다. 그런 자라면 개나 돼지와 무엇이 다르겠는가. 개나 돼지를 비난해 봤자 아무런 소용없다."

그래서 군자는 한평생 내적인 고뇌는 해도 외계의 영향을 받아 마음의 동요를 일으키지 않는다. 그렇다면 군자의 내적인 고민이란 무엇일까? 고대의 제왕 순舜은 성인이었다. 그러나 순 임금도 인간이고 군자도 인간이다. 순 임금은 천하에 모범을 보여 후세의 명성을 떨쳤다.

그와 달리 자신은 지극히 평범하다는 점에 고민을 한다. 그렇다면 어떻게 하면 좋을까? 진정한 군자가 되려면 순 임금을 본받아야 한다.

군자는 어떠한 일에도 마음이 동요되지 않는다. 인과 예에 어긋나는 일은 절대 하지 않으므로 어떤 일에 닥쳐도 마음의 동요를 일으키지 않는다.

군자가 외계의 충동에도 마음이 동요되지 않는 것은 오랜 수양으로 인, 의, 예의 덕목을 철저하게 익혔기 때문이다. 맹자는 이를 몸소 실천하면서 스스로 부동심의 경지에 도달했다.

어느 날, 제자인 공손축公孫丑이 물었다.

"스승님과 같이 훌륭하신 분이 제나라의 재상이 되어 맘껏 제량을 펼치신다면 제나라가 천하제일이 될 것입니다. 하지만 막상 그 자리에 오르면 마음이 흔들리지 않을까요?"

그러자 맹자가 답했다.

"그럴 리 없네. 나는 40세가 지난 후로 어떤 일에도 마음이 흔들리지 않았다네."

40세가 지나서 마음이 흔들리지 않았다는 말은 공자가 '40세에는 어떤 것에도 미혹됨이 없었다四十不惑'고 한 말과 뜻이 같다. 맹자는 이렇게 자신 있게 말할 정도로 경지에 도달했다.

그렇다면 맹자는 어떻게 부동심의 경지에 이르렀을까? 그는 "나는 '언言'을 알고, 호연지기를 기른다我知言 我善養吾浩然之氣"라고 말했다. 우선 '언을 안다'는 의미는 사람의 말을 이해하고 판단할 수 있다는 뜻이다. 그렇다면 그것이 마음의 동요를 일으키지 않는 것과 무슨 상관이 있을까? 맹자는 이렇게 말한다.

"부당한 이야기를 들으면 상대가 얼마나 어리석은지를 판단할 수 있고, 엉뚱한 소리를 들으면 무엇에 마음을 빼앗겼는지를 판단할 수 있다. 부정한 소리를 하면 어디서부터 도리에서 벗어나는지를 판단할 수 있고 변명을 들으면 어디에서 한계에 부딪쳤는지 판단할 수 있다."

다시 말해, 듣는 이의 판단력이 정확하면 불필요한 정보에 현혹되지 않고 마음에 동요를 일으키지 않는다.

두 번째로 든 호연지기에 대해서 맹자는 다음과 같이 설명했다.

"호연지기란 가장 광대하고 강건한 것이다. 항상 올바른 일을 한다는 자신감을 갖고 호연지기를 기른다면 그 기운이 하늘과 땅 사이에 가득 찰 것이다. 그러나 이는 '도道'와 '의義'가 있어야 비로소 존재하며 그것이 없으면 소실된다. 의를 반복해서 행하는 동안, 저절로 얻어지지만 몇 번 의를 행했다고 해서 얻을 수 있는 것은 아니다. 또한 양심에 가책을 받을 만한 일이 생겨도 소실된다."

다소 이해하기 어렵지만 요약하자면 호연지기란 올바른 일을 한다는 확고한 신념이 뒷받침되어야 비로소 만들어진다는 뜻이다.

《孟子》

호연지기를 기르려면 어떤 마음을 가져야 할까?

맹자는 "항상 호연지기를 기른다는 생각을 잊어서는 안 된다. 그러나 조급하게 생각해서는 안 된다"라고 말하며 유명한 일화를 들어 설명했다.

옛날, 송나라의 한 백성이 벼가 빨리 자랐으면 하는 마음에 모를 조금씩 잡아당겼다. 지친 몸을 끌고 집으로 돌아와 "아. 오늘은 모가 빨리 자라도록 잡아당겼더니 무척 피곤하군"이라고 말했다.

이 말을 들은 아들이 놀라 서둘러 논으로 나가 보니, 모는 이미 말라 죽어 있었다.

우리 중에도 이런 사람이 많다. 호연지기를 기르는 일을 쓸모없는 짓이라고 생각하는 사람은 논의 김을 매지 않는 사람과 같고, 성급하게 기르려는 사람은 모를 잡아당긴 사람과 같다. 이런 행동은 무익하다 못해 유해하다.

즉 호연지기를 길러 부동심의 경지에 이르려면 끊임없이 착실하게 수양을 쌓아야 한다.

유연한 처세술

인의와 왕도를 고집하는 맹자를 꽉 막힌 사람으로 생각하는 사람도 있을 것이다. 그러나 맹자는 융통성이 없는 사람이 아니다. 오히려 매우 유연한 태도로 살았다.

맹자는 이렇게 말했다.

"훌륭한 사람이라고 반드시 자신의 말에 충실한 것은 아니다. 또한 번 시작한 일에 반드시 책임을 지는 것도 아니다. 다만 의를 따를 뿐이다."

의를 따라 옳은 길을 가면 된다. 한때의 약속에 집착하거나 하찮을 일에 연연할 필요는 없다.

맹자는 기본 도리를 지키되, 상황에 맞게 적당히 응용하여 대처하면 된다고 생각했다. 또한 다음과 같이 말해 맹자가 얼마나 유연한 삶을 살았는지 보여 준다.

"벼슬을 하는 것은 생활을 영위하기 위해서가 아니다. 그러나 때로는 생활을 영위하기 위해 벼슬길에 올라야 할 때도 있다. 아내를 맞이하는 것은 자신을 돌보게 하기 위해서가 아니다. 그러나 때로는 그러기 위해 아내를 맞이해야 하는 경우도 있다."

다음에 소개할 일화도 맹자의 유연한 처세술을 잘 보여 준다.

하루는 제나라의 선왕이 맹자를 불러들여 중신의 바람직한 태도에 대해 물었다. 그러자 맹자가 대답했다.

"중신에도 여러 부류가 있습니다. 어떤 부류의 중신을 말씀하시는 것입니까?"

"중신이라 하면 다 같은 게 아니오?"

"그렇지 않습니다. 중신 중에는 친족인 이가 있는가 하면 그렇지 않은 이도 있습니다."

"그렇다면 친족인 중신은 어떠하오?"

"그들은 군주에게 중대한 과실이 있으면 간언을 드릴 것입니다.

그러나 여러 차례 간언을 드려도 받아들여지지 않으면 군주를 바꾸려고 할 것입니다."

그러자 순식간에 왕의 안색이 굳어졌다.

"언짢게 생각지 마십시오. 왕께서 물으시니 사실을 말씀드린 것뿐입니다."

왕은 곧 냉정을 되찾고 친족이 아닌 중신에 대해 물었다. 맹자는 이렇게 대답했다.

"군주에게 과실이 있으면 간언을 드릴 것입니다. 그러나 여러 차례 간언을 드려도 받아들여지지 않으면 그 나라를 떠날 것입니다."

이렇듯 맹자 사상의 기본에는 각자의 처지에 따라 대응방법을 유연하게 바꿔야 한다는 사상이 깔려 있다.

또 다른 일화를 살펴보자.

옛날에 주周왕조를 섬기는 것을 부끄럽게 여겨 산에 들어가 굶어죽은 백이伯夷라는 성인이 있었다. 그리고 은殷왕조를 섬기며 명재상으로 추앙받았던 이윤伊尹이란 훌륭한 인물이 있었다. 맹자는 백이, 이윤, 공자의 생활방식을 예로 들어 이렇게 평가했다.

"나는 백이나 이윤과 다르다. 백이는 어진 군주만을 섬기고, 어진 백성만을 다스렸다. 나라가 평온할 때는 벼슬길에 오르고 혼란스러울 때는 세상을 등졌다. 이윤은 누구를 섬기든 군주는 군주이며, 누구를 다스리든 백성은 백성이라고 생각하고 나라가 평온할 땐든 혼란스러울 땐든 정치에 전념했다. 한편 공자는 섬겨야 할 군주는 섬기고, 그만두어야 할 때는 그만두며, 머물러야 할 때는 머무르고, 물러나야 할 때는 깨끗이 물러났다. 세 사람은 모두 성인이다. 나는 도저히 그들을 따라갈 수 없다. 그러나 본받고 싶은 사람이 있다면 그것은 바로 공자일 것이다."

백이, 이윤 그리고 공자는 각자 다른 생활방식으로 살았다. 그러나 이들은 성인으로 추앙하는 것은 생활방식은 달라도 인의를 갖췄기 때문이다. 이렇듯 맹자는 수단과 방법은 달라도 원칙에 충실하면 된다고 생각했다.

우리도 이러한 생활태도를 본받아야 한다. 우리는 자신과 생활방식이 다른 사람을 보면 자신을 정당화하고 상대의 잘못을 지적한다. 그러나 인간으로서 지켜야 할 원칙만 제대로 지킨다면 다른 사람들의 다양한 생활방식도 인정해 줘야 한다. 그러려면 무엇보다 맹자의 유연한 태도를 배워야 한다.

상대를 사로잡는 설득력

마지막으로 맹자에게 배울 점은 박력 넘치며 상대의 마음을 사로잡는 설득술이다. 맹자는 20여 년 동안 유세활동을 펼쳤다. 여러 나라를 돌아다니며 각국의 왕을 만나 인의를 바탕으로 한 왕도정치를 하도록 설득했다.

그 당시 '제자백가諸子百家'라 하여 여러 훌륭한 사상가가 배출되었으며, '치국평천하治國平天下'를 내세워 유세활동을 펼쳤다. 이들과 어깨를 견주며 왕도정치를 실현하도록 설득하기는 쉬운 일이 아니었다.

맹자는 왕도정치를 실현시키기 위해 가장 중요한 요소로 군주의 덕을 꼽았다. 군주가 먼저 덕을 쌓고 그 덕으로 백성을 다스리며 덕을 널리 확대시키는 것이 왕도정치의 목표다. 그러므로 왕도정치를 실현시키려면 먼저 군주를 설득해야 했다. 그 일만으로도 엄청난 노력이 필요했다.

《맹자》에는 그의 유세활동에 대한 기록이 많이 담겨 있다. 설득술을 살펴보면 상당히 흥미로운데 그에는 세 가지 특징이 있다.

우선, 맹자는 반문형식을 많이 사용한다. 상대의 질문에 대한 대답 대신 상대의 의향을 반문하여 상대의 반응을 살핀 후 자신의 의견을 말한다.

둘째, 상대의 기분을 적당히 맞춰 준다. 처음부터 틈을 주지 않고 반론을 하면 공연한 반발심을 유발하여 오히려 설득력이 떨어진다. 그래서 맹자는 종종 먼저 상대의 기분을 적당히 맞춰 주는 방법을 사용했다.

마지막으로 각각의 논리에 초점을 맞춰 상대를 공략하는 방법이다. 이 방법으로 상대를 자신의 페이스로 끌어들일 수 있다.

한 마디로 맹자의 설득술은 박력 있으면서 상대의 마음을 사로잡는 힘이 있다. 한 일화를 보자.

맹자가 제나라의 선왕을 만났을 때의 일이다. 맹자는 먼저 음악에 대한 화제로 이야기를 시작했다.

"폐하께서 음악을 좋아하신다고 들었습니다."

"짐은 궁중음악보다는 속요를 좋아한다오."

선왕은 맹자가 두려워 성급히 둘러댔다. 그러자 맹자가 말했다.

"음악을 즐긴다는 것은 나라가 평온하다는 증거입니다. 그러니 궁중음악이든 속요든 전혀 상관없습니다."

"그렇소? 그 이유가 무엇이오?"

선왕은 자신도 모르는 사이에 맹자에게 말려들었다.

맹자는 이에 대답하지 않고 반문했다.

"음악을 혼자 연주하는 것과 다른 이들과 함께 연주하는 것 중 어느 쪽이 더 즐겁겠습니까?"

"그거야 당연히 다른 이들과 함께 연주하는 것이 즐겁지 않겠소."

"그렇다면 몇 명이 음악을 즐기는 것과 많은 사람들이 즐기는 것 중 어느 쪽이 더 즐겁겠습니까?"

"당연히 많은 사람들이 즐기는 것이 즐겁겠지."

이렇게 상대의 의견을 끌어낸 후 맹자는 본론으로 들어갔다.

"실은 그 즐거움에 대해 말씀드리고 싶었습니다. 예를 들어, 폐하께서 연주회를 열었다고 생각해 보십시오. 음악소리를 듣고 백성들이 눈살을 찌푸리며 '임금님은 음악이나 들으면서 즐기는데 우리는 매일 끼니 걱정을 해야 하다니, 이렇게 불공평한 경우가 어디 있느냐'라며 불만을 갖는다면, 그 이유가 무엇이겠습니까? 그것은 바로 폐하께서 백성들과 즐거움을 함께 나누지 않았기 때문입니다. 백성들과 즐거움을 나누지 않고 혼자서만 즐기신다면 불평이 나올 수밖에 없겠지요. 반대로 음악소리를 듣고 백성들이 기쁜 표정을 지으며 '음악을 즐기시는 것을 보니 임금님이 아직 정정하신가 보군'이라고 말한다면 이는 백성들과 즐거움을 함께 나누기 때문입니다. 이 얼마나 기쁜 일입니까? 폐하께서 백성들과 즐거움을 함께 나누신다면 백성들도 기뻐할 것입니다. 폐하께서 솔선수범하여 백성들과 기뿜을 함께 하신다면 제나라는 물론이고 천하를 다스리실 수 있을 것입니다."

장단을 맞춰 상대방의 흥미를 유발한 다음, 반문을 통해 자신의 페이스로 끌어들인다. 상대가 완전히 동요하면 마지막으로 일격을 가하고 자기의 요구를 제시한다. 참으로 훌륭한 설득 방법이다.

《맹자》에는 설득술의 묘미를 즐길 수 있는 이야기가 많이 소개되어 있다. 이 또한 《맹자》에서 느낄 수 있는 독특한 재미다.

순자

유가의 틀을 벗어난 현대 지향적인 사상가

《순자 荀子》

《순자》에 대해

《순자》는 중국 전국시대의 사상가 순자^{이름은 황況}가 쓴 책이다. 〈권학편勸學篇〉을 비롯하여 〈요왈편堯曰篇〉에 이르기까지 전부 32편으로 되어 있다. 각 편마다 다양한 주제를 설정하여 이론을 펼쳤으며 32편의 내용은 크게 다섯 항목으로 나눌 수 있다.

1. 개인의 수양과 교육에 대한 내용
2. 정치에 관한 내용
3. 각 학파의 주장을 비판한 내용
4. 인식론이나 논리학에 관한 내용
5. 문학이나 그 밖의 잡기雜記

순자가 대부분 집필했다고 알려져 있는데, 이는 당시로서는 굉장히 드문 일이었다.

순자는 스스로 유가라고 생각했으나 공자의 가르침을 수정하여 맹자와 대립하고 '성악설'을 내세워 '예'를 통한 규범이 필요하다고 주장하는 등 법가에 가까웠다. 순자의 특이한 점은 바로 유가에서 출발하여 유가를 벗어났다는 데 있다. 이런 의미에서 그는 현대 지향적인 사상가라고 할 수 있다.

《순자》의 명언

➜ '사람의 본성은 원래 악하다. 그것이 선하게 되는 것은 사람의 노력 때문이다然則人之性惡明矣, 其善者僞也.' 〈성악편性惡篇〉

➜ '청색은 쪽이라는 풀에서 얻어 낸 것이지만 쪽보다 더욱 푸르다青取於藍,, 而青於藍.' 〈권학편勸學篇〉

➜ '꾸불꾸불한 쑥도 곧은 삼 속에서 자라면 곧게 자라난다蓬生麻中, 不扶而直.' 〈권학편〉

➜ '군주는 배와 같고 백성은 물과 같다. 배는 물 위에 뜬다. 물은 배를 띄우기도 하고 전복시킬 수도 있다君子舟也 庶人者水也, 水則載舟 水則覆舟.' 〈왕제편王制篇〉

➜ '강폭한 나라에 쓰임 받기는 어렵고, 강폭한 나라를 조종하기는 쉽다事強暴之國難, 使強暴之國事我易.' 〈부국편富國篇〉

➜ '모든 용병과 공격 전투의 기본은 백성들을 통일하는 데 있다凡用兵攻戰之本在乎壹民.' 〈의병편議兵篇〉

➜ '이기는 것에 급급하여 패배했을 때를 잊어서는 안 된다無急勝而忘敗.' 〈의병편〉

➜ '사물의 한 면에 사로잡혀 전체를 파악하지 못함이 병폐다人之患, 蔽於一曲, 而闇於大理.' 〈해폐편解蔽篇〉

➜ '모호한 것으로 모호한 결정을 내리면 반드시 엉뚱한 결과가 나온다以疑決疑, 決必不當.' 〈해폐편〉

순자와 성악설

지금으로부터 2천 수백 년 전쯤, 중국 역사에서 전국시대로 불리던 시대에는 뛰어난 사상가가 많이 배출되었다. 그들은 각자 자신의 우위를 주장하며 활발한 논쟁을 벌였다. 이들을 '제자백가'라고 하고 그들이 펼친 논쟁을 '백화제방百花齊放' 또는 '백가쟁명百家爭鳴'이라고 한다.

전편에서 다룬 맹자, 장자, 한비는 모두 이 시기에 활약한 제자백가이다. 그리고 앞으로 다룰 순자도 제자백가 중 한 명인데, 순자는 사상가들 중에서도 독특한 위치를 차지하고 있는 인물이다.

일반적으로 공자의 가르침을 계승하는 사람들을 일컬어 '유가'라고 한다. 그리고 맹자는 유가의 대표적인 인물이다. 맹자는 인간의 본성은 선하다는 '성선설性善說'을 주장하고 덕으로 나라를 다스려야 한다는 '덕치주의德治主義'와 인의에 의한 '왕도정치'를 주장했다.

한편 순자는 맹자와 같이 공자의 가르침을 받아 유가의 사상을 계승했으나 맹자와는 팽팽하게 대립했다. 그리고 그는 인간의 본성은 악하다는 '성악설性惡說'을 주장했다.

"인간은 천성적으로 악하다. 인간이 착한 행동을 하는 것은 후천적으로 수양을 쌓았기 때문이다. 인간은 태어날 때부터 이익을 추구한다. 이를 그대로 방치해두면 다른 사람에게 양보하는 마음이 사라져 다툼과 싸움이 일어난다. 또한 인간은 태어날 때부터 상대방을 증오하는 마음이 있어 그대로 방치하면 진실한 마음을 잃고 배반한다. 그리고 태어날 때부터 육체적 쾌락을 추구하려는 욕구가 있어 그대로 방치하면 사회 규범이 무너지고 나쁜 짓을 일삼는다."

《筍子》

　　사람들이 저마다 자기의 이익과 쾌락만을 추구한다면 사회는 붕괴될 것이다. 따라서 순자는 이를 막기 위해 천성적으로 악한 인간의 본성을 선하게 만들어야 한다고 생각했다. 그러려면 확고한 규범을 세우고 사람들을 가르쳐 선한 쪽으로 이끌어야 한다고 주장했으며 그 방법으로 '예'와 '의'를 규범으로 내세웠다.

　　"본디 악한 천성을 그대로 내버려 두면 다툼이 생기고 사회질서와 도덕이 붕괴되어 혼란에 빠진다. 그러므로 지도자는 법으로 백성을 지도하고 '예'와 '의'로 사람들을 교화시켜야 한다. 그러면 자신을 통제하여 질서와 도덕을 지키며 사회도 안정된다."

　　"굽은 나무를 세우려면 버팀목이 필요하고 무뎌진 칼을 갈기 위해서는 숫돌이 필요하다. 이와 마찬가지로 인간의 본성은 악하기 때문에 지도자는 법으로 사람들을 교화시켜야 옳은 삶을 영위할 수 있으며 예와 의로 이끌어야 사회 질서를 유지할 수 있다."

　　공자는 사회생활을 영위하는 중요한 규범으로 '인'을 꼽았다. 그리고 맹자는 '인'에 '의'를 더해 '인의'를 중시했다. 이들이 내세운 '인'과 '의'는 개개인의 내면에 관련된 문제다. 하지만 순자가 주장한 '예'와 '의'는 내면과 상관없이 외부 세계에 확립된 규범으로, 그는 이 규범을 내세워 인간의 타고난 성품을 규제하고 그릇된 방향으로 가지 않도록 제어하려고 했는데, 기존의 유가 사상과는 사뭇 다르다. 순자가 말하는 '예'와 '의'는 거의 법률과 비슷한 의미를 갖는다.

　　공자와 맹자를 비롯하여 유가는 덕치주의를 주장했다. 그들은 윗사람이 덕을 쌓고 그 덕을 아랫사람들에게 베풀면 저절로 나라가 평온해진다고 생각했다. 또 이와 반대로 법가는 법으로 다스려야 한다는 '법치주의'를 주장했다.

법가 이론을 집대성한 한비^{韓非}는 순자로부터 직접 가르침을 받은 문하생 가운데 한 사람이었다. 또 순자의 제자 가운데 한비와 함께 높은 명성을 얻은 인물로 이사^{李斯}가 있는데, 그는 진나라의 승상으로 법가 이론을 정치에 적용하여 큰 업적을 세웠다.

순자는 유가의 계통을 이어받았지만 법가를 대표하는 이론가와 실천가를 배출해 냈다. 바로 이 점이 순자의 특이한 점이다. 또한 유가에서 출발하여 유가를 벗어난 인물로, 그 갈림길이 된 것이 인간의 본성은 악하다는 '성악설'이었다.

순자의 주장을 정리한 《순자》는 교육론을 비롯하여 정치, 경제, 군사는 물론이고 문학과 철학에 이르기까지 다양한 분야를 다루고 있다. 이렇듯 다양한 분야를 다룬 책은 당시 유래 없는 일이었는데, 그중에서도 순자는 사회의 안정과 질서 확립을 위해 인격을 도야^{陶冶}해야 한다고 역설했다.

자신을 단련하라

순자의 기본 사상은 '인간의 본성은 악하다'는 것이다. 순자는 '악한 본성을 방치하면 사회질서가 혼란해진다. 그러므로 교육을 통해 악한 본성을 교화시켜야 한다. 누구나 악한 본성을 올바른 길로 교화시키는 능력을 갖고 있으며 노력만 하면 훌륭한 인간이 될 수 있다. 그러기 위해서는 교육이 필요하다'고 생각했다.

비록 본성이 악하더라도 노력만 기울이면 훌륭한 인간이 될 수 있다고 생각한 순자는 교육을 통한 교화를 중시했다. '청출어람^{靑出於藍},

《筍子》

스승보다 나은 제자를 이르는 말-역주' 이라는 말은 《순자》에서 유래되었는데, 순자는 이 말에 대해 다음과 같이 설명했다.

"쪽이라는 풀에서 나오는 청색 물감이 쪽빛보다 더 푸르다. 얼음은 물로 만들어졌지만 물보다 더 차다. 재목은 먹줄을 따라 잘라야 곧게 잘리고 쇠는 숫돌에 갈아야 날카로워진다. 사람도 이와 같이 매일 반성하고 학문을 닦아야 지혜가 쌓여 잘못된 길로 빠지지 않는다."

여기서 말하는 학문은 지식인이 되기 위한 학문이 아니라 능력과 인격을 쌓기 위한 배움을 말한다. 즉 사회인으로 떳떳하게 살기 위한 기본적인 교양을 익힌다는 뜻이다. 이와 같은 기본적인 교양을 익히려면 어떤 마음가짐을 가져야 할까? 순자는 그 조건으로 네 가지를 들었다.

첫째, 좋은 환경을 선택해야 한다.

"쑥은 원래 꾸불꾸불하게 자라지만 삼과 같이 심으면 버팀목이 없어도 곧게 자란다. 이와 마찬가지로 군자도 반드시 좋은 환경을 골라 살아야 하며, 훌륭한 벗을 사귀어야 한다. 이는 이롭지 않은 사람은 멀리하고 바른 사람을 가까이하기 위함이다."

살 곳을 선택하기는 다소 제약이 따르지만 이로운 벗과 해로운 벗을 골라 사귀는 일은 우리도 쉽게 할 수 있다.

둘째, 지속적으로 노력해야 한다.

"천리길도 한 발 한 발 내딛어야 도달할 수 있으며 아무리 큰 강도 작은 냇물이 모여서 만들어진다. 아무리 좋은 명마라도 한달음에 10보를 뛰어넘을 수 없으며 아무리 걸음이 느린 말이라도 열흘을 계속 달리면 명마가 하루에 달린 거리쯤은 충분히 따라갈 수 있다. 이는 도중에 포기하지 않고 꾸준히 달리기 때문이다."

순자는 이와 같은 비유를 들고 다음과 같이 말했다.

"마찬가지로 남이 보지 않는 곳에서는 노력을 기울이지 않거나 일손을 멈추고 있는 사람은 좋은 성과를 올릴 수 없다."

기껏 뜻을 세워도 도중에 그만두면 아무 소용이 없다. 순자는 이때 이미 요즘 한참 유행하는 평생교육을 주장하고 있었던 것이다.

셋째, 훌륭한 스승을 모시고 그의 가르침을 받아야 한다.

"책을 읽는 것만으로는 좋은 효과를 얻을 수 없다. 그러므로 훌륭한 스승에게 가르침을 받아야 한다. 그러면 성과가 오르고 조금이라도 빨리 제 몫을 다하는 사람이 될 수 있다."

또한 순자는 이렇게 말했다.

"쓸데없는 질문에는 대답하지 말고 시원찮은 대답을 하는 상대에게는 질문하지 않는 편이 좋다. 저속한 이야기는 아예 듣지 말고 말꼬리를 잡는 상대와는 의논을 하지 않는 편이 현명하다."

이는 학문을 닦는 데 필요한 마음가짐인 동시에 사람들과 교제할 때 주의해야 할 사항이기도 하다.

넷째, 어떤 일을 할 때는 철저하게 처리해야 한다.

"소인은 귀로 배운 지식을 바로 입 밖으로 내뱉는다. 귀와 입의 거리는 네 치에 불과하다. 하지만 배운 지식을 바로 입 밖으로 내뱉으면 일곱 척이나 되는 육신을 윤택하게 할 수 없다.

반면 군자는 책에 구멍이 날 정도로 반복해서 읽고 이해가 될 때까지 깊이 생각한다. 또한 귀로 배운 지식을 마음에 정착시키고 신체에 골고루 그 영향이 미치도록 한다. 그 영향은 군자의 평소 행동으로 나타나므로 아무리 사소한 언행이라도 모든 사람의 모범이 된다."

순자는 위의 네 가지 마음가짐을 가진 사람은 어떠한 사태에도 유연하게 대처할 수 있고, 인격적으로도 완성 단계에 도달한 사람이라고 말했다. 실제로 아무리 최고의 교육을 받았더라도 도중에 포기하면 아무런 도움이 되지 않는다. 배운 지식을 실생활에 적용하려면 모든 신경을 집중하여 배워야 한다. 이와 같은 방법으로 공부를 하면 비록 인격적으로 완성 단계에 도달하지는 못하더라도 지식을 확실하게 자기 것으로 만들 수 있다.

균형 잡힌 조직관리

순자는 크고 작은 많은 나라들이 대립하면서 각기 살아남기 위해 격렬한 싸움을 벌이던 전국시대에 활약했던 인물이다. 상황이 이렇다 보니 그는 자연스럽게 정치에 깊은 관심을 보였다. 그렇다면 혼란한 천하의 질서를 바로잡아 안정을 되찾기 위해 어떻게 하면 좋을까?

《순자》에는 이 문제를 심도 깊게 다루고 있다.

순자는 이론만 내세우는 학자가 아니었다. 그는 초나라에 초빙되어 20여 년 동안 지방 관리로 있으면서 현장에서 행정 경험을 쌓았다. 또 각국을 돌아다니며 정치 실정을 시찰하기도 했다. 이렇게 체험을 통해 얻은 정치론인 만큼 순자만의 박력과 설득력을 갖추고 있었다.

앞에서도 말했듯이 순자는 '성악설'을 토대로 '예'와 '의'라는 규범을 확립해야 한다고 주장했다. 이는 또한 그가 내세운 정치론의 전제가 되었다.

왕자王者, 즉 군주의 올바른 자세에 대해 순자는 이렇게 말했다.

"군주는 예와 의를 근거로 하여 행동하고 법에 따라 옳고 그름을 판단해야 한다. 아무리 사소한 일이라도 간과해서는 안 되며, 변화하는 정세에 맞춰 임기응변으로 대처하여 난관을 극복해야 한다. 이런 자만이 진정한 군주라 할 수 있다."

물론 이는 이상적인 군주상일뿐 현실적으로 군주의 지위는 매우 불안정했다. 순자가 접한 당시의 군주는 물론이고 오늘날의 지도자도 불안정하기는 마찬가지다.

순자는 군주의 불안정한 상태를 배와 물에 빗대어 설명했다. 물에 파도가 일어 물결이 거세지면 배는 금방 뒤집히는데, 배의 안위는 물의 상태에 달려 있기 때문이다.

여기서 '물'은 백성, '배'는 군주를 의미한다. 군주가 자신의 지위를 안정되게 유지하려면 무엇보다 백성의 신뢰를 얻어야 하며 이때 다음 세 가지 사항에 유의해야 한다.

첫째, 나라를 공평하게 다스리고 백성을 돌봐야 한다.

둘째, 예를 존중하고 뛰어난 인물에게 경의를 표해야 한다.

셋째, 현명한 사람을 등용하고 유능한 인물에게 일을 맡겨야 한다.

순자는 '이 세 가지를 잘 지키면 다른 일도 순조롭게 풀린다. 그러나 그렇지 못하면 다른 일을 아무리 잘 처리해도 아무런 도움도 되지 않는다'고 못 박았다.

이러한 생각은 유가에서 주장하는 덕으로 다스려야 한다는 '덕치주의'와 일맥상통한다.

그러나 좀 더 구체적인 내용을 살펴보면 덕치주의와는 달리 매우 엄격하다. 가령 인재 등용에 대해서 순자는 다음과 같은 의견을 제시했다.

"유능한 인재는 서열에 상관없이 과감하게 발탁하고, 무능한 자는 망설이지 말고 해임해야 한다. 법령을 제대로 지키지 않는 자는 비록 좋은 가문의 자손이라도 격하시켜 서민으로 지위를 낮추고, 반대로 학문을 닦고 언행이 바르며 법률을 준수하는 사람은 비록 서민이라도 귀하게 써야 한다."

이는 순자가 얼마나 철저하게 실력주의를 중시했는지 보여 준다. 또한 한비자의 스승으로서의 진면목을 알 수 있다. 그의 엄격함은 조직 관리에서도 여실히 나타나 있다. 순자는 신상필벌 제도를 철저하게 실행하라고 제안했다.

"공적을 세운 사람에게는 반드시 상을 내리고 죄를 지은 자에게는 반드시 벌을 내린다. 그러면 아무 능력도 없으면서 높은 지위를 탐내는 자가 없어지고, 부정한 방법으로 재산을 축적하는 사람도 사라질 것이다. 상과 벌을 철저하게 적용시켜 작은 선행이라도 실천하면 상을 받고, 남모르게 악행을 저지르면 언젠가는 적발되어 벌을 받는다는 사실을 널리 알려야 한다. 현명한 군주는 이를 확실히 실행함으로써 조직을 원활하게 관리한다."

순자가 이처럼 엄격한 방법으로 조직 관리를 하라고 주장한 데는 오랜 실무 경험이 바탕이 되었으며 법가가 주장한 법치주의에도 크게 동조하고 있었음을 보여 준다.

그렇다고 순자가 혹독한 방법만을 주장했던 것은 아니다. 지도자의 올바른 정치 자세에 대해 백성들의 지지를 얻으려고 지나치게 유연한 방법의 문제점을 지적하는 동시에 지나치게 강압적인 방법도 적당하지 않다고 말했다.

"명성을 얻기에 급급한 나머지 백성의 생활을 향상시키겠다는 구실로 나라의 중대사를 등한시하는 군주가 있다. 하지만 이 같은 통치 방법은 오래 지속되지 못한다. 아무런 결실을 얻지 못하고 실적 또한 올리지 못한다. 이러한 정치는 바람직하지 않다.

반대로 지나치게 강압적인 군주는 공적을 올리기 위해 백성의 불평불만에 전혀 개의치 않는다. 그러나 이 같은 방법은 비록 공적이 올라가더라도 백성의 원성을 살 뿐이다. 일시적으로 좋은 효과를 볼 수는 있을지는 몰라도 이 또한 오래 지속되지 못하고 실패한다.

나라의 중대사를 등한시하고 명성만을 추구하려는 것은 잘못된 생각이다. 또한 공적을 세우기 위해 백성에게 무거운 의무를 지게 하려는 것도 잘못된 생각이며 양쪽 모두 바른 정치가 아니다."

순자는 이렇게 말하고 다시 한번 강조하여 말했다.

"짧은 시간에 공적을 세우고 싶으면 백성들에게 무리하게 의무를 부과하지 말고 이해와 협력을 구해야 한다. 듣기 좋은 말로 백성들의 마음을 사로잡기보다는 매사에 성실하고 공정한 자세를 보이는 편이 훨씬 백성들의 지지를 얻을 수 있다. 또 무거운 형벌로 위협하기보다는 스스로 행동을 바르게 한 후에 남의 죄를 벌하는 방법이 효과적이다."

엄격하게 신상필벌을 지키는 조직과 구성원의 이해와 협력을 구하는 조직 가운데 어느 한쪽이 좋다고 단정할 수는 없다. 유가에서 출발하여 법가로 방향을 바꾼 순자는 동전의 앞뒷면처럼 양쪽의 특징을 모두 갖고 있다.

《荀子》

조직 속의 인간학

순자는 실력 위주로 인재를 발탁해야 한다고 주장했다. 유능한 부하를 등용하여 일을 맡겨야 업적을 올릴 수 있다고 생각했다.

그는 이렇게 말했다.

"현명한 군주는 신하의 협력을 구하지만 어리석은 군주는 무엇이든 혼자서 하려고 한다. 현명한 군주는 인재를 잘 이끌어 성공을 거두지만 어리석은 군주는 인재를 질시하여 멀리하고 기껏 쌓은 공적을 허사로 만든다."

현명한 군주로 추앙받을지 어리석은 군주로 오명을 남길지는 부하를 다루는 방법에 달려 있다. 순자는 군주의 관점에서 부하를 네 가지 유형으로 나눴다.

첫째, 실속이 없는 부하다.

백성의 마음을 사로잡지도 못하고 외적의 침입을 막지도 못하며 백성들에게 인망을 얻지 못하고 제후들에게는 신용을 얻지 못한다. 오직 입에 발린 소리로 윗사람의 마음에 들어 자리를 유지한다.

둘째, 나라를 빼앗는 부하다.

군주를 위해 일할 생각은 않고 민심을 자기 쪽으로 끌어들이는 데 몰두한다. 정의나 도덕을 지켜야 한다는 인식이 없으며 파벌을 조성하고 군주를 교묘히 이용하여 자기의 이익만을 추구한다.

셋째, 도움이 되는 부하다.

백성의 마음을 사로잡고, 외적의 침입을 막아 낸다. 백성들 사이에 인망이 두텁고 동료들에게는 신뢰가 깊다. 진심으로 군주를 위하고 부하를 아낀다.

넷째, 이상적인 부하다.

군주의 권위를 세우는 동시에 백성들을 보살핀다. 바른 정치로 교화시키려 하므로 백성들도 기쁜 마음으로 따른다. 어떠한 상황에서도 신속하고 현명하게 대책을 강구한다. 또한 앞으로 생길 이변에 대비하여 치밀하게 준비한다.

순자는 또한 이들 네 가지 유형에 이렇게 덧붙였다.

"실속 없는 부하가 설치면 군주는 반드시 파멸한다. 나라를 빼앗는 부하가 설치면 한시도 안심하고 잘 수 없다. 그러나 도움이 되는 부하가 힘을 얻으면 군주의 명성이 높아지고, 이상적인 부하가 힘을 얻으면 군주가 천하의 존경을 받는다."

또한 "군주가 현명한 군주로 추앙받을지 어리석은 군주로 오명을 남길지는 부하에게 달려 있다. 무릇 군주는 이를 명심하고 실패하는 일이 없도록 힘써야 한다"라고 말했다.

이번에는 관점을 바꿔, 부하는 어떤 마음가짐을 가져야 할까?

순자는 군주를 세 가지 유형으로 나누고 유형에 따라 섬기는 방법이 다르다고 말했다.

첫째, 이상적인 군주다.

이상적인 군주를 섬길 때는 모든 일에 신중을 기하고 명령대로 신속하게 일을 처리한다. 혼자서 결정하지 말고 상벌도 내리지 않으며 그저 명령을 충실히 이행하면 된다.

둘째, 평범한 군주다.

맡은 일을 성실히 하고 간언을 할 때는 군주의 기분을 거슬리지 않게 한다. 신념에 따라 꿋꿋하게 행동하고 옳은 일은 옳다, 잘못된 일은 잘못되었다고 말한다.

《荀子》

셋째, 폭군형 군주다.

순자는 살아남기 위한 편법으로 때로는 폭군을 섬겨야 할 경우도 있다고 생각했다.

이럴 때는 군주의 장점만 보고 결점은 덮어 둔다. 공적을 세우면 칭찬하고 실패에 대해서는 거론하지 않는다. 장점을 칭찬하고 단점은 덮어 두되 의도적이라는 것을 눈치 채지 못하도록 자연스럽게 대해야 한다.

또한 순자는 폭군을 섬기는 일을 사나운 말에 타는 것에 비유하며 폭군을 섬기는 비결을 다음과 같이 설명했다.

"상대의 기분을 맞춰주되 상대의 기분에 말려들어서는 안 된다. 고분고분 따르되 자신의 신념을 굽히지 않고 상대의 명령을 거역하지 않되 절대 옳지 않은 일은 하지 않는다."

요컨대 상대의 명령을 거역하지는 말고 자신의 기분을 유지하라는 것이다. 이처럼 폭군을 모시는 일은 매우 어렵다. 순자는 이렇게 덧붙였다.

"만약 상대의 잘못을 고치고 싶다면 상대가 불안해 하는 점을 이용하라. 만약 방침을 바꾸고 싶다면 상대가 우려하는 점을 이용하라. 군주가 갖춰야 할 마음가짐을 일깨워 주고 싶으면 상대가 기뻐하는 점을 이용하라. 소인배들을 몰아내려면 상대가 싫어하는 점을 이용하라. 이것이 폭군을 다루는 요령이다."

이를 보면 성악설을 토대로 한 순자의 각성된 안목을 느낄 수 있다. 이는 또한 냉혹한 현실을 살아가는 대인大人의 지혜이기도 하다.

군주의 병법

순자는 군사와 병법에 대해서도 의견을 제시했다.

《전쟁론》을 쓴 클라우제비츠는 "전쟁은 다른 수단에 의해 수행되는 정치의 연장에 불과하다"라고 말했다. 이렇듯 원래 군사와 정치는 뗄 수 없는 관계다. 그래서 순자가 군사와 병법에 대해 주장을 내세운 것도 어쩌면 당연하다.

그러나 순자는 싸움의 술책과 전략전술보다 다른 데 중점을 둔 병법론을 주장했다.

"진정으로 싸움을 잘하는 사람은 백성의 마음을 사로잡는 사람이다. 전략의 핵심은 백성의 마음을 사로잡는 데 있다."

이는 적과 싸우기 전에 우선 국가의 기강을 바로잡으라는 의미이다. 순자는 그런 요건으로 다음과 같은 방법을 제시했다.

"인간은 보상을 목표로 하는 한 손해볼 것이라고 판단되는 일은 하지 않는다. 그러므로 상과 벌로 달래고 위협하는 방법으로는 부하들의 전력을 끌어낼 수 없다. 이 같은 방법은 인부를 고용하거나 장사할 때는 먹히지만 백성들의 힘을 모으지는 못한다. 그래서 옛날 군주들은 이러한 방법을 부끄럽게 여겼다. 그들은 먼저 스스로 덕을 쌓아 백성들의 모범이 되고, '예'와 '의'를 규범으로 확립하여 백성들을 교화하려고 노력했다."

순자는 먼저 '예'와 '의'를 규범으로 확립하고 군주가 솔선수범하여 이를 실천하며 백성을 교화시키려고 힘쓰면 백성의 힘을 하나로 모을 수 있다고 주장했다. 물론 순자라고 전략전술을 몰랐을 리 없다. 그러나 그는 예와 의를 통한 교화가 우선되어야 한다고 주장했다.

이 방법은 다른 나라와의 대외전략에서도 마찬가지다. 순자는 외교전략으로 세 가지 방식을 들어 설명했다.

첫째, 덕에 의한 전략이다.

덕으로 나라를 다스리면 이웃나라에서 그 덕을 흠모하여 종속국이 될 것을 자원한다. 합병한 후에도 상대국의 의견을 존중해 주므로 신뢰를 얻을 수 있다. 법령을 내리면 모든 사람들이 잘 따라 영토가 늘어날수록 권위가 한층 올라가고, 백성이 많아질수록 군사력도 강화된다.

둘째, 무력에 의한 전략이다.

덕이 없는 나라는 무력을 사용한다. 이웃나라는 강한 적의를 품지는 않지만 덕을 흠모하여 종속국이 되려 하지도 않는다. 이때, 상대국을 장악하려면 많은 군대가 필요하며 경비가 가중된다. 그래서 영토가 늘어도 오히려 권위는 실추되고 백성이 늘어나도 군사력은 점점 약해진다.

셋째, 경제력에 의한 전략이다.

이웃의 가난한 나라들은 가난에 지쳐 굶주린 배를 채우기 위해 복종한다. 이들을 장악하려면 식량을 주어 배를 채우게 하고 금품을 주어 넉넉한 생활을 할 수 있도록 해야 한다. 또한 유능한 관리를 파견하여 보호해야 하는데, 이는 적어도 3년이 지나야 그들의 신뢰를 얻을 수 있다.

그래서 영토가 늘어날수록 권위는 떨어지고, 백성이 늘어날수록 나라가 빈곤해진다.

순자는 말했다.

"덕으로 다스리면 훌륭한 군주가 되고 무력으로 다스리면 나라가 약해지며 경제력으로 다스리면 나라가 빈곤해진다. 이는 예나 지금이나 변하지 않는 진리다."

순자의 지적은 오늘날의 일본과 그대로 맞아떨어진다.

메이지시대 이후 일본은 무력을 사용하여 해외로 진출했고, 2차 세계대전 이후에는 경제력을 무기로 삼았다. 그 결과 다른 나라들의 신뢰를 얻기는커녕 오히려 많은 비판을 받았다.

순자의 주장을 이상론일 뿐이라고 몰아세우기 전에 그의 말을 귀담아 들어야 할 것이다.

이야기를 병법론으로 돌려보자. 순자는 장수의 조건으로 마음가짐 여섯 가지와 다섯 가지 요점을 제시했다.

먼저 마음가짐을 살펴보자.

첫째, 명령이나 포고를 할 때는 권위 있고 엄격하게 발표한다.

둘째, 상벌은 신념을 갖고 공평하게 시행한다.

셋째, 진지와 창고는 견고하고 튼튼하게 만든다.

넷째, 부대를 이동할 때는 신중하게 생각하고 신속하게 한다.

다섯째, 적의 동태와 정세의 변화를 충분히 조사하고 검토한다.

여섯째, 전투를 할 때는 확실한 계책만 실행한다.

다음으로 요점을 살펴보자.

첫째, 지위에 연연하지 않는다.

둘째, 승리에 눈이 멀어 패배할 수도 있음을 잊지 않는다.

셋째, 위신을 높이는 데 급급하여 적에 대한 경계를 늦추어서는 안 된다.

넷째, 유리한 점만 보고 불리한 점을 간과하지 않는다.

다섯째, 계획은 신중하게 세우고 물자와 자재에 드는 경비를 아끼지 않는다.

이는 현대인이 경영을 할 때도 좋은 지침이 될 것이다.

착오 없이 판단을 내려라

인생에서 단 한 번의 잘못된 판단으로 사업에 실패하거나 운명이 완전히 뒤바뀌는 경우가 많다. 따라서 판단을 할 때는 착오 없이 확실하게 내려야 한다. 이는 삶을 살아갈 때는 물론이고 사업을 할 때도 마찬가지다.

앞에서도 말했지만 순자는 다양한 분야의 문제에 대해 역설하고 있다. 그중에서 인간은 '왜 잘못된 판단을 내리는가, 착오 없이 판단을 내리려면 어떻게 해야 하는가'라는 인식론에 대해서도 다뤘다.

순자는 인간은 마음의 미혹함 때문에 그릇된 판단을 내린다고 생각했다.

"술에 취하면 넓은 강을 건너도 좁은 도랑을 뛰어넘는 정도로 여긴다. 또 높은 성문을 지나가도 머리에 닿을 만큼 낮은 문을 지나가는 정도로 생각한다. 이는 술이 마음을 어지럽히기 때문이다. 사물을 관찰할 때 여기저기에 마음이 빼앗기면 정확한 판단을 내릴 수 없고 생각이 안정되지 않으면 옳고 그름을 판단할 수 없다."

그렇다면 마음의 미혹함이 생기는 이유는 무엇일까? 순자는 그 이유를 한 가지 일이나 사물의 한 면만 보기 때문이라고 말한다.

"인간은 사물의 한 면에 마음을 빼앗기면 전체를 파악하지 못한다. 편견을 버려야 올바른 판단을 할 수 있는데 한쪽 면만을 보고 그게 전부라고 믿으면 마음의 미혹함이 깊어진다. 그리고 마음을 기울이지 않으면 눈앞에 보이는 백색과 흑색도 구별하지 못하며, 귓가에서 울리는 장구소리도 들리지 않는다. 마음의 미혹함이 생기면 이는 더욱 심해진다."

"비록 지금은 잘못된 길을 가고 있는 사람이라도 바른 길을 가고자 하는 마음은 누구에게나 있다. 다만 마음의 미혹함이 생겨 잘못된 길로 빠져든 것이다. 이들은 자신의 방식을 고집하고 다른 사람의 의견에 귀를 기울이지 않는다. 끝까지 자기가 옳다고 주장하고 사물의 한 면만 보기 때문에 올바른 목표를 찾지 못한다."

사물의 한 면에 사로잡히지 않고 정확한 판단을 하려면 어떻게 해야 할까. 순자는 세 가지를 꼽았다.

첫째, '허虛'이다.

잡념이 많으면 괜히 머뭇거리거나 고민하고 망설이게 된다. 그래서 정확한 판단을 할 수 없다. '명경지수明鏡止水'라는 말이 있다. 맑고 고요한 심경을 뜻하는 것으로 순자가 말하는 '허'는 이 경지에 가까울 것이다. 즉, 착오 없이 판단을 내리려면 마음의 평정을 유지해야 한다.

둘째, '일壹'이다.

한 가지 일에 몰두한다는 뜻으로 집중력이라고도 할 수 있다. 한꺼번에 여러 가지 일을 생각하면 시간이 지나도 생각이 정리되지 않는다. 순자는 말했다.

"이것저것 욕심을 내면 아무 일도 할 수 없다. 다른 일에 마음을 빼앗기면 일에 전념할 수 없으며 동시에 여러 가지 일을 생각하면

《筍子》

머리만 복잡해질 뿐이다."

따라서 착오 없이 판단을 내리려면 한 가지 일에만 집중해야 한다.

셋째, '정靜'이다.

마음이 들뜨고 동요될 때나 환경이 소란하여 초조할 때는 좋은 아이디어가 떠오르지 않는다. 바쁜 사람일수록 때로는 조용한 곳에서 마음의 휴식을 가져야 한다.

지금까지 우리는 《순자》에 대해 다양한 관점에서 바라보았다. 유가에서 출발하여 유가를 벗어난 그의 주장은 어떤 의미에서 매우 현대적이라 할 수 있다.

이러한 순자의 주장에 귀를 기울이면 현대 사회를 살아가는 데 귀중한 교훈을 얻을 수 있을 것이다.

근사록

명철보신의 기술, 주자학을 배우는 최고의 입문서

《근사록 近思錄》

《근사록》에 대해

주자학朱子學은 송대宋代에 새롭게 일어난 유학으로, 사상가 주자朱子 이름은 희熹가 집대성 했다 하여 그의 이름을 따 주자학이라고 불렀다. 주자학은 단순히 훈고주석을 중심으로 하던 당시의 유학을 새롭게 재정비하여 우주의 근본원리에서 개인 수양에 이르는 장대한 철학체계를 수립했다. 이 때문에 초학자가 읽기에는 다소 어렵다.

그러나《근사록》은 주자가 친구 여조겸呂祖謙의 도움을 받아 주자학의 기초를 다진 주렴계周濂溪, 정명도程明道, 정이천程伊川, 장횡거張橫渠 등 네 명의 저작 가운데 요점을 집어 편집한 학문 지침서로 비교적 쉽게 읽을 수 있다. 〈도체道體〉, 〈위학爲學〉, 〈치지致知〉, 〈존양存養〉, 〈극기克己〉, 〈가도家道〉, 〈출처出處〉, 〈치체治體〉, 〈치법治法〉, 〈정사政事〉, 〈교학敎學〉, 〈경계警戒〉, 〈변이단弁異端〉, 〈관성현觀聖賢〉의 14편으로 구성되어 있으며 622개의 짧은 문장으로 구성되어 있다. 그럼에도 주자학의 핵심 내용이 수록되어 있어서 오래전부터 주자학을 배우는 최고의 입문서로 사랑 받아 왔다.

《근사록》의 명언

➜ '보는 바, 즉 견식과 기하는 바, 즉 희망 그리고 이상은 원대해야 한다. 그러나 이를 실행할 때는 능력에 맞게 천천히 해야 한다所見所期 不可不遠且大 然行之 亦須量力有漸.' 〈위학편爲學篇〉

➜ '배우지 않으면 빨리 늙고 쇠약해진다不學便老而衰.' 〈위학편〉

➜ '책은 많이 읽기보다는 그 핵심적인 내용을 파악해야 한다書不必多看. 要知其約.' 〈치지편致知篇〉

➜ '말을 삼가하여 그 덕을 기르고, 음식을 절제하여 몸을 보양한다愼言語以養其德 節飮食以養其體.' 〈존양편存養篇〉

➜ '현명한 사람은 도리에 따라 안전하게 행동하고, 지혜로운 자는 미리 낌새를 채고 굳게 지킨다故賢者順理而安行 智者知幾而固守.' 〈출처편出處篇〉

➜ '사람이 어려움에 처했을 때는 할 수 있는 일을 다 한 후 차분히 때를 기다려야 한다人之於患難 只有一箇處置 盡人謀之後 須泰然處之.' 〈출처편〉

인간형성의 지침서

　공자와 맹자의 가르침을 유교儒敎라고 한다. 또 이를 근본으로 삼는 학문을 유학이라 하고 유학을 신봉하는 사람들을 유가儒家 또는 유자儒者라 한다. 유교는 2천 년이 넘은 오랜 세월 동안 중국 사상의 주류를 이루었으며 중국인들의 의식과 행동을 지배해 왔다. 또한 한국과 일본 등 이웃나라에 많은 영향을 주었다. 유학의 특징을 한 마디로 정의하면 '수기치인修己治人'이라고 할 수 있는데, 다시 말하면 유학은 자신을 수양하고 남을 다스리는 학문이다.
　어느 날, 자로子路라는 제자가 공자에게 군자의 조건에 대해 물었다. 군자란 덕을 쌓은 이상적인 지도자를 말하는데, 이 물음에 공자는 "자신을 수양하고 더 나아가 사람들을 편안하게 다스려야 한다"라고 대답했다.
　공자의 대답에서도 알 수 있듯이 유학의 목표는 자기를 수양하고 사람들을 다스리는 데 있다. 그리고 이 두 가지 목표는 서로 밀접한 관련을 맺고 있다.
　'자기를 수양한다'는 것은 학문과 교양을 익혀 훌륭한 인격을 갖추도록 자기를 단련한다는 뜻이다. 이는 오로지 지도자의 위치에서 사람들을 잘 다스리기 위함이다. 즉 유학은 능력과 인격을 고루 갖춰 자기를 수양한 사람만이 사람들을 다스릴 수 있으며, 그러기 위해서는 무엇보다도 자기를 단련해야 한다고 주장했다. 자기를 단련하려는 자각적인 노력을 '수양修養' 또는 '수신修身'이라고 한다. 공자와 맹자는 자기 수양을 주장했을 뿐만 아니라 몸소 실천했다.
　그러나 사상은 물론이고 조직도 시간이 지나면 창업할 당시에 가졌던 활력을 차츰 잃어가기 마련이다. 유학도 예외는 아니었으며 시간이 지나면서 중시하던 '수기치인'의 원칙을 잊고 주석을 위한 학문, 연구를 위한 학문으로 변질되어 사상으로서 충만했던 활력을 잃고 말았다.

송대에 이르러 유가들은 변질된 유학에 새로운 활력을 불어넣고 지도 철학으로 재생시켰다. 이를 '송학宋學'이라고 하며 집대성한 주자의 이름을 따서 '주자학朱子學'이라고도 한다. 주자학의 특징을 한 마디로 설명하기는 어렵지만 '이理'를 핵심으로 하는 사상이라 하여 '이학理學 또는 '성리학性理學'이라고도 부른다.

'이'란 우주만물의 근원이며 만물을 존재하게 하는 근본원리다. 또한 '이'는 외계 사물은 물론이고 인간 내면에도 존재한다고 한다. 주자학은 혼탁한 기로 더럽혀지지 않은 본연의 성性이야말로 천리라는 '성즉리性卽理'를 근본명제로 하는데, 바로 이를 뜻하는 말이다.

이상적인 인간을 내세우려면 '이'에 따라야 한다. 그러나 '이'는 항상 정과 욕망에 노출되어 있어서 혼탁해지기 쉽다. 따라서 '이'를 온전하게 따르려면 끊임없이 정과 욕망의 유혹을 뿌리쳐야 한다.

특히 사회생활을 할 때 도리에 어긋남 없이 행동하고 유연하게 대응하려면 무엇보다 만물의 근본원리인 '이'를 깊이 연구해야 한다. 자칫하면 잘못된 판단을 내리고 잘못된 길로 빠질 우려가 있기 때문이다.

이와 관련하여 '거경궁리居敬窮理, 주자학에서 주창하는 학문수양의 기본방법-역주'라는 말이 있다. '거경'은 마음을 한 곳에 집중하고 잡념을 버리는 것을 의미한다. '궁리'는 '격물치지格物致知'라고도 하는데, '이'를 깊이 연구한다는 뜻이다. 한 마디로 '거경'으로 도덕성을 높이고

'궁리'로 폭넓은 지식을 쌓아야 함을 말한다. 이렇듯 주자학은 '거경'과 '궁리'를 인간형성의 기본으로 확립시켰다는 점에서 주목할 만한 학문이라고 하겠다.

주자학은 오래전부터 중국과 조선, 일본에서 크게 유행했다. 일본에서는 에도시대에 전성기를 누렸는데, 당시 지도자층은 주자학을 통해 인간형성의 지침을 배웠다. 주자학이 일어났을 당시에는 '도'에 관한 학문이라 하여 '도학道學'이라 불렀으며, 이를 연구하는 사람들을 도학자라고 했다. 하지만 시간이 지나면서 처음의 취지가 변질되어 도학자라 하면 융통성 없는 사람을 떠올리게 되었고, 주자학도 축소화되고 점차 활력을 잃고 말았으며, 주자학을 봉건도덕의 산물이라고 비판하는 사람도 생겼다.

그러나 주자학은 원래 활력이 넘치는 사상으로 '경세제민'에 뜻을 세운 학문이기도 했다. 그 때문에 자기를 수양하는 것과 사회인으로서 일상에서 일어나는 다양한 사태에 어떻게 대처하는 방법에 대한 주자학의 가르침은 오늘날에도 많은 도움이 된다.

예로부터 《근사록》은 주자학의 입문서로 널리 읽혔다.

송학, 즉 주자학을 집대성한 주자 이전에 이미 주렴계周濂溪, 정명도程明道, 정이천程伊川, 장횡거張橫渠 등 송학의 기초를 다진 사상가가 여러 명 있었는데, 이들의 가르침을 이어받아 완성된 학문이 바로 주자학이다. 《근사록》은 이들의 저작 가운데 핵심적인 내용을 간추려 재편성한 책이다.

주자학은 체계가 방대하여 초보자에게는 다소 어렵지만 《근사록》은 비교적 짧고 이해하기 쉬운 문장으로 되어 있어서 주자학의 입문서로 널리 읽혔다. 여기에서는 가능한 한 어려운 이론은 접어두고

《近思錄》

사회인으로 또는 지도자로 어떻게 자기수양을 할 것인지에 대해 중점적으로 다루려고 한다.

자, 이제부터 21세기를 살아가는 현대인에게도 많은 가르침을 주는 주자학의 실천적 지침에 대해 살펴보자.

배우지 않으면 빨리 늙고 쇠약해진다

인간이 학문을 닦고 공부를 하는 이유는 무엇일까?

《논어》에 "옛날 학자들은 자신에게 충실해지기 위해 학문을 했고 오늘날의 학자들은 남에게 보이기 위해 학문을 한다"라는 말이 있다.

《근사록》에서는 이 구절을 다음과 같이 말한다.

"옛날 학자들은 자신에게 충실하기 위해 학문을 했다. 이는 자기에게 이득이 되게 하려함이다. 반면 오늘날의 학자들은 남에게 보이기 위해 학문을 한다. 이는 남에게 널리 알려지기 위함이다."

남에게 알려지기 위한 학문은 진정한 학문이 아니다. 다시 말하면 자기를 발전시키는 학문이야말로 진정한 학문이라고 할 수 있다.

흔히 이상적인 인간상을 '성인聖人'이라고 하는데, 진정한 학문이란 이상적인 인간상을 목표로 자기를 수양해 가는 과정이며 이는 단순히 지식을 얻기 위한 학문이 아니라 통찰력을 높이고 자기를 단련시키는 학문이어야 한다.

이에 대해 《근사록》에서는 다음과 같이 말한다.

"학문을 익히고자 하면 책을 읽어라. 하지만 많이 읽는다고 반드시 좋은 것이 아니며 그 핵심을 알아야 한다. 많이 읽고도 그 핵심을 알지 못하면 책방에 불과하다."

쉽게 풀이하면 학문을 익히려면 책을 읽어야 한다. 그리고 책을 읽을 때는 많이 읽기보다는 정독하여 그 책에서 말하려는 핵심 내용을 정확하게 파악해야 한다. 아무런 목적 없이 책만 많이 읽으면 책방 주인과 다를 바 없다는 뜻이다.

또한 이렇게 덧붙였다.

"책을 읽은 후에 반드시 성인의 언어로 음미하고 가슴속 깊이 새긴다. 그리고 힘써 이를 행하면 스스로 얻는 바가 있다."

'성인의 언어'란 넓은 의미에서 '고전'으로 받아들일 수 있다. 고전은 선인들의 지혜를 담은 결정체를 말한다. 고전은 오랜 역사의 풍파를 견디고 살아남은 책인 만큼 오늘날에도 배울 점이 많다. 특히 중국 고전은 오늘날에도 통용되는 실천적 교훈이 많이 실려 있다. 그러므로 중국 고전을 정독하여 말하고자 하는 핵심을 가슴속 깊이 새겨 실천하면 그 속에 담긴 깊은 의미를 자연스럽게 터득할 수 있다.

물론 오늘날과 같이 급변하는 시대에 살아남으려면 고전만으로는 부족하다. 세상의 동태나 정세 등 폭넓은 정보를 수집해야 한다. 그러나 인간의 본질이나 인간관계의 미묘함은 예나 지금이나 별로 달라진 것이 없다.

자, 그러면 공부할 때의 마음가짐을 다룬 구절을 살펴보자.

"보는 바, 즉 견식과 기하는 바, 즉 희망 그리고 이상은 원대해야 한다. 그러나 이를 실행할 때는 능력에 맞게 천천히 해야 한다. 꿈이 지나치게 원대하면 심신이 지치고, 능력이 부족하여 일이 버거우면 결국 일을 그르친다."

　목표는 크게 세우되 앞으로 생길 일을 미리 계산할 수 있어야 한다. 그리고 자기의 능력을 고려하여 한 걸음씩 착실하게 실행해야 한다. 자신의 실력은 생각하지도 않고 목표를 무리하게 세우면 결국 목표를 달성하지 못한다.

　여름철 등산에서 일어나는 조난 사고는 대부분 자신의 능력을 고려하지 않고 지나치게 깊이 들어가 낭패를 당하는 경우다. 이는 자신의 실력을 생각하지 않고 무리하게 목표를 세워 실패한 좋은 사례라고 할 수 있다. 자기의 능력을 생각하지 않고 무리한 계획을 세우기 때문에 매년 똑같은 사고가 되풀이되는 것이다. 이와 마찬가지로 공부도 목표는 크게 세우되 자기의 능력을 고려하여 착실하게 단계를 밟아야 한다.

　그리고 이런 구절도 있다.

　"학문에 뜻을 세운 사람은 목표를 높게 세워야 한다. 목표를 낮게 세운 뒤에 그것을 달성했다고 만족해서는 안 된다. 목표를 낮게 잡으면 이루기 쉽고, 쉽게 목표를 이루면 발전이 없다. 낮은 목표에 만족하는 사람은 아직 모르는 것이 많은 데도 이미 다 알고 있다고 생각하고 아직 배우지 못한 것이 많은 데두 이미 다 배웠다고 생각한다."

　공부를 할 때 유의해야 할 점으로 두 가지가 있다.

　첫째, 뜻, 즉 목표를 처음부터 낮게 설정해서는 안 된다.

　둘째, 마음이 앞서 침착함을 잃어서는 안 된다.

　처음부터 목표를 낮게 잡으면 쉽게 이루어지므로 그 이상 발전하지 못한다. 또한 마음이 앞서 침착함을 잃으면 착실하게 목표를 이룰 수 없으므로 그 동안의 노력이 수포로 돌아간다.

이것은 인간의 허점을 정확하게 집어낸 충고라 아니할 수 없다.

《근사록》에 "배우지 않으면 빨리 늙고 쇠약해진다"라는 말이 있다.

우리 주변을 둘러보면 정년퇴직이나 다른 이유로 일을 그만둔 뒤에 급격하게 늙는 사람이 있다. 여기에는 여러 이유가 있겠지만 배움의 욕구를 잃었기 때문인 경우가 많다. 배움에는 끝이 없다. 늙고 쇠약해지지 않기 위해서라도 배움의 욕구만큼은 잃지 말아야 한다.

주변의 사소한 일에서부터 수양을 쌓아라

앞에서도 말했듯이 주자학은 학문수양의 기본방법으로 '거경궁리居敬窮理'를 내세웠다. 주자는 "학문에 뜻을 세운 사람은 오로지 '거경居敬'과 '궁리窮理'에 힘써야 한다"라고 말했다.

이 같은 거경과 궁리 중에서도 도덕성을 높이기 위한 자기 수양의 핵심이 '경敬'이다.

유학은 '수신제가 치국평천하修身齊家 治國平天下'를 목표로 한다. 주자는 목표를 달성하기 위해 '경'이 뒷받침되어야 한다고 주장했으며, 주자학에서는 이 '경'을 매우 중시했다. 그렇다면 '경'이란 무엇일까? 앞에서 '거경'이란 마음을 한 곳에 집중하고 잡념을 버리는 것이라고 말했다. 그러나 그게 전부는 아니다

주자의 이야기를 들어보자.

"'경'이란 가만히 앉아 귀로는 아무 소리도 듣지 않고 눈으로는 아무것도 보지 않으며 마음으로는 아무것도 생각하지 않는 상태를

말하는 것이 아니다. 신중을 기하고 함부로 행동하지 않는 것을 말한다. 그러면 몸과 마음에 긴장감이 생기고 매사에 신중하게 행동하며 저절로 품격이 높아진다."

'경'을 쌓으면 저절로 용모, 태도, 평소 행동 등의 겉모습으로 드러난다. 다시 말해 '경'은 내면의 문제인 동시에 외면의 문제이기도 하다. 그러므로 '경'을 유지하려면 외면적인 조건도 중시해야 한다.

《근사록》의 '근사'는 《논어》의 '널리 배우고 뜻을 돈독히 하며 절실하게 묻고 가까이 생각하면 인은 가까운 곳에 있다'는 구절에서 따온 말이다. 지나치게 원대한 이상을 추구하기 전에 주변에 있는 일상적인 일을 중시하라는 의미가 담겨 있다. 책 이름만 봐도 주변에 사소한 일에서부터 수양을 쌓는 일이 얼마나 중요한지 알 수 있다.

이와 관련하여 실천적인 조언이 있다.

"말을 삼가여 그 덕을 기르고, 음식을 절제하여 몸을 보양한다. 말과 음식만큼 그 미치는 영향이 큰 것이 없다."

우리 주변에 말과 음식만큼 중대한 의미를 갖는 것은 없다. 그러므로 평소에 말과 음식에 주의하여 말을 삼가고 음식을 절제해야 한다.

또 하나는 "자신의 잘못은 스스로 빌하고 꾸짖어야 한다. 그렇다고 지나치게 오래 마음속에 품고 자책해서도 안 된다"는 가르침이다. 잘못을 했으면 우선 자신을 질책하고 반성해야 한다. 공연히 다른 사람을 질책해서는 안 된다. 게다가 잘못은 반성하고 고치면 되므로 오랫동안 마음에 품고 고심할 필요는 없다.

그러나 사회인으로 또는 지도자로서 한층 높은 수준을 목표로 한다면 그에 적합한 덕을 길러야 한다. 《근사록》에서는 덕을 아홉 가지로 들었다.

첫째는 '관이율寬而栗'이다. 너그러우면서도 위엄이 있어야 한다. 즉 상대방과 대화할 때 너그럽게 대하면서도 존경받도록 해야 한다.

둘째는 '유이입柔而立'이다. 부드러우면서도 꿋꿋해야 한다. 즉 상대방에게 부드럽게 대하면서도 바른 일에는 뜻을 굽히지 않고 설득하는 태도를 말한다.

셋째는 '원이공原而恭'이다. 성실하면서도 공손해야 한다. 즉 일을 할 때는 완성될 때까지 성실하게 마무리하며 공손해야 한다.

넷째는 '난이경亂而敬'이다. 다스리면서도 공경해야 한다. 즉 상대방을 공경하면서 다스려야 하는데 권력으로나 위력으로는 다스릴 수 없다.

다섯째는 '요이의擾而毅'이다. 온순하면서도 굳세야 한다. 즉 사람은 누구를 대하든 온순하면서도 정의에 어긋나는 일에는 동조하지 않고 지조를 지켜야 한다.

여섯째는 '직이온直而溫'이다. 곧으면서도 온화해야 한다. 즉 사람은 모든 일을 곧고 정직하게 처리하면서도 온화한 자세를 유지해야 한다.

일곱째는 '간이염簡而廉'이다. 간단하게 처리하면서도 세심해야 한다. 아무리 큰일이 발생해도 간단하게 처리해야 한다. 사소한 일도 크게 부풀려 복잡하게 만들면 세심하게 처리할 수 없다.

여덟째는 '강이새剛而塞'이다. 강하면서도 착실해야 한다. 강직하면서도 모든 일에 막힘없이 착실하게 처리해야 한다.

아홉째는 '강이의彊而義'이다. 용감하면서도 정의롭다. 정도를 지키면 굳세고 의롭게 살 수 있다.

이와 같이 아홉 가지 덕에서 균형 잡힌 인간상을 끌어낼 수 있다. 아무리 덕을 베풀어도 도가 지나치거나 한쪽으로 치우치면 오히려 해가 되기 마련인데, 위의 아홉 가지 덕은 어떤 일을 하든 치우침 없이 적당한 균형을 잡아야 한다는 가르침을 준다.

아홉 가지 덕을 쌓으려면 평소에 꾸준히 노력하여 수양을 쌓아야 한다. 이러한 노력으로 만들어진 이상적인 인간상은 어떠한 것일까? 정명도를 평한 다음 글귀에서 이상적인 인간상을 생각해 볼 수 있다.

"명도 선생은 종일 단정히 앉아 있기를 마치 토우±偶, 흙으로 빚어 만든 인형-역주 같다가도 사람을 대할 때는 더 없이 온화했다."

정명도는 앉아서 수양을 쌓을 때는 토우처럼 결연한 태도를 보이다가도 사람을 대할 때는 형언할 수 없을 정도로 온화한 분위기로 대했다고 한다. 오랜 수양 끝에 형성된 이상적인 인간상이란 바로 이런 것이 아닐까?

윗사람의 올바른 마음가짐

일본에서 《근사록》은 에도시대에서 메이지시대에 걸쳐 사회적 지도자 위치에 있는 사람들에게 널리 읽혔다.

인격 형성의 지침서로 많은 사랑을 받았던 《근사록》의 내용 가운데 사람의 마음가짐에 대한 구절을 몇 가지 들어보자.

"자고로 아랫사람을 다루기는 쉽고, 윗사람을 모시기는 어렵다. 그런데 윗사람을 잘 모시지 못하는 사람은 아랫사람도 잘 다루지 못한다. 이는 그 정위情僞, 진실과 허상를 알지 못하기 때문인데, 부림을 당해 본 사람이 사람을 잘 부릴 수 있다."

윗사람이 아랫사람에게 명령하기는 쉽다. 그러나 아랫사람이 윗사람을 모시기는 어렵다. 윗사람을 잘 모시지 못하는 사람은 자신이 그 위치에 섰을 때 아랫사람을 잘 다스리지 못한다. 이는 윗사람을 모시는 사람의 심리와 고충을 이해하지 못하기 때문이다. 대개 쓰임을 당해 본 사람이 사람을 잘 다룬다.

실제로 윗사람이 아랫사람의 기분이나 능력을 제대로 파악하지 못하면 그 사람을 제대로 부릴 수 없다. 그리고 무작정 자기의 명령에 따르지 않는다고 화를 내는 사람은 윗사람으로서 자격이 없다.

중견기업 경영자 중에 자식이 대학을 졸업하면 바로 자기 회사에 입사시켜 후계자로 키우려는 사람이 많다. 일찍부터 후계자 교육을 시키고 싶은 심정은 충분히 이해가 되나 《근사록》에서 말한 바와 같다면 다시 고려해야 할 문제다. 한 번쯤은 다른 사람 밑에서 일을 해 봐야 훗날 윗자리에 섰을 때 아랫사람을 잘 부릴 수 있다.

윗사람의 마음가짐에 대해 말한 구절을 몇 가지 살펴보자.

"세상을 살아가려면 먼저 세 가지 문제를 해결해야 한다. 첫째, 뜻을 세우고 둘째, 책임을 다하며 그리고 마지막으로 어진 이를 구해야 한다."

첫째로 '뜻을 세우다'는 목표를 크게 세우고 확실한 방침을 확립한다는 의미로 조직 책임자의 가장 중요한 임무이다.

해마다 세우는 계획이나 목표는 이에 해당되지 않는데, 기업으로 말하면 경영이념을 세우고 이를 실행으로 옮기는 일이라 할 수 있다.

《近思錄》

둘째로 '책임을 다한다'는 사원 개개인이 주어진 책임을 다하도록 지원한다는 의미이다. 이 또한 윗사람의 중요한 소임이다.

마지막으로 '어진 이를 구한다'는 인재를 등용한다는 의미로 조직은 시대를 불문하고 아랫사람들의 참신한 발상이 원활하게 공급되지 않으면 정체되기 마련이다. 따라서 대담하게 인재를 발탁해야만 오늘날의 냉엄한 사회에서 살아남을 수 있다.

이 세 가지는 윗사람의 가장 중요한 임무이며 이는 오늘날도 마찬가지다.

"모든 일에는 다 적절한 때가 있으므로 그 때를 기다려야 한다. 그러나 지나치게 오래 기다리는 것은 좋지 않다."

조금 늦었다고 생각될 때가 가장 적절한 때인 경우가 많다. 다만 너무 늦으면 오히려 일을 하는 데 방해가 된다.

또 이런 말도 있다.

"자고로 사람의 마음은 좋아하는 사람에게 가기 마련이다. 그래서 사랑하는 가족의 말은 거짓이라도 진실로 믿고 미워하는 자의 말은 진실이라도 거짓으로 받아들인다. 그러나 좋고 싫은 개인적인 감정으로 옳고 그름을 판단한다면 어찌 도리에 맞다 하겠는가."

사람의 판단은 상대에 대한 호감도에 따라 좌우된다. 사랑하는 가족의 말은 비록 거짓이라도 진실로 받아들이고, 싫어하는 사람의 말은 진실이라도 받아들이지 않는다. 이렇듯 감정이 실리면 올바른 판단을 내릴 수 없다.

사람은 누구나 좋고 싫은 것이 있기 마련이다. 그러나 부하를 대할 때는 이러한 감정을 최대한 억제해야 한다. 감정을 억제하지 못하면 그릇된 판단을 내리게 되기 때문이다. 그러므로 윗사람은 사적인 감정을 개입해서는 안 된다.

　마지막으로 정명도에 대한 일화를 소개하겠다.

　항상 바쁘다고 입버릇처럼 떠벌이는 사람이 있었다. 어느 날 정명도가 그에게 물었다.

　"뭐가 그리 바쁘시오?"

　"처리해야 할 문제가 몇 가지 있어서 그렇습니다."

　"처리해야 할 문제라면 나도 많소. 그러나 그렇게 바쁘다고 생각한 적은 없소."

　윗자리에 있는 사람은 여기저기 신경쓸 데가 많다. 그러나 그런 내색을 하지 않고 느긋한 태도를 보여야 한다. 명도 선생의 일화는 윗사람은 매사에 느긋한 태도로 임해야 함을 가르쳐 준다.

나약함을 자각하라

　인간은 나약한 존재다. 나약하기 때문에 수많은 실패를 겪는다. 인간이 겪는 실패의 대부분은 인간의 나약함 때문이라고 할 수 있다.

　바꿔 말해 실패를 줄이려면 자신의 나약함을 자각하고 끊임없이 개선해야 한다. 어디에 중점을 두고 개선해야 하는지만 알아도 실패를 크게 줄일 수 있다.

　《근사록》에는 인간의 나약함을 자각하고 개선하기 위한 중점사항을 몇 개 예로 들었다. 그중에서 중요한 몇 가지를 소개하겠다.

《近思錄》

"군주가 위망으로 이르는 길은 하나가 아니다. 그중에서도 여자로 말미암은 경우가 많다."

군주가 자멸하는 이유는 여러 가지가 있다. 그중에서도 가장 많은 경우는 '여자', 즉 쾌락에 빠지는 것이다.

인생에는 때때로 즐거움이 있어야 한다. 즐거움이 없는 인생은 상상도 할 수 없다. 그러나 즐거움만을 추구하는 인생은 공허하며 일이 있고 즐거움이 있는 인생이야말로 이상적인 삶이다.

윗자리에 있는 사람이 개인적인 즐거움만 추구하면 조직은 붕괴된다. 따라서 즐기더라도 스스로 절제할 줄 알아야 한다.

"성인은 평온할 때도 경계를 늦추지 않는다. 평온할 때 경계를 늦추면 안일함에 젖어 교만을 낳고 여유 부리기를 즐기면 기강이 무너진다. 또 환란을 잊으면 틈이 생기는데, 이는 서서히 찾아오기 때문에 미처 깨닫지 못한다."

성인은 모든 일이 순조롭게 진행되는 때일수록 긴장을 늦추지 않는다. 순조롭게 진행된다고 방심하면 눈앞의 편안함에 빠져 교만함이 생긴다. 또한 긴장감이 사라지면 조직은 붕괴된다. 앞날을 준비하지 않으면 조금씩 틈이 생기고 미처 깨닫지 못한 사이에 점점 크게 벌어져 틈을 발견했을 때는 이미 손쓸 시기를 놓친다.

예나 지금이나 현실에 안주하여 실패한 사례는 수도 없이 많다. 실패를 피하려면 안일함을 버리고 일이 순조롭게 진행될 때 더욱 신중을 기해야 한다. 특히 오늘날과 같이 하루가 다르게 변하는 시대에는 한시도 방심해서는 안 된다. 만약 '이 정도쯤이야 상관없겠지'라고 방심하면 그때부터 도태될 것이다.

"어진 순 임금도 교언영색巧言令色을 두려워했다. 이는 교묘한 말로 사람의 마음을 현혹시키기 때문이다."

'교언영색 선의인巧言令色 鮮矣仁'은 《논어》에 나오는 말로 '그럴 듯하게 꾸며대거나 남의 비위를 잘 맞추는 사람, 즉 남에게 잘 보이려는 사람치고 마음씨 착하고 진실한 사람이 적다'는 뜻이다.

옛날 순 임금은 교언영색하는 사람을 멀리했다. 아무리 '저런 이야기는 듣지 말아야지', '저런 사람은 가까이 하지 말아야지' 하고 경계해도 어느 사이엔가 자기도 모르게 그럴 듯한 말에 끌리고 남의 비위를 잘 맞추는 사람을 가까이 하게 되기 때문이다. 그렇게 교언영색에 넘어가 자신의 판단을 그르치는 경우도 있다. 성인으로 추앙받는 순 임금조차 경계할 정도이니 우리와 같은 평범한 사람들은 더욱 멀리해야 할 것이다.

"욕망이 강한 사람은 진정한 강함이 없고, 진정으로 강한 사람은 욕망에 굴하지 않는다."

여기서 '강함'이란 자신의 신념을 관철시키는 의연한 태도를 말한다. 윗자리에 있는 사람은 자신의 신념을 관철시킬 수 있는 강함이 필요하지만 도가 지나치면 욕망이 된다. 또 욕망의 포로가 되면 비굴해지고 자신의 신념을 관철시키지 못한다. 이런 사람은 지도자로서 자격이 없다.

인간의 욕망은 생활을 윤택하게 하고 사회의 진보를 촉진시키는 원동력이다. 이렇듯 긍정적인 면도 있지만 욕망이 지나치면 잘못된 길로 빠져 자신을 잃을 수도 있다. 그러므로 신념을 관철시키는 강함을 지킬 수 있는 범위 안에서 욕망을 추구해야 한다.

"공적인 일에 사심을 갖고 행하면 이는 곧 사적인 일이 된다."

공적인 일이라도 사적인 감정이 개입되면 그것은 더는 공적인 일이라고 할 수 없다. 윗자리에 있는 사람은 항상 일을 처리할 때 사적인 감정이 개입되지 않도록 스스로 경계해야 한다.

뜻을 잃었을 때도 태연한 자세로 대처하라

'어떻게 일을 처리 해갈까', '어떻게 살아가면 좋을까', '인간관계에 어떻게 대처할까?'

우리 주변에는 풀어야할 절실한 문제가 많다. 《근사록》에는 이러한 우리 주변에서 일어나는 문제들을 중시하고 다음과 같은 귀중한 가르침을 남겼다.

끝으로 몇 가지를 소개하겠다.

"이심利心을 버려야 한다. 매사에 자기의 온당함만을 좇는 것은 모두 이심이다."

'이심利心'이란 자기의 이익과 형편만 생각하는 마음을 말한다. 이는 사리사욕이라고도 할 수 있으며, 일을 할 때 이심이 개입되어서는 안 된다. 오늘날의 정치가들에게 들려주고 싶은 이야기다. 그러나 비단 이심을 버려야 하는 사람들은 정치가뿐만이 아니다. 기업도 어느 정도 규모가 되면 공공성을 띠게 되는데, 공공성을 띠게 된 이상 회사의 이익을 위해서라면 무엇이든 해도 된다는 생각은 버려야 한다.

일반적으로 경영자나 지도자는 자기희생을 강요받는 괴로운 위치에 있다. 그런 위치에 있는 사람이 조금이라도 사심을 개입시키게 되면 사람들은 바로 등을 돌릴 것이다. 따라서 이러한 사실을 잊어서는 안 된다.

인생에서 가장 어려운 문제는 어려운 상황에 어떻게 대처하는지에 있는데, 그 대처 방법을 보면 그 사람의 기량을 알 수 있다.

《근사록》에서는 이렇게 말한다.

"군자는 마음을 안정시키고 때를 기다린다. 게다가 결과가 좋지 않아도 겸허하게 받아들일 마음의 준비를 하고 기다려야 한다."

군자는 침착하게, 지금의 힘겨운 상황이 계속될 수도 있다는 심경으로 기다려야 한다. 또한 이런 글귀도 있다.

"아랫자리에 있다가 이제 겨우 진급했는데, 어찌 갑자기 윗사람의 신뢰를 받을 수 있겠는가. 윗사람에게 신임을 받지 못했더라도 편안한 마음으로 차분히 윗사람에게 신뢰감을 줘라."

차분히 기다린 보람이 있어서 상사에게 발탁되었다고 하자. 처음에는 좀처럼 상사의 신뢰를 얻을 수 없다. 이때 차분한 마음으로 천천히 상사에게 신뢰감을 심어 줘야 하며 조급하게 굴어서는 안 된다.

지나치게 느린 것도 좋지 않지만 섣불리 행동하기보다 느긋한 마음으로 때를 기다리는 사람이 훗날 크게 발전한다.

살다보면 일이 순조롭게 진행될 때도 있고 온갖 난관에 부딪쳐 실의에 빠질 때도 있다. 이렇게 굴곡이 심한 삶을 지혜롭게 살아가는 방법을 나타낸 '실의태연 득의담연失意泰然 得意澹然'이란 글이 있다. 이는 뜻을 잃어도 태연하고 뜻을 얻어도 담담하게 대처하라는 뜻이다. 바로 삶을 달관한 태도를 가리킨다.

《근사록》에도 이와 비슷한 글귀가 있다.

"사람이 어려움에 처했을 때는 할 수 있는 일은 다 한 뒤 차분히 때를 기다려야 한다."

역경이나 위기에 처했을 때는 갖은 방법으로 대책을 강구한다. 그리고 대책을 강구한 후에는 태연하게 결과를 기다린다. 흔히 '인사人事를 다하고 천명을 기다린다' 라고 하는데 이와 일맥상통하는 말이라고 할 수 있다.

사람이 할 도리는 하지 않고 하늘의 뜻만 기다리면 좋은 결과를 기대할 수 없지만 할 도리를 다 한 후에는 더는 고민하지 말고 하늘에 뜻에 맡긴 뒤 느긋한 마음으로 기다리면 된다는 말이다.

마지막으로 하나만 더 들어보자.

"현자는 도리에 따라 안전하게 행동하고, 지知자는 미리 낌새를 채고 굳게 지킨다."

현명한 사람은 도리에 따라 살아가므로 뜻을 잃었을 때나 얻었을 때나 항상 담담하게 대처한다. 한편 지혜로운 사람은 앞으로 일어날 일을 예측하고 적당한 대책을 강구하여 자신을 지킨다.

우리도 이들처럼 명철보신의 기술을 배워야 한다. 그러기 위해서는 평소에 자신을 단련하고 수양하는 일을 게을리 하지 말아야 할 것이다.

정관정요

'정관의 치'라는 평온한 시기를 이룬 정치의 요체

《정관정요 貞觀政要》

《정관정요》에 대해

《정관정요》는 당唐 왕조의 2대 황제인 태종太宗 재위 626~649과 그를 보좌한 명신들과의 정치문답집이다. 오래전부터 제왕학帝王學의 대표적인 교과서로 꼽혔다. 당대의 역사가인 오긍吳兢이 저술했으며, 〈군도편君道篇〉에서 〈신종편愼終篇〉에 이르기까지 10권, 40편으로 구성되어 있다.

태종 이세민李世民은 부친인 고조高祖를 보좌하여 당 왕조를 건립하는 데 큰 공을 세웠으며, 고조의 뒤를 이어 2대 황제로 즉위했다. 그후 많은 인재를 모아 당 왕조 300년의 기초를 다졌다.

태종을 보좌한 인재로는 재상에 방현령房玄齡・두여회杜如晦, 정치고문에 위징魏徵・왕규王珪, 장군에 이정李靖・이적李勣 등 실력 있는 인재들이 많았다. 태종은 이들의 의견에 귀를 기울여 나라를 다스렸으며, 그가 재위하는 동안 중국은 평온하고 안정된 시기를 맞았다. 세간에는 이 시기를 일컬어 태종의 연호를 따서 '정관貞觀의 치治'라 부른다.

《정관정요》에는 태종과 명신들의 문답을 통하여 '정관의 치'라는 평온한 시기를 이룬 정치의 요체가 담겨 있다.

《정관정요》의 명언

- '일을 일으키기는 쉽고 그것을 보존하기는 어렵다 創業易守成難.' 〈군도편君道篇〉
- '편안할 때도 위태로울 때를 생각해야 한다 居安思危.' 〈군도편〉
- '군주는 배이고 백성은 물이다 君舟臣水.' 〈정체편政體篇〉
- '큰일은 모두 작은 일에서 비롯된다 凡大事皆起於小事.' 〈정체편〉
- '나라를 다스리는 일은 나무를 심는 것과 같다 治國猶如栽樹.' 〈정체편〉
- '상을 내릴 때는 사적인 감정을 개입시켜서는 안 된다 賞不私其親.' 〈봉건편封建篇〉
- '깊은 숲에는 새가 살고, 넓은 물에는 물고기가 산다 林深則鳥棲, 水廣則魚游.' 〈인의편仁義篇〉
- '흐르는 물의 맑고 탁함은 그 근원에 달려 있다 流水淸濁在其源.' 〈성신편誠信篇〉
- '정치를 하는 요체는 오로지 훌륭한 인재를 얻는 데 있다 爲政之惟在得人.' 〈숭유학편崇儒學篇〉
- '법을 적용할 때는 관용과 간결을 기본으로 하라 用法務在寬簡.' 〈사령편赦令篇〉
- '천하가 평온한 것에 의지하지 말고 항상 위기에 대비해야 한다 敢恃天下之安, 每思危亡以自戒懼.' 〈신종편愼終篇〉

수성시대의 제왕학

《정관정요》는 현대인에게 그다지 익숙한 책은 아니다. 그러나 오랜 세월 제왕학의 원전으로 많은 이들이 읽었다. 내용을 살펴보기 전에 먼저 이 책의 구성을 살펴보자.

지금부터 1350년 전쯤, 당시 중국은 당 왕조의 2대 황제인 태종이 재위했다. 태종의 이름은 이세민이며, 중국의 3천 년이나 되는 오랜 역사의 인물 중에서도 손에 꼽히는 훌륭한 군주였다. 태종은 23년 간 보위에 올랐다. 후세에 이르러 이상적인 정치를 실현한 이 시기를 태종의 연호를 따서 '정관의 치'라고 불렀다.

《정관정요》에는 '정관의 치'와 같이 이상적인 정치를 실현할 수 있는 정치의 요체가 수록되어 있다. 이 책은 주로 태종과 명신들의 짤막한 대화 형식의 일화를 소개하고 있는데, 그들이 어떤 마음가짐으로 나라를 다스렸고 어디에 주안점을 두었는지 알 수 있다. 훌륭하게 나라를 다스렸던 인물들의 알려지지 않은 이야기를 엿볼 수 있는 책이다.

《정관정요》는 오랫동안 제왕학의 교과서로 중국 황제들의 사랑을 받았다. 중국은 물론이고 일본에서도 《정관정요》의 매력에 매료된 정치가 많았다. 예를 들어, 가마쿠라鎌倉의 기초를 확립한 호조 마사코北條政子는 학자들에게 번역하라고 지시할 정도로 깊은 관심을 보였다.

또한 도쿠가와 막부德川幕府의 3백 년 기초를 다진 도쿠가와 이에야스德川家康는 유학자를 초빙하여 《정관정요》의 가르침을 받았으며, 아시카가足利 학교에 이를 출판하도록 지시하고 보급에 힘썼다. 그 덕에 에도시대의 많은 영주들이 《정관정요》를 접할 수 있었다. 게다

《貞觀政要》

가 역대 천황 중에서도 제왕학의 교과서로《정관정요》의 가르침을 받은 이들이 많았는데, 기록에 남아 있는 이들만 해도 10여 명이 넘는다고 한다. 메이지 천황도 모토다 에후元田永孚의 진강을 받았으며, 깊은 관심을 보였다고 한다.

그렇다면《정관정요》에서 말하는 제왕학의 요체는 무엇일까?

바로 수성시대의 지도자가 갖춰야 할 마음가짐이다.《정관정요》에는 '창업이 어려운가, 수성이 어려운가草創與守成孰難?'라는 유명한 문답이 있다. 여기서 말하는 '수성'이란 완성된 것을 지킨다는 뜻이다.

어느 날, 태종이 신하들에게 물었다.

"제왕의 사업 중 나라를 세우는 일이 어렵겠소, 지키는 일이 어렵겠소?"

그러자 재상 방현령이 대답했다.

"나라를 세울 때는 사회가 혼란스럽고 여기저기에서 뛰어난 영웅들이 활발한 움직임을 보입니다. 천하를 통일하려면 이들과의 패권 다툼에서 이겨야 합니다. 그러므로 나라를 세우는 일이 더 어렵다고 생각합니다."

그러자 위징魏徵이라는 신하가 반론을 제기했다.

"그렇지 않습니다. 원래 천자의 자리는 하늘이 정하고 백성들이 주는 것이므로 얻기 어렵다고 할 수는 없습니다. 그러나 일단 천하를 얻으면 마음이 해이해지고 억제할 수 없는 욕망이 생깁니다. 평온하게 살길 원하는 백성들의 바람과 달리 징집이 끊이지 않고 백성들은 기아에 허덕이는데 제왕의 호화스러운 생활을 감당하기 위해 점점 더 많은 세금을 거둬들입니다. 그러니 나라가 기울 수밖에 없습니다. 그러므로 저는 나라를 지키는 일이 더 어렵다고 생각합니다."

두 사람의 의견을 듣고 태종은 말했다.

"두 사람의 뜻을 잘 알았소. 방현령은 짐을 도와 천하를 평정하고 갖은 고생 끝에 구사일생으로 목숨을 건져 지금에 이르렀소. 그의 처지에서 보면 나라를 세우는 일이 더 어렵다고 생각하는 것도 무리는 아니오. 반면, 위징은 짐을 도와 천하의 안정을 도모해 왔소. 지금 조금이라도 방심하면 분명 나라의 존속이 위험해질 거라고 늘 걱정하고 있소. 그러니 나라를 지키는 일이 어렵다고 한 것일게요. 자, 나라를 세울 때의 어려움은 이미 지난 일이니, 앞으로는 그대들과 함께 전력으로 나라를 지킬 것이오."

태종은 이러한 생각으로 나라를 평온하게 다스렸고 훌륭한 군주로 오랫동안 존경받았다. 《정관정요》에는 이러한 태종의 고심이 그대로 드러난다.

다음으로 태종이 군주로서 어떤 점에 고심하고 주의를 기울였는지 구체적으로 알아보자.

부하의 의견에 귀를 기울여라

항우와 유방은 진의 시황제가 죽은 후 천하를 얻기 위해 패권다툼을 벌였다. 결국 유방이 항우를 이기고 천하를 통일하여 한漢 왕조를 세웠다.

이들의 싸움은 처음에는 항우가 압도적으로 우세했다. 그러나 유방은 끈질기게 열세를 만회하여 마침내 역전승을 거두었다. 유방은 승리의 비결에 대해 이렇게 말했다.

"짐에게는 소하, 장량, 한신이라는 유능한 인재가 있소. 짐이 항우를 이길 수 있던 비결은 이들을 잘 다스렸기 때문이오. 항우에게도 범증范增이라는 책사가 있었지만 항우는 그 자를 제대로 다스리지 못하여 결국 지고 말았소."

유방은 수하에 있는 인재 세 명을 잘 다스려 승리를 거두었다. 부하를 잘 다스렸다고 해서 수족처럼 마음대로 부렸다는 의미가 아니다. 유방은 그들의 의견에 귀를 기울이고 좋은 의견은 적극적으로 받아들였다. 직접 명령을 내리거나 지시하지 않고 부하의 의견을 듣고 옳다고 판단되면 실행하도록 지시했다.

이 방법은 부하가 책임감을 느껴 더욱 열심히 명령을 받들게 하는 효과가 있다. 유방이 부하를 잘 다스릴 수 있던 것은 부하의 의견에 귀를 기울이고 의욕을 불러일으켰기 때문이다.

이때, 부하의 의견은 크게 두 가지로 나눌 수 있다. 첫째, 정책이나 전략전술에 관한 진언이며, 둘째, 왕이나 관리들의 과실을 지적하는 간언이다.

유방은 주로 정책이나 전략전술에 관한 진언을 귀 담아 들었지만, 지도자는 자신의 과실을 지적하는 간언에 더욱 귀를 기울여야 한다. 물론 쉬운 일은 아니다.

중국 속담에 "좋은 약은 입에 쓰나 병에는 이롭고, 충언은 듣기에는 거북하나 도움이 된다"라는 말이 있다. 이렇듯 간언은 듣는 사람에게 그리 유쾌하지는 않다.

자신의 결점이나 잘못을 지적받고 좋아할 사람은 없다. 이를 아무런 거리낌 없이 솔직하게 받아들이려면 굉장한 인내심이 필요하다. 작가인 시로야마 사부로城山三郎는 "요즘 기업인들은 아첨꾼을 가까이 두는 사람이 많다"라고 말했다. 이와 마찬가지로 군주는 간언을 하는 충신은 멀리하고 입에 발린 소리만 하는 간신들을 가까이 하기 십상이다.

중국 역대 황제 가운데 당 태종만큼 간언을 좋아한 사람은 없을 것이다. 《정관정요》를 보면 그가 얼마나 적극적으로 중신들에게 간언을 구했는지 쉽게 알 수 있다.

하루는 태종이 중신들을 불러놓고 말했다.

"옛날부터 자기 맘대로 행동하는 제왕이 많았소. 기분 좋을 때는 아무런 공도 없는 사람에게도 상을 내리고, 화가 날 때는 아무렇지도 않게 무고한 사람을 죽이기도 했소. 그래서 대란이 끊이질 않았소. 짐도 그들과 같은 길을 걸을까 두렵소. 그러니 짐이 그럴 경우 부담 갖지 말고 말해 주시오. 또한 그대들도 부하의 간언을 기쁘게 받아들이시오. 의견이 다르다고 거부해서는 안 되오. 부하의 간언을 받아들이지 못하는 사람은 윗사람에게 간언할 자격이 없소."

그리고 꽤 세월이 흘러, 태종이 위징에게 물었다.

"요즘은 의견을 말해 주는 사람이 통 없으니 도대체 어찌된 일이오?"

"폐하는 신하들의 간언을 아무 거리낌 없이 솔직하게 들어주셨습니다. 그러니 거리낌 없이 의견을 말하는 자도 있을 법합니다. 그러나 다들 침묵을 지키고 있고, 그 이유는 서로 다릅니다. 의지가 약한 사람은 속으로는 생각하고 있어도 말을 내뱉지 못합니다. 평소에 모시던 분이 아닌 사람에게는 미움을 살까 두려워 좀처럼 말을 하지 않습니다. 또한 지위에 집착하는 사람은 섣불리 말을 꺼냈다가 힘들게 오른 지위를 빼앗길까 두려워 적극적으로 말하려고 하지 않습니다. 이것이 다들 침묵을 지키는 이유이옵니다."

위징의 대답은 부하의 심리를 잘 묘사하고 있다. 게다가 군주가 간과하기 쉬운 점까지 지적하고 있다. 이에 대해 태종은 다음과 같이 대답했다.

"과연 그대 말이 옳소. 짐도 항상 그것이 마음에 걸렸소. 신하가 군주에게 간언하려면 죽음을 각오해야 하오. 이는 사형장에 끌려가거나 적진 한가운데로 뛰어 들어가는 것과 같소. 두려움 없이 간언하는 신하가 적은 것은 이 때문일 것이오. 짐은 앞으로 겸허한 자세로 그대들의 간언을 받아들일 생각이오. 그러니 그대들도 괜한 걱정하지 말고 거리낌 없이 의견을 말해 주시오."

태종은 평생 겸허한 자세로 신하들의 의견에 귀를 기울였다고 한다. 이러한 태도야말로《정관정요》에서 배울 수 있는 제왕학의 첫 번째 조건일 것이다.

태종은 위징과 방현령을 비롯한 유능한 인재를 곁에 두었다. 도움이 되는 의견을 얻으려면 유능한 인재를 곁에 두어야 한다. 또한 끊임없이 인재를 등용하려는 노력도 기울여야 한다.

자신을 먼저 다스려라

앞에서 말했듯이《논어》에는 "윗사람의 몸가짐이 바르면 명령하지 않아도 아랫사람은 행하고, 그 몸가짐이 부정하면 비록 호령하더라도 아랫사람은 따르지 않는다"라는 명언이 있다. '행동이 바른 사람은 명령을 내리지 않아도 부하가 따르나, 행동이 바르지 못한 사람은 아무리 명령을 해도 아무도 따르지 않는다'는 뜻이다. 이는 어느 시대를 막론하고 지도자와 간부들이 명심해야 할 점이다.

부하들은 항상 지도자나 간부의 일거수일투족을 주시한다. 자칫 부하 앞에 그릇된 행동이나 태도를 보이면 부하의 사기는 떨어지고, 심할 때는 조직이 붕괴될 우려도 있다.

태종은 꾸준히 자신을 경계하고 행동을 삼가 백성들에게 모범을 보였다. 《정관정요》에 다음과 같은 문답이 실려 있다.

어느 날, 태종이 중신들에게 말했다.

"군주는 항상 첫 번째로 백성의 생활이 안정되도록 힘써야 하오. 백성이 땀을 흘려 모은 돈을 갈취하여 혼자서만 호화스런 생활을 누리는 것은 자신의 허벅지살을 베어 먹는 것과 같소. 배를 다 채웠을 때는 더 이상 몸을 지탱할 수 없게 되오. 나라가 평온하기를 바란다면 우선 스스로 바르게 행동해야 하오. 내 지금껏 똑바로 서 있는데 그림자가 휘어 있거나, 군주가 훌륭하게 나라를 다스리는데 백성이 멋대로 행동했다는 이야기는 들어보지 못했소. 짐은 항상 지나친 욕망이 자멸을 초래한다고 생각해 왔소. 날마다 맛있고 기름진 음식을 먹으며 음악과 여색에 빠져 욕망을 절제하지 못한다면 막대한 비용이 들 것이오. 그러면 정작 나라를 다스리는 일에는 관심이 없고 자신의 욕망을 채우기 위해 백성들을 더욱 힘들게 할 것이오. 게다가 군주가 도리에 어긋난 말을 하면 민심은 흉흉해지고 반란을 도모하는 자도 나올 것이오. 그래서 짐은 항상 욕망을 절제하려고 노력해 왔소."

그러자 위징이 말했다.

"예로부터 성인으로 추앙받은 군주들은 모두 자신의 욕망을 절제하고 바르게 행동을 하려고 노력해 왔습니다. 그래서 이상적인 정치를 할 수 있었지요. 일찍이 초楚나라의 장왕莊王은 첨하詹何라는 현인을 초대하여 정치의 요체를 물었습니다. 그는 '우선 군주가 자신을 먼저 다스리고 올바르게 행동해야 합니다'라고 대답했습니다. 장왕이 구체적인 방법을 물었지만, '군주가 올바르게 나라를 다스리는데 나라가 어지러워진 예는 없습니다'라고 대답할 뿐이었습니다. 폐하께서 말씀하신 내용과 같은 이야기입니다."

당의 태종은 자신을 먼저 다스리고 나라를 다스렸으며, 백성들에게 모범이 될 수 있도록 바르게 행동을 하려고 노력했다. 그러나 아무리 노력해도 부족하다는 불안을 느낀 태종은 위징에게 고민을 털어놓았다.

"짐은 항상 바르게 행동하려고 노력해 왔소. 그런데 아무리 노력해도 옛날 성인들을 따라갈 수가 없소. 사람들에게 비웃음을 살까 두렵소."

위징은 이렇게 위로했다.

"옛날, 노魯나라의 애공哀公이라는 자가 공자에게 '세상에는 건망증이 아주 심한 사람도 있습디다. 이사를 갈 때, 부인을 깜빡 잊고 데려가지 않았다고 하더군요'라고 말하자, 공자는 '그보다 더 심한 사람도 있습니다. 폭군이었던 걸왕桀王, 중국 하왕조의 마지막 왕-역주과 주왕紂王, 중국 은왕조의 마지막 왕-역주은 자기 부인뿐만 아니라 자신조차 잊었으니 말이오'라고 대답했다고 합니다. 그러니 폐하께서도 절대로 자신을 다스리는 일을 게을리 해서는 안 됩니다. 이것만 명심하신다면 적어도 후세 사람들에게 비웃음을 당하지는 않을 것입니다."

위징의 말에 태종은 수긍이 가는 듯 고개를 끄덕였다.

지도자가 모범을 보여 자신을 올바르게 다스리면 부하는 지도자를 본받아 자신을 정비하고 조직은 체계가 잡힌다. 이것이 바로 제왕학의 두 번째 조건이다.

초심을 유지하라

중요한 임무를 맡거나 지도자가 되면 누구나 결의를 새롭게 다지고 긴장하며 모든 일에 임한다. 그러나 긴장감을 유지하기는 어렵다. 2, 3년이 지나 일이 익숙해지면 점차 긴장감이 풀린다. 《정관정요》에서는 긴장감이 풀린 사람은 지도자로서 실격이라고 말한다. 이와 관련하여 다음과 같은 문답을 소개하고 있다.

어느 날, 태종이 신하들에게 물었다.
"나라를 평화롭게 유지하는 것이 어려운 일이겠소, 아니면 쉬운 일이겠소?"
그러자 위징이 대답했다.
"굉장히 어려운 일이라고 생각합니다."
그러자 태종이 되물었다.
"우수한 인재를 등용하여 그들의 의견에 귀를 기울여 나라를 다스린다면 쉽지 않겠소? 그렇게 어려울 것 같지 않소만."

"지금까지 선왕들이 어떠했는지 생각해 보십시오. 나라가 위태로울 때는 우수한 인재를 등용하여 그들의 의견에 귀를 기울여 나라를 다스렸지만, 어느 정도 나라의 기반이 잡히면 처음의 긴장감은 사라지고 마음이 해이해집니다. 신하들은 군주의 미움을 받을까 두려워 군주에게 잘못이 있어도 함부로 말씀드리려 하지 않습니다. 그러다 보면 나라는 점차 혼란스러워지고 결국 멸망하게 됩니다.

옛날부터 성인들이 평화로울 때일수록 위험에 대비하라고 말한 것은 이 때문입니다. 나라가 평온할수록 긴장감을 늦추지 말아야 합니다. 그런 연유로 어렵다고 말씀드렸습니다."

위징은 성인의 말씀을 인용하여 태종에게 나라가 평온할 때일수록 더욱 긴장하라고 간언했다. 그러나 이를 실행에 옮기기는 생각보다 어렵다.

긴장감을 유지하지 못해 실패한 대표적인 인물로 당의 현종을 들 수 있다. 그도 즉위했을 당시에는 긴장감을 갖고 정치에 전념하여 '개원의 치'라 불리는 태평천하를 이룩했다. 그러나 시간이 지나자 정치에 싫증을 느끼고 절세미인이었던 양귀비에게 빠져 나라와 백성을 등한시한 나머지 마침내 나라가 멸망한다. 현종과 같은 사례는 3천 년 중국 역사에서 셀 수 없을 정도로 반복되어 왔다. 결코 중국만 그랬던 것은 아니다.

태종은 '정관의 치'라 불리는 태평천하를 이룬 후에도 절대 긴장을 늦추지 않았다. 자신이 나라를 다스리던 마지막 날까지 긴장을 늦추지 않고 초심을 유지했다.

어느 날, 태종이 신하들에게 말했다.

"나라를 다스릴 때의 마음가짐은 병을 치료할 때의 마음가짐과 같소. 환자는 병이 호전될수록 더욱 몸조리에 주의를 기울여야 하오. 만약 방심하여 의사의 지시를 따르지 않으면 자칫 목숨을 잃게 될 것이오. 나라를 다스리는 일도 이와 같다오. 나라가 평온할 때 더욱 신중을 기해야 하오. 이제는 한시름 놓았다고 방심했다가는 필경 나라가 위태로워질 것이오. 지금 천하의 안위는 짐의 어깨에 달려 있소. 그래서 짐은 항상 신중을 기해 왔소. 백성들이 칭송하는 소리를 들을 때도 아직 부족하다고 스스로 경계해 왔소. 그러나 혼자 힘으로는 한계가 있어 그대들의 의견에 귀를 기울여온 것이오. 그대들과 짐은 한마음 한뜻이니 앞으로도 짐을 도와 나라를 다스리는 데 전념해 주었으면 하오. 옳지 않다고 생각되는 일이 있으면 숨기지 말고 말해 주시오. 혹시라도 짐과 그대들 사이에 의혹이 생겨 속마음을 이야기하지 않는다면 나라를 다스리는 데 막대한 피해를 주게 될 것이오."

태종은 일생 동안 초심을 유지하며 나라를 다스렸다. 실제로 무슨 일이든 마음이 해이해진 바로 그때가 고비다. 야구에서 4번 타자를 삼진으로 아웃시키고 방심하다 하위 타자에게 한방 먹는 광경을 자주 볼 수 있다. 기업을 경영하는 일도 마찬가지다. 사업이 순조롭게 진행될 때일수록 더욱 신중하게 생각하고 행동해야 한다.

자신을 철저하게 관리하라

옛날 황제는 절대 권력을 쥐고 있었다. 그래서 권력을 휘둘러 마음에 들지 않는 신하를 내쫓거나 미인을 불러들이는 등 자기가 하고 싶은 일은 무엇이든 마음대로 할 수 있었다. 권력을 남용하여 폭군으로 전락하는 사례도 많았다. 현명한 군주가 되려면 남들보다 몇 배의 자기관리가 필요하다. 다음에 소개할 사례는 《정관정요》에 실린 이야기로 자기관리의 중요성을 보여 준다.

어느 날, 중신들이 태종에게 아뢰었다.

"옛날부터 늦여름에는 고대광실高臺廣室, 규모가 크고 잘 지은 집-역주에 머물라고 했습니다. 아직 더위가 가시지도 않았는데 가을 장마가 시작되려고 합니다. 궁 안은 습기가 많아 옥체에 해롭습니다. 그러하오니 하루라도 빨리 고대광실을 짓고 거처를 옮기셔야 합니다."

황제로서 고대광실 하나쯤이야 쉽게 지을 수 있지만 태종은 이를 거절했다.

"모두 알고 있겠지만 짐은 오랫동안 신경통으로 고생했소. 신경통에 습기가 좋지 않다는 사실을 이미 알고 있지만 그대들의 청을 받아들여 고대광실을 지으려면 막대한 경비가 들 것이오. 옛날, 한漢의 문제文帝가 고대광실을 지으려 했으나 막대한 비용이 든다는 사실을 알고 중지했다고 하오. 짐은 문제의 덕망에 비할 바가 못 되는데 어찌 고대광실을 짓는 데 백성들의 피와 땀으로 거둬들인 세금을 쓴단 말이오? 이는 백성의 어버이가 되어야 할 천자로서 할 도리가 아니오."

중신들이 여러 차례 간청했으나 태종은 끝까지 거절했다고 한다.

그저 평범한 지도자가 되고자 한다면 이토록 철저하게 자기를 관리할 필요가 없을지도 모른다. 그러나 훌륭한 지도자가 되려면 강한 의지로 철저하게 자기를 관리해야 한다. 공적인 생활은 물론이고 사적인 생활에서도 철저하게 자기를 관리해야 한다.

태종의 취미는 사냥이었다. 사냥은 그에게 취미인 동시에 유일한 스트레스 해소책이었다. 그러나 이마저도 마음껏 즐기지 못했다. 중신들이 몰려와 중지하라고 간청했기 때문이다.

"만승의 군주이신 폐하께서 사냥과 같은 위험한 놀이를 즐기시다니요. 당장 그만두시는 것이 좋겠습니다. 혹시라도 다치시면 어찌시려고 하십니까? 개인적인 즐거움은 삼가시고 백성을 다스리는 데 더욱 정진해 주십시오."

당시의 사냥은 지금으로 말하자면 골프 정도에 해당될 것이다. 황제라는 이유로 마음대로 취미생활도 즐기지 못했으니 얼마나 억압된 생활을 했을까?

조금 화제에서 벗어난 이야기지만 태종의 뒤를 이은 3대 황제는 고종高宗이다. 그는 태종과 달리 매우 평범했으며, 황후인 측천무후則天武后의 치마폭에 싸인 이름뿐인 황제였다.

고종이 재위 할 당시, 한 지방에 몇 백 명이나 되는 대가족이 울타리 안에서 아무런 분란도 일으키지 않고 단란하게 살고 있었다. 이는 당시 중국에서도 매우 드문 일이었다. 어느 날 고종은 지방 순행을 돌다 이 집에 들려 그 비결을 물었다.

그러자 그 집안의 가장이 종이와 붓을 꺼내 참을 '인忍' 자를 백 번

이상 써서 조용히 내밀었다고 한다. 이들의 화합 비결은 바로 '인내심'이었다. 이를 본 고종은 깨달음을 얻었다 하여 많은 상을 내렸다고 한다.

나라의 최고 책임자인 황제는 무엇이든 마음대로 할 수 있는 자리이지만 가장 인내심이 요구되는 자리이기도 하다. 고종이 공감할 만하다. 인내를 통한 자기관리는 지도자에게 필요한 항목이며 제왕학의 세 번째 조건이다.

겸허하게 행동하고 신중하게 말하라

옛날에 주공周公이라는 유명한 재상이 있었다. 그의 아들 백금佰禽이 노魯라는 곳에 영주로 책봉되었을 때, 그는 아들을 훈계했다.

"나는 재상의 신분에 있으면서도 사람이 찾아오면 하던 식사를 멈추고서 맞이했고, 결례를 범하지 않도록 항상 노력했다. 그러면서도 항상 부족함이 없는지, 뛰어난 인재를 놓치고 있지는 않은지 걱정이 되는구나. 네가 노나라의 왕이 되었다고 해서 절대 교만하게 행동해서는 안 된다."

우리 모두 겸허하게 행동해야 한다. 특히 지도자는 반드시 갖추어야 할 항목이다. 당 태종은 이러한 면에서도 스스로 경계를 늦추지 않았다. 《정관정요》에 다음과 같은 문답이 실려 있다.

어느 날, 태종이 신하들에게 말했다.

"흔히 '황제의 자리에 오르면 사람들에게 멸시받을 일도 없으며 세상에 두려울 게 없다'고 하오. 그러나 짐은 항상 하늘을 두려워하고, 그대들의 비판에 귀를 기울이며 겸허하게 행동해 왔소. 황제라는 자가 겸허함을 잊고 거만한 태도를 취하면 가령 도리에 어긋나는 짓을 해도, 잘못을 지적해 줄 사람이 한 명도 없을 것이오. 짐은 말이나 행동을 할 때 반드시 하늘의 도리에 어긋나지 않는지, 그대들의 의견이 제대로 반영되었는지 자문하며 신중을 기해 왔소. 이는 하늘은 저렇게 높은데도 땅에서 벌어지는 일을 속속들이 알고, 신하들은 항상 군주의 행동을 주시하고 있기 때문이오. 그래서 짐은 항상 겸허하게 행동하고 말과 행동에 잘못됨이 없는지 반성을 게을리 않는 것이오."

이에 위징이 한 마디 거들었다.

"옛날 군주 중에도 처음에는 나라를 잘 다스리다가 마음이 해이해져 나라를 위기로 몰고 간 사례가 많았습니다. 그러니 부디 폐하께서도 하늘과 백성을 두려워하시어 항상 겸허하게 행동하고 스스로 경계를 게을리 하지 마십시오. 그리 하시면 나라는 앞으로도 계속해서 번영할 것이며, 혼란에 빠질 일도 없을 것이옵니다."

태종은 평생 겸허한 태도를 유지했다고 한다. 과연 명군으로 칭송받을 만한 인물이었다.

지도자는 자신을 낮추고 겸허하게 행동해야 하며 말을 할 때도 신중해야 한다. 중국 고전에 "임금의 윤언은 땀과 같다綸言如汗"는 말이 있다. '윤언'이란 천자의 말을 뜻한다. 땀은 한 번 몸 밖으로 배출되면 몸 속으로 되돌아가지 못한다. 천자의 말도 그와 같아서 일단 입 밖으로 나오면 다시는 돌이킬 수 없다. 그러므로 말을 할 때는 신중해야 한다. 태종은 이를 절실하게 깨달은 군주였다. 이에 대해 그는 이렇게 말했다.

"누군가와 이야기를 나눈다는 것은 참으로 어려운 일이오. 일반 서민들도 다른 사람과 이야기할 때 조금이라도 기분을 상하게 하면 그것을 기억했다가 언젠가 반드시 보복하기 마련이오. 하물며 만승의 군주가 신하와 이야기할 때는 사소한 실언도 용납되지 않소. 아무리 사소한 실언이라도 그 말이 미치는 영향이 매우 커서 서민들의 실언과는 비교가 되지 않소. 짐은 이를 항상 가슴깊이 새겨 두고 있소. 수隋나라의 양제煬帝는 감천궁甘泉宮, BC 200년에 세워진 궁전-역주을 보고 굉장히 마음에 들어 했다고 하오. 그런데 아쉽게도 반딧불이가 보이지 않아 등불 대신 반딧불이를 몇 마리 잡아와 연못에 풀어놓으면 좋겠다고 하자, 즉시 몇 천 명을 동원하여 엄청난 양의 반딧불이를 잡아 들였다고 하오. 사소한 말 한 마디에도 이러하니 중대사라면 그 미치는 영향이 얼마나 크겠소? 군주인 자는 반드시 말과 행동을 조심해야 하오."

태종은 이를 실천했다. 겸허한 태도와 신중한 발언은 제왕학의 네 번째 조건이다.

지금까지 《정관정요》의 내용을 소개하여 제왕학의 네 가지 조건에 대하여 살펴봤다.

당 태종은 네 가지 조건을 갖추고 실천하여 역사에 남을 명군으로 칭송받았다. 물론 그와 같이 훌륭한 길을 걷기는 결코 쉬운 일이 아니다. 우리가 비록 그와 같이 네 가지 조건을 실천하지는 못하더라도 목표로 삼고 실천하도록 노력해야 할 것이다.

좌전

정치, 외교, 전술들의 구체적인 생생한 사례들

《좌전 左傳》

《좌전》에 대해

일반적으로 《춘추좌씨전春秋左氏傳》 또는 《좌씨춘추》를 줄여 《좌전》이라고 한다. 《좌전》은 노나라의 역사를 기록한 《춘추》를 토대로 춘추시대의 역사를 기록한 책이다.

《춘추》는 공자가 집필했다고는 하나 지나치게 간결하여 재미가 없다. 《좌전》은 좌구명佐丘明이 여러 가지 일화를 더하여 재집필한 책으로, 노나라의 은공隱公 원년BC 722년부터 애공哀公 14년BC 481년에 이르는 약 242년의 역사를 다루고 있다.

춘추시대는 유구한 중국 역사 중에서도 보기 드문 동란의 시대였으며 수백 개의 나라가 흥망을 되풀이 했다.

《좌전》은 그들이 구사한 정치, 외교, 전술을 구체적인 사례를 들어 생생하게 담았다.

《좌전》의 명언

- '나라의 대의를 위해서 부모형제도 돌보지 않는다大義滅親.'〈은공隱公〉
- '자신을 수양하고 남을 책망하지 않으면 이로써 어려움을 면할 수 있다修己而不責人則免於難.'〈민공閔公〉
- '미워하는 마음을 밖으로 드러내면 원망을 산다忌則多怨.'〈희공僖公〉
- '안일한 생활을 즐기면 이름을 날릴 수 없다懷與安實敗名.'〈희공〉
- '집안에서는 형제들끼리 싸우더라도 밖에서는 남들에게 무시를 당해서는 안 된다莫如兄弟, 故封建之, 其懷柔天下也, 猶懼有外侮 專禦侮者.'〈희공〉
- '상대방을 치켜세우고 나를 낮추는 것이 덕의 기본이다卑讓 德之基也.'〈문공文公〉
- '대중의 분노는 저항하기 어렵고 자신의 욕망은 채우기 어렵다衆怒難犯專慾難成.'〈양공襄公〉
- '화와 복은 들어오는 문이 따로 있는 것이 아니라 내가 불러들이는 것이나禍福無門 唯人所召.'〈양공〉
- '공적인 일에는 공적 이익만 추구해야 하며 사적 이익이 개입되어서는 안 된다公事有公利 無私利.'〈소공昭公〉
- '교만한 사람은 망한다驕而不亡者, 未之有也.'〈정공定公〉

《좌전》의 묘미

《좌전》은 춘추시대의 치란흥망을 기록한 역사서다. 최근에는 읽는 사람이 줄었지만 예전에는 중국에서는 물론 일본에서도 널리 읽혔다고 한다.

'분명奔命, 임금의 명령을 받들기 위해 바쁘게 뛰어다님', '퇴삼사벽지退三舍辟之, 상대를 두려워하여 물러남', '대의멸친大義滅親, 국가의 대의를 위해 가족을 돌보지 않음', '백년사하청百年俟河淸, 아무리 기다려도 실현되기 어려움', '질재황지상 고지하疾在肓之上 膏之下, 질병이 명치에 들음,' '문정경중問鼎輕重, 솥의 무게를 묻는다는 말로 제위를 엿보려는 속셈을 나타냄' 등은 모두 《좌전》에서 유래되었다.

《좌전》은 《좌씨전》이라고도 하는데, 정식 명칭은 《춘추좌씨전》이다. 《춘추》는 공자가 정리한 노나라의 연대기로, BC 722년부터 BC 481년에 이르는 242년 동안의 역사를 다뤘으며 《춘추》에서 다룬 시기라고 하여 '춘추시대'라고 부르게 되었다.

또 《춘추좌씨전》의 '전'은 주역이라는 의미로, 좌구명이 《춘추》에 주역을 달았다고 하여 《좌씨전》이라고 부르게 되었다. 원래 《춘추》는 매우 간결하게 기록되어 재미가 없으나 좌구명이 주역을 단 《좌씨전》은 여러 가지 일화를 덧붙여 읽을거리가 풍부한 흥미로운 책이다.

《좌전》은 문장도 매우 뛰어나다. 표현력이 좋으며 상황을 구체적으로 묘사하고 있어서 마치 눈앞에 상황이 펼쳐지는 것처럼 생생하게 읽을 수 있다. 한 예를 들어보자.

춘추시대의 유명한 싸움으로 '필邲의 싸움'이 있다. 강대국이었던 진나라와 초나라가 싸워 진나라가 크게 패한 싸움으로 《좌전》에서는 진나라 군사가 패하여 도망치는 모습을 이렇게 묘사했다.

"환자桓子가 당황하여 북을 치며 병사들에게 먼저 강을 건너는 자에게 상을 주겠다고 하자 병사들이 앞 다투어 배에 타려고 했다. 그래서 배 안에는 칼에 잘린 손가락이 퍼내야 할 정도였다."

환자는 진나라의 사령관이다. 적의 맹렬한 공격을 받아 기량을 잃은 그는 북을 치며 후퇴하라고 명령하고 "먼저 강을 건넌 자에게 상을 주겠다"라고 발표했다. 그러자 병사들은 앞 다투어 배를 타려고 했다. 먼저 배에 탄 병사들은 뒤따라 몰려오는 병사들이 타서 배가 뒤집힐 것을 두려워하여 뱃전을 잡고 있는 동료들의 손을 베어버렸다. 그래서 배 안에 떨어진 손가락이 손으로 퍼낼 정도였다. 《좌전》에서는 이 상황을 '배 안에 손가락이 퍼내야 할 정도다'라는 표현으로 생동감 있게 묘사했다. 《좌전》의 큰 특징은 이렇듯 당시의 상황을 생생하게 묘사했다는 점이다.

게다가 춘추시대라는 특이한 시대적 상황이 《좌전》의 묘미를 더해준다. 춘추시대는 격동의 시대였으며 살아남기 위해 끊임없이 격렬한 싸움이 벌어졌다. 춘추시대 이전의 중국은 수백 개나 되는 제후국이 주 왕조의 통제를 받고 있었다. 그런데 춘추시대에 접어들어 주 왕조의 통제력이 약해지자, 제후국들 사이에 치열한 싸움이 시작되었다. 맹자는 '춘추시대에는 정의로운 싸움이 없었다'라고 말할 정도였는데, 이 시기의 중국은 살아남기 위한 치열한 싸움이 있었을 뿐 정의를 위한 싸움은 전혀 없었다. 이러한 혼란 속에서 실력 있는 패자가 나타나 통제력을 잃은 주 왕조를 대신하여 천하를 호령하게 되었다.

그러나 이들의 최종 관심거리는 자국의 이익을 확보하는 일이었다. 겉으로는 국가 간의 질서 확립, 평화 유지 등 그럴듯한 대의명분을 내세웠지만 실상은 달랐다. 약육강식의 먹고 먹히는 치열한 싸움이 계속되었다. 결국 주 왕조 초기에 8백여 개나 되었던 제후국은 치열한 싸움으로 거의 자취를 감추고 10여 개 나라만 살아남았을 뿐이었다.

《좌전》은 춘추시대의 실상을 자세하게 기록하고 있어 오늘날 읽어도 흥미진진하며 배울 점이 많다. 앞에서도 언급했듯이 이 책은 기본 교양서로 널리 읽혀져 왔다. 이는 일반 교양서와는 달리 《좌전》에는 냉혹한 현실에서 살아남기 위한 방법과 경쟁사회를 살아가는 데 필요한 지혜가 담겨 있기 때문이다.

진나라 문공의 조직강화법

춘추시대에 활약했던 패자로 진나라의 문공文公이 있다. 그는 왕위 후계자 다툼을 둘러싼 집안 문제에 휘말려 19년이나 망명생활을 했다고 한다.

보통 사람이라면 포기할 법도 한데 문공은 힘든 망명생활을 잘 견디며 끝까지 뜻을 굽히지 않았다. 그의 끈기 있는 성격은 중국 정치인들의 전형적인 특징이기도 하다.

마침내 문공은 오랜 망명생활을 접고 19년 만에 귀국하여 왕위에 오르나 오랜 시간 나라를 떠나 있었던 탓에 체제를 굳히기가 어려웠다. 모든 것을 새로 시작해야 했다.

문공은 가장 먼저 백성의 안정과 신의信義를 확립하는 데 주력했

《左傳》

다. 《좌전》에서는 그 과정을 다음과 같이 묘사했다.

문공은 망명생활을 접고 본국으로 돌아가 백성을 교화하는 데 전념했다. 그리고 2년 뒤 천하를 제패하고자 마음먹었다. 그러자 그의 심복인 구범(咎犯)이 말했다.
"백성들은 아직 '의'가 무엇인지 알지 못하며 생활도 안정되지 않았습니다."
그래서 문공은 주 왕조의 지위를 존중하는 외교정치를 펼치는 한편 민생 안정에 주력했다.
어느 정도 궤도에 오르자 문공은 때가 되었다고 판단하고 전쟁 준비를 시작했다. 그러나 구범이 다시 문공을 만류했다.
"아직 때가 아닙니다. 백성들은 아직 왕에 대한 믿음이 부족합니다."
문공은 원나라와의 싸움에서 병사들에게 본보기를 보이기로 했다. 그래서 그는 3일 만에 싸움을 끝내겠다고 병사들에게 약속하고 3일이 되자 승리가 눈앞에 보이는데도 약속대로 싸움을 중단시켜 병사들과의 약속을 지켰다. 그러자 백성들도 상거래법에 따라 정당한 방법으로 거래를 하고 더는 사기행각을 벌이지 않게 되었다고 한다.
문공은 이제는 정말 때가 되었다고 생각하고 천하를 제패하려 했으나 이번에도 구범이 만류했다.
"아직 때가 아닙니다. 백성들은 아직 '예'가 무엇인지 분별하지 못하고 윗사람을 공경할 줄 모릅니다."
그래서 문공은 병사들을 모아 대대적으로 훈련을 시켜 '예'의 본

보기를 보이고 감독관을 두어 군율을 정비했다. 그러자 백성들은 기꺼이 윗사람의 명령에 복종하게 되었다.

이 이야기는 내용은 소박하지만 지도자의 기본적인 마음가짐을 제시하고 있다.

첫째, 의를 확립한다. 지도자는 올바른 목표를 제시하여 백성들의 의욕을 끌어내야 한다.

둘째, 신뢰관계를 확립한다. 공자는 "신뢰가 없으면 백성이 따르지 않는다"라고 말했다. 정치의 기본은 신뢰관계를 확립하는 일이며 문공은 이를 충실히 따랐다.

셋째, 예를 확립한다. '예'란 사회생활의 규범을 말한다. 예가 없으면 어떤 조직도 성립되지 않는다.

문공은 기본적인 시책을 실현시켜 착실하게 자신의 위치를 굳혔다.

이번에는 귀국 후 문공이 민심을 모으기 위해 어떻게 노력했는지를 묘사한 일화이다.

문공이 외국에서 오랜 망명생활을 보낼 때, 이부수里鳧須라는 시종이 있었다. 그는 문공을 따라다녀 봐야 출세할 수 없다고 생각하고 돈을 몽땅 들고 자취를 감춰 버렸으므로 문공 일행은 끼니조차 때울 수 없는 힘든 생활을 해야 했다.

문공이 귀국하여 왕위에 오른 지 얼마 되지 않아 이부수가 찾아와 문공을 만나고자 청했다.

"이제 와서 뻔뻔하게 나를 찾아오다니…. 꼴도 보기 싫으나 목숨만은 살려줄 테니 당장 돌아가라고 이르게."

《左傳》

　　시종이 이 말을 전하자 이부수가 중얼거렸다.

　　"거참 이상하군. 그렇다면 폐하께서 지금 머리라도 감고 계신단 말이오?"

　　시종이 의아한 표정을 짓자, 그는 "머리를 감고 계신다면 머리를 거꾸로 하고 계실 테고 머리를 거꾸로 한 채로 생각하시면 옳고 그름을 반대로 판단한다는 이야기가 있어 물어본 것이오. 거참 묘한 일이구료. 머리를 감고 계신 것도 아닌데 어찌 이런 이상한 말씀을 한단 말이오"라고 말했다.

　　이 이야기를 들은 문공은 이부수를 만나기로 했다.

　　이부수는 깊이 머리를 숙이며 말했다.

　　"귀국하게 되신 것을 축하드립니다. 그러나 폐하께서도 이미 알고 계시겠지만 나라에 남아 있던 대부분의 신하들은 폐하께서 보복하지 않을까 하는 두려움으로 불안에 떨고 있습니다. 하루라도 빨리 이들의 불안을 해소시켜야 합니다. 폐하께서 망명 중이실 때 제가 돈을 훔쳐 달아난 일은 모르는 사람이 없습니다. 일족이 몰살당할 정도로 중한 죄이기는 하나 저를 용서하시고 저를 어가에 태워 도성을 달리신다면 폐하께서 과거의 잘못을 문제삼지 않는다는 소문이 퍼져 민심의 동요를 잠재울 수 있을 것이옵니다."

　　이에 문공은 그의 진언을 받아들였고 이를 본 신하들과 백성들은 차츰 안정을 되찾았다고 한다.

　　진나라는 본디부터 국토가 넓고 인구도 많았다. 정치 또한 안정되어 민심의 동요만 일어나지 않으면 쉽게 국력을 증대시킬 수 있다. 그래서 문공은 귀국한 지 몇 년 만에 국력을 증대해 패자의 지위에 오를 수 있었다.

서융의 패자, 진나라 목공

진나라의 시황제는 BC 221년 중국을 통일하고 춘추전국시대의 종지부를 찍었다. 진나라는 춘추시대 초기부터 존재했던 제법 오래된 나라로 시황제시대에 갑자기 강해진 것이 아니라 몇 백 년 동안 착실하게 국력을 쌓다가 시황제시대에 절정을 맞았다.

춘추시대에 진나라는 서쪽 후미진 곳에 있는 후진국에 불과했다. 그러나 목공穆公이 즉위하면서 전성기를 맞았다. 이때 진나라는 국력이 급속하게 증대되고 중앙 선진제국에게 '서융西戎의 패자'로 불리며 두려움의 대상이 되었다. 이는 BC 7세기의 일로 시황제보다 4백 년쯤 전의 일이다.

과연 목공은 어떻게 후진국이었던 진나라를 발전시켰을까?

우선 인재를 확보하고 등용하려는 노력을 들 수 있다.

진나라는 이상하게도 목공 이후 시황제에 이르는 4백 년 동안 국내에서는 눈에 띨만한 인재가 거의 배출되지 않았다. 부국강병에 공헌한 사람들은 모두 다른 나라에서 등용한 사람들로, 진나라는 다른 나라에서 인재를 불러들여 부국강병을 이뤘다. 즉 목공이 첫 테이프를 끊은 셈이다.

목공은 열심히 인재를 찾아 백리혜百里佑, 건숙蹇叔, 유여由余와 같은 쟁쟁한 인재를 등용했다. 게다가 이들을 전폭적으로 신뢰하여 이들에게 나라의 대사를 맡겼다.

어떤 조직이든 조직을 활성화하려면 부하의 의욕을 끌어내야 한다. 아무리 우수한 인재가 많아도 의욕을 끌어내지 못하면 소용없다. 목공은 부하들의 의욕을 끌어내는 데 탁월한 도량과 감각을 발휘했는데 그의 성공 비결은 부하를 진심으로 신뢰했다는 데 있다.

목공은 진심으로 부하를 대하고 한 번 등용한 사람은 비록 실수를 하더라고 끝까지 버리지 않았다. 그 사례를 들어보자.

어느 날 목공은 맹명시孟明視를 총사령관으로 임명하고 진晉나라를 공격하라고 명령했다. 그런데 맹명시가 이끈 군대가 효殽라는 곳에서 적의 맹렬한 반격에 무너지고 맹명시도 적에게 잡혔다. 훗날 그가 풀려나자 목공은 상복을 입고 궁 밖으로 마중 나가 "용서하시오. 모두 짐의 불찰이오. 그대는 지금의 치욕을 가슴 깊이 새기고 앞으로 맡은 일에 전념해 주시오"라고 사과하며 포로로 잡힌 부하를 처벌하지 않고 더욱 귀하게 대했다.

3년 후 목공은 맹명시에게 진나라를 공격하라고 명령했다. 맹명시는 과거의 부끄러움을 씻고 명예를 되찾겠다는 의욕에 불타 죽음을 각오하고 황하를 건너 지난 패배를 깨끗이 씻어냈다.

목공은 직접 접전지였던 효로 나가 그곳에 방치된 장병들의 사체를 정중히 매장하고 병사들에게 맹세했다.

"먼저 하늘로 올라간 영령들에게 고하오. 그대들을 죽게 한 죄는 실로 무겁소. 나는 나의 과오를 깊이 뉘우치고 이를 자자손손에게 알려 다시는 같은 실수를 범하지 않도록 할 것을 맹세하오. 부디 편히 잠드시오."

지도자 중에는 부하에게 책임을 떠넘기고 공적을 독점하려는 어리석은 자가 많다. 그러나 목공은 부하에게 공적을 돌리고 자신이 모든 책임을 졌으며 믿음으로 부하를 대했다.

또 이런 일화가 있다.

어느 날, 목공이 아끼던 준마가 달아났다. 놀란 관리인이 수소문하여 알아보니 목공의 준마는 기산岐山으로 달아났다가 그곳 마을 사람에게 잡혀 있다는 것이었다. 그런데 말을 가지러 가보니 마을 사람들이 이미 말의 가죽을 벗기고 잡아먹은 뒤였다. 놀란 관리인은 즉시 관계자 3백여 명을 잡아들이고 서둘러 목공에게 보고했다. 그러자 목공은 "고작 말 한 마리로 처벌을 내릴 필요는 없소. 들자하니 말고기를 먹고 술을 마시지 않으면 병에 걸린다고 하니 그들에게 술을 주도록 하시오"라며 마을 사람들의 죄를 용서하고 술까지 하사했다.

그 일이 있고 몇 년 후, 목공이 직접 군대를 이끌고 전쟁터에 나갔다. 그러나 병력이 밀려 고전을 면치 못했다. 결국 목공은 적의 포위를 받아 절체절명의 위기에 처하게 되었는데, 그때 한 무리의 병사들이 쏜살같이 적의 포위망을 뚫고 들어와 목공을 구출했다.

목공을 구출한 병사들은 바로 예전에 준마를 잡아먹은 죄를 용서받고 술까지 하사받은 기산의 마을 사람들이었다. 그때의 은혜를 보답하려고 자진하여 싸움에 참가했던 것이다.

제 무덤을 판 '송양지인'

자고로 지도자는 '인'을 갖춰야 한다. '인'은 상대의 기분이나 처지가 되어 이해하는 마음을 말하며 '온정'으로도 바꿔 쓸 수 있다.

지도자가 제멋대로 행동하거나 자기의 처지만 생각하고 일을 진행시키면 부하가 따르지 않는다. 지시나 명령을 내리기 전에 부하의 기분을 생각하고 상대의 처지에서 생각하는 따뜻한 이해심이 있어야 부하가 의욕을 갖고 따른다. 그런 면에서 진나라의 목공은 좋은 귀감이 된다.

그렇다고 지나치게 온정에 치우치는 것 또한 바람직하지 않다. 모든 일에는 정도가 있으며 균형을 잡는 것이 가장 중요하다. 상대를 이해하는 마음이 지나치면 여기저기 신경이 쓰여 결단을 내리지 못하는 경우도 있다. 하지만 많은 사람을 이끌어 가는 지도자는 결단력 있게 행동해야 하므로 이는 오히려 장애가 되기도 한다.

《채근담》에 "이해심이 많으면서도 결단력이 있다"라는 말이 있다. 이것이 바로 이상적인 지도자상이다. 그러나 현실적으로 이해심이 많으면 결단력이 떨어지기 마련인데 송나라의 양공襄公과 관련된 '송양지인'이라는 유명한 일화는 이를 여실히 보여 준다.

송나라는 원래 그다지 큰 나라가 아니었다. 그러나 양공은 자신의 한계를 망각하고 전국의 패자가 되려는 헛된 야망을 품었다.

어느 날, 양공은 다른 작은 나라들을 부추겨 정鄭나라를 공격했다. 정나라도 그다지 큰 나라는 아니어서 강대국인 초나라에게 도움을 청했다.

송나라의 도읍은 정나라를 공격하느라 텅 비어 있는 상태였으므로 공격하면 버티지 못하리라고 판단한 초나라는 즉시 대군을 동원하여 송나라의 도읍을 공격할 준비를 했다. 이 소식을 들은 양공은 서둘러 돌아와 홍수泓水강 부근에서 초나라의 군사와 맞붙게 되었다.

양공이 이끄는 송나라 군대는 진형을 정비하고 초나라 군대가 쳐들어오기만을 기다렸다. 그런데 초나라 군대는 아직 강을 건너지도 못한 상태였다.

이를 본 송나라 사령관 목이目夷가 양공에게 말했다.

"초나라는 우리보다 병력이 강하므로 정면 승부로는 승산이 없습니다. 적이 강을 다 건너기 전에 공격해야 합니다."

하지만 양공은 "안 되오. 그런 비겁한 짓은 할 수 없소"라며 목이의 제안을 받아들이지 않았다.

그 사이 초나라 군대는 강을 건너 진형을 정비하려고 했다. 그러자 목이가 말했다.

"지금이야말로 공격해야 할 마지막 기회입니다."

"안 되오. 상대가 진형을 정비한 후에 공격해야 하오."

목이가 거듭 공격해야 한다고 청했으나 양공은 이번에도 공격 명령을 내리지 않았다.

결과는 불 보듯 뻔했다. 양공의 군대는 무참히 짓밟히고 호위대는 모조리 전사했다. 그리고 양공은 허벅지에 부상을 입고 도망쳐야 했다.

본국으로 돌아가자 양공을 비난하는 원성이 자자했다. 그래도 양공은 자기의 과오를 인정하지 않고 다음과 같이 변명했다.

"부상당한 병사를 뒤쫓고 백발이 성성한 병사를 포로로 잡는 짓은 군자가 할 일이 아니다. 우리 선조들은 비록 싸움 중이라도 불리한 처지에 놓인 적을 공격하지 않았다. 나는 진형을 갖추지도 못한 적을 공격하는 비겁한 짓은 하지 않는다."

이를 들은 목이는 탄식하며 말했다.

"폐하께서는 전쟁이 어떤 것인지 모르셔서 그런 안이한 말씀을 하시는 겁니다. 적이 불리한 지형에 있어 진형을 갖추지 못한 것은 하늘이 도와주시는 겁니다. 초나라는 워낙 대군이라 유리한 조건에서 싸운다고 해도 승산이 높다고 할 수 없습니다. 또한 싸움터에서는 우리와 맞서는 모든 사람이 우리의 적입니다. 아무리 늙은 병사라도 생포할 수 있으면 생포해야 합니다. 어찌 백발이 성성하다 하여 놓아줄 수 있겠습니까? 진형을 갖추지 못한 적을 공격하는 것은 지극히 당연한 일입니다."

목이의 말이 옳다. 특히 먹고 먹히는 살벌한 전쟁터에서 적을 동정하면 싸움에서 이길 수 없다. 공연히 어진 척하다 싸움에서 패한 양공의 일에서 '송양지인宋襄之仁, 쓸데없는 아량을 베풂'이라는 말이 유래되었다.

적에게까지 아량을 베푼 양공의 예는 다소 극단적일지도 모른다. 하지만 상대가 아군이든 부하든 지나치게 아량을 베풀면 지도자로서 판단력이 떨어진다.

아량이나 이해심은 인간이 갖춰야 할 미덕이지만 지나치면 양공처럼 오히려 해가 될 수도 있으므로 많은 사람들을 이끄는 지도자는 이를 명심하고 항상 주의해야 한다.

오나라와 월나라의 싸움이 주는 교훈

이해가 상반되는 사람들끼리 한자리에 있는 상황을 일컬어 '오월동주吳越同舟'라고 한다. 이 말은 《손자》에 나오는데 요즘에는 조금 다른 의미로 쓰인다.

《손자》에서는 병사들이 목숨을 걸고 싸우게 하려면 사지에서 싸우라고 했다

"병사는 절체절명의 위기에 처하면 오히려 두려움을 잊는다. 탈출구가 없는 상태로 쫓기면 일치 단결하고, 적의 영역 안으로 깊숙이 파고들수록 결속을 다지며, 막다른 사태가 되면 필사적으로 싸운다. 그러므로 병사는 지시하지 않아도 스스로 행동을 조심하고, 요구하지 않아도 사력을 다하며, 군율로 구속하지 않아도 단결하고, 명령하지 않아도 믿음을 저버리지 않는다."

《손자》는 '오월동주'를 예로 들어 설명했다.

"오나라와 월나라는 원래 사이가 좋지 않으나 만약 두 나라 사람이 탄 배가 폭풍으로 위험해지면 이들은 서로 힘을 합할 것이다."

오나라와 월나라의 싸움을 통해 몇 가지 교훈을 얻을 수 있으므로 조금 더 자세히 살펴보자.

오나라와 월나라는 양자강 남쪽의 강남 지역에 위치한 나라로 춘추시대 말기에 접전을 벌여 갑작스레 역사의 각광을 받았다.

먼저 오나라가 대두되었는데 합려가 왕위에 오른 후 급속하게 국력을 증대시켜 주변 국가로 세력을 확대시켜 나갔다. 그러나 오나라는 남쪽에서 일어난 신흥국가인 월나라에게 위협을 받았다. 위협을 느낀 오왕 합려는 대군을 이끌고 월나라를 정벌하려고 했으나 월왕 구천도 만만치 않은 인물이라 결사대를 편성하여 이에 맞서고 합려의 군대를 격파시켰다. 구천에게 크게 패한 합려는 큰 상처를 입고 도주했는데 합려의 입장에서는 생각지도 못한 패배였다.

얼마 후 합려는 이때 입은 상처로 세상을 뜨게 되었다. 그때 아들인 부차를 불러 유언을 남겼다.

《左傳》

"아들아, 아비의 원수는 구천이니 절대 잊지 말거라."
"어찌 잊겠습니까? 3년 안에 반드시 복수하겠습니다."

부차는 아버지의 원수를 갚기 위해 만사를 제쳐두고 복수의 칼을 갈았다. 그리고 2년 뒤 월왕 구천과 고대하던 결전을 벌여 구천을 회계산으로 몰아넣고 항복을 받아내어 성공적으로 목적을 달성했다.

한편 구천은 어떻게 해서든 회계산의 치욕을 씻겠다고 다짐했다. 그래서 신하들과 함께 국력을 증강하는 데 힘쓰고 호시탐탐 부차를 공격할 틈을 노렸다. 그리고 20년 뒤 마침내 부차를 쓰러트리고 '회계산의 치욕'을 씻어 낼 수 있었다.

'와신상담'은 바로 이 고사에서 유래되었다.

《십팔사략》에 따르면 '와신'은 딱딱한 섶나무 위에서 자며 아버지의 복수를 다짐한 오왕 부차, '상담'은 쓰디쓴 곰의 쓸개를 핥으며 패전의 굴욕을 되새긴 월왕 구천을 일컫는다.

역경 속에서도 포기하지 않고 끝까지 이겨낸 두 사람의 끈기는 정말 놀랍다. 그러나 부차와 구천은 지도자로서 치명적인 실패를 범했다는 사실도 잊지 말아야 한다.

우선 부차는 회계산에서 구천의 항복 의사를 받아들이고 구천을 놓아주었는데, 이는 큰 실수였다. 사실 이때 부차의 참모 오자서(伍子胥)는 구천을 놓아주면 안 된다며 반대했다.

"지금 깨끗이 처리하지 않으면 반드시 후회하게 될 겁니다. 구천은 명군이고 범려와 같은 유능한 참모가 옆에 있으니 살려두면 분명 우환이 될 것입니다."

그러나 부차는 오자서의 의견을 무시하고 구천의 항복을 받아들여 구천을 제거할 좋은 기회를 놓쳤다. 결국 오자서의 말이 들어맞았다. 칠 때 확실하게 치는 결단력의 부족으로 부차는 비극을 맞은 것이다.

한편 구천은 회계산의 치욕을 씻은 후 긴장감이 풀어졌다. 한때는 중앙으로 진출하여 패자의 자리에 오른 적도 있었으나 그후 빠르게 힘을 잃고 마침내 월나라와 함께 역사의 무대에서 자취를 감췄다.

역경을 헤쳐 나간 그들의 끈기는 높이 살만하나 목적을 달성하여 정상에 올랐을 때, 한 사람은 결단력이 부족했고 다른 한 사람은 긴장이 풀어지는 큰 실수를 범했다.

우리는 오나라와 월나라의 싸움을 통해 목표를 달성하기 위한 끈기와 달성한 후에 경계해야 할 점을 배울 수 있다.

안영의 외교 교섭

춘추시대에는 작고 큰 싸움이 많았다.

그러나 중국인은 무력으로 분쟁을 해결하기보다 대화를 통한 외교교섭으로 해결하는 방법을 선호했다. 앞에서도 여러 차례 이야기했듯이 손자는 "백 번 싸워서 백 번을 이긴다 하더라도 그것이 최고의 방법은 아니다. 싸우지 않고 남의 군사를 굴복시키는 것이 으뜸이다"라고 역설했다. 이러한 사상은 모든 중국 병법서에 깔려 있으며 중국인의 일반적인 사고방식이라고 할 수 있다.

물론 춘추시대에도 분쟁을 해결하기 위해 무력과 외교 교섭이 활발하게 행해졌다. 한 예로 춘추시대 말기에 제나라 재상이었던 안영 晏의 일화가 있다.

《左傳》

제나라는 원래 강대국이라 국토가 넓었으나 안영이 재상으로 취임했을 당시에는 세력 분쟁이 일어나 국력이 쇠퇴되어 있었다. 그래서 외교 교섭을 통해 나라의 안전을 도모하는 일이 시급했다. 안영은 이러한 시대에 백성들의 기대를 한 몸에 받고 활약한 인물이다.

그의 활약상을 살펴보자.

안영이 사신으로 당시 강대국이었던 초나라를 방문했을 때였다. 초나라의 왕은 안영이 온다는 이야기를 듣고 신하들과 대책을 논의했다.

"안영은 언변에 뛰어난 인물이라고 들었소. 한번 혼쭐을 내주고 싶은데 어찌하면 좋겠소?"

그러자 신하들이 대답했다.

"이런 방법은 어떻겠습니까? 폐하께서 안영을 접견하시면 그때를 맞춰 사람을 한 명 끌고 가는 겁니다. 폐하께서는 모른 척 '뭐 하는 자냐'라고 물어보시면 '제나라 사람입니다'라고 대답하고 다시 폐하께서 '무슨 죄를 지었는가'라고 물으시면 '도둑질을 했습니다'라고 대답하는 겁니다. 그러면 안영이라도 부끄러워 얼굴을 들지 못할 것이옵니다."

모의를 마치고 드디어 안영이 들어오자 초나라 왕은 술자리를 마련하여 환영했다. 분위기가 무르익었을 무렵 병사가 한 사나이를 끌고 정원을 지나갔다. 그러자 왕이 큰 소리로 물었다.

"그 사람은 무슨 죄를 지었는가?"

"네. 제나라 사람이온데 도둑질을 했사옵니다."

초나라 왕은 안영을 돌아보며 비아냥거렸다.

"제나라 사람은 도벽이 있나보오."

멋지게 한방 먹였다고 생각하며 흐뭇해 하는 초나라 왕에게 안영이 말했다.

"이런 이야기가 있습니다. 귤나무는 회수 이남에서 자라면 귤나무지만 회수 이북에서 자라면 탱자나무가 된다고 합니다. 보기에는 비슷한데 맛은 전혀 다릅니다. 이는 남쪽과 북쪽의 토양이 완전히 다르기 때문이라고 합니다. 저 사나이도 마찬가지로 제나라에 있을 때는 도둑질을 하지 않았는데 초나라에 와서 도둑질을 한 것을 보니 초나라의 풍토가 도둑질을 부추기나 봅니다."

멋진 반격이었다. 초나라의 왕은 나중에 신하에게 "안영은 과연 듣던 대로 훌륭한 인물이오. 혼쭐을 내려다 오히려 내가 한방 먹었으니 말이오"라며 감탄했다고 한다.

안영은 키가 작고 외모도 그다지 좋은 편은 아니었던 모양이다. 중국의 정치가 등소평과 닮았던 것 같다.

어느 날, 안영은 다시 한 번 사신으로 초나라를 방문하게 되었다. 초나라 왕은 이번에는 외모로 안영을 골려줄 생각으로 "제나라에는 인물이 그리 없단 말이오? 어찌 그대 같은 사람을 사신으로 보낸단 말이오?"라며 호통을 쳤다.

"제나라에는 멋진 사람들이 많아 넘쳐 날 지경인데 사람이 없다니 무슨 말씀이십니까?"

"아니 그렇다면 어찌 그대와 같은 인물을 사신으로 보낸단 말이오?"

안영은 이렇게 대답했다.

"송구하오나 우리나라에서는 사신을 파견할 때 현명한 나라에게

《左傳》

는 현명한 사람을 보내고 우매한 나라에는 우매한 사람을 보냅니다. 그런데 제가 인물이 출중하지 못하여 이곳으로 파견되었습니다."

이 역시 위압적인 상대를 차분하게 굴복시킨 예라고 할 수 있다.

공자는 《논어》에서 훌륭한 지도자의 조건으로 여러 나라에 사신으로 가서 나라를 욕되게 하지 않아야 한다고 말했다. 훌륭한 지도자는 어떤 나라에 가든 국민의 기대에 부응하는 외교 교섭을 달성해야 한다.

이는 정치는 물론이고 비즈니스 교섭에서도 마찬가지다. 또한 교섭에 능한 사람이 되려면 평소에 교섭 능력을 익혀야 하는데, 이것도 지도자의 기본 조건임을 명심해야 한다.

관자

강한 설득력과 유연한 논리를 내세운 병법론, 정치론, 외교론

《관자 管子》

《관자》에 대해

《관자》는 춘추시대 제나라의 재상이었던 관중管仲의 언설을 모은 책이다. 오늘날까지 전해져 내려온 76편 중 관중이 직접 쓴 것은 〈목민牧民〉, 〈형세形勢〉, 〈권수權修〉, 〈입정立政〉, 〈승마乘馬〉, 〈칠법七法〉, 〈판법版法〉, 〈유관幼官〉, 〈유관도幼官圖〉 등 9편이고 나머지는 후대 사람이 쓴 것으로 추정된다.

이 책의 특징은 경제력 강화와 민생 안전을 도모하여 부국강병을 꾀했다는 것인데 지금으로부터 2천 수백 년 전인 당시에는 매우 선진적인 사상이었다.

관중은 재상으로 제나라의 환공을 모시며 평범했던 제나라를 일약 최대 강국인 패자로 끌어올렸다. 이는 그가 채택한 정책이 정확하게 맞아떨어졌기 때문이다.

《관자》는 후대 위정자들에게 널리 읽혔다.

《관자》의 명언

- '창고가 차야 비로소 예절을 알고, 먹고 입을 것이 풍족해야 비로소 명예와 치욕을 안다倉廩實則知禮節, 衣食足則知榮辱.' 〈목민편牧民篇〉
- '정치가 잘 되는 것은 위정자가 민심을 따르기 때문이고 정치가 잘 안 되는 것은 민심을 거스르기 때문이다政之所興, 在順民心 政之所廢, 在逆民心.' 〈목민편〉
- '반드시 할 수 있다고 말하는 사람은 기대할 것이 못되고 맡겨달라고 쉽게 청하는 사람은 믿을 것이 못 된다必得之事, 不足賴也 必諾之言, 不足信也.' 〈형세편形勢篇〉
- '땅이 곡식을 낳는 것도 일정한 때가 있고 백성의 힘에도 한계가 있기 마련인데 군주의 욕심에는 끝이 없다地之生財有時, 民之用力有倦, 而人君之欲無窮.' 〈권수편權修篇〉
- '군주에게 법령보다 좋은 통치수단은 없다. 법령이 중해야 군주를 존경하고 군주가 존경받아야 나라가 안정된다凡君國之重器, 莫重于令, 令重則君尊, 君尊則國安.' 〈중령편重令篇〉
- '기수機數에 밝지 못하면 천하를 바로잡을 수 없다而不明于機數, 不能正大下.' 〈칠법편七法篇〉
- '사랑은 미움의 시초이고 은덕은 원한의 근원이다愛者憎之始也, 德者怨之本也.' 〈추언편樞言篇〉
- '천하를 얻고자 하는 자는 먼저 사람을 얻어라夫爭天下者, 必先爭人.' 〈패언편霸言篇〉

관포지교

《관자》라는 고전은 몰라도 명재상 관중의 이름은 들어 본 적이 있을 것이다. 관중은 지금으로부터 2650년쯤 전, 춘추시대에 활약했던 재상으로 유구한 역사를 자랑하는 중국에서도 명재상으로 평가되는 단연 돋보이는 인물이다.

《관자》는 탁월한 정치가 관중의 소론을 정리한 고전이다.

관중이 활약했던 춘추시대에는 권위가 실추된 주 왕조를 대신해 실력 있는 제후들이 등장하여 천하의 정치를 도맡아 관리했는데 이를 '패자' 라 한다. 이에 제나라의 환공桓公이 첫 번째 패자였는데 그를 보필한 자가 바로 관중이었다.

제나라는 지금의 산동반도 일대를 다스렸던 나라로 환공이 즉위했을 당시에는 그다지 강한 나라가 아니었으며 환공 또한 평범한 인물이었다.

그러나 관중이 재상이 된 후로 세력이 강해져 일약 패자가 되어 천하를 호령하게 되었다. 모두 관중이 잘 보필했던 덕이라고 하니 그가 얼마나 뛰어난 역량을 지녔는지 짐작할만하다.

'관포지교管鮑之交' 라는 고사성어가 있다. 이는 관중과 그의 죽마고우인 포숙아의 두터운 우정을 뜻하는 말이다. 그에 얽힌 일화를 살펴보자.

관중은 처음부터 환공을 보필하지는 않았다. 중간에 등용된 인재였다.

이야기를 환공이 즉위할 당시 왕위 계승권을 둘러싸고 환공과 그의 형, 규糾가 싸움을 벌였을 때로 거슬러 올라가 보자. 결국 환공이 규를 누르고 즉위했는데, 이 싸움에서 관중은 규의 참모로 있었다. 그런데 관중이 반역자로 잡혔을 때 당시 환공의 참모였던 죽마고우 포숙아가 중재에 나섰다. 포숙아가 환공에게 말했다.

"저는 운이 좋아 폐하를 모실 수 있었고 폐하께서는 제나라의 왕이 되셨습니다. 그러나 앞으로의 일을 생각하면 마음이 무겁습니다. 폐하께서 제나라의 왕으로 만족하신다면 저 하나로도 충분하겠지만 천하의 패자가 되시려면 관중이 있어야 합니다. 관중을 데려가는 나라는 분명 천하를 지배하게 될 것입니다. 그러니 부디 관중을 등용하여 제나라의 정치를 맡겨 주십시오."

이렇게 포숙아의 중재로 관중은 죄를 사면받고 재상이 되어 한때 적이었던 환공을 보필하며 정치적 수완을 힘껏 발휘했다.

어찌 보면 관중은 포숙아의 경쟁 상대라고 할 수 있다. 사람은 누구나 자신의 지위를 위협하는 유능한 인재를 경계하고 꺼린다. 또한 대적할 수 없다고 생각되면 몰래 정치적 계략을 꾸며 어떻게 해서든 상대의 지위를 떨어트리려고 한다. 그런데 포숙아는 달랐다. 그는 자신의 역량이 어느 정도인지 정확히 파악하고 나라와 환공을 위해 관중을 추천했다.

훗날 관중은 포숙아와의 우정을 이렇게 회상했다.

"나는 가난했던 시절에 포숙아를 만나 함께 장사를 한 적이 있다. 그러나 얻은 이익을 나눌 때 내가 좀 더 많이 이익을 취해도 그는 나를 욕심쟁이라고 하지 않았다. 내가 가난하다는 것을 알고 있었기 때문이다. 또한 그를 돕고자 한 일이 뜻대로 되지 않아 오히려 궁지에 빠트린 적도 있었으나 그는 나를 어리석다고 비판하지 않았다. 세상일이 뜻대로 잘 풀릴 때도 있고 그렇지 않을 때도 있다는 사실을 알고 있었기 때문이다. 또 몇 번씩이나 벼슬길에 올랐다가 물러났지만 그는 나를 무능하다고 탓하지 않았다. 아직 좋은 때를 만나지 못했음을 알고 있었기 때문이다. 그리고 내가 싸움에 나갔다가 도망쳐 돌아왔을 때도 그는 나를 비겁하다고 욕하지 않았다. 나에게 부양해야 할 연로한 어머니가 있다는 사실을 알고 있었기 때문이다. 게다가 모시던 규 공자가 후계자 다툼에 졌을 때 살아남아 포로로 잡히는 치욕스러운 일을 당했으나 그는 나를 파렴치하다고 비난하지 않았다. 내가 눈앞의 명예에 구애받지 않고 천하에 공명을 떨치지 못하는 일이야말로 치욕스러운 일이라고 생각한다는 사실을 알고 있었기 때문이다. 나를 낳아준 사람은 부모님이지만 나를 진심으로 이해해준 사람은 포숙아이다."

이 이야기는 이상적인 우정상을 보여 주는데, 이들의 두터운 우정을 이르는 말로 '관포지교'라는 말이 유래되었다.

포숙아는 관중을 재상으로 추천한 후 자기는 그보다 낮은 지위에서 환궁을 보필했다. 이를 본 사람들은 관중의 능력을 칭찬하기보다 포숙아의 인간성을 높이 평가했다고 한다.

이렇게 환공을 모시게 된 관중은 그후 40년 동안 재상으로 있으면서 약소국이었던 제나라를 최강국으로 발전시켰다. 《관자》에는 제나라를 강대국으로 성장시킨 비결이 담겨 있다.

지금부터 《관자》의 내용을 살펴보며 관중의 정치적 특징을 살펴보자.

《管子》

확고한 이상

"먹고 입을 것이 풍족해야 비로소 예절을 안다."

이 말은 관중이 남긴 명언 중에서도 가장 널리 알려진 말이다.

그러나 이는 원전에 비추어 볼 때 정확한 표현이 아니다. 《관자》에는 '창고가 차야 비로소 예절을 알고, 먹고 입을 것이 풍족해야 비로소 명예와 치욕을 안다'라고 되어 있다.

이 두 문장을 줄여 '먹고 입을 것이 풍족해야 비로소 예절을 안다'라고 말하게 되었는데 생활이 안정되면 저절로 백성의 도덕의식이 높아진다는 의미다.

현대 사회는 물자는 풍요로우나 예절을 알고 있다고 하기에는 세상이 너무 어수선하여 이 말은 잘못된 것처럼 보인다.

그러나 관중은 경제를 중시해야 한다고 강조했다. 나라의 번영을 도모하려면 무엇보다 경제력을 높여 백성의 안정을 도모해야 한다는 것이다.

관중은 이렇게 말했다.

"물자가 풍부한 나라에는 아무리 먼 곳에서라도 백성들이 모여들고 개발이 잘 된 나라에서는 다른 곳으로 이주하는 사람이 없다. 위정자는 무엇보다 경제를 중시해야 한다. 형벌을 내리는 일은 그 다음에 생각할 문제이다. 먼저 민생을 안정시키고 도덕의식을 높이는 일이 국가를 존립시키는 기본이다."

오늘날에는 경제를 중시하라는 관중의 주장이 당연하게 생각되지만 관중이 활약했던 시대는 치열한 싸움이 끊이지 않았다. 보통 사람이라면 분명 무력이나 군사력 확장에 주력했을 텐데 관중은 경제를 중시하라고 주장했다.

또한 이를 실천하여 멋지게 성공했다. 관중은 실로 대단한 식견과 역량을 지닌 인물이었다.

그렇다고 관중이 단순히 경제력만 높여야 한다고 주장했던 것은 아니다. 경제력을 높이는 것은 어디까지나 수단이고 이를 통해 도덕의식을 향상시키는 일이 목적이었다.

도덕의식이란 구체적으로 무엇을 말하는가? 관중은 예禮, 의義, 염廉, 치恥의 네 가지를 들었다.

'예'는 절도를 지키는 일을 말하며, '의'는 자기를 내세우지 않는 것을 의미한다. '염'은 자기의 잘못을 숨기지 않는 일, 그리고 '치'는 남이 악행을 저지르는 데 동참하지 않는 것을 뜻한다.

관중은 이렇게 말했다.

"백성이 절도를 지키면 질서가 바로잡힐 것이고 자기를 내세우는 자가 없으면 거짓말이 사라질 것이다. 자기의 잘못을 숨기는 자가 없으면 부정부패가 사라지고 남의 악행에 동참하지 않으면 나쁜 일을 꾸미지 않게 될 것이다. 나라는 예, 의, 염, 치 등 네 개의 줄로 얽은 그물로 유지된다. 네 개 중 하나라도 끊기면 안정을 잃고 두 개가 끊기면 한쪽으로 기운다. 그리고 세 개가 끊기면 완전히 뒤집히고 네 개 모두 끊어지면 멸망한다. 안정은 회복할 수 있고 기울어지거나 전복되어도 다시 세울 수 있다. 그러나 멸망한 후에는 돌이킬 수 없다."

이렇듯 관중은 정치의 근본으로 도덕의식 향상을 중시했다. 그렇다고 그를 융통성 없는 도덕지상주의자로 몰아세워서는 안 된다. 그의 정치는 어떤 의미에서 매우 유연하기 때문이다.

《管子》

관중은 다음과 같이 말했다.

"정치의 요체는 민심을 헤아려 그에 따르는 것이다. 민심을 무시한 정치는 언젠가는 한계에 부딪히기 마련이다."

정책을 세울 때는 백성이 무엇을 원하는지를 두루 살피고 헤아려 백성들의 바람에 따른 정책을 만들어야 한다. 이것이야말로 민심에 순응한 정치라고 할 수 있다.

관중은 이렇게 덧붙였다.

"모든 백성은 고난을 원치 않는다. 그러므로 군주는 백성들의 고난을 덜어 줄 방법을 강구해야 한다. 모든 백성은 가난을 싫어한다. 그러므로 군주는 백성의 생활을 윤택하게 만들어야 한다. 모든 백성은 뜻하지 않은 재난을 원치 않는다. 그러므로 군주는 백성의 안전을 도모해야 한다. 모든 백성은 가문이 멸망당하는 큰 재앙을 원치 않는다. 그러므로 군주는 백성의 번영을 도모해야 한다."

이 조건을 채우지 못하면 어떤 결과가 나타날까?

"고난을 덜어 주는 군주를 위해서라면 백성은 어떠한 어려움도 마다하지 않을 것이며 생활을 풍요롭게 해주는 군주를 위해서라면 어떠한 가난도 견뎌낼 것이다. 안전을 도모해 주는 군주를 위해서라면 백성은 어떠한 재난도 감수할 것이며 번영을 도모해 주는 군주를 위해서라면 백성은 목숨을 걸고 싸울 것이다. 민심을 잡지 않고 형벌로 위협하여 따르도록 강요해도 백성들은 복종하지 않는다. 백성이 따르지 않는다고 지나치게 형벌을 가하고 공연히 사람을 처형하여 위협하는 짓은 스스로 자기 무덤을 파는 행동이다."

이어 관중은 "얻고자 하면 먼저 줘라. 이것이 정치의 요체다"라고 단언했다.

나라가 백성에게 요구하기보다 먼저 백성의 소리에 귀를 기울이고 그들의 요구를 실현시켜야 함을 강조한 말이다.
　위에서 본대로 관중은 확고하게 이상을 내세우면서도 이상주의에 치우치지 않고 현실에 맞춰 유연하게 나라를 다스린 지도자로 손꼽히고 있다.

위정자의 마음가짐

　이번 장에서는 《관자》에서 주장한 정치에 대해 위정자의 처지에서 생각해 보자. 관중은 군주가 쉽게 범하는 실수를 세 가지로 들어 설명했다.
　"군주는 백성에게 요구, 금지, 명령을 할 수 있다. 그러나 도가 지나치면 군주의 지위가 위태로워진다."
　그렇다면 그 이유는 무엇일까?
　사람의 심리는 요구하면 반드시 얻고 싶고, 금지하면 반드시 그만두게 하고 싶다. 또 명령을 내리면 반드시 따르게 하고 싶다. 그런데 함부로 요구하면 오히려 얻어지는 것이 적으며 이것저것 금지하는 것이 많으면 오히려 위반하는 사람이 많아진다.
　게다가 무턱대고 명령을 내리면 오히려 실행하는 사람은 적다. 실제로 요구를 많이 하여 성과를 올린 사례는 찾아볼 수 없으며 금지를 많이 하여 위반자가 적어진 예도 없었다.
　또 명령을 많이 내려 이를 전부 실행한 적도 없었다. 위정자가 지나치게 가혹하면 백성은 명령에 복종하지 않는다. 그렇다고 형벌로

《管子》

위협하면 백성은 반항심이 생겨 군주가 안전하게 지위를 지키고자 해도 위태로워진다.

이것은 일방적인 정치는 바람직하지 않다는 점을 보여 준다. 《관자》에서는 군주가 특히 유념해야 할 조항을 세 가지로 설명했다.

첫째, 신하가 그 지위에 적합한 인격을 갖추었는가?
둘째, 신하가 그 보수에 적합한 실적을 올렸는가?
셋째, 신하가 그 지위에 적합한 능력을 지녔는가?

인격, 실적 그리고 능력은 오늘날에도 인물을 평가하는 중요한 기준이다.

관중은 "이 세 가지 조항을 유념하지 않으면 간사한 자들이 날뛰고 아첨하는 자들이 세력을 넓힐 것이다. 그러므로 명군은 이 점에 항상 유념해야 한다"고 말했다.

시대를 막론하고 지도자는 사람을 판별하는 눈을 가져야 한다. 다음은 《관자》에 실린 부하를 평가할 때 주의할 사항이다.

"질투심이 강하고 고집이 센 사람은 아무리 능력이 있더라도 큰 일을 맡기면 안 된다. 눈앞에 보이는 이익에 집착하는 사람은 멀리해야 한다. '이런 일쯤 문제없다'라고 쉽게 말하는 사람에게 의지하지 말고, '어떠한 일이라면 맡겨 달라'고 쉽게 청하는 사람은 믿지 말라. 쓸데없이 입을 놀리지 않고 앞일을 예측할 수 있는 사람이 믿을 만하다."

평범하지만 핵심을 찌르는 조언이다. 또한 관중은 위정자에게 확고한 신념을 가지라고 충고했다.

"일단 내린 명령을 철회하고 다른 명령을 내리거나 정해진 법률과 제도가 자주 뒤바뀌면 백성은 법률을 지키려는 의욕을 잃고 군주를 업신여긴다. 위정자에게 확고한 신념이 있어야 백성의 신뢰를 얻을 수 있다."

말만 앞서고 말실수가 잦고 말을 자주 번복하는 지도자는 조직을 잘 이끌어 나가지 못한다. 관중은 위정자들에게 다음과 같은 요구를 덧붙였다.

"우수한 신하가 없다고 한탄하기 전에 먼저 신하를 잘 다스리고 있는지 반성하라. 물자가 부족하다고 걱정하기 전에 먼저 적절하게 분배되고 있는지를 생각하고 시의적절한 대책을 마련하라. 또한 지도자는 공평하고 사사로움 없이 행동함을 덕으로 삼아야 한다. 군주는 항상 적절한 대책을 마련하고 신하를 통솔하여 그 능력을 최대한 발휘해야 한다. 위정자가 우유부단하여 맺고 끊음이 확실하지 않으면 항상 처지고, 탐욕스러우면 민심을 얻지 못한다. 무능한 무리를 신임하면 뜻있는 신하에게 버림받는다."

위정자는 물론이고 경영자도 유능한 인재를 등용하고 적절하고 신속한 대응능력을 지녀야 하며 공평하고 사사로움 없이 조직을 관리하는 것이 중요하다.

천하를 얻고자 하는 자는 먼저 사람을 얻어라

관중은 경제를 우선으로 하는 정치를 펼쳐 국력을 키우고 자신이 모시는 환공을 패자로 만들었다. 패자란 권위가 떨어진 주 왕조를 대신하여 천하를 호령한 실력자를 일컫는데 패자는 밖으로는 이민족의 침입을 막고 안으로는 대국의 권력 횡포를 억제하여 천하의 질

《管子》

서를 유지시켰다.

그러므로 패자는 다른 나라들을 제압할 만한 뛰어난 힘이 있어야 했다.

《관자》에서는 이렇게 말한다.

"패자가 되기 위한 기본 조건은 영토가 넓고 인구가 많으며 병력도 강대해야 한다."

그러나 힘만으로는 부족하다. 힘과 더불어 국가로서 덕이 있어야 한다. 여기서 '덕'은 '성망'이나 '위신'으로 바꿔 쓸 수 있는데, 이 두 가지가 갖추어져야 비로소 다른 나라의 지지와 복종을 기대할 수 있다.

"영토가 넓고 인구가 많아도 다른 나라를 함부로 침략하지 않는다. 군주가 교만하지 않고 재정이 풍요로워도 나태한 생활에 빠지거나 욕망에 사로잡히지 않는다. 군대가 강해도 다른 나라를 얕잡아보지 않는다. 이런 나라여야 패자가 될 자격이 있다."

즉 패자가 되려면 힘과 덕을 겸비해야 한다. 힘으로 밀어붙이는 것은 다른 나라의 신뢰를 얻을 수 없으며 진심으로 복종하게 하려면 덕으로 대해야 한다.

"천하에 권력을 행사하고자 하는 자는 먼저 다른 나라에 덕을 베풀어라. 영토를 확장시키려면 먼저 베풀어야 하며 상대를 복종시키려면 먼저 양보해야 한다. 상대의 마음을 사로잡아야 비로소 권력을 행사할 수 있다."

이 또한 국가 간의 관계뿐만 아니라 인간관계에서도 그대로 적용할 수 있는 철칙이다.

힘에 의존하여 고압적으로 행동하면 상대에게 공포감을 줄 뿐 마음을 사로잡지는 못한다. 어쩌면 일시적으로 권력을 행사할 수는 있어도 오래 지속되지 않는다.

"천하를 얻고자 하는 사람은 먼저 사람을 얻어라. 그러기 위해 군주는 대국적인 판단을 할 수 있는 기량이 있어야 한다. 만약 눈앞의 이익에 집착하여 판단을 그르치면 인심을 얻을 수 없다. 대국적인 판단으로 천하 만민의 마음을 얻은 자만이 패자가 될 수 있다."

그렇다면 패자가 되기 위해서는 무엇부터 시작해야 될까? 우선 기반을 다져야 한다. 다시 말해 군주로서 위신을 확립하고 백성들의 지지를 얻어야 한다.

"패자의 출발점은 백성을 먼저 생각한다는 인식에서 시작된다. 백성이 안정되어야 나라가 평화롭고 반대로 백성이 혼란에 빠지면 나라가 위태롭다. 군주의 위신은 백성의 존경을 받아야 비로소 높아진다."

먼저 기반을 다지고 행동에 옮기려면 그에 앞서 준비를 해야 한다. 중국의 모택동은 "준비 없이는 행동하지 않는다"라고 말했다. 관중도 행동하기 전에 준비하라고 강조했다.

"준비가 제대로 되지 않으면 어떤 계략도 성공하지 못하며 모든 일이 계획으로 끝날 것이다. 행동하기 전에 먼저 치밀하게 준비하고 차분하게 적절한 때를 기다려라. 그리고 때가 되면 즉시 행동을 개시해야 한다."

또 행동을 할 때는 시기가 중요하다. 너무 서둘러도 안 되고 꾸물대서도 안 된다. 그때 상황에 맞춰 적절한 때를 포착해야 한다.

"명군이 되려면 항상 천하의 형세를 관찰하고 행동으로 옮길 때를 결정해야 한다. 그리고 행동에 옮길 때는 무엇을 먼저 시작해야 할지를 생각하라. 일의 순서에 따라 결과가 완전히 뒤바뀔 수도 있기 때문이다. 가령, 강한 경쟁 상대가 많을 때는 나서서 행동하면 위험하므로 상대의 정황을 살피며 행동하는 편이 유리하다. 반대로 이렇다할 경쟁 상대가 없으면 앞장서서 행동하는 편이 좋다. 헛되이 시간을 보내면 상대에게 선수를 빼앗길 수도 있기 때문이다."

이렇듯 《관자》에서는 기반을 다지며 철저하게 준비한 뒤 기회가 왔을 때 기민하게 행동하면 천하를 다스릴 수 있다고 주장했다.

신의를 중시한 외교

어느 날 환공이 관중에게 말했다.

"옛날, 나라를 망하게 했던 군주들은 어떤 과오를 저질렀소?"

"토지와 재물에 눈이 멀어 다른 나라의 지지를 얻지 못했으며 과중한 세금을 거둬들여 백성들의 지지를 받지 못했습니다. 또한 백성들의 환심을 사는 데만 급급하여 그들이 싫어하는 일이 무엇인지는 신경쓰지 않았습니다. 이 세 가지 과오 중 하나라도 범하면 영토를 잃는 것과 같은 손실을 입을 것이며 세 가지를 모두 범하면 나라를 잃게 될 것이옵니다. 나라를 망하게 했던 군주들도 좋아서 그렇게 된 것은 아닙니다. '이 정도면 괜찮겠지' 하는 안이한 생각이 결국 멸망을 초래한 것입니다."

관중은 멸망의 첫째 이유로 다른 나라의 지지를 얻지 못한 것을 꼽았다. 이는 시대를 막론하고 어느 나라든 마찬가지다.

그렇다면 다른 나라의 지지를 얻으려면 어떻게 해야 할까? 이미 말했듯이 무력으로 밀어붙이거나 금전 문제로 상대를 압박하는 방법은 효과적이지 않다. 국가는 마땅히 덕을 갖추어야 한다. 그와 동시에 또 하나 중요한 것이 외교 교섭이다. 다른 나라의 지지를 얻으려면 덕의 유무도 빼놓을 수 없지만 외교 교섭 능력도 매우 중요하다.

"나라의 힘은 다른 나라와 연합하는가, 그렇지 않고 고립되는가에 따라 결정된다. 다른 나라와 연합하면 강해지고 고립되면 약해진다. 천 리를 달리는 명마도 백 마리의 말이 계속해서 대항하면 당해내지 못한다. 마찬가지로 백전백승을 자랑하는 강대국이라도 다른 나라가 힘을 합쳐 대항하면 반드시 무너진다. 그러므로 군주는 자국이 놓인 상황을 제대로 파악하고 그에 적합한 외교를 펼쳐야 한다."

제나라는 관중이 재상으로 있을 당시, 점차 국력이 증대되어 군사력과 경제력을 갖춘 최고의 강대국으로 부상했다. 힘으로 제압할 수 있을 정도의 힘을 키운 것이다.

그러나 이 방법으로는 다른 나라의 신뢰를 얻을 수 없다는 사실을 관중은 잘 알고 있었다.

《관자》에 이런 이야기가 있다.

환공이 왕위에 오른 지 5년째 되던 해, 국력이 증대된 제나라는 경쟁 국가인 노나라와 싸워 승리했다. 노나라의 왕은 영토의 일부를 떼어 주는 조건으로 강화를 제의했고, 환공은 이를 받아들여 강화교섭을 진행시켰다.

그런데 노나라 왕이 강화 조건을 받아들여 조약을 체결하려고 할 때 노나라 왕을 수행해 온 조말曹沫이라는 장군이 갑자기 달려들어 환공에게 비수를 들이대며 "빼앗은 영토를 돌려주시오. 그러지 않으면 죽여 버리겠소"라며 협박했다. 놀란 환공은 그렇게 하겠다고 대답했다. 그러자 조말은 비수를 버리고 자기 자리로 돌아갔다.

협박을 받은 환공은 일단 영토를 돌려주겠다고 약속했지만 나중에 생각해 보니 분해서 견딜 수가 없었다. 그래서 조말을 없애고, 약속 자체를 없었던 일로 하려고 마음먹었다. 이 소식을 들은 관중은 환공을 만류했다.

"위협을 받아서 어쩔 수 없었다고는 하나 약속은 약속입니다. 이를 무시하고 상대를 없앤다면 신뢰를 저버리는 일입니다. 이는 그저 분풀이밖에 되지 않을 것이며, 이 일로 말미암아 다른 나라에게 신뢰를 잃고 외면당할 것입니다. 그렇게 되면 오히려 해가 될 뿐 전혀 이로울 게 없습니다."

환공은 조말과 한 약속을 지켜 빼앗은 영토를 모두 돌려주었고, 이 이야기는 금세 퍼져 좋은 평판을 받았다.

"환공은 신의가 두터운 사람이니 제나라와 손을 잡으면 손해 보는 일은 없을 것이다"라는 인식이 확대되어 환공의 성가는 나날이 높아졌다.

관중은 작은 땅덩어리로 천하의 신뢰를 얻었다. 처음부터 의도된 것인지는 확인할 수 없으나 결과는 좋았다. 즉 신의를 중시한 외교로 좋은 결실을 얻은 것이다.

관중은 적절한 정책을 채용하여 국력을 증대시켰으나 힘에 의지해서는 안 된다는 사실을 잘 알고 있었다. 환공이 오랫동안 패자의 자리를 유지할 수 있었던 이유는 관중이 민심을 얻어 나라를 잘 다스리고 다른 나라의 신의를 중시한 외교를 펼쳤기 때문이다.

관중의 병법론

관중의 주장에는 '사소한 일에 집착하지 말고 근본적인 문제를 파악하라'는 발상이 깔려 있다.

"낙엽이 바람에 날려도 돌아볼 사람은 없다. 제비나 참새가 시끄럽게 운들 아무도 상대하지 않는다. 마찬가지로 사소한 일에 집착하는 군주는 큰일을 이룰 수 없고 근본이 잘못된 정책은 성과를 올릴 수 없다."

먼저 근본을 파악하고 그곳에 정렬을 쏟아야 한다. 이는 정치는 물론이고 경영을 할 때도 마찬가지다.

《관자》는 한 장을 할애하여 병법에 대해 심도 있게 다뤘는데 요지는 '근본을 파악하라'이다. 싸움에서 이기려면 계략을 세우기 전에 우선 물질적 조건이 충족되어야 한다고 말하고 있는데 소박하지만 매우 설득력 있는 내용이다.

관중은 이론가라기보다는 실무가이다. 그래서 다른 이론가들처럼 화려하게 논리를 전개하지는 않았다. 하지만 실무 경험이 뒷받침되어 매우 설득력이 강하다.

그는 전형적인 병법론을 내세웠는데 그 내용을 살펴보자.

"싸움의 승패는 병력이 많고 적음, 장비의 우수함과 열등함, 전술의 좋고 나쁨으로 판단해서는 안 된다. 승패를 결정하는 열쇠는 다른 데 있음을 깨달아야 큰일을 할 수 있다."

그렇다면 싸움에서 이기려면 어떤 조건이 필요할까? 관중은 여덟 가지를 들었다.

첫째, 물자를 충족시킬 것.

《管子》

둘째, 기술자를 귀하게 여길 것.
셋째, 강력한 무기를 만들 것.
넷째, 뛰어난 인재를 등용할 것.
다섯째, 군율을 엄격히 할 것.
여섯째, 꾸준히 훈련할 것.
일곱째, 널리 정보를 수집할 것.
여덟째, 상황에 맞춰 임기응변으로 대응할 것.

아무리 천하를 평정하려고 해도 물자가 부족하면 뜻을 이룰 수 없고 아무리 물자가 풍부해도 뛰어난 기술이 없으면 뜻을 이룰 수 없다. 아무리 뛰어난 기술이 있어도 강력한 무기가 없으면 뜻을 이룰 수 없으며 아무리 강력한 무기가 있어도 뛰어난 인재를 얻지 못하면 뜻을 이룰 수 없다는 이야기이다.

또한 아무리 뛰어난 인재를 등용해도 규율이 엄격하지 않으면 뜻을 이룰 수 없고 아무리 규율이 엄격해도 훈련이 부족하면 뜻을 이룰 수 없다. 아무리 훈련이 충분해도 폭넓은 지식과 정보가 없으면 뜻을 이룰 수 없고 아무리 지식과 정보가 있어도 임기응변 능력이 떨어지면 뜻을 이룰 수 없다.

이 조건 여덟 가지가 모두 갖춰져야 비로소 싸움에서 이길 수 있다. 그러나 이것만으로는 아직 부족하다고 말한다.

"이것만으로는 아직 부족하다. 예를 지키고 의에 따라야 한다. 아무리 군대가 강대해도 예를 지키지 않으면 천하를 얻을 수 없으며 의에 따르지 않으면 천하 만민의 마음을 얻을 수 없다. 이 모든 것이 갖춰져야 비로소 절대 지지 않는 군주가 된다."

'예를 지키고 의에 따른다'는 것은 군대의 도덕성과 싸움의 대의 명분을 말한다. 도덕성이 없는 군대는 폭력 집단과 같으며 대의명분이 없는 싸움은 무의미한 폭력일 뿐이다. 이런 싸움은 누구에게도 지지와 신뢰를 얻지 못한다.

조건이 정비되면 다음으로 작전을 세워야 한다. 전략전술이 두 번째라고 경시해서는 안 된다. 관중은 작전을 세우는 전제조건으로 네 가지 항목을 들었다.

첫째, 적의 정치 상황을 알 수 없을 때는 군대를 동원하지 않는다.

둘째, 적군의 정황이 확실치 않을 때는 싸움을 시작하지 않는다.

셋째, 적장의 능력을 파악하지 못했을 때는 공격하지 않는다.

넷째, 적군의 사기와 훈련 상황을 알지 못할 때는 싸움터로 나가지 않는다.

적을 모르면 승리를 예측할 수 없으므로 싸움을 벌여서는 안 된다. 그렇다면 어떠할 때 확실한 승산이 있을까?

첫째, 아군의 병력이 많고 적군의 병력이 적다.

둘째, 자국은 안정되고 적국은 혼란스럽다.

셋째, 자국은 풍요롭고 적국은 빈곤하다.

넷째, 아군의 장군은 유능하고 적장은 무능하다.

다섯째, 아군은 날쌔고 용맹하나 적은 오합지졸이다.

관중은 다섯 가지 조건을 들고 이런 상황에서 싸우면 백전백승할 수 있다고 단언했다.

마지막으로 관중은 실전을 담당하는 지휘자가 해야 할 일을 여섯 가지로 들었다.

첫째, 토지의 정황을 파악한다.

둘째, 병사들을 장악한다.

셋째, 무기와 군량을 확보한다.

넷째, 용감한 병사를 양성한다.

다섯째, 각국의 정보를 수집한다.

여섯째, 상황에 맞게 임기응변으로 전술을 세운다.

지금까지 《관자》의 병법론을 살펴봤다. 《관자》에 드러난 병법론, 정치론, 외교론은 설득력이 강하며 무리하지 않고 유연한 논리를 내세운 것이 특징이다.

이러한 관중의 논리는 오늘날 경영 전략에도 도움이 될만한 점이 많으므로 참고하자.

宋名臣言行錄

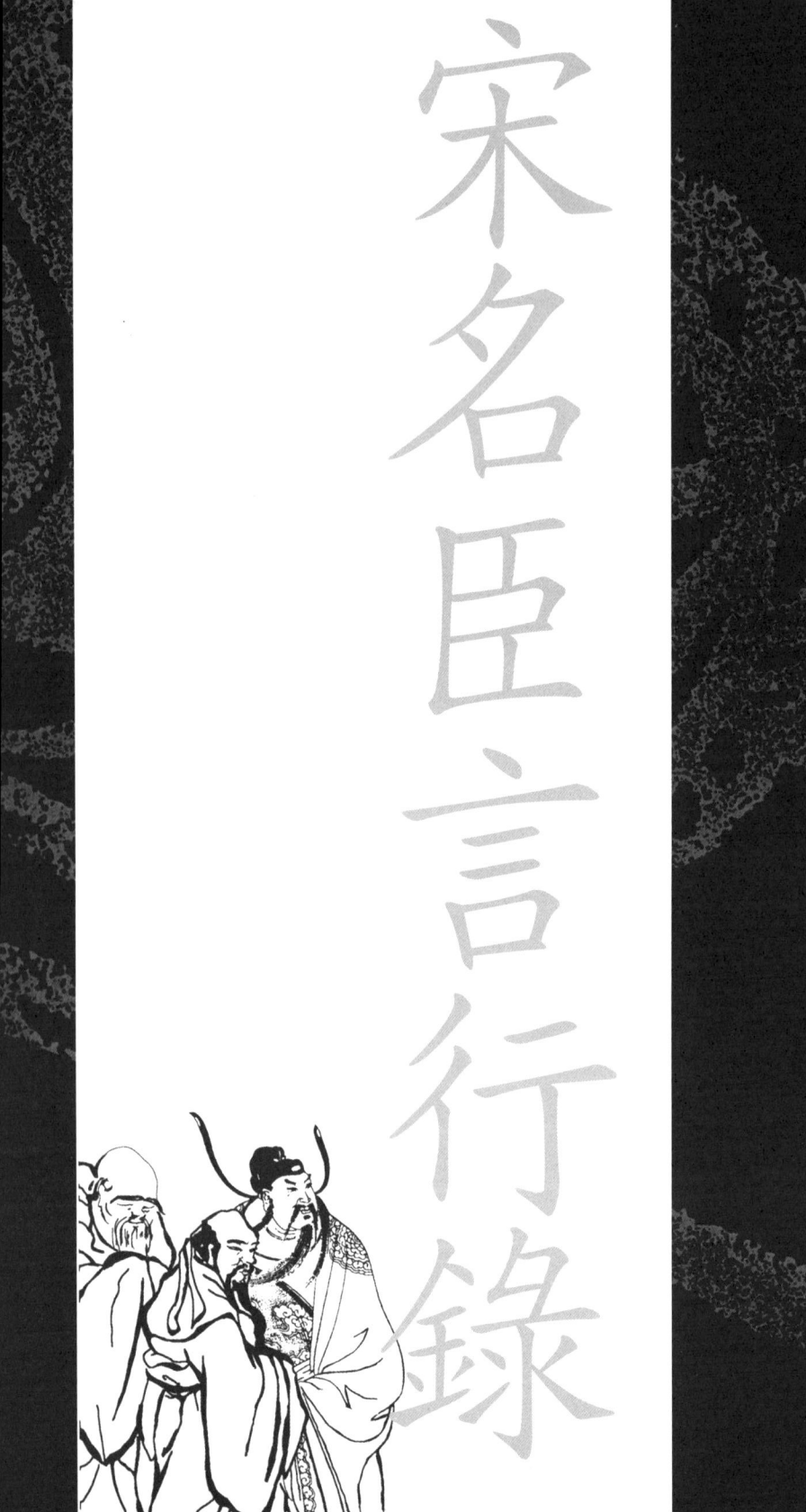

송명신언행록

송대를 대표하는 정치가 97명의 마음가짐

《송명신언행록 宋名臣言行錄》

《송명신언행록》에 대해

《송명신언행록》은 송대 宋代 960~1126년에 배출된 명신들의 언행을 담은 책이다. 송대를 대표하는 정치가 97명이 어떤 마음가짐으로 정치를 했는지 풍부한 일화를 인용하여 설명했다. 편집자는 주자학을 완성시킨 남송시대의 유학자 주자이다.

송대에는 '과거제도'로 선발된 고급관료들의 활약이 눈부셨다. 그들은 자부심과 사명감을 가지고 정치에 임했는데 이를 '송대의 사풍'이라고 한다. 이 책에는 송나라의 기반을 쌓은 그들의 모습이 여러 각도로 생생하게 묘사되어 있다.

《송명신언행록》에는 나라를 잘 다스리는 요령과 처세술이 풍부하게 담겨 있을 뿐만 아니라 편집자인 주자에 힘입어 오랫동안 위정자들의 필독서로 읽혀 왔다.

《송명신언행록》의 명언

- '하급관원을 대할 때도 예를 갖춰야 한다接小吏 亦以禮.' 〈조빈曹彬〉
- '나라를 다스리는 비결은 너그러움과 엄격함의 균형을 잡는데 있다治國之道在乎寬猛得中.' 〈여몽정呂蒙正〉
- '물이 너무 맑으면 물고기가 없고, 결벽에 가까울 정도로 지나치게 청렴을 강조하면 따르는 무리가 없다水至淸則無魚 人至察則無徒.' 〈여몽정〉
- '재능을 감추어 남에게 드러나지 않게 하라韜晦無露圭角.' 〈두연杜衍〉
- '선비는 세상의 걱정거리를 먼저 생각하고 자신의 즐거움은 나중에 생각해야 한다先憂後樂.' 〈범중엄范仲淹〉
- '일을 처리할 때는 사심이 없어야 한다處事不可有心.' 〈한기韓琦〉
- '어떤 일을 할 때는 반드시 계책이 있어야 한다臨事須當有術.' 〈문언박文彦博〉
- '지나치게 깊이 생각하는 것은 어리석은 짓이다處事深遠 則近於迂矣.' 〈사마광司馬光〉

송대의 사풍

《송명신언행록》은 현대인들에게는 그다지 친숙하지 않지만 한때 일본의 메이지천왕이 애독했을 만큼 매우 널리 읽혔던 책이다. 이 책은 송대에 활약한 명신들의 언행을 통해 지도자의 자세를 설명하고 있다. 구체적이고 재미있는 일화로 누구나 쉽게 읽을 수 있기 때문에 많은 사람들에게 읽혔다.

게다가 편집자인 주희의 명성에 힘입어 더욱 큰 사랑을 받았다. '주자학이 아니면 학문이 아니다' 라고 말할 정도로 당시에 주자학은 크게 성행했다. 주자학이 전성기를 맞으면서 주희의 명성이 높아지자 그가 쓴 《송명신언행록》도 중국을 비롯하여 한국과 일본으로 전파되었다.

이 책에는 송대에 활약했던 명신 97명이 등장한다. 대부분이 정치가나 관료이며 모두 강한 책임감과 사명감을 갖고 정치에 임했다.

송대에는 백여 명에 이르는 정치가와 관료들이 강한 의지를 불태우며 나라의 기반을 다지는 데 온 힘을 기울였다. 그래서 '송대의 사풍' 이라는 말이 생겼는데 《송명신언행록》에서 말하는 '명신' 은 '송대의 사풍' 을 담당한 중신을 일컫는다.

송대에 이런 현상이 나타난 이유는 무엇일까? 그 이유로 두 가지를 들 수 있다.

첫째, '과거' 라는 고급관료 선발시험이다. 과거제도는 수 왕조에서 만들어졌으나 송대에 이르러 정착되었다. 송대에는 고급관료 대부분이 과거제도를 통해 등용되었다. 게다가 송대에는 기존의 과거제도와 달리 황제의 심사가 최종시험으로 추가되면서 시험의 품격

《宋名臣言行錄》

이 크게 높아졌다. 그리고 합격자들은 황제의 선택을 받았다는 자부심을 가지고 어떻게 해서든 그 은혜에 보답하려고 노력했다.

둘째, 관료에 대한 대우가 좋았다. 일단 과거에 합격하면 고급관료가 될 수 있고 살림살이도 서민보다 훨씬 좋아졌다.

이렇듯 송대 관료들은 물심양면으로 황제의 은혜를 받았기 때문에 그 사실을 인식하지 않을 수 없었다.

후한 대우를 받은 관료들은 고급관료로서 자부심과 책임감을 가졌고 열의와 정열에 차 있었는데 이것이 '송대의 사풍'을 만들어 낸 가장 큰 이유다.

그 당시에 이런 일이 있었다.

송대 명신 가운데 '한기韓琦'라는 재상이 있었다. 한기는 나라의 이익이 되는 일이라면 사람들의 평판에 신경 쓰지 않고 거리낌 없이 실행에 옮겼다. 이를 보고 한 사람이 충고했다.

"내가 보기에 당신의 방식은 좋지 않소. 계속해서 이런 식으로 일을 처리하면 당신은 물론이고 가족에게도 화가 미칠 것이오."

한기는 어이없다는 표정을 지으며 대답했다.

"나는 언제라도 죽을 각오로 있는 힘껏 임금을 모시는 것이 신하된 자의 도리라고 생각하오. 옳은 일을 한다면 결과는 하늘에 맡기면 되오. 성공하기 어렵다고 해서 실행에 옮기지 않는다는 건 어리석은 짓이오."

한기뿐만 아니라 송대의 명신들은 정도의 차이는 있지만 모두 강한 의지가 있었다.

물론 이들에게도 보통 사람들처럼 저속한 욕망과 감정이 있다. 게다가 거대한 관료조직에 몸담고 있었기 때문에 인간관계에도 신경을 써야 했다. 이런 점에서 보면 그들도 현대인과 비슷한 상황에서 살았다. 적어도 《송명신언행록》에 등장하는 인물들은 현대 지도자나 관리들의 고민과 고충을 똑같이 겪었다.

본서에서 다룰 인물은 《사기》와 《삼국지》로 친숙한 영웅호걸은 아니지만, 그렇기 때문에 그만큼 공감이 가는 이야기가 많고 배울 점도 많다.

자신보다 세상을 먼저 생각하는 선비의 마음가짐

일본 고라쿠엔 구장後樂園, 현 도쿄돔은 일본인이라면 야구를 좋아하는 사람이 아니라도 익히 알고 있을 만큼 유명하다. 바로 옆에 '고라쿠엔'이라는 울창한 정원이 있는데 그 이름을 따서 지었다고 한다.

고라쿠엔 정원은 에도시대 초기에 《대일본사大日本史》를 편찬한 미토木戶의 영주 도쿠가와 미쓰쿠니德川光가 만든 유서 깊은 정원으로, 미쓰쿠니가 직접 《송명신언행록》에 나오는 글귀를 따서 이름을 지었다고 한다.

본서에 등장하는 명신 가운데 범중엄范仲淹이라는 이가 있다. 그는 평소에 재물이나 명예에 집착하지 않고 오로지 나라를 잘 다스리는 데 전념했다. 범중엄은 '선비는 자신보다 세상을 먼저 생각해야 한다'를 좌우명으로 삼았다. 이 말은 선비, 즉 지도자는 세상의 걱정거리를 먼저 생각하고 자신의 즐거움은 나중에 생각해야 한다는 뜻으

《宋名臣言行錄》

로 줄여서 '선우후락先憂後樂'이라고 한다. 미쓰쿠니는 범중엄의 뜻을 따르고자 자기가 직접 만든 정원에 이 이름을 붙인 것이다.

선우후락하는 선비의 마음가짐은 범중엄이나 미쓰쿠니가 살았던 시대는 물론이고 오늘날 관리직에 있는 사람과 경영자에게도 필요하다. "장수 한 사람의 공은 무수한 병사의 희생 끝에 이루어진다一將功成 萬骨枯"라는 말도 있듯이 지도자가 부하에게 책임을 미루고 공적은 자신이 가로챈다면 그 조직은 붕괴될 것이다. 어느 시대든 지도자는 자기보다 사회를 먼저 생각해야 한다.

또 조보趙普라는 명신은 송 왕조의 기반을 다진 명재상이었다. 그가 초대 황제인 태조를 보필하고 있을 때의 이야기다.

신하 한 명이 큰 공을 세웠는데 태조는 그를 싫어했기 때문에 좀처럼 진급을 시켜 주지 않았다. 조보가 거듭 진급시켜 줄 것을 요청하자 태조는 "진급을 안 시켜 준다면 어쩔 생각이오?"라고 물었다. 조보는 웃으며 대답했다.

"예나 지금이나 죄를 범하면 형벌을 내렸고, 공적을 세우면 상을 주었습니다. 게다가 이는 천하를 다스리기 위한 것이지 폐하 개인을 위한 것이 아니므로 개인적인 감정을 개입시켜서는 안 됩니다."

이 얼마나 당당한 변론인가. 태조는 조보의 말을 듣고 신하의 진급을 허락했다.

오늘날에도 인사를 결정할 때 사적인 감정을 개입시켜서는 안 된다. 인사 결정은 지도자의 중요한 임무이며 이를 자칫 잘못할 경우에는 조직이 균열되고 활력을 잃게 된다. 당시의 명재상들도 이 문제의 중요성을 깊이 인식하고 있었다. 이와 관련한 재상 여몽정呂蒙正의 일화를 살펴보자.

어느 날, 여몽정이 부하에게 물었다.
"재상으로서 내 평판이 어떻소?"
"대감께서 재상이 된 후로 나라가 평온하며 이민족도 명령에 잘 따라 문제를 일으키지 않고 있어 대감의 평판이 매우 좋습니다. 그러나 적극적이지 못해서 세력 다툼이 심해졌다는 비난도 있습니다."
그러자 여몽정은 웃으며 말했다.
"나는 원래 무능한 사람이오. 잘 하는 것이라곤 사람을 '선'으로 대하는 일뿐이라오."
'무능하지만 부하를 다루는 솜씨만큼은 자신 있다' 라는 뜻이다. 스스로 장담할 만큼 여몽정은 평소 조직 내 인재를 다루는 데 신경을 많이 썼다. 《송명신언행록》의 표현을 빌리자면 이렇다.
"여몽정은 항상 수첩을 가지고 다니면서 인사 발령 때문에 각지에서 올라온 인재들을 면접할 때 꼭 그들의 장기가 무엇인지 물은 다음 수첩에 부서별로 분류하여 적어 두었다. 또 여러 사람에게 칭찬받는 사람은 유능하다고 판단했다. 그래서 조정이 인재를 필요로 할 때 즉시 수첩에 적힌 자료와 사람들의 평판을 기준으로 적당한 인재를 선발할 수 있었다."
여몽정은 평소에 꾸준히 인재를 확보하는 데 주력하여 그가 재상이 되었을 때 조정의 인사발령이 매우 원활하게 이루어졌다고 한다.
조보와 여몽정의 일화를 통해 조직이 제대로 기능하려면 공평하고 적절한 인사가 이루어져야 한다는 사실을 알 수 있다.

《宋名臣言行錄》

능력과 인격을 두루 겸비한 인재를 양성하라

우수한 인재를 찾아 등용하고 그들에게 일을 맡기는 것은 윗사람의 중대한 임무이다. 송대의 명신들도 이 문제로 고심했는지 《송명신언행록》에는 인재등용에 얽힌 일화가 많다. 그 이야기 가운데 몇 가지를 살펴보자.

구준寇準이라는 명신이 있었다. 그는 부하인 정위丁謂의 재능을 높이 평가하여 당시 재상이었던 이항李沆에게 그를 발탁하도록 요청했다. 이 말을 요즘 시대와 맞게 바꾸면 사장에게 상무가 직속 부하를 임원으로 뽑아달라고 부탁하는 것과 같다. 그러나 이항은 좀처럼 승낙하지 않았다. 기다리다 지친 구준은 이항을 찾아가 담판을 지었다.

"제가 여러 차례 정위를 발탁해 주십사 하고 간청을 드렸는데 들어주지 않으셨습니다. 그가 마음에 들지 않으십니까?"

"아니오. 정위는 분명히 재능 있는 사람이지만 인격을 갖추지 못했소."

"그렇다고 능력 있는 사람을 마냥 같은 지위에 앉혀 놓을 수는 없지 않습니까?"

그러자 이항은 쓴웃음을 지으며 말했다.

"언젠가 내 말을 떠올리며 후회할 날이 올 거요."

머지않아 이항이 재상에서 물러나고 구준이 재상이 되자 정위도 함께 부재상이 되었다. 그런데 그 다음이 문제였다. 구준은 신뢰했던 정위의 계략으로 재상자리에서 물러나고 지방으로 좌천될 위기에 처했다. 그제야 구준은 이항의 탁월한 식견에 감탄했다.

이 일화는 사람을 평가할 때 능력과 인격 중 어디에 비중을 둬야 할지를 생각하게 한다.

이항은 능력만으로 사람을 평가하지 않고 인격을 고려하여 인재를 등용했다. 물론 이는 중요한 자리에 사람을 임명할 때 해당하는 이야기지만 오늘날의 조직사회에서도 적용할 수 있다.

비슷한 사례를 하나 더 살펴보자.

왕안석王安石과 사마광司馬光은 송대를 대표하는 재상이다. 왕안석은 발본적인 행정개혁을 실행했고 사마광은 이 같은 정책을 반대했는데 둘 사이는 경쟁관계였다. 두 사람은 인재를 등용하는 데 있어서도 큰 차이를 보였다.

사마광이 왕안석에게 따져 물었다.

"당신은 어째서 개혁을 실시할 때 소인배를 발탁하여 중요한 자리에 앉힌 거요?"

"기존 인물들은 소극적이고 의욕이 부족하오. 그래서 능력 위주로 인재를 등용한 것이오. 개혁이 궤도에 오르면 이들을 몰아내고 다시 우수한 인재들을 기용할 생각이오."

"그건 잘못 생각하는 거요. 군자는 권력에 집착하지 않고 함부로 높은 지위에 오르지 않는 법이오. 그래서 물러날 때 깨끗하게 물러나지만 소인배는 일단 지위와 권력을 손에 넣으면 절대 놓으려 하지 않소. 빼앗으려 한다면 오히려 크게 반발할 것이오. 그들을 등용하면 분명 후회할 날이 올 거요."

여기에서 말하는 소인배는 능력은 있지만 인품이 떨어지는 사람을 말하며 군자는 능력을 떠나 인품을 갖춘 사람을 말한다.

《宋名臣言行錄》

　　이처럼 두 사람의 대화에서도 능력과 인격의 우선순위에 대한 논쟁을 볼 수 있는데 두 가지 견해 중에 과연 어느 것이 옳은지 그른지는 쉽게 단정할 수 없다. 큰 업적을 기대한다면 왕안석처럼 능력을 위주로 인재를 등용하고 사마광이 지적했듯이 부정적인 결과가 생길 수 있음을 늘 염두에 두어야 한다.

　　한편 조직을 안전하게 이끌어 가려면 사마광의 주장처럼 다소 능력이 떨어지더라도 인격이 훌륭한 사람을 등용하는 편이 좋다. 그러나 이 경우 큰 업적을 기대하기는 어렵다. 조직의 운영을 중심으로 생각하면 능력보다는 인격을 갖춘 사람을 등용하는 것이 현명하다.

　　장영張詠은 "사람을 천거할 때는 반드시 물러설 줄 아는 사람을 천거하라"고 말했다. 여기에서 '물러설 줄 아는 사람'이란 진중한 사람을 말한다. 이와 반대로 경쟁심이 강한 사람은 반드시 문제를 일으키고 조직에 공연히 풍파를 일으키므로 피해야 한다는 의미가 있다. 일리가 있는 이야기다.

　　능력과 인격을 두루 겸비한 인재가 가장 이상적이다. 그러므로 조직은 능력과 인격을 겸비한 인재를 양성하는 일에 더 많은 노력을 기울여야 한다.

원활한 대인관계를 유지하기 위한 마음가짐

　　인간은 사회적 동물이기 때문에 좋든 싫든 다양한 인간관계 속에서 살아가야 한다. 그래서 그들은 때로는 서로를 미워하고 대립하며 마찰을 빚기도 한다.

조직에 속한 사람일수록 마찰이 심하다. 여러 사람이 모여 구성된 조직 안에서 그들은 서로 경쟁하며 다투기도 하면서 매우 복잡한 인간관계를 형성한다. 그런 상황에서 자신을 지키기란 매우 어렵다.

명신들이 많았던 송대는 치열한 경쟁사회였다. 인재들이 많은 만큼 경쟁도 심했다. 게다가 정책을 둘러싼 대립과 군자와 소인배의 분쟁이 복잡하게 얽혀 있어 서로 훼방 놓으려는 계략도 치열했다.

관료 사회였던 만큼 생존을 위해 인간관계에 각별한 주의를 기울여야 했다. 송대의 치열한 대립에서 살아남은 명신들은 자신을 억제하여 조직에 잘 적응하면서도 자신의 평판을 높이는 지혜를 다양한 형태로 보여 주었다.

그 한 사례를 들어보자.

앞에서 다룬 여몽정은 이례적인 방법으로 재상 자리에 발탁되었다. 그 때문에 초기에는 많은 풍파를 겪었다. 그러던 어느 날 입궐하는 여몽정을 보며 궁정 관리자가 "저런 사람이 재상이라니…"라며 들으라는 듯이 비웃었다.

여몽정은 못들은 척하고 지나쳤으나 함께 있던 동료가 이를 참지 못하고 관리자의 직위와 이름을 물으려 했다. 그러나 여몽정은 재빨리 동료를 말리며 말했다.

"일단 그 자의 이름을 알게 되면 평생 잊혀지지 않을 걸세. 아예 모르는 게 낫네. 저 사람을 굳이 다그치지 않아도 손해 볼 건 없으니 참게."

이 이야기가 퍼지면서 여몽정의 평판은 높아졌다. 어느 시대든 남을 헐뜯는 사람이 있기 마련이다. 그런 일에 일일이 반응하면 오히려 웃음거리가 된다. 여몽정처럼 흘려 넘기는 것이 대범한 사람의 지혜이다.

한편 한기는 인간관계를 다음과 같이 말했다.

"원활한 인간관계를 유지하려면 군자와 소인배를 구분하지 말고 성심껏 대해야 한다. 소인배라고 해서 거부하지 말고 적당한 거리를 유지하며 대하면 된다."

어떤 사회에서나 인격이 낮은 사람이 있기 마련인데 그런 소인배를 대할 때 혐오감을 드러내지 말고 일정한 거리를 두고 적당히 대하는 것이 좋다는 뜻이다.

공자는 《논어》에서 이렇게 말했다.

"여자와 소인은 다스리기가 어렵다. 가까이 하면 불손하고 멀리하면 원망한다."

소인은 가까이 하면 기어오르고 멀리하면 원망한다. 그러므로 가까이 하지도 말고 멀리 하지도 말라不可近 不可遠는 한기의 가르침이 가슴에 와 닿는다.

또 송대의 명신이었던 두연杜衍은 후배들에게 항상 이렇게 조언했다.

"자신의 존재를 알리려 하지 말라. 눈에 띄면 동료들의 질투를 사서 온갖 모함을 당하게 된다. 모든 상사가 사람을 보는 눈이 있는 것은 아니므로 좋지 않은 결과를 초래할 수도 있다. 느긋한 마음으로 묵묵히 맡은 바 책임을 다하며 자신을 있는 그대로 보여 주면 된다."

두연이 아끼던 후배 한 사람이 지방장관이 되었다. 그러자 그는 후배를 불러 주의를 주었다.

"자네의 재능과 기량은 지방장관으로 부족함이 없네. 그러나 절대 재능을 과시해서는 안 되네. 되도록 눈에 띄지 말고 평범하게 행동하게. 공연히 재능을 과시하면 사람들의 입방아에 올라 쓸데없는 화를 당할 수도 있네."

후배는 이해가 되지 않았다.

"어째서 그렇게 해야 합니까?"

"나는 지금껏 오랜 세월 여러 일을 경험해 왔네. 그 동안 왕의 인정을 받고 주변 사람들의 신뢰를 얻은 덕에 이렇게 나의 신념을 나라를 다스리는 데 반영할 수 있었지. 그러나 자네는 이제 겨우 지방장관이 되었고 자네가 더 높은 지위에 오를 수 있을지는 상관의 결정에 달려 있네. 지금보다 높은 지위에 오르는 일은 지금보다 더욱 어렵네. 윗사람에게 인정받지 못하면 마냥 그 자리에 머물러 있어야 할뿐더러 잘못했다가는 집안이 화를 입게 되네. 그래서 되도록 눈에 띄지 않도록 행동하라고 한 걸세."

조직 내에서 자신의 위치를 확보하려면 먼저 윗사람에게 인정받아야 한다. 그러기 위해서는 책임감을 갖고 주어진 일을 완수하며 원활한 인간관계를 유지해야 한다. 높은 지위에 오르면 오를수록 이 사실을 잊지 말고 명심하자.

《宋名臣言行錄》

너그러움과 엄격함을 조화시켜라

송대 명신들의 가장 큰 관심사는 정치였다. 《송명신언행록》에는 어떻게 하면 나라를 잘 다스릴 수 있는지 고심했던 그들의 모습이 생생하게 담겨 있다.

그중에서도 태종 황제의 "나라를 잘 다스리려면 너그러움과 엄격함을 절충시켜야 한다"라는 말은 매우 흥미롭다. 그는 너그러움이라는 온화한 면과 엄격함이라는 엄한 면이 한쪽으로 치우치지 않게 잘 균형 잡아가는 것이 나라를 잘 다스리는 비결이라고 했다.

태종은 송 왕조의 2대 황제로 중국의 3천 년 역사 속에 존재했던 황제 가운데서도 명군으로 손꼽히는 인물이다.

태종과 여몽정이 나눈 대화를 보면 이 말을 쉽게 이해할 수 있다.

하루는 운수를 담당하는 사람이 정부의 화물을 빼돌려 다른 곳에 판 사건이 발생했다. 국가의 재산을 횡령한 사건이라 큰 소동이 벌어질 법도 한데 이 사건을 보고받은 태종은 태연하게 말했다.

"남의 것으로 재미를 보려는 무리는 쉽게 뿌리 뽑지 못하는 법이오. 쥐구멍을 막는 것과 같이 힘든 일이니 큰 피해가 없다면 너무 심하게 추궁하지 마시오. 정부의 물자를 원활하게 운반할 수만 있다면 그것으로 충분하오."

옆에 있던 여몽정도 그 말에 동의하며 다음과 같이 말했다.

"물이 너무 맑으면 고기가 살지 않고, 결벽에 가까울 정도로 지나치게 청렴을 강조하면 따르는 무리가 없는 법입니다. 군자의 눈에는 소인배의 행동이 훤히 보이기 마련이니 넓은 도량으로 대처하면 모든 일이 잘 풀릴 것입니다. 소인배들을 지나치게 몰아붙이면 그들이 설 곳이 없어집니다. 굳이 사건을 확대시키지 말고 주의를 주는 정도로 끝내는 것이 좋을 듯 합니다."

핵심만 제대로 파악하면 된다는 생각이다. 중앙정부가 말단 조직에서 일어나는 사소한 문제에까지 개입하면 조직은 활력을 잃을 것이다. 핵심적인 일에만 관여하고 나머지는 조직에서 자체적으로 대처하도록 하는 편이 현명하다. 이를 다른 각도에서 보여 주는 것이 구양수의 정치 방식이다.

구양수는 일찍이 재상이 될만한 인물로 인정받았으나 어떤 사정으로 인해 끝내 재상이 되지 못했다. 그러나 그는 부임했던 곳마다 명장관으로 존경을 받았다.
구양수는 너그러움과 간소함을 잃지 않는 것을 정치의 목표로 삼았다.

어느 날 부하가 구양수에게 물었다.
"장관께서는 너그럽고 간소한 정치를 하는데도 문제가 발생한 적이 없습니다. 그 비결이 무엇입니까?"
"너그럽고 간소한 정치를 한다고 해서 멋대로 일을 처리하거나 임무를 완수하지 못하는 사람까지 내버려 두는 게 아닐세. 만약 그랬다가는 기강이 해이해져 백성에게 피해를 주게 될 걸세. 그래서 나는 강압적이지 않고 번잡한 품의 제도와 불필요한 보고단계를 없애려고 하는 것이네."

《宋名臣言行錄》

이 말을 들은 식견 있는 자들은 크게 감복했다고 한다.

태종의 너그러움과 엄격함을 절충한 자세와 구양수의 너그러움과 간소함을 잃지 않은 자세는 정치는 물론이고 기업의 조직을 관리하는 데도 유효하다.

너그러움과 엄격함 사이에 균형을 잡아라

구양수는 정치의 핵심을 이렇게 말했다.
"백성을 다스리는 것은 질병을 고치는 일과 같다."
그리고 다음과 같이 설명했다.
"부유한 의원은 왕진을 갈 때 시종을 거느리고 마차에 탄 채 그럴듯한 모습으로 환자를 방문한다. 그가 환자의 맥을 짚고 의학서를 바탕으로 무슨 병인지를 자신 있게 설명하면 듣는 이들은 감탄을 금치 못한다. 그러나 환자가 약을 먹고 전혀 효과가 없다면 그 의원은 가난한 의원보다 못하다. 한편 가난한 의원은 마차도 없고 시종도 없다. 게다가 행동이 거칠고 인사도 제대로 하지 않는다. 그러나 환자가 약을 먹고 병에서 회복되면 그 의원은 명의다. 백성을 다스리는 일도 마찬가지다. 관리의 능력과 정치를 하는 방법에 상관없이 백성의 불만이 없으면 좋은 정치다."
요란하고 인기를 얻기 위한 정치가 아니라 비록 보기에는 어설퍼 보여도 확실한 성과를 올리면 훌륭하게 나라를 운영한 것이다.
이러한 정치법은 화려하지 않아서 당장은 호응을 얻지 못하지만 장기적인 안목으로 보면 확실하게 민심을 장악할 수 있다. 당시 사람들은 구양수의 정치를 다음과 같이 평가했다.

"구양수는 나라의 안정을 기본으로 삼고 총명하되 너무 사소한 일까지 관여하지 않으며 너그럽되 엄격할 때는 엄격하게 대했다."

총명함과 너그러움은 지도자가 반드시 갖춰야 할 조건이다. 그러나 총명함이 지나치면 사소한 일에 일일이 관여하게 되고 너그러움이 지나치면 조직의 기강이 해이해진다. 구양수의 위대함은 총명함과 너그러움을 갖추면서도 도를 넘지 않았다는 점이다. 이처럼 절묘한 균형감각이 있어야만 훌륭한 지도자가 될 수 있다.

이와 관련하여 송대의 명신 소식蘇軾은 "너그러우면서 두려움을 주고, 엄격하면서 사랑받아야 한다"라고 말했다.

백성들은 정치가가 너그럽게 대하면 사랑을 보내고 엄격하게 대하면 두려워한다.

그런데 소식은 반대로 너그러우면서 두려움을 주고 엄격하면서 사랑받는 것이 이상적이라고 주장했다.

나라를 다스릴 때 지나치게 너그러운 태도를 취하면 기강이 해이해져 안일한 생각과 나태에 빠지기 쉽다. 이를 방지하려면 적절히 엄격한 태도를 취해야 한다. 그러면 소식이 말한 경지에 이를 수 있다. 반대로 지나치게 엄격하면 명령에 복종시킬 수는 있으나 진심으로 순종하게 할 수 없다.

그러므로 진심으로 순종하게 하려면 엄격하게 대하면서도 상대를 배려하는 마음과 너그러움이 필요하다. 즉 너그러움과 엄격함이 균형 잡혀 있는지가 관건이다. 이는 정치는 물론이고 조직을 관리할 때도 마찬가지다.

《宋名臣言行錄》

그러나 사람의 성격에 따라 너그럽게 대하는 사람과 엄격하게 밀어붙이는 유형이 있다.

너그럽게 대하는 사람은 의식적으로 엄격함을 가미시키고 엄격하게 대하는 사람은 되도록 너그러움을 가미시켜 균형을 잡아야 한다. 그러려면 먼저 자신을 제대로 파악해야 한다.

겸허한 자세로 자신을 반성하고 자기 발전을 위해 꾸준히 노력하자.

삼국지

천하통일에 이르는 방대한 역사를 기록한 책

《삼국지 三國志》

《삼국지》에 대해

《삼국지》는 《사기》, 《한서漢書》, 《후한서後漢書》에 이은 네 번째 정사다. 후한 말부터 위, 촉, 오의 삼국시대를 거쳐 진의 천하통일에 이르는 방대한 역사를 기록한 책이다. 〈위서魏書〉 30권, 〈촉서蜀書〉 15권, 〈오서吳書〉 20권으로, 총 3부로 구성되어 있으며 전부 65권이다. 삼국의 흥망을 나라별로 기술했다.

저자인 진수陳壽는 처음에는 촉나라에 몸담았으나 촉이 멸망한 후 진나라의 사관이 되어 《삼국지》를 완성했다. 그러나 이 책은 지나치게 간결하여 남조 송나라의 배송지裴松之가 일화를 주석으로 달아 내용을 풍부하게 보완해, 이러한 단점을 극복하고 한층 재미를 더했다.

또한 《삼국지연의三國志演義》는 《삼국지》의 자료를 참고로 다양한 설화를 집대성했으며, 중간 중간에 허구를 섞어 재미를 더한 박진감 넘치는 역사소설이다.

《삼국지》의 명언

- '치세治世의 능신能臣은 난세의 간웅奸雄이라治世之能臣, 亂世之姦雄.' 〈위서魏書〉
- '시대의 흐름을 아는 사람이 준걸俊傑이다識時務者在乎俊傑.' 〈촉서蜀書〉
- '지智의 주요 기능은 화禍를 면하는 데 있다智貴免禍.' 〈촉서〉
- '명령을 받들어 힘을 다하고 죽을 때까지 최선을 다한다鞠躬盡力, 死而後已.' 〈촉서〉
- '죽은 제갈공명이 살아 있는 사마중달을 내쫓았다死諸葛走生仲達., 죽은 뒤에도 적이 두려워 할 만큼 뛰어난 장수를 일컫는 말-역주.' 〈촉서〉
- '최고의 용병술은 적의 마음을 먼저 공격한 후에 성을 공격하는 것이다用兵之道, 攻心爲上, 攻城爲下.' 〈촉서〉
- '교룡蛟龍이 비구름을 얻어 하늘로 오른다恐蛟龍得雲雨, 終非池中物也, 좋은 기회를 잡다-역주.' 〈오서吳書〉
- '선비란 헤어진 지 사흘이 지나서 다시 만났을 때 눈을 비비고 대면할 정도로 진보해야 한다士別三日, 卽更刮目相待.' 〈오서〉
- '상대방의 장점은 높이 평가하고, 단점은 눈감아 줘야 한다貴其所長, 忘其所短.' 〈오서〉

《삼국지》의 묘미

　《삼국지》는 읽지 않은 사람들도 그 명성을 익히 들어 알 정도로 우리에게 친숙한 고전이다. 그 규모가 상당히 방대하며 광대한 중국 대륙을 무대로 개성 넘치는 다양한 인물들이 각각 기지를 발휘하여 권력을 장악하기 위해 맹렬히 전투를 벌인다. 인간의 욕망과 원한, 지모와 책략, 온갖 파란이 난무하는 거대한 각본이 전개된다. 그야말로 손에 땀을 쥐게 하는 묘미를 맛볼 수 있는 걸작이다.
　이 책을 읽다보면 저절로 남을 교묘하게 속이는 술수나 정치적 술책의 속셈을 간파할 수 있다. 또한 여러 유형의 지도자가 등장하므로 지도자나 관리직이 갖춰야 할 올바른 자세를 배우기에는 최고의 인간학 지침서라고 할 수 있다. 《삼국지》가 오늘날까지 많은 사람들의 인기를 얻는 비결은 흥미진진한 내용과 현대인이 읽어도 공감이 가는 귀중한 생활의 지혜가 가득하기 때문이다.

　《삼국지》에는 소설 《삼국지연의》와 역사서 《삼국지》가 있다. '연의'는 설화나 소설을 뜻하는 말로, 옛날부터 《삼국지》라 하면 일반적으로 《삼국지연의》를 일컫는다. 중국뿐만 아니라 일본에서도 《삼국지연의》가 널리 읽혔다.
　그렇다면 역사서 《삼국지》와 어떤 차이가 있을까? 《삼국지연의》는 소설이다. 이 소설 《삼국지》는 허구를 도입하여 이야기의 재미를 더했다는 점에서 역사서 《삼국지》와 다르다. 역사서는 어디까지나 사실에 입각하여 쓴다.
　그러므로 재미로 읽으려면 소설 《삼국지연의》를 먼저 읽는 편이 좋다. 더 나아가 현실에 근거한 실천적인 지침이나 지혜를 얻으려면 소설은 물론이고 역사서 《삼국지》도 읽으라고 권하고 싶다.

《삼국지》의 시대 배경은 지금부터 1800년쯤 전, 후한 왕조가 멸망한 후 위, 촉, 오의 삼국이 팽팽하게 맞서던 혼란스러운 시기였다. 《삼국지》의 전반부는 위의 조조曹操, 촉의 유비劉備, 오의 손권孫權이 각 나라의 권력을 거머쥐고 생존을 위해 벌이는 각축전을 중점적으로 다루고 있다. 이야기의 중심은 유비가 죽은 후, 그의 아들 유선劉禪을 보좌했던 군사 제갈공명諸葛孔明과 그와 맞서 싸우는 사마중달司馬仲達의 대결로 옮겨 간다.

《삼국지》의 후반부는 기산祁山과 오장원五丈原을 무대로 하여 펼쳐지는 이들의 숙명적인 대결을 중심으로 묘사하고 있다.

이 책에서는 역사서 《삼국지》를 토대로 영웅호걸들의 이상적인 지도자상을 살펴보자.

난세의 간웅, 조조

위나라의 조조는 소설 《삼국지》에서 전형적인 악인으로 묘사되었다. 조조는 역사서 《삼국지》에서도 '난세의 간웅'이라는 평가를 받았다. '간웅'이란 간사한 영웅을 말한다. 실제로도 그는 악인으로 평가받을 만한 요소가 다분했다. 조조는 치사하고 야비하다는 비판을 받을 정도로 간교한 술책을 아무 거리낌 없이 구사했다. 구체적인 사례를 들어 살펴보자.

만년에 조조는 황제를 꼭두각시로 내세워 조정의 실권을 장악하고 최고의 실력자로 국내뿐만 아니라 국외로도 놀라운 위엄을 떨쳤다. 조조의 횡포에 참다못한 조정의 관리들이 뜻을 모아 조조의 집에 불을 질러 반란을 도모했다. 그러나 반란은 허망하게 진압되고 관리들은 모조리 붙잡혀 조조에게 끌려왔다.

조조는 그들에게 명령했다.

"불을 끄려했던 자들은 왼쪽에 서고, 그렇지 않은 자는 오른쪽에 서시오."

왼쪽에 서면 목숨을 구할 수 있다고 생각한 관리들은 모두 왼쪽에 섰다. 그러자 조조는 "불을 끄려했던 자들이 진짜 적이다"라며 그들을 모두 처형했다고 한다.

분명 조조의 말에도 일리가 있다. 그러나 사실 이 방법은 일종의 속임수다. 조조는 이러한 교묘한 속임수를 거리낌 없이 구사했다. 실제로 조직을 이끄는 지도자는 속임수나 권모술수의 수법을 정확하게 꿰뚫어야 한다. 이는 상대방의 속임수에 넘어가지 않도록 자신을 보호하기 위해서다. 자칫하여 상대방의 술책에 걸려들면 자신은 물론이고 조직이 위태로워진다. 그러므로 지도자는 권모술수에 능해야 한다.

그렇다고 지도자가 권모술수를 무모하게 쓰거나 지나치게 사용하면 비난을 받는다. 조조가 난세의 간웅으로 평가받는 이유는 바로 그 때문이다.

그러나 조조는 능력이나 재능 면에서 삼국시대를 빛낸 인물이다. 무엇보다도 그는 싸움에 강했다. 평생 30여 회의 싸움에서 그는 80

퍼센트의 승률을 올렸다. 경쟁 상대였던 유비가 고작 20퍼센트였음을 비교해 보면 조조가 얼마나 싸움에 강했는지 쉽게 알 수 있다.

조조의 전법에는 세 가지 특징이 있다.

첫 번째로 조조는 손자병법을 심도 있게 연구하여 항상 정석에 따라 싸움을 했다. 그러나 제아무리 싸움에 강한 조조일지라도 몇 번의 쓰라린 패배를 당했다. 그럼에도 같은 실수를 반복하지 않았다는 점에서 배울 점이 많다. 스스로 "나는 같은 실수를 두 번 다시 하지 않는다"라고 호언장담했으며 실제로도 그러했다. 이것이 두 번째 특징이다.

마지막으로 조조는 더 이상 승산이 없다고 판단되는 싸움에서는 재빨리 퇴각하여 불필요한 손해를 줄였다.

그는 손자병법의 '승산 없는 싸움은 하지 말라'는 기본원칙을 충실히 이행했다. 그렇게 하여 패배를 할 확률도 줄일 수 있었고 군력을 재정비하여 다음 싸움에 대비할 수 있었다.

조조는 이런 방법으로 난세를 헤쳐나갔다.

덕망 높은 유비

조조의 경쟁 상대는 유비였다. 유비는 조조와 대조적으로 《삼국지연의》에서 전형적인 선인이며, 훌륭한 인물로 묘사된다. 물론 유비는 덕망 높은 인물이었지만 능력이나 재능에서는 특별할 것이 없었다.

앞에서 말했듯이 조조는 싸움에서 80퍼센트의 승률을 올렸다. 반면 유비는 패배를 거듭하여 고작 20퍼센트의 승률을 올렸다. 조조는 계속해서 상승곡선을 타고 세력을 확장했지만 유비는 기복이 심하여 군사를 일으킨 지 20년이 지나도 변변한 세력을 모으지 못했다. 이는 유비가 병법에 약하고 정치적 수완도 부족했기 때문이다. 그러다 보니 싸움을 승리로 이끌기 어렵고 계속해서 난관에 부딪치며 제자리만 맴돌 뿐이었다.

그러나 유비보다 여러모로 뛰어났던 조조는 무능한 유비를 최대의 경쟁상대로 삼고 끊임없이 경계했다. 유비는 무능함을 보완하고도 남을만한 강력한 무기를 갖고 있었다. 그것은 바로 '덕' 또는 '인덕'이다. 바꿔 말하면 인간적인 매력이라고도 할 수 있다. 이를 딱 꼬집어 설명하기는 어렵다. 《춘추좌전》이라는 고전에 "겸양은 덕의 기본이다"라는 말이 있다. '겸양'이란 자신을 낮추어 겸손하게 상대에게 양보하는 자세를 말한다. 이것이야말로 덕의 기본이다.

유비는 이러한 겸양의 미덕을 갖추고 있었다. 겸양은 겸허와 신뢰가 바탕이 되어야 한다. '삼고초려三顧草廬'라는 유명한 말이 있는데, 이는 유비가 제갈공명을 세 번이나 찾아가 간청하여 마침내 군사軍師로 맞아들인 일에서 유래되었다.

당시 두 사람의 처지를 생각해 보자.

유비는 능력이나 재주는 없었지만 천하에 명성을 떨치고 있었다. 게다가 나이가 쉰 살에 가까웠다. 그에 비해 제갈공명은 20대의 청년으로 아직 알려지지 않은 사람이었다. 오늘날 대학을 갓 졸업하고 이제 막 사회에 첫발을 내딛은 초년생과 다름없었다. 그런 제갈공명을 유비는 세 번이나 직접 찾아가 군사가 되어달라고 간청했다. 그가 군사가 된 후에는 작전계획의 모든 입안책임을 그에게 일임했다고 한다.

유비는 겸허한 자세와 깊은 신뢰로 제갈공명을 대했다. 제갈공명에게만 그랬던 것이 아니라 모든 부하들에게 항상 겸허한 자세와 깊은 신뢰로 대했다. 그래서 유비는 만년이 되어 중경重慶과 성도成都가 있는 지금의 사천성四川省에 마침내 세력을 구축할 수 있었다.

이는 유비의 능력이라기보다는 부하들의 힘이었다. 제갈공명을 비롯하여 관우關羽, 장비張飛 그밖에 많은 부하들이 유비를 위해 목숨 바쳐 싸웠다. 그들이 이렇듯 유비를 위해 자신의 목숨도 아끼지 않았던 것은 다름 아닌 유비의 인덕 때문이었다.

권모술수에 뛰어나고 엄청난 세력을 갖췄던 조조가 무능한 유비를 경계했던 것도 이러한 사실을 잘 알고 있었기 때문이다. 조조는 능력이 뛰어났지만 덕을 갖추지는 못했다. 유비를 보면 사람의 마음을 움직이는 데 '덕'이 얼마나 중요한지를 절감할 수 있다.

《채근담》에 "덕은 사업의 기본이다"라는 명언이 있다. '덕'을 갖추지 않으면 사업경영은 난관에 부딪친다. 우리는 유비를 통해 지도자는 반드시 '덕'을 갖춰야 하며, 그 덕이 때로는 모자란 능력이나 재능을 보완할 정도의 큰 무기가 된다는 점을 명심해야 한다.

끝까지 살아남은 손권

《삼국지》에는 조조, 유비 외에도 오나라의 손권孫權이 중심인물로 등장한다. 그러나 《삼국지연의》와 《삼국지》에 나오는 손권은 조조와 유비에 비해 다소 비중이 떨어진다.

그 이유로 두 가지를 생각할 수 있다. 첫째, 조조와 유비는 아무것도 없이 시작하여 큰 세력을 구축했으며, 이들은 그야말로 파란만장한 삶을 살았다. 반면 손권은 부친과 형이 2대에 걸쳐 쌓아 놓은 기반을 물려받아, 그가 보위에 올랐을 때는 이미 어느 정도 오나라의 기반이 다져진 상태였다.

둘째, 조조와 유비가 중앙 권력을 둘러싸고 치열하게 접전을 벌였던 것에 비해, 손권은 영토를 확장하려는 의지가 약해 부친과 형에게 물려받은 영토를 지키는 데 중점을 두었다. 따라서 공격적인 자세보다는 방어적인 자세로 싸움에 임했으며, 조조와 유비에 비해 소극적이었다.

그러나 손권의 오나라는 조조가 이룩한 위나라나 유비가 세운 촉나라가 망한 뒤에도 오랫동안 건재했다. 손권의 살아남기 위한 전략은 성공적이었다.

손권의 전략이 성공할 수 있던 이유로 여러 가지가 있지만 무엇보다도 방어형 전략을 훌륭하게 구사했다는 점을 들 수 있다.

그는 지도자로서 조조와 유비에게 없는 두 가지 장점이 있었다.

첫째로 그의 경영 자세는 매우 유연했다. 예를 들어 조조에게 공격을 받을 때는 유비와 동맹을 맺어 조조에게 대항하고, 정세가 바뀌어 유비의 공격을 받을 때는 조조와 동맹을 맺고 유비에게 대항했다. 어제의 적이었더라도 그 상황에서 필요하다고 생각하면 아무 거리낌 없이 손을 잡았으며 최선의 방책을 채택하여 난관을 극복했다.

둘째로 부하를 다스리는 방법을 들 수 있다. 손권은 "장점은 높이 평가하고 단점은 눈감아 준다"라는 의사를 분명히 밝히고 부하를 다스렸다. 부하의 단점은 덮어 주고 장점을 높이 평가하여 능력을 최대한 발휘할 수 있도록 배려했다. 이는 말처럼 쉬운 일이 아니다. 그럼에도 그는 훌륭히 해냈다.

그렇다면 조조와 유비는 어떤 방법으로 부하를 다스렸을까?

조조는 능력을 위주로 엄격한 선별주의를 채택했다. 능력이 있는 사람은 등용하고 그렇지 않은 사람은 상대도 하지 않았다.

한편 유비는 능력과 상관없이 모든 부하를 깊이 배려하고 신뢰를 갖고 온정주의로 다스렸다.

유비와 조조는 각자의 방법으로 부하를 잘 이끌었다. 그러나 이를 섣불리 따라하면 부정적인 반응이 생길 우려가 있다. 조조와 같이 엄격한 태도로 부하를 대하면 불필요한 반발을 초래할 우려가 있고 반발심을 사지 않더라도 진심에서 우러난 충성을 기대하기는 어렵다. 반대로 유비와 같이 온정주의로 다스리면 조직의 기강이 해이해지기 쉽다.

그러나 손권의 장점을 높이 평가하고 단점은 눈감아 주는 방법은 누가 이용하든 좋은 효과를 얻을 수 있다. 손권의 이러한 태도로 그의 수하에는 쟁쟁한 인재들이 많이 모여들었고 이들과 힘을 합해 훌륭하게 난관을 극복할 수 있었다.

《삼국지》에서 손권은 조조와 유비에 비해 다소 비중이 떨어진다.

그러나 유연한 경영자세와 부하를 다스리는 방법에서 오늘날 우리가 본받을 점이 많은 지도자다.

신중한 계략가 제갈공명

《삼국지》의 후반은 제갈공명과 사마중달의 대결을 중점적으로 다룬다. 조조와 유비는 이미 죽고 손권은 살아 있었지만, 그는 거의 나서지 않고 두 사람의 대결을 지켜보았다.

《삼국지연의》에서는 제갈공명을 기발한 계략으로 적을 곤경에 빠트리는 지략이 뛰어난 군사로 그리고 있다. 그러나 역사서 《삼국지》에서 묘사한 실제의 제갈공명은 사뭇 다른 인상을 준다. 그는 위험 부담이 큰 계략은 절대 채택하지 않았다. 항상 안전하고 확실한 용병을 구사했다.

그 사례를 살펴보자.

1차 원정 때의 일이다. 작전회의에서 위연魏延이라는 장군이 곧바로 적의 본거지를 공격하자고 제안했다. 결과에 상관없이 일단 해보자는 식의 기습작전이었다. 그러나 제갈공명은 위험 부담이 커 위연의 제안을 받아들이지 않았다. 그는 적의 군사가 적게 배치된 곳을 노려 멀리 돌아가서 진격하는 작전을 세웠다.

야구에 비유하자면 제갈공명은 홈런 한방으로 점수를 올리기보다는 포볼로 1루에 나간 주자를 번트로 2루에 보내고 중견안타로 1점을 올리는 안전한 작전을 선호했다. 게다가 제갈공명은 다섯 차례나 원정을 나갔지만 결국 목표를 달성하지 못했다.

《삼국지》는 이러한 제갈공명을 "임기응변에 그다지 뛰어나지 못했다"며 비판했다. 틀린 말은 아니다. 그러나 그에게도 그럴만한 사정이 있었다. 당시 제갈공명의 처지를 보면 왜 그가 지나칠 정도로 신중하게 행동했는지 이해할 수 있다.

제갈공명을 깊이 신뢰한 유비는 그에게 뒷일을 부탁했다. 유비의 아들인 유선이 뒤를 이어 왕위에 올랐지만 지극히 평범했던 유선은 부친의 유언을 받들어 제갈공명에게 모든 국정의 실권을 일임했다.

제갈공명은 책임이 막중했다. 이런 처지에서 확실한 승산도 없는 싸움을 할 수는 없었다. 그래서 신중하고 확실한 계략을 세울 수밖에 없었다.

게다가 촉나라의 병력은 위나라의 7분의 1 정도의 수준이었다. 촉나라가 모든 병력을 이끌고 원정을 가도 위나라에서는 일부 병력으로 대응할 수 있을 정도로 병력 차이가 심했다. 이제 막 중소기업으로 도약한 기업이 세계에서 손에 꼽힐 정도로 막강한 대기업과 겨루는 것과 같다.

또 다른 이유로 지리적 여건을 들 수 있다. 위나라를 공격하려면 잔도栈道라는 험난한 지역을 통과해야 한다. 이곳에 절벽을 연결하는 조교弔橋426가 있는데, 아슬아슬한 조교로 식량과 물자를 수송하기는 어려웠다. 식량과 물자 보급이 원활하지 못해 매번 제갈공명은 목표를 달성하지 못하고 물러서야 했다.

촉의 원정은 처음부터 승산 없는 싸움이었다. 이는 누구보다도 제갈공명 자신이 더 잘 알고 있었다.

《손자병법》에서는 "승산 없는 싸움은 하지 말라"라고 말한다. 제갈공명 또한 승산 없는 싸움을 피하고 싶었을 것이다. 그러나 그는 싸움을 포기할 수 없었다. 자신을 믿고 아껴준 유비가 간곡히 부탁했기 때문이다.

그래서 택한 방법이 적어도 지지 않는 싸움을 하는 것이었다. 병력의 차이나 그밖에 다른 여건을 종합해 봐도 싸움에서 이기기는 어려웠다. 그렇다고 싸움에서 패한 것도 아니다. 여러 상황에서 봤을 때 제갈공명은 열악한 조건에서도 최선을 다해 잘 싸웠다.

섬기던 주군의 유언을 따라 신중한 자세로 지지 않는 싸움을 계속했던 제갈공명은 참으로 훌륭한 지도자다.

앞장서서 모범을 보인 명재상

그밖에도 제갈공명에게 본받아야 할 점이 많다. 그는 촉나라를 이끌어 10년 동안 국력이 몇 배나 강한 나라와 큰 싸움을 하면서도 나라를 평화롭게 다스렸다. 지도력이 탁월한 인물이었다.

제갈공명은 촉의 승상, 즉 재상이었다. 그런 그에게 몇 가지 두드러진 특징이 있다.

첫째로 항상 앞장서서 다른 사람에게 모범을 보였다.

옛날부터 중국인들은 사소한 일에 개의치 않는 인물을 이상적인 재상으로 생각했다. 세부적인 일은 각 담당자에게 맡기고 재상은 대략적인 업무를 파악하고 결정하면 된다고 여겼다. 그러나 제갈공명은 장부까지 일일이 살펴보며 이른 아침부터 밤늦게까지 사무를 봤다고 한다.

다음과 같은 이야기가 있다.

오장원에서 사마중달과 대진하고 있을 때, 제갈공명 측의 사자가 사마중달의 진영을 찾아왔다. 사마중달이 제갈공명의 안부를 묻자 사자가 대답했다.

"제갈 공께서는 아침 일찍 일어나 밤늦게까지 사무를 보시고 형장 스무 대 이상의 형벌은 모두 직접 관리하십니다. 식사는 항상 조금씩 드십니다."

사마중달은 사자가 돌아간 뒤 "제갈공명의 목숨도 길지는 않겠군"이라고 중얼거렸다.

형장 스무 대 이상의 형벌은 대대장급이 처리할 일이다. 총지휘관인 제갈공명은 그런 일까지 관여할 정도로 열심이었다.

물론 제갈공명도 '재상은 사소한 일에 개의치 말아야 한다'는 사실을 알고 있었을 것이다. 그러나 그는 그럴 처지가 못되었다. 촉은 작은 나라였고 인재도 많지 않아 모든 일을 재상이 나서서 처리해야 했다.

게다가 유비의 신뢰를 받아 뒷일을 일임받았다. 그가 짊어져야 할 책임이 막중했다. 처지가 이렇다보니 제갈공명은 먹고 자는 일조차 잊을 정도로 바쁘게 일했다. 그의 부지런한 태도는 부하와 백성들의 마음을 움직였다. 그가 뛰어난 지도력을 발휘할 수 있던 첫 번째 요인은 바로 부지런함이다.

둘째로 제갈공명은 매사에 공평하고 사사로움이 없었다.

제갈공명은 상벌의 규정을 엄격하게 지켰다. 작은 나라가 큰 나라에 맞서 대항하려면 세금 부담도 크기 마련이다. 게다가 엄격하게 나라를 다스리면 부하나 백성들의 원성이 높아진다.

그러나 제갈공명은 '백성들의 원성을 사지 않았다'라고 기록될 정도였다.

이는 제갈공명이 매사에 공평하고 사사로움 없는 태도로 상벌의 규정을 엄격하게 지켰기 때문이다. 죄를 지은 사람은 자신의 잘못을 인정할 수밖에 없었다고 한다.

셋째로 제갈공명은 검소한 생활을 했다.

그는 원정을 나서기 전에 유선에게 자신의 논과 밭이 얼마나 되는지 재산을 보고했다. 공개한 재산은 그가 죽은 뒤 유족들이 겨우 생계를 이어갈 수 있을 정도였다고 한다. 항상 검소하게 생활하고 사심 없이 국무에 전념한 그를 부하들과 백성들은 깊이 신뢰하며 따랐다.

제갈공명의 적수 사마중달

사마중달은 제갈공명의 군대에 맞서 싸운 위나라의 명재상으로, 두 사람은 두 차례에 걸쳐 팽팽하게 대립했다.

《삼국지연의》에서는 사마중달을 제갈공명의 신출귀몰한 전략에 번번이 낭패를 당하는 평범한 인물로 묘사했다. 그러나 이는 사실이 아니다. 실제로 그는 매우 노련하고 그의 계략에 오히려 제갈공명이 낭패를 당하곤 했다.

사마중달은 제갈공명의 군대에 '싸우지 않고 이긴다'는 기본 전략으로 맞섰다. 철저하게 수비를 하고 가급적 싸움을 피하며 상대가 후퇴하기를 기다리는 전법이었다. 그는 식량과 물자 보급이 어렵다는 제갈공명 측의 약점을 정확하게 파악하고 있었다.

수비를 강화하여 적이 더 이상 진격해 오지 못하도록 막으면 상대는 병력 열세와 식량 보급의 곤란으로 퇴각할 수밖에 없다고 생각한 사마중달은 철저하게 싸움을 피했다. 전세는 그가 예상한 대로 진행되었다.

《삼국지연의》에서는 이들이 여러 차례 치열한 싸움을 벌였다고 묘사한다. 매번 제갈공명의 군사가 승리를 거두고 사마중달은 패배했다고 그리고 있으나, 이 또한 허구에 지나지 않는다. 실제로 이들은 싸움은 팽팽히 대치하다가 끝나곤 했다.

제갈공명은 지지 않는 싸움을 하기 위해 신중하게 전략을 구사했고, 이에 비해 사마중달은 싸우지 않고 이긴다는 기본전략을 철저하게 지켰기 때문에 싸움이 되질 않았다. 결국 팽팽히 대치하다가 끝나고 말았다.

그러나 한번은 제법 치열한 접전을 벌였다. 두 사람이 처음으로 대치했을 때였다. 이때도 제갈공명의 군대는 식량 보급문제로 퇴각해야 했다. 퇴각하는 제갈공명의 군대를 사마중달이 추격하여 격전이 벌어졌다.

촉나라의 자료에는 제갈공명이 이긴 것으로 기록되어 있고, 위나라의 자료에는 사마중달이 이긴 것으로 기록되어 있다. 그러나 실제로 우열을 가리기 힘든 싸움이었다.

　오장원에서 벌어진 두 번째 대결에서는 서로 팽팽히 대치하다가 끝났다. 멀리 원정군을 이끌고 온 제갈공명은 온갖 수단을 강구하여 사마중달에게 싸움을 걸었지만 사마중달은 말려들지 않았다. 싸울 생각은 않고 오로지 수비에만 전념하며 제갈공명이 퇴각하기만을 기다렸다.

　제갈공명이 상대하기 어려운 적수였을 정도로 사마중달은 노련한 인물이었다.

　결국 제갈공명은 과로로 병을 얻어 오장원 진중에서 생을 마감한다. 그렇게 두 사람의 대결도 막을 내렸다.

　제갈공명이 죽자 촉나라의 군대는 철수할 수밖에 없었다. 제갈공명의 죽음을 예측한 사마중달은 군대를 끌고 촉나라 군대를 추적했다.

　그런데 죽은 줄 알았던 제갈공명이 버젓이 지휘를 하고 있는 게 아닌가. 제갈공명은 자신이 죽은 후에 일을 걱정하여 수레에 앉아 지휘하고 있는 것처럼 꾸미게 했던 것이다.

　이를 알리 없는 사마중달은 즉시 추격을 중지했다. 이를 본 백성들은 "죽은 제갈공명이 살아있는 사마중달을 내쫓았다"라고 비웃었다. 그러나 사마중달은 "살아 있는 자의 계략은 알 수 있어도 죽은 자의 계략은 알 수 없는 법"이라고 말하며 쓴웃음을 지었다고 한다. 이 일에서 "죽은 제갈공명이 살아있는 사마중달을 내쫓았다"라는 말이 유래했다.

　아마도 사마중달은 형식상 추격을 했을 뿐이지 진짜로 추격할 마음은 없던 모양이다. 실제로 사마중달은 《삼국지연의》에서 묘사한 것과 달리 지략이 뛰어난 노련한 인물이었다. 이러한 상대를 만난 것은 제갈공명에게는 비극이라고 할 수 있다.

十八史略

십팔사략

역사의 발자취를 남긴 많은 이들의 삶을 통해 얻은 지혜

《십팔사략 十八史略》

《십팔사략》에 대해

'십팔사'는 《사기》를 비롯하여 송대에 이르는 역사서 18권을 뜻하며, '략略'은 저작물을 간추린 서적을 말한다. 즉 《십팔사략》은 태고시대부터 송대에 이르는 역사를 간추린 초학자를 위한 초보적 역사교과서로 편찬되었다.

저자는 증선지曾先之로, 송 말기에서 원 초기에 활약한 인물이라는 사실 외에는 알려진 것이 없다. 저서로 남아 있는 책도 《십팔사략》뿐이다. 당시 중국은 원元의 침략을 받아 멸망할 위기에 있었다. 이 책은 중국의 전통을 계승시키려는 목적에서 쓰인 것으로 보인다.

《십팔사략》은 문체가 굉장히 간략하다. 개인의 일화를 중심으로 파란만장한 역사의 발자취를 따라 많은 이들의 삶을 통해 지혜를 얻을 수 있도록 구성되어 있다.

또한 사서에 있는 고사나 명언을 빠짐없이 담아 중국 역사와 사상을 이해하는 데 많은 도움을 준다.

《십팔사략》의 명언

- '백성의 입을 막는 것은 개천을 막는 것보다 어렵다防民之口 甚於防川.' 〈주周〉
- '천자는 허튼소리를 하지 않는다天子不戱言.' 〈진晉〉
- '집이 가난해지면 어진 아내를 생각하게 되고, 나라가 어지러워지면 어진 재상을 생각하게 된다家貧則思良妻, 國亂則思良相.' 〈위魏〉
- '덕을 따르는 자는 번성하고, 덕을 거역하는 자는 멸망한다順德者昌, 逆德者亡.' 〈서한西漢〉
- '진심으로 사람을 대하여 조금의 거리도 두지 않는다推赤心置人腹中.' 〈동한東漢〉
- '빈궁할 때 사귄 벗을 절대로 잊어서는 안 되고, 가난할 때 의지하며 살아온 아내는 버리지 않는다貧賤之交 不可忘, 糟糠之妻 不下堂.' 〈동한〉
- '호랑이 굴에 들어가야 호랑이 새끼를 잡는다不入虎穴焉得虎子.' 〈동한〉
- '인생은 문틈으로 백마가 달리는 것을 보는 것과 같이 덧없다人生如白駒過隙.' 〈송宋〉
- '형상은 천하의 형상이다刑賞天下之刑賞.' 〈송〉
- '한 가지 이익을 보는 것은 한 가지 해를 제거하는 것만 못하다興一利 不若除一害.' 〈남송南宋〉

뛰어난 보좌역의 올바른 정치자세

흔히 '중국의 3천 년 역사'라고 하듯이 오랜 전설의 시대를 마감하고 중국의 역사를 기록하기 시작한 때는 지금부터 3천 년쯤 전이다. 그 무렵 지금 황하黃河 유역에 주周라는 왕조가 건설되었는데, 이를 시초로 중국 문명이 시작되었다.

주 왕조는 문왕文王, 무왕武王, 성왕成王의 3대를 걸쳐 왕조의 기반을 다졌다. 이들의 창업을 도와 보좌역을 한 사람이 주공周公이다.

주공은 무왕의 동생으로, 3대 왕인 성왕의 숙부다. 그는 어린 성왕이 3대 왕위에 오르자 재상으로 국정의 실권을 쥐고 주 왕조의 기반을 다졌다.

훗날 정치에 뜻을 세운 공자는 주공을 이상적인 정치가로 칭송했다. 주공은 오랜 중국 역사에서 훌륭한 보좌역으로 단연 첫 번째로 꼽히는 인물이다. 우선 《십팔사략》에서 다룬 주공에 관한 이야기부터 살펴보자.

주공은 그간의 많은 공적을 인정받아 노魯라는 곳에 영지를 하사받아 그곳의 영주로 임명되었다. 그러나 국정의 최고 책임자였던 그는 수도를 떠날 수 없었다. 그래서 아들 백금伯禽을 대신 파견하기로 했다. 그때 그는 아들에게 이렇게 주의를 주었다.

"나는 선대왕인 무왕의 동생이며, 지금 왕위에 오른 성왕의 숙부다. 제후 중에서도 매우 높은 신분이지. 그런데도 사람이 찾아오면 하던 식사를 멈추고서 맞이했고, 결례를 범하지 않도록 항상 노력했다. 그러면서도 항상 부족함이 없는지, 뛰어난 인재를 놓치고 있지는 않은지 걱정이 되는구나. 네가 노나라의 왕이 되었다고 해서 절대 교만하게 행동해서는 안 된다."

자고로 윗자리에 있는 사람은 항상 겸허해야 한다. 《논어》의 자료에 따르면 주공은 다음으로 이러한 훈계를 했다고 한다.

"윗자리에 있는 사람은 우선 친족을 소홀히 해서는 안 된다. 또한 중신들을 무시하여 불만을 품게 해서는 안 되며, 오랫동안 친분을 쌓아 온 사람은 특별한 경우를 제외하고는 외면해서는 안 된다. 마지막으로 한 사람에게 너무 많이 기대해서도 안 된다."

주공은 윗사람으로서 갖춰야할 배려에 대해 자세하게 알려주었다. 이 얼마나 세심한 배려인가.

그렇다면 과연 주공의 정치는 어떠했는지 구체적으로 살펴보자.

그로부터 3년 후, 그 동안의 경과를 보고하기 위해 백금이 돌아왔다.

"꽤 늦었구나."

주공이 말하자, 백금이 대답했다.

"낡은 관습을 정비하여 새로운 규범을 제정하고 삼년상을 지키도록 지도하다보니 이렇게 늦어섰습니다."

한편 낚시의 명인이었던 태공망太公望은 공적을 인정받아 제齊나라의 영주로 임명되었다. 그는 부임 된 지 5개월 만에 경과를 보고하기 위해 돌아왔다.

"오호. 굉장히 빨리 돌아왔구려."

주공이 의아해 하자, 태공망이 대답했다.

"저는 군신의 예를 간소하게 줄이고 백성들의 관습을 중시하여 정치를 했기 때문입니다."

백금의 보고를 들은 주공은 이와 대조적인 태공망의 이야기를 떠올렸다. 그리고는 이렇게 탄식했다고 한다.

"원래 법령이 복잡하면 백성들은 꺼리기 마련이다. 구속받는다는 느낌을 주지 않고 백성 스스로 따르게 하는 것이 정치의 요체라 할 수 있다. 헌데 백금은 그 이치를 알지 못하니 참으로 유감이다."

주공은 간소하고 이해하기 쉬운 것을 이상적인 정치로 생각했다. 지도자는 조직을 겸허한 자세로 간소하고 이해하기 쉽게 관리해야 한다. 이는 오늘날 조직을 관리할 때도 마찬가지다.

항우와 유방의 대결

진시황제가 죽자 각지에서 반란이 일어나 진제국은 천하를 통일한 지 불과 15년 만에 막을 내렸다. 그 뒤 천하는 양분되어, 초나라의 패왕 항우와 한나라의 왕 유방을 주축으로 숨막히는 각축전이 벌어졌다. 중국에서는 이를 일컬어 '초한의 싸움'이라 불렀다.

두 사람은 3년에 걸쳐 긴 싸움을 했다. 광대한 대륙이라 그런지 싸움도 굉장히 오랫동안 지속되었다. 이 싸움에서 초반에는 항우가 압도적으로 우세했다. 유방은 고전을 면치 못했다. 항우의 강력한 군대에 밀려 매번 패하고 겨우 전선을 유지해 나갔다.

그러나 1년이 지나 2년째로 접어들자 전세가 역전되기 시작했다. 전술에서는 여전히 항우가 우세하여 계속해서 공격을 했지만 점차 힘에 부치는 기세가 역력했다. 반대로 공격을 당하는 유방은 여유 있어 보였다.

2년이 지나자 형세는 완전히 뒤집혀 전술에서도 유방이 우세하고 항우는 열세를 피할 수 없었다. 마침내 항우는 사면초가四面楚歌 상태에 빠져 총애하던 애첩 우미인虞美人을 부둥켜안고 다음과 같은 시를 남겼다.

힘은 산을 뽑고, 기세는 천하를 덮었건만
때가 불리했도다, 추도 달리지 않는구나.
추가 달리지 않으니, 내 어찌하리.
우여, 우여, 너를 어찌한단 말인가

초반에 우세했던 항우가 패배한 원인은 무엇일까? 반면 열세했던 유방이 역전승을 거둘 수 있었던 비결은 무엇일까? 전략전술에서 보면 그 이유를 세 가지로 들 수 있다.

첫째, 유방은 우세한 항우의 군대에 대항하여 포위망을 만들었다. 유방은 열세에 몰릴 때 이미 포위망을 만들기 시작했다. 1년이 지나자 포위망의 효과가 나타나 항우의 군대는 점차 독 안에 든 쥐와 같은 처지가 되었다. 이는 전략전술의 승리라고 할 수 있다.

둘째, 유방의 모략공작으로 항우의 군사들을 이간질하여 군신 간의 신뢰를 무너트렸다. 서로의 신뢰관계가 무너진 항우의 군대는 조직력이 약화되었다.

셋째, 유방의 군대는 물자가 원활하게 보급되었다. 물자 보급을 담당하는 병과와 후방의 지원체제가 확립되어 있었다. 그래서 병력과 물자를 수시로 보충 받을 수 있었다. 그 때문에 유방의 군대는 매번 패하면서도 태세를 재정비하여 상대에게 결정타를 허용하지 않고 버틸 수 있었다.

이와 달리 항우는 보급이 원활하지 못했다. 그래서 소모된 전력을 회복할 수 없었고 점차 열세에 놓이게 되었다. 그러나 위의 세 가지 이유 외에도 이들의 승패를 좌우한 요인은 항우와 유방의 사람 됨됨이의 그릇이 달랐기 때문이다.

항우를 물리친 유방은 낙양으로 돌아와, 자신이 싸움에서 이긴 요인과 항우가 진 요인을 다음과 같이 말했다.

"짐은 훌륭한 전략을 구사하여 싸움을 승리로 이끄는 능력에서 장량張良을 따라가지 못하오. 또한 내정 충실, 민생 안정, 군량 조달, 보급로를 확보하는 데는 소하蕭何에 미치지 못하오. 게다가 백만나 대군을 능숙하게 지휘하여 승리를 이끌어 내는 데는 짐보다 한신韓信이 뛰어나오. 이들은 모두 뛰어난 인재들이라 할 수 있소. 짐이 천하를 얻을 수 있던 이유는 이들을 잘 다스렸기 때문이오. 항우에게도 범증이라는 인재가 있었지만 그는 그 한 사람조차 잘 다스리지 못했소. 그가 패한 원인은 바로 그 때문이오."

유방이 거느렸던 장량, 소하, 한신은 유방보다 뛰어난 능력이 있었다. 유방은 승리의 요인이 이러한 유능한 인재를 잘 다스린 데 있다고 말했다. 잘 다스렸다고 해서 거만한 태도로 복종을 강요하거나 수족처럼 부렸다는 의미는 아니다.

유방이 부하를 다스리는 방법에는 두 가지 특징이 있다.

첫째, 부하의 의견에 귀를 기울였다. 유방은 일방적으로 지시하거나 명령을 내리지 않았다. 문제가 생기거나 난관에 부딪치면 항상 부하에게 의견을 물었다. 그런 다음 그들의 의견을 적극적으로 받아들여 결정을 내렸다.

둘째, 공적을 세우면 그에 합당한 보상을 내렸다. 전쟁에서 이기면 전리품이 생기기 마련이다. 유방은 걷어 들인 전리품을 전부 공적을 세운 부하에게 나눠 주었다. 지금의 상여금과 비슷한 개념이라고 할 수 있다.

자기의 의견이 채택된 부하는 기쁨을 느끼는 동시에 강한 책임감을 느낀다. 게다가 성공하면 합당한 보상을 받을 수 있기 때문에 어떻게 해서든 성공시키려고 최선을 다한다. 유방은 이 두 가지 방법으로 부하의 자발적인 의욕을 심어 주었다.

한편, 항우는 이와 대조적이었다.

항우는 자신의 능력에 자부심이 매우 컸다. 싸움에서 연승을 올렸으며 게다가 젊었다. 스물다섯 살에 군사를 일으켜, 서른이라는 이른 나이에 유방에게 쫓겨 전사했다. 그가 활약한 것은 20대의 불과 몇 년이었다. 그가 지나치게 자만심에 빠졌던 것도 무리는 아니다. 그 때문인지 항우는 부하들의 의견을 무시하고 항상 독단적으로 행동했다.

더욱이 전리품이 생기면 부하들에 나눠 주지 않고 혼자서 차지했다고 한다. 결국 그의 수하에 있던 유능한 인재들이 하나둘 떠나고 힘겨운 싸움을 해야 했다.

유방이 조직의 힘을 잘 활용했으나 항우는 그렇지 못했다. 이는 두 사람의 승패를 좌우하는 가장 큰 요인이 되었다.

한신과 소하의 활약

유방이 큰 업적을 세우는 데 도움을 준 인물 세 명 가운데 한신은 시비를 걸어온 불량배의 가랑이 밑으로 기어간 일화로 유명하다.

젊은 시절, 그는 푸줏간에서 일하고 있었다. 어느 날 동네 불량배들이 그에게 시비를 걸었다. 무리 중 한 명이 그의 앞을 가로막고 소리쳤다.

"어이, 푸줏간 칼을 찬 모양이 그럴 듯한데 한판 붙어보는 게 어때? 덤벼 봐. 만약 용기가 없다면 내 가랑이 밑으로 기어가라고."

잠시 상대를 쳐다보던 한신은 아무 말 없이 그의 가랑이 밑으로 기어갔다고 한다.

견디기 힘든 일을 참아 내는 것이야말로 진정한 인내임을 보여 준 사례였다. 훗날 무장이 된 한신은 100만에 이르는 대군을 자유자재로 지휘할 정도로 용병에 탁월한 재능을 보였다. 배수진에 얽힌 일화는 그의 재능을 잘 보여 준다.

유방이 한창 항우와 사투를 벌이고 있을 때, 한신은 유방의 명령을 받아 북방 정벌에 나섰다. 북방에서 크게 우회하여 항우의 배후를 돌아 포위망을 구축하는 작전이었다.

이때 한신은 튼튼한 보루를 쌓고 기다리는 20만 적군과 충돌하게 된다. 불과 만 명밖에 안 되는 한신의 군대로는 승산이 없었다. 잠시 생각하던 한신은 적의 보루 앞으로 흐르는 강을 등지고 진을 쳤다. 이를 본 항우 쪽 군사들은 병법의 정석을 모르는 놈이라고 비

《十八史略》

웃었다.

적은 기세등등하여 공격해 왔다. 한신의 군대는 강을 등지고 있었기 때문에 더 이상 도망갈 곳이 없었다. 살아남으려면 목숨을 걸고 필사적으로 싸울 수밖에 없었다. 모두 한마음으로 목숨을 건 사투를 벌여 마침내 적의 대군을 무찔러 승리를 거뒀다.

싸움이 끝나고 장수들이 물었다.

"병법에서는 산을 등지고 강을 앞에 두고 싸우라고 했습니다. 그런데 이번 싸움은 강을 등지고 싸웠는데 승리를 거뒀습니다. 어찌된 영문인지 모르겠습니다."

"아니오. 이것도 훌륭한 병법이오. 그 증거로 '죽고자 하면 살고, 살고자 하면 죽는다必生卽死 死必卽生'라고 병법서에서도 말하고 있지 않소. 그것을 응용한 것이 이번 배수진 작전이오. 적에 비해 우리의 병력이 열세하기 때문에 살고자 하면 오히려 전멸했을 것이오. 그래서 일부러 강을 등지고 죽을 각오로 싸우게 했던 거요."

그의 말을 듣고 장수들은 "과연, 대단하십니다. 저희들은 도저히 따라갈 수가 없습니다"라며 경의를 표했다.

앞에 적이 버티고 있고 후퇴할 곳이나 탈출구가 없는 곳을 '사지死地'라고 한다. 손자병법에서도 병사들이 목숨을 걸고 싸우게 하려면 사지에서 싸우라고 했다. 한신의 배수진은 손자의 이러한 병법을 응용한 전략이었다. 언뜻 보기에는 정석에서 벗어난 전략으로 보이지만 실제로는 정석에 철저하게 따른 기발한 방법이었다. 정석에 정통하고 상황에 따라 적절하게 임기응변으로 전략을 구사한 한신은 그야말로 타고난 무장이었다.

한편, 소하는 한신 이상으로 유방의 승리에 공헌한 바가 큰 재상이다. 그는 한신과 달리 전쟁터에 나간 적이 없다. 항상 후방에 남아 나라를 다스리고, 전쟁터에 있는 유방에게 병력과 물자를 부족하지 않게 보급해 주었다. 유방은 패배를 거듭하면서도 소하의 활약으로 전력을 재정비할 수 있었다.

후방에서 지원하는 일은 지극히 평범하다. 목숨을 걸고 전쟁터에 나가 적을 물리치는 공적에 비하면 화려하지도 않고 그다지 눈에 띄지도 않는다. 그러나 유방은 전쟁이 끝난 후 공적에 따라 거기에 합당한 상을 내릴 때, 후방 지원을 최고의 공적으로 인정하고 큰 상을 내렸다. 소하가 최고의 공적을 세웠다하여 큰 상을 내리자 전쟁터에서 목숨을 걸고 싸웠던 장수들이 불만을 터트렸다.

"저희는 목숨을 아끼지 않고 전선에서 적들과 싸웠습니다. 많은 자는 백여 차례나 전투에 참가했고, 적은 자는 수십 차례 전쟁을 치렀습니다. 다소 차이는 있지만 모두 공적을 세웠습니다. 그런데 소하는 한 번도 전쟁터에 나간 적도 없고 오로지 집무실에 앉아 서류만 만들고 있었습니다. 어째서 목숨을 걸고 싸운 저희들보다 높이 평가받는지 도저히 이해할 수 없습니다."

이에 유방은 다음과 같이 말했다.

"그대들은 사냥에 대해서 알고 있소?"

"네, 알고 있습니다."

"그렇다면 사냥개에 대해서도 알고 있겠지요?"

"네. 그렇습니다."

"사냥을 할 때, 사냥감을 쫓아 물어 오는 것은 사냥개이지만, 사냥개를 풀어 사냥감을 잡아오게끔 하는 것은 사람이오. 이를테면 그대들은 사냥감을 잡아오는 사냥개의 역할을 하고 있소. 그에 비해 소하는 그대들이 적과 대적할 수 있도록 지휘하는 사람의 역할을 하고 있소."

유방의 말에 장수들은 더 이상 반론을 제기하지 못했다고 한다.

큰일을 해내려면 훌륭한 보좌인이 있어야 한다. 소하는 유방이 항우를 평정하고 천하를 통일하는 데 큰 공헌을 했으며, 생을 마감할 때까지 충실한 보좌인의 역할을 다했다.

명장군 장량

유방이 큰 업적을 세울 수 있도록 도운 세 사람 가운데 나머지 한 사람이 '장량'이라는 군사다. 한신을 영업 담당 중역, 소하를 총무 담당 중역에 비유한다면 장량은 기획 담당 중역에 해당한다. 장량은 중국 3천 년의 역사에서 지모가 뛰어난 인물 중에서도 단연 돋보인다. '지모智謀의 군사'라고 하면 기발한 계략을 세우는 인물을 떠올리는 사람이 많다.

그러나 진정한 지모란 다가올 위기를 예측하고 신속하게 대책을 세워 미연에 방지하는 능력을 말한다.

그러나 사람들은 이러한 지모를 알아보지 못한다. 이는 사람들이 눈치 채기 전에 이미 문제를 해결하기 때문이다. 장량은 이러한 지모가 있는 인물이었다. 그 사례를 보자.

숙적이었던 항우를 물리친 후, 유방은 부하들의 공적을 평가하여 그에 합당한 상을 주기 위해 공적 평가를 실시했다. 주된 공신 20여 명에 대한 보상을 결정했지만 그 외에 사람들에 대해서는 좀처럼 결정이 나지 않았다.

그러던 어느 날, 2층 복도에서 무심코 정원을 내려다보던 유방은 곳곳에 장군들이 모여 무언가 모의하고 있는 모습을 보게 되었다. 의아하게 생각한 유방이 뒤에 서 있던 장량에게 물었다.
"저들은 도대체 무엇을 논의하고 있는 거요?"
"모르고 계셨습니까? 저들은 반란을 모의하고 있습니다."
"천하가 안정되었는데 어째서 반란을 일으킨단 말이오?"
"폐하께서는 한낱 서민의 신분이었으나 큰 뜻을 세우고 저들의 도움을 받아 천하를 장악하셨습니다. 폐하께서 천자가 되셨는데도 공적을 인정받아 상을 받은 사람은 소하를 비롯해 오래전부터 폐하께서 아끼던 사람들뿐이었습니다. 반대로 벌을 받은 사람들은 평소에도 폐하에 눈 밖에 나서 미움을 받던 자들입니다. 지금 저들의 공적을 평가하고는 있지만 내릴 수 있는 상에는 한계가 있으니 분명 상을 받지 못하는 자가 나올 겁니다. 그들은 폐하께서 모두에게 상을 주지 않는 것은 아닌지, 과거의 실수를 끄집어내어 벌을 받지는 않는지 두려워하여 반란을 도모하고 있는 것입니다."
"어허, 그렇다면 어떻게 하면 좋겠소?"
"폐하께서 평소에 가장 싫어하고 그 사실을 다들 알고 있는 사람이 있으십니까?"
"물론 있소. 옹치雍齒는 오래전부터 맘에 들지 않았소. 그는 몇 번이나 짐의 말을 거역했소. 아예 없애고 싶었지만 공적을 많이 세웠

《十八史略》

기 때문에 참고 있었소."

"그렇다면 우선 옹치에게 상을 주고 모두에게 그 사실을 공표하십시오. 옹치가 상을 받았다는 소식을 들으면 다들 안심할 것입니다."

그래서 유방은 연회를 베풀어 옹치를 제후로 임명하고 공적 평가 담당자를 독촉하여 결과를 빨리 발표하라고 지시했다. 그러자 장군들은 술을 마시던 손을 멈추고 환호성을 지르며 "미움을 받던 옹치에게조차 상을 내렸으니 우리도 기대해도 되겠군"이라며 기뻐했다.

이러한 장량의 계책으로 터지기 직전의 반란을 잠재울 수 있었다. 대수롭지 않게 보일지 모르지만 막상 자신이 그런 처지에 놓이면 그처럼 태연하게 효과적인 대책을 강구하기 어렵다. 이것이야말로 진정한 지모라고 할 수 있다.

장량은 대대로 한나라의 재상을 지낸 유서 깊은 가문에서 태어났다. 유방을 비롯하여 그를 따르는 부하 대부분이 서민 출신이었음을 고려했을 때, 그는 이색적인 존재였다. 그 때문인지 벼슬길에서 물러날 때도 미련을 두지 않고 깨끗하게 물러났다. 장량은 유방이 천하를 통일하자 속세와 인연을 끊고 청빈한 생활을 즐기며 자신의 삶을 즐겼다고 한다.

"나는 세 치밖에 되지 않는 혀로 제왕의 스승이 되었고, 넓은 영지를 하사받아 제후로 임명되었다. 한낱 서민이 된 신분으로 이보다 더 영광스러운 일은 없을 것이다. 나는 이것으로 만족한다. 앞으로 속세를 떠나 마음 편하게 살고 싶다."

종종 유방을 찾아가 이야기를 나누기는 했으나 정치에 관한 이야기는 피했으며, 오로지 옛날 일을 떠올리며 감상에 젖곤 했다.

유방은 황제가 된 지 8년 만에 생을 마감했는데 그 동안 여기저기서 일어나는 반란을 진압하느라 바빴다. 이때 반란을 도모했다는 혐의를 받아 처형당한 공신도 한두 명이 아니었다. 당시 정세는 여전히 어수선한 상태였다. 장량이 벼슬에서 물러나 청빈한 삶을 살았던 것은 정치세계의 섭리를 잘 알았던 지모의 군사로서 명철보신하기 위한 현명한 방책이었는지도 모른다.

재상은 사소한 일에는 개의치 않는다

재상은 황제의 명을 받아 국정을 도맡아 하는 벼슬이다. 모든 문관과 무관의 지도자로서, 정치의 최고책임자라고 할 수 있다. 그렇다면 이상적인 재상상은 어떤 모습일까? 이상적인 재상을 말할 때 항상 떠오르는 두 이야기가 있다.

우선 진평陳平에 관한 이야기다. 그는 젊었을 때, 유방을 따르던 작전참모로, 뛰어난 계략으로 유방이 승리하는 데 많은 공헌을 했다. 기발한 계책을 세워 위기에 처한 유방을 여섯 번이나 구했다고 한다. 참으로 뛰어난 인물이었다.

진평은 만년에 재상으로 임명되어 한 제국의 주춧돌이 되었다. 그 무렵 유방은 이미 세상을 뜨고 젊은 문제文帝가 왕위에 올랐다.

중국에서는 재상이 여러 명인 경우가 보편적이었다. 당시에도 진평 외에 주발周勃이라는 재상이 있었다. 어느 날, 문제가 진평과 주발을 불렀다.

문제는 먼저 주발에게 물었다.

"1년 동안 총 몇 건을 재판하오?"

"송구하오나 잘 모르겠습니다."

"그렇다면 국고의 수지는 연간 어느 정도 되오?"

"참으로 송구하옵니다. 그것도 잘 모르겠습니다."

주발은 사실대로 말하고 사죄할 수밖에 없었다. 등에 식은땀이 흐를 정도였다. 문제는 하는 수 없이 진평에게 물었다. 진평이 대답했다.

"송구하오나 그 건이라면 각 담당자에게 물어보심이 어떠신지요."

"담당자라니, 누구를 말하는 것이오?"

"재판은 사법대신, 국고 수지는 재무대신이 담당하고 있습니다."

"각 담당자에게 물어보라면 재상은 도대체 무슨 일을 담당한단 말이오?"

"송구하옵니다. 폐하께서는 부족한 저를 재상으로 임명해 주셨습니다. 원래 재상은 위로 천자를 보좌하고 음양의 조화를 도모하여 나라를 순조롭게 다스리도록 돕고, 아래로는 백성들이 골고루 혜택을 받도록 해야 합니다. 또한 국외 문제에서 사방의 민족이나 제후들을 다독이고, 나라 안으로는 백성들을 잘 다스리고, 모든 관리인들이 맡은 책임을 다하도록 이끌어야 합니다."

"과연, 그대 말이 맞소. 잘 알겠소."

문제는 이렇게 말하고 진평을 칭찬했다고 한다.

얼마 후, 주발은 자신의 미흡함을 부끄럽게 여겨, 재상직에서 물러나고 진평이 혼자서 재상을 도맡게 되었다. 그는 문제에게 말한 그대로 재상의 임무를 충실하게 수행했다. 적재적소에 인재를 배치하여 일을 맡기고, 자기는 조직이 원활하게 움직이도록 지휘했다. 굉장히 중요한 역할이라고 할 수 있다. 사람들은 그를 훌륭한 재상이라고 칭찬하며 따랐다고 한다.

진평과 더불어 자주 거론되는 인물로 병길丙吉이라는 사람이 있다. 진평보다 120년쯤 뒤인 선제宣帝를 모신 재상으로, 다음과 같은 이야기가 전해진다.

어느 봄날, 병길이 마차를 타고 도성을 달리고 있었다. 때마침 난투극이 벌어지고 있었다. 죽은 사람도 많았다. 그러나 병길은 별일 아니라는 듯이 그냥 지나쳤다. 한참을 가다가 이번에는 맞은 편에서 쇠달구지가 다가왔다. 그런데 달구지를 끄는 소가 혀를 길게 내밀고 헐떡이고 있었다. 이를 본 병길은 시종을 시켜 얼마나 먼 거리를 달려왔는지 물어오라고 했다.

그러자 그를 수행하던 서기관이 이를 의아하게 생각했다. 많은 사상자를 낸 난투극은 놔두고 고작 소가 헐떡거리는데 신경을 쓰다니, 뭔가 잘못 생각하고 있지는 않은지 서기관은 용기를 내서 그 이유를 물었다. 그러자 병길은 이렇게 대답했다.

"그렇지 않네. 난투극 사건은 도지사나 관청장이 관리할 일이네. 나는 1년에 한 번씩 그들의 근무 현황을 평가하면 그만일세. 재상은 사소한 일에 개의치 않는 법이라네. 게다가 노상에서 벌어지는 일에 관여한다는 것은 가당치도 않네. 소를 보고 달구지를 멈추게 한 것은 아직 이른 봄인데 소가 심하게 헐떡이고 있으니 혹시 양기가 지나쳐서 그런 게 아닌지 걱정이 되어서 그런 걸세. 재상이란 자고로 음양의 조화를 도모해야 하네. 그래서 일부러 달구지를 세워 물어본 걸세."

이를 들은 서기관은 자신의 어리석음을 부끄러워했다고 한다.

진평의 이야기에서도 음양의 조화를 도모한다고 했는데, 옛날부터 중국인은 세상 만물은 음과 양이 균형을 이룰 때 비로소 성립된다고 생각했다. 음양의 균형이 잡히면 세상을 평화롭게 다스릴 수 있고, 그렇지 않으면 이변이 일어난다고 여겼다. 다시 말해 음양의 조화를 도모한다는 것은 그 균형이 깨지지 않도록 항상 주시해야 한다는 말이다.

두 가지 이야기를 종합해 보면, 재상은 첫째 대국적인 판단능력, 둘째로 전체적인 조정능력, 셋째로 적재적소에 인재를 배치하여 부하가 능력을 최대한 발휘할 수 있도록 이끌어내는 능력을 갖춰야 한다. 오늘날의 경영 간부들은 옛 중국의 재상들을 보고 이러한 능력을 본받도록 힘써야 한다.

지도자가 자멸하는 구도

중국 역사에는 폭군이 자주 등장하며, 인간이라는 동물의 냉혹함을 엿볼 수 있다. 중국 역사상 손꼽히는 폭군으로 은나라의 주왕을 들 수 있다. 그는 두뇌가 명석한 인물이었다. 그에 대해 《십팔사략》에서는 다음과 같이 묘사한다.

"주왕은 천성적으로 언변이 뛰어나며 민첩하고, 맹수를 맨손으로 때려잡을 정도로 힘이 세다. 두뇌 회전이 빨라 간언하는 자의 말문을 간단하게 막았고, 자신의 잘못은 청산유수와 같은 말솜씨로 무마시켰다."

이것만 봐도 그가 얼마나 명석한 인물이었는지 알 수 있다. 그가 이러한 천성적인 소질을 좋은 쪽으로 발전시켰다면, 명군은 아니더라도 훌륭한 왕으로 이름을 남겼을 것이다. 그러나 주왕은 전형적인 폭군으로 역사에 오명을 남겼다. 그 이유는 자신을 통제하지 못하고 항상 욕망이 이끄는 대로 행동했기 때문이다.

당시 눈에 거슬리는 신하를 손가락 하나로 없앨 수 있을 정도로 중국 황제의 권력은 절대적이었다. 그래서 폭정의 길을 가지 않으려면 항상 스스로 욕망을 통제해야 했다. 그러나 폭군은 자기를 통제하지 못한다.

주왕은 왕비인 달기를 끔찍이 아꼈는데, 그녀가 하는 말이면 무엇이든 들어주었다. 많은 세금을 거둬들여 보물과 곡물로 궁전을 가득 채우고, 별궁을 확장하고 술로 연못을 채웠으며, 고기로 숲을 이룰 정도로 방탕하고 호화스런 생활을 즐겼다. 모두 달기의 환심을 사기 위해서였는데, 여기에서 '주지육림酒池肉林, 호화스럽고 사치스런 주연을 이르는 말-역주'이라는 말이 유래했다고 한다.

주왕의 이러한 사치스런 생활에 백성들은 불만을 터트렸다. 그러자 주왕은 형벌을 무겁게 하여 탄압하기 시작했다. 이를 참다못한 신하들이 간언을 했지만 주왕은 이를 전혀 들으려 하지 않고, 오히려 이들을 모조리 처형했다고 한다. 일이 이 지경이 되자 결국 주왕

《十八史略》

은 백성들에게 버림을 받고 주나라의 무왕武王에게 멸망당하고 말았다. 오늘날에도 자기를 통제하지 못해 욕망이 이끄는 대로 행동하는 지도자들이 많다. 주왕과 같이 그릇된 길을 가지 않으려면 끊임없이 통제력을 길러야 한다.

천성적으로 폭군이었던 주왕과 다르게 처음에는 나라를 잘 다스리다가 나중에 기껏 쌓은 명성과 실적을 허사로 만든 군주도 많다. 대표적인 인물로 양귀비와의 사랑 이야기로 유명한 당의 현종이 있다.

현종은 당 왕조의 6대 황제로, 그는 44년 동안 보위에 있었다. 스물일곱의 한창 나이에 황제가 되어 의욕이 넘쳤으며, 긴장감을 늦추지 않고 나라를 다스리는 데 전념했다. 그래서 '개원의 치'라고 하는 태평한 시대를 구축하기도 했다. 이를 가능하게 한 이유로 두 가지를 들 수 있다.

첫째, 현종은 재주와 지혜가 뛰어난 인물로 지도자가 갖춰야 할 결단력이 있었다. 이런 인물이 긴장감을 늦추지 않고 나라를 다스렸으니 나라는 평온했다.

둘째, 그를 보좌하는 훌륭한 인재들이 많았다. 현종은 그들의 의견에 귀를 기울였으며 그들도 힘을 모아 현종을 보필했다.

이런 일화가 있다.

요숭姚崇이라는 재상이 있었다. 어느 날 요숭이 신하들의 인사에 대해 의견을 묻자, 현종은 먼 산을 바라보며 대꾸도 하지 않았다. 민망해진 요숭이 물러가자, 옆에 있던 측근이 현종에게 물었다.

"재상이 정무에 대해 의견을 묻는데 어찌 대꾸도 하지 않으십니까? 정치의 주요한 사안을 총괄해야 할 폐하께서 왜 그런 태도를 취하셨는지 이해가 안 됩니다."

그러자 현종이 대답했다.

"짐은 요숭에게 모든 정사를 맡겼소. 국가의 중대사라면 몰라도, 관리 인사문제로 짐을 귀찮게 할 필요가 있겠소?"

이 이야기를 전해 들은 사람들은 '폐하께서는 황제의 역할을 잘 알고 계신다'라고 칭송했다고 한다.

또한 이런 일화도 있다.

신념이 강한 한휴韓休라는 재상이 있었다. 현종은 주연을 즐기다 도를 지나쳤다고 생각하면 항상 측근들에게 "한휴가 알면 곤란하오"라며 입단속을 시켰다.

어느 날, 한 신하가 "한휴가 재상이 된 후로 폐하께서 많이 여위셨습니다"라며 한휴를 쫓아낼 의중이 있는지 떠보았더니, 현종은 "한휴 때문에 짐은 여위었지만 천하는 오히려 살쪘다오"라고 말했다고 한다.

훌륭한 인재가 보필하고 현종 자신도 긴장을 늦추지 않고 나라를 다스렸기 때문에 '개원의 치'라는 태평성대를 이룰 수 있었다.

그러나 현종은 말기에 이르러, 정치에 실증을 느끼고 마음이 느슨해져 오로지 양귀비와 향락에 빠졌다. 이 틈을 노려 무능하고 아첨하는 자들이 왕의 환심을 사고 높은 지위에 올랐다. 점차 나라는 혼란에 빠지고 대규모의 반란이 일어나 당 왕조는 붕괴될 위기에 처하고 말았다. 이는 현종이 느슨해져 나라를 제대로 보살피지 않았기 때문이다.

　그러므로 지도자는 현종의 사례를 교훈으로 삼아 조직이 붕괴되지 않도록 항상 긴장감을 늦추지 말아야 한다.

諸葛亮集

제갈량집

예리하게 인간을 통찰하고 분석한 전형적인 '인간학'

《제갈량집 諸葛亮集》

《제갈량집》에 대해

제갈량諸葛亮 자는 공명은 삼국의 하나인 촉의 군주 유비를 모신 군사로 그는 남달리 지략이 뛰어났다. 《삼국지》의 〈제갈량전〉에 따르면 그가 오장원에서 웅대한 계획을 이루지 못하고 병사하기 전, 저작으로 《제갈량집》 24편, 약 10만 4천여 자를 남겼다고 한다. 그러나 그후 소실되어 지금은 남아 있지 않다.

훗날, 제갈공명의 저작과 그에 관한 유문을 편집한 책이 여러 권 쓰였으나 그중에서도 청대의 장주張澍라는 사람이 편집한 《제갈량집》이 가장 뛰어나다. 문집 4권, 부록 2권, 고사 5권으로 구성되어 있으며 중국에서는 최근에도 재편집되어 출간되었다고 하니 얼마나 많은 사랑을 받고 있는지 알 수 있다.

본서에서는 문집에 수록된 것 중 내용이 비교적 체계적인 〈장원將苑〉과 〈편의십육책便宜十六策〉을 통해 제갈공명의 정치론과 용병론, 장수론을 알아보기로 한다.

《제갈량집》의 명언

➡ '사람의 성품은 알기 어렵다夫知人之性 莫難察焉.' 〈장원將苑〉

➡ '장수는 거만함을 멀리해야 한다. 거만한 장수는 무례를 범하게 되고 그러면 민심도 잃게 된다將不可驕 驕則失禮, 失禮則人離.' 〈장원〉

➡ '국가의 가장 중요한 임무는 외적의 침입에서 나라를 지키는 일이다夫國之大務 莫先于戒備.' 〈장원〉

➡ '전쟁의 근본은 화합하는 데 있다. 화합하면 시키지 않아도 스스로 싸운다夫用兵之道 在于人和 人和則不勸而自戰矣.' 〈장원〉

➡ '계략을 세워 실행할 때는 비밀을 유지하고 적을 공격할 때는 신속해야 한다夫計謀欲密 攻敵欲疾.' 〈편의십육책便宜十六策〉

➡ '상을 내릴 때는 공평해야 하고 벌을 내릴 때는 균등해야 한다賞不可不平 罰不可不均.' 〈편의십육책〉

➡ '이익을 얻고자 하면 손해 보는 쪽도 생각해야 하고 성공을 하려면 실패했을 때도 염두에 두어야 한다欲思其利 必慮其害 欲思其成 必慮其敗.' 〈편의십육책〉

《삼국지》의 주역

제갈공명은 《삼국지》를 읽은 사람들에게 매우 친숙한 인물이다. 《삼국지》를 읽지 않은 사람이라도 '삼고초려三顧草廬', '수어지교水魚之交', '읍참마속泣斬馬謖', '사제갈주생중달死諸葛走生仲達'이라는 고사성어는 익히 들어 알고 있을 것이다. 제갈공명은 옛날부터 중국의 역사적 인물인 진시황과 더불어 높은 지명도를 얻어 왔다.

제갈공명은 《삼국지》의 주역으로, 촉한을 일으킨 유비를 보필하며 재상으로 눈부신 활약을 했다. 그가 남긴 저작은 전부 24편으로 10만 4천여 자나 되는 엄청난 양이었다. 그러나 대부분은 소실되고 고작 《제갈량집》이 남아 있을 뿐이다. 이 책을 읽어보면 제갈공명이 손자 이후의 고전적인 병법서의 전통을 충실히 이어왔음을 알 수 있다.

제갈공명의 병법론도 다른 병법서와 마찬가지로 전략전술을 다루고 있다. 그러나 단순히 전쟁기술을 기록한 것이 아니라 예리하게 인간을 통찰하고 분석한 전형적인 '인간학'을 다룬 책이다.

《제갈량집》에서 다루는 전략전술론은 매우 광범위하여 경영전략서나 처세서로도 손색이 없으며 현대인들에게도 좋은 실천적 지침이 많이 담겨 있다.

먼저 제갈공명의 됨됨이와 시대적 배경에 대해 간단하게 이야기를 해보자.

제갈공명은 서기 181년에 태어났다. 당시 중국은 200년 동안 지속되었던 후한이 내란으로 붕괴되고 수많은 영웅들이 세력을 장악하기 위해 치열한 싸움을 벌이고 있었다. 그중에서도 난세의 간웅으로 불리던 조조는 단연 두각을 나타냈다. 조조는 소설 《삼국지》에서 전형적인 악인으로 묘사되고 있으나 실제로는 탁월한 경영 능력을 지니고 있는 인물로 맨주먹으로 시작하여 짧은 시간에 세상을 호령하는 자리에 올랐다. 높은 인덕과 끈기로 존경받는 유비도 그를 저지하지 못할 정도였다.

유비는 한때 조조에게 의탁했으나 훗날 반란을 일으킨다. 그러나 조조의 매서운 공격을 받아 기거할 곳이 마땅치 않자 형주의 유표에게 찾아가 몸을 의지하며 6년 동안 아무런 활동도 하지 못하고 허송세월을 보냈다. 그러다 그는 제갈공명을 만나 새로운 희망을 갖게 되었다. 당시 유비는 47세로 이미 황혼기로 접어들었고 제갈공명은 27세로, 한창 젊은 혈기를 뿜어내고 있었다.

유비는 초야에 숨어 살던 제갈공명을 군사로 삼기 위해 직접 그의 초가집에 세 번 찾아가 가르침을 청했다고 하는데, 이를 일컬어 '삼고초려'라 한다.

유비가 앞으로 어떻게 해야 할지 묻자 제갈공명은 '천하삼분지계'라는 전략을 가르쳐 준다. 여기서 '삼분'이란 조조, 유비, 손권이 천하를 삼등분 한다는 뜻이다. 즉 '천하삼분지계'란 손권과 연합하여 북방에서 남하해 온 조조의 세력을 저지함으로써 삼국이 대등한 관계로 대립하게 만든 후 마지막에 유비가 천하를 통일하는 전략이었다.

궁지에 몰려있던 유비는 제갈공명의 이야기를 듣고 어둠 속에서 한 줄기 빛을 발견한 것과 같은 기쁨을 맛봤을 것이다. 이에 유비는 제갈공명을 군사로 맞이하고 점차 그의 전략론에 매료되었다.

이를 본 관우와 장비는 불만을 터트렸다. 두 사람은 유비의 의형제로 처음 거병의 뜻을 세울 때부터 함께 해 온 사이였는데 그들의 불만을 그대로 두면 폭발할지도 모른다고 생각한 유비는 두 사람을 불러 타일렀다.

"내가 제갈공명을 얻은 것은 물고기가 물을 얻은 것과 같네. 그러니 자네들이 불만을 갖지 않았으면 하네."

이 고사에서 '수어지교'라는 말이 유래되었는데, 유비가 제갈공명을 얼마나 신임했는지를 알 수 있다.

삼국시대는 제갈공명이 말한 '천하삼분지계'의 각본대로 진행되었다. 그리고 서기 208년 유비와 손권의 연합군과 조조가 벌인 '적벽대전'을 계기로 전환점을 맞는다.

제갈공명은 손권을 설득하여 그의 수군을 적벽으로 이동시키고 조조의 대군을 물리쳤다. 이때의 승리를 발판으로 유비는 서기 221년 촉한을 세우고 제갈공명이 말한 대로 '천하삼분지계'가 완성되었다. 바야흐로 조조가 죽고 그의 아들 조비曹丕가 세운 위나라, 손권의 오나라, 유비의 촉나라 삼국이 천하를 두고 셋으로 나누어진 '삼국정립'의 시대로 접어든 것이다.

제갈공명은 건국과 동시에 재상이 되어 내정을 관리하는 총괄 책임자가 되었다. 그리고 오장원에서 생을 마감할 때까지 20년 동안 촉의 주춧돌로 유비와 그의 아들 유선을 보필했다.

《삼국지》의 저자인 진수는 제갈공명을 "나라를 다스리는 데 뛰어난 재능을 가졌으며 '관'과 '소'에 견줄 만하다"라며 높이 평가했다. 이때 '관'은 제나라의 관중, '소'는 한나라의 소하를 가리키며 제갈공명은 이들과 어깨를 나란히 할 만큼 훌륭한 재상이었다.

과연 제갈공명은 어떤 정치를 펼쳤을까?

《諸葛亮集》

제갈공명의 통솔력

진수의 《삼국지》는 제갈공명의 정치적 특징을 이렇게 말했다.

"충성을 다하고 이익이 되는 자는 원수지간일지라도 반드시 상을 내렸다."

즉 비록 원수와 같은 상대라도 충성을 다하고 공적을 세우면 반드시 상을 주었다는 것이다.

"법을 어기고 게으른 자는 친분이 있는 사람일지라도 반드시 벌을 내리고 죄를 인정하고 정을 쏟는 사람은 죄가 무거울지라도 반드시 용서했다. 말로 사람을 희롱하는 자는 죄가 가볍더라도 반드시 사형에 처하고 조금이라도 착한 일을 하면 칭찬하고 악한 일을 하면 벌을 내렸다. 그러자 백성들이 모두 경외심을 갖고 그를 따랐다. 또한 매사에 공평하고 옳고 그름이 분명하여 아무리 형벌이 가혹해도 원망하는 자가 없었다."

제갈공명은 신상필벌 주의로 부하와 백성을 다스리고 이를 매우 공평하게 집행했다. 게다가 사적인 감정을 개입시키지 않고 공평하게 법을 집행했기 때문에 불만을 터트리는 사람들이 없었다.

그는 먹고 자는 것조차 잊을 정도로 아침 일찍부터 밤늦게까지 열심히 나라를 다스렸다. 또한 한 나라의 재상으로는 보기 드물게 검소한 생활을 했는데, 그가 죽은 뒤 재산을 조사해 보니 여분의 자산이 전혀 없을 정도였다고 한다. 이러한 점들을 비추어 보아 제갈공명은 매우 엄격하면서도 정직하고 성실하며 책임감이 강한 인물이었음을 알 수 있다.

모든 작전준비를 마친 제갈공명은 위나라를 토벌하기 위해 병력을 총집결시켜 원정길에 나섰다. 이때 유비는 이미 죽고 없었으며 그의 아들 유선이 뒤를 이어 촉나라의 2대 왕으로 재위하고 있었다. 제갈공명은 출전하기 전에 유선에게 상소문을 보냈는데 이것이 널리 알려진 〈출사표〉이다.

"선제께서는 건국의 대업을 미처 다 이루지 못하고 돌아가셨습니다. 지금 천하는 셋으로 나뉘어져 있는데 그중에서 촉의 익주益州 백성들이 가장 많이 지쳐있습니다. 지금이야말로 살아남느냐 죽느냐 하는 위급한 시기입니다"로 시작하는 힘차고 격조 높은 문체에는 출전에 임하는 제갈공명의 굳은 결의가 드러난다.

그러나 이 원정은 선봉대의 지휘관으로 기용한 마속馬謖의 큰 실수로 인해 실패로 끝나고 만다. 마속은 젊은 참모장으로서 이론가로 유명하며 제갈공명은 장래성 있는 젊은이에게 공적을 세우게 하고 자신감을 갖도록 해 훌륭한 장수로 키우려는 생각에서 그를 지휘관으로 기용했던 것이다.

그러나 마속은 제갈공명의 작전 지시를 무시하고 산 위에 진을 쳤다. 당시 위나라 군대의 총사령관이었던 장합張郃은 싸움을 수 십 차례나 겪어온 노련한 장수로 상대의 작은 허점도 놓치지 않았다. 그는 즉시 산을 포위하여 물과 식량 보급로를 차단시키고 지구전으로 끌고 갔다. 가만히 앉아서 죽음을 기다리고 있을 수만은 없다고 생각한 마속은 군사들에게 돌격 명령을 내리고 산 아래로 뛰어 내려갔지만 이를 기다리고 있던 장합의 군대에게 크게 패했다.

이 일로 제갈공명의 작전 계획은 수포로 돌아가고 첫 번째 원정은 실패로 끝났다. 제갈공명은 군율을 세우기 위해 울면서 아끼던 마속의 목을 베었다고 한다. 이 일에서 '읍참마속'이라는 고사성어가 나왔다. 또한 그는 마속을 중직에 기용한 자신의 실수를 인정하고 유선에게 처벌을 내려달라고 요청했다.

지금까지의 이야기로 제갈공명을 피도 눈물도 없는 냉철한 인물로 생각하지 모르지만 그는 마속을 처형하는 한편 그의 유족들에게 예전처럼 후한 대우를 보장하는 등 인정이 많은 사람이었다. 그에게 이 같은 매력이 있었기 때문에 백성들은 그를 두려워하면서도 존경했다.

패배의 아픔을 치유하고 군의 태세를 재정비한 제갈공명은 계속해서 2차, 3차, 4차 원정을 감행했지만 모두 물자 보급문제에 부딪쳐 어쩔 수 없이 철수해야 했다. 그리고 5차 원정 때는 새롭게 결의를 다지고 총력을 기울여 마지막 원정에 나섰다.

제갈공명의 군대는 지령산맥을 넘어 오장원 부근까지 진출했다. 이에 맞서 나온 위나라의 총사령관은 노련한 무장 사마중달이었는데, 그는 결전을 피하고 지구전을 펼쳤다. 그는 지구전으로 가면 시간이 지날수록 원정군에게 불리하다는 것을 알고 있었다. 이들의 대립은 백 일이 넘게 계속되었는데 이때 제갈공명이 병으로 쓰러졌고 결국 제갈공명은 목표를 달성하지 못하고 오장원에서 생을 마감했다. 그러나 이 한 가지 일로 지휘자로서 제갈공명의 자질을 평가해서는 안 된다.

먼저 촉나라와 위나라의 전력이 크게 차이 났고 보급도 원활하지 않아 누가 봐도 제갈공명이 불리했다. 게다가 그는 유비의 유언에 따라 승산 없는 싸움을 벌여야 했다. 이런 상황에서 제갈공명이 세운 작전은 이길 수 없는 싸움이라면 적어도 지지 않겠다는 것이었다. 패배하면 멸망할 것이므로 그것만은 피해야 한다고 생각했다.

결국 제갈공명의 다섯 차례에 걸친 원정은 모두 승리를 거두지 못했다. 그러나 패하지도 않았다는 의미에서는 최선을 다해 잘 싸웠다고 할 수 있다.

제갈공명은 10년 동안 대규모 원정을 다섯 차례나 감행했다. 평범한 지도자였다면 나라가 완전히 혼란에 빠졌을 것이다. 그러나 제갈공명이 나라를 다스리는 동안에는 어떠한 반란도 일어나지 않았고 백성들과 부하들이 합심하여 제갈공명을 따랐다. 이로써 제갈공명의 뛰어난 통솔력을 짐작할 수 있다.

제갈공명의 뛰어난 통솔력의 비결은 세 가지로 집약된다.

첫째, 신상필벌 주의를 철저하게 지킨다.

둘째, 매사에 사심 없이 공평하게 임한다.

셋째, 솔선수범하여 부하와 백성들을 대한다.

제갈공명의 지도자론

먼저 제갈공명의 '장수론'과 '용병론'에 대해 이야기를 해 보자. 장수는 지도자나 관리직, 용병론은 부하를 다루는 방법이라고 볼 수 있다. 우선 제갈공명은 장수를 아홉 가지 유형으로 나누었다.

첫째, 인장仁將. 인장은 덕과 예를 갖추고 부하와 고충을 함께 나눈다.

둘째, 의장義將. 의장은 책임감이 강하여 자신의 임무를 다하고 자기의 이익을 챙기지 않는다. 명예를 위해서는 목숨도 아끼지 않으며 살아서 굴욕을 당하는 것을 부끄럽게 생각하는 인물이다.

셋째, 예장禮將. 지위가 높아도 교만하지 않으며 싸움에서 이기고도 뽐내지 않는다. 지혜롭고 겸손하며 강직하고 참을성이 강하다.

넷째, 지장智將. 기발한 계략으로 종횡무진하며 어떠한 사태에도 대처할 수 있어 화를 복으로 전환시키고 위기 속에서도 승리를 이끌어 낸다.

다섯째, 신장信將. 신상필벌 주의에 입각하여 부하를 대하고 한 번 약속한 일은 반드시 지킨다.

여섯째, 보장步將. 군마보다 빠르고 투지가 넘쳐 국경을 수비하는 데 적격이며 무술에 능하다.

일곱째, 기장騎將. 높은 산과 험난한 길을 자유자재로 뛰어다니며 말 위에서도 활을 능숙하게 쏜다. 진격할 때는 앞장서고, 후퇴할 때는 맨 뒤에 서서 병사들을 보호한다. 그야말로 바람직한 실전형 지도자의 모습이다.

여덟째, 맹장猛將. 선두에서 병사들을 질타하고 아무리 강한 적을 만나도 주눅 들지 않으며 상대가 강할수록 투지를 불태운다.

아홉째, 대장大將. 현명한 사람에게는 자신을 낮추어 정중하게 대하고 충고를 흔쾌히 받아들인다. 너그럽고 강직하며 용감하고 지략이 뛰어나다.

다음에 제갈공명은 장수를 여섯 등급으로 나누고 다음과 같이 설명했다.

"사람을 분별할 줄 알고 위기를 예측하며 부하를 잘 통솔하는 사람은 10인의 장수이며 온종일 일에 전념하고 신중하게 말하는 사람은 백 인의 장수이다. 남에게 아부하기를 싫어하고 사려가 깊으며 용감하고 전투의욕이 강한 사람은 천 인의 장수이며 용맹하고 가슴에 뜨거운 투지를 안고 부하들의 고충을 배려하는 장수는 만 인의 장수이다. 이에 덧붙여 유능한 인재를 등용하고 꾸준히 자신을 수양하며 신의가 있고 너그러우며 어떤 일에도 초심을 유지할 수 있는 사람은 10만 인의 장수이다. 마지막으로 백성을 아끼고 신의가 있어서 이웃나라의 존경을 받으며 천문, 지리, 인사 등 모든 일에 능통하여 백성들에게 사랑을 받은 사람은 천하 만민의 장수이다."

사실 10인의 장수가 되기도 쉬운 일이 아니다. 먼저 자신이 어느 단계에 속하는지 돌아보고 한 단계 위를 목표로 노력해야 할 것이다. 제갈공명은 다양한 각도에서 그 방법을 구체적으로 설명했다. 그는 "장수에게는 5선 4욕五善四慾이 있다"라고 말하고 장수의 임무를 정리했다.

"장수에게는 5선 4욕이 있다. '5선'은 적의 정황을 정확히 파악하고 나아갈 때와 물러날 때를 정확하게 판단하며 국력의 한계를 알고 하늘의 때를 알아 부하들을 잘 통솔하며 지형의 험난함을 미리 조사해 놓는 일이다. 또 '4욕'은 싸울 때는 적이 생각지 않은 곳을 찌르고 모략은 비밀이 새지 않도록 한다. 병사를 다스리는 데 마음을 쏟고 전체 군사의 마음을 하나로 잡는 일이다."

즉 '5선'은 장수가 파악해야 할 사항 다섯 가지를 말한다.

첫째, 적의 정황을 정확하게 파악한다.

둘째, 전진하고 후퇴할 때를 정확하게 판단한다.

셋째, 국력의 한계를 파악한다.

넷째, 적절한 때를 알고 부하를 파악한다.

다섯째, 지형의 험난함을 파악한다.

'사욕'은 장수가 갖춰야 할 마음가짐 네 가지를 말한다.

첫째, 상대의 의표를 찌른다.

둘째, 계략은 철저하게 비밀로 한다.

셋째, 군대를 통제한다.

넷째, 병사들을 단합시킨다.

5선 4욕은 장수의 기본 임무이다. 또 장수의 조건으로 '5강 8악'이 있는데, 이는 필요조건 다섯 가지와 실격조항 여덟 가지다.

우선 '5강'을 살펴보자.

첫째, 고절을 지킨다. '고절高節'이란 절조를 지키는 태도를 말하는데 장수가 고절을 지켜야 부하들의 의욕을 끌어낼 수 있다.

둘째, 효우가 있어야 한다. '효우孝友'란 어버이에 대한 효도와 형제간에 우애를 말한다.

셋째, 신의를 중시한다. 신의를 중시해야 벗을 사귈 수 있다.

넷째, 깊이 생각한다.

다섯째, 모든 일에 최선을 다한다.

'5강'은 장수가 갖춰야 할 필요조건으로 긍정적인 조건인데 비해 '8악'은 장수로 적합하지 않은 실격조항으로 부정적인 조건이다. 제갈공명은 성격이 세심하여 우선 갖춰야 할 자세를 긍정적으로 배열하고 이해하기 쉽도록 피해야 할 유형을 들어 설명했다. 어떤 조항이 있는지 살펴보자.

첫째, 어리석고 옳고 그름의 판단을 내리지 못한다.

둘째, 예의를 모른다.

셋째, 정치수완이 부족하다.

넷째, 경제력이 있는데도 어려운 사람을 돕지 않는다.

다섯째, 지혜가 부족하여 앞으로 생길 일에 대비하지 못한다.

여섯째, 사고력이 부족하여 비밀이 누설되는 것을 막지 못한다.

일곱째, 지위에 올라도 다른 사람을 추천하지 않는다.

여덟째, 전쟁에 패하면 백성들의 비난을 받는다. 이는 평소에 백성들에게 신뢰를 받지 못했다는 증거다.

지금까지 장수가 갖춰야 할 조건과 피해야 할 사항을 살펴보았다. 마지막으로 장수의 마음가짐을 살펴보자.

첫째, 첩자를 활용한다.

둘째, 적의 동태를 살핀다.

셋째, 아무리 강한 상대라도 겁먹지 않는다.

넷째, 눈앞의 이익에 현혹되지 않는다.

다섯째, 상과 벌을 내릴 때는 공평하게 한다.

여섯째, 수치와 모욕을 잘 견딘다.

일곱째, 대범해야 한다.

여덟째, 거짓말을 하지 않는다.

아홉째, 인재를 등용한다.

열째, 거짓말이나 헐뜯는 말에 현혹되지 않는다.

열한 번째, 겸허하게 행동한다.

열두 번째, 병사들을 보살핀다.

열세 번째, 나라를 위해 기꺼이 목숨을 바친다.

열네 번째, 자기의 한계를 안다.

열다섯 번째, 나를 알고 적을 안다.

지금까지 제갈공명의 장수론을 살펴보았다. 제갈공명의 인물 됨됨이를 보여 주듯 매우 정중하면서도 핵심을 찌르는 묘한 매력이 있다. 현대인들에게 맞지 않는 사항도 있지만 분명 좋은 교훈이 될 것이다.

조직을 활성화시키는 지혜

장수가 자신의 조직을 장악하려면 어떻게 하면 좋을지, 조직을 활성화시키려면 어떻게 해야 하는지에 대한 제갈공명의 조직론을 살펴보자.

'장수는 반드시 심복과 이목, 조아가 있어야 한다.'

'심복心腹'은 마음놓고 믿을 수 있는 부하, '이목耳目'은 눈과 귀가 될만한 부하, '조아爪牙'는 손발이 되어 일하는 부하를 뜻한다.

제갈공명은 훌륭한 장수가 되려면 반드시 훌륭한 부하가 있어야 한다고 말했다. 부하를 선정하는 기준을 살펴보면 '심복'은 널리 학문에 능통해야 하고 지능이 뛰어나야 한다. '이목'은 침착하고 냉정하며 입이 무거워야 하며, '조아'는 용맹하고 과감하며 적을 두려워하지 않아야 한다.

또한 조직을 편성할 때는 참모를 누되 고급, 중급, 하급 등 단계별로 둬야 한다.

"거침없이 말하고 두뇌가 명석하여 모르는 것이 없는 사람이 있다. 이 사람은 만인의 공경을 받으므로 고급 참모로 삼는다. 곰이나 호랑이같이 사납고 암벽을 타는 원숭이처럼 기민하며 철이나 돌같이 강하고 명검과 같이 예리한 사람은 중급 참모로 삼고 말을 잘하고 바른 소리를 잘 하나 별다른 재능이나 기능이 없는 사람은 하급 참모로 삼는다."

다음으로 실전부대를 편성하는 요령을 살펴보자. 발로 뛰어다니는 기업의 영업 부서를 생각하면 이해하기 쉽다.

첫째, 싸우기를 밥 먹기보다 좋아하여 전진에 있기를 즐기고 아무리 강한 적을 만나도 기죽지 않는 병사는 '보국대'로 편성한다.

둘째, 의욕이 넘치고 체력이 좋고 행동이 민첩한 병사는 '돌격대'로 편성한다.

셋째, 다리가 튼튼하여 말보다 빠른 병사는 '특별공격대'로 편성한다.

넷째, 말 위에서도 활을 쏘면 백발백중하는 솜씨를 가진 병사는 '기습대'로 편성한다.

다섯째, 활 하나로 대적하는 명사수는 '사격대'로 편성한다.

여섯째, 활을 쏘면 먼 거리에 있는 적이라도 반드시 명중시키고 활 힘이 강한 병사는 '포격대'로 편성한다.

제갈공명은 조직을 편성하는 요령을 자세히 설명하고 병사의 능력을 파악하고 그에 맞는 임무를 부여해야 한다고 주장했다. 여기에서도 능력을 기준으로 적재적소에 부하를 배치해야 한다는 조직 구성의 철칙이 나타난다.

편성된 조직을 제대로 기능하게 하려면 교육과 훈련이 필요하다. 제갈공명은 "연습하지 않으면 백으로도 하나를 당하지 못하고 열심히 연습하면 하나로도 백을 이길 수 있다"라며 연습이 얼마나 중요한지 강조했다. 그가 제시한 연습방법을 살펴보면 배울 점이 많다. 그 방법 또한 상당히 시사적이다.

"우선 병사에게 예와 의, 충과 신을 가르친다. 그런 후에 군령을

《諸葛亮集》

행하고 상과 벌을 내리면 백성은 자원하여 전쟁터로 나갈 것이다. 이들을 훈련시키면 명령만으로 군대를 좌지우지 할 수 있다. 한 명이 열 명을 훈련시키고, 열 명이 백 명을, 백 명이 천 명을, 천 명이 만 명을 교육시켜 군사 전부를 교육시키면 적을 물리칠 수 있다."

이는 부하 관리와 육성에 대한 중요한 교훈을 담고 있는 대목이다. 전술을 훈련시키기 전에 일반적인 종합교육을 실시하고 다 같이 교육받고 훈련하기보다 점차 확산시켜 가는 피라미드식 교육이 효과적임을 보여 준다. 이를 기업에 빗대어 설명하면 전문 교육을 하기 전에 먼저 사회인으로서의 기본교육을 실시해야 한다는 것이다. 지도자에게는 부하의 능력을 끌어내고 조직의 활성화를 도모하는 일이 가장 중요하다. 이에 대해 제갈공명은 다음과 같이 말했다.

"옛날 장수들은 자기 자식을 키우는 마음으로 부하를 키웠다."

"예부터 훌륭한 장수는 난관에 부딪치면 스스로 선두에 서서 난관을 헤쳐 나갔으며 공적을 세우면 부하들에게 양보했다. 또한 부상자는 진심으로 보살피고, 전사자는 정중히 명복을 빌었다. 굶주린 자에게는 자신의 음식을 나눠 주고 추위에 떠는 자에게는 자신의 옷을 벗어 주었다. 지혜로운 자는 예를 갖추어 부하로 삼고 용기 있는 자는 상을 주어 공적을 세운 보상을 주었다."

앞에서도 몇 차례 언급했듯이 제갈공명은 신상필벌 주의를 원칙으로 했다. 그러나 이것만으로는 부하의 마음을 사로잡을 수 없다. 예로부터 훌륭한 장수는 엄격하면서도 부하를 배려하는 마음이 깊어 부하들을 기꺼이 싸움터에 나가게 하는 힘이 있었다. 제갈공명이 백성들과 부하들에게 두려우면서도 존경받을 수 있었던 이유는 그의 따뜻한 마음이 부하들에게 전해졌기 때문이다.

다음으로 부하의 능력과 의욕을 끌어내는 실전적 방법을 살펴보자. 부하를 대하는 장수의 마음가짐으로 다섯 가지가 있다.

첫째, 대우를 후하게 한다. 유능한 인재가 모여들 것이다.

둘째, 예의와 신뢰를 갖고 부하를 대한다. 부하들이 목숨을 걸고 충성할 것이다.

셋째, 은혜를 베풀고 공평하게 법을 시행한다. 부하들이 기꺼이 복종할 것이다.

넷째, 매사에 앞장서서 모범을 보인다. 뒤로 물러나는 사람이 없어질 것이다.

다섯째, 부하가 착한 일을 하면 아무리 작은 일이라도 기록해 두고 공적을 세우면 아무리 작은 공이라도 상을 준다. 부하 스스로 책임감 있게 행동할 것이다.

'조직 관리'라고 하면 왠지 구속하는 느낌이 들지만 이상적인 관리 체제는 원래 인간을 관리하는 게 아니라 인간이 스스로 일할 수 있는 상황을 만드는 일이다. 제갈공명은 장수의 마음가짐 다섯 가지를 통해 조직을 관리하고 활성화시키려면 부하의 의욕을 일으키는 상황을 만들어야 한다는 진리를 가르쳐 주었다.

부하를 지도하는 방법과 인재를 감정하는 방법

조직을 철저히 관리하고 활성화시켰으면 다음으로 실전에서 조직을 어떻게 이끌어 가는지에 대한 병법 문제를 살펴보자. 제갈공명은 이 단계를 셋으로 나눠 설명했다.

1단계, 가장 좋은 병법으로 난관을 미연에 방지하고 사태가 커지기 전에 해결한다. 앞일을 예측하고 선수를 침으로써 형벌 규정이 있어도 실제로 적용이 필요할 일이 생기지 않도록 이끌어 간다.

2단계, 적과 맞서 포진하고 말을 달려 강한 돌화살을 던지며 적진으로 다가간다. 이때 병사들의 기세에 눌려 적이 도망치면 그럭저럭 괜찮은 병법으로 볼 수 있다.

3단계, 가장 좋지 않은 병법으로 장수가 승부에 혈안이 되어 선두에 서서 적의 활을 맞는다. 양쪽 모두 사상자가 많고 승패를 가를 수 없으며 가장 어리석은 방법이다.

중국 병법서와 마찬가지로 제갈공명도 싸우지 않고 이기는 전술을 가장 좋은 방법으로 여겼다. 그러나 부득이 하게 싸워야 할 때도 있는데 이때는 무엇보다 조직이 통제되어야 한다.

통제된 상태를 살펴보자.

첫째, 평소에 규율을 잘 지키고 전쟁을 할 때는 기대한 대로 전력을 발휘한다.

둘째, 공격할 때는 맹렬한 기세로 진격하고 후퇴할 때는 적에게 반격할 틈을 주지 않는다.

셋째, 부대 간에 밀접한 연대감을 형성하여 협력하며 난관을 극복한다.

넷째, 장병이 하나가 되어 행동하고 적의 분열 공작에 현혹되지 않는다.

다섯째, 전의가 왕성하고 적의 맹렬한 공격에도 무너지지 않는다.

그렇다면 어떨 때 통제가 되지 않을까?

첫째, 간부들끼리 화합하지 못하고 분열을 일으킨다.

둘째, 부하가 명령을 따르지 않는다.

셋째, 훌륭한 작전 계획을 세워도 채용되지 않는다.

넷째, 부하가 간부를 비난한다.

다섯째, 서로 중상모략하고 남을 비방한다.

이러한 점은 현대 사회에서도 흔히 일어나는 상황으로 조직이 통제되지 않으면 그 조직은 활력을 잃고, 기능을 제대로 발휘하지 못한다.

조직을 통제하려면 어떤 방법이 있을까? 제갈공명은 조직원의 화합을 중요하게 여겼다.

"전쟁의 근본은 화합하는 데 있다. 화합하면 시키지 않아도 스스로 싸운다."

지도자는 조직원들의 화합을 도모해야 한다. 그러나 어느 조직이든 화합을 깨트리는 사람이 있기 마련이다. 이에 제갈공명은 경계해야 할 인물로 다섯 가지 유형을 들었다.

첫째, 동료들과 작당하여 패거리를 만들고 능력 있는 사람을 비방한다.

둘째, 일부러 남의 눈에 띄는 화려한 옷을 입는다.

셋째, 비현실적인 이상론을 제시하여 다른 사람들의 판단을 현혹시킨다.

넷째, 규율을 무시하고 자기 멋대로 판단하며 주위 사람들을 선동한다.

다섯째, 손익을 따지고 이익이 되면 몰래 적과 내통한다.

이처럼 조직 통제에 방해가 되는 사람들은 미리 대책을 강구해야 한다. 그러기 위해 지도자는 사람을 분별할 줄 아는 안목을 갖춰야

《諸葛亮集》

하는데, 제갈공명도 '사람의 성품처럼 알기 어려운 것도 없다'라고 말했듯이 사람을 분별하는 일은 매우 어렵다. 제갈공명은 사람을 분별하는 판단 기준으로 일곱 가지를 제시했다.

첫째, 어떤 사항을 제시하여 옳고 그름을 판단하게 하고 상대의 의지를 살핀다.

둘째, 상대를 추궁하여 태도의 변화를 살핀다.

셋째, 계략에 대한 의견을 구하고 어느 정도의 지식을 갖고 있는지 살핀다.

넷째, 어려운 사태에 대처하는 상대의 용기를 살핀다.

다섯째, 술을 먹여서 타고난 성품을 살핀다.

여섯째, 이익으로 유인하여 청렴결백한지를 살핀다.

일곱째, 일을 주어 명령한 대로 수행하는지 신뢰도를 살핀다.

제법 판단 기준이 세밀하다. 어쩌면 상대를 추궁하여 태도의 변화를 살피는 것과 술을 먹여서 타고난 성품을 살피고 일을 주어 명령을 제대로 완수하는지 살피는 방법은 좀 과하게 보일지도 모른다. 이렇게 치밀한 상사를 모시고 일하면 요령을 피울 수 없어 힘들겠지만 평소에도 솔직하고 청렴한 사람은 두려울 것이 없다.

어쨌든 지도자의 관점에서 보면 제갈공명의 지적은 매우 날카롭고 현대적이다.

평범함으로 일관된 비범함

끝으로 전쟁에서 승리하는 핵심 사항을 살펴보자.

앞에서도 말했듯이 제갈공명은 유비가 죽은 뒤 무능한 인물이었던 유선을 도와 촉한을 다스렸다. 그가 큰 싸움을 몇 번씩 치르면서도 나라를 평온하게 다스릴 수 있었던 이유는 무리하지 않고 신중했기 때문이다.

"정치를 하는 사람은 먼저 주변 일에 신경을 쓰고 앞으로 다가올 장래의 일을 대비해야 한다. 앞일을 미리 대비하지 않으면 머지않아 한계에 부딪힌다."

"중대한 문제일수록 해결하기 어렵고 사소한 문제일수록 쉽게 해결된다. 그러나 어떤 문제를 해결하든 하나만 보고 판단해서는 안 된다. 이익을 얻고자 하면 손해를 보는 쪽도 생각해야 하고 성공을 하려면 실패했을 때도 염두에 두어야 한다."

제갈공명은 정치는 물론이고 전쟁을 할 때도 신중한 자세로 일관했다. 우선 그는 모든 경우에 대비하여 준비를 했다.

"싸움을 잘 하는 사람은 감정에 휩싸이지 않고, 완벽하게 작전 계획을 세운 사람은 적을 두려워하지 않는다. 원래 현명한 사람은 싸움을 하기 전에 완벽하게 작전 계획을 세워 싸움을 승리로 이끈다. 반면 어리석은 사람은 아무 대책 없이 일단 싸움을 시작해 놓고 나중에 빠져 나갈 길을 찾는다. 승자는 제대로 된 길로 가려하고 패자는 질러가려다 결국 길을 잃는다."

그렇다면 싸우기 전에 해야 할 준비로 어떤 것이 있는지 구체적으로 알아보자. 제갈공명은 군사 행동에 필요한 준비 사항을 몇 가지 들었다.

첫째, 인심의 동향을 살핀다.

둘째, 계속해서 전투 훈련을 반복한다.
셋째, 적군과 아군의 전력을 분석한다.
넷째, 적절한 때를 기다린다.
다섯째, 병사들의 전의를 고조시킨다.
여섯째, 병사들의 능력을 최대한 끌어낸다.
일곱째, 세밀한 작전 계획을 세운다.
여덟째, 죽을 각오를 한다.
위의 준비를 마쳐야 비로소 승리의 지름길로 갈 수 있다.

제갈공명의 또 다른 특징은 절대 무리한 싸움을 하지 않는다는 점이다. 제갈공명은 피해가 큰 싸움은 피하고 시종일관 돌다리도 두드려보고 건너는 식의 견실한 전법을 구사했다.

소설 《삼국지》에 묘사되었던 이미지와는 사뭇 다르지만 유리하다고 판단되면 싸움을 벌이고 불리하다고 판단되면 일단 후퇴하여 다음 기회를 노렸다. 물이 낮은 곳으로 흐르는 것이 자연의 섭리이듯 그는 이치에 맞게 행동하고 크게 무리하지 않았다.

"장수는 위엄을 갖추고 병사는 각자 자신이 맡은 일에 최선을 다해야 제힘을 발휘할 수 있다. 그렇게 하면 둥근 돌이 거침없이 굴러가듯이 무리 없이 막아선 적을 물리칠 수 있다."

제갈공명의 전술은 크게 두 가지 특징을 들 수 있다.
첫째, 무리하지 않고 자연의 섭리를 따른다.
둘째, 흐름을 타고 가속도를 붙여 파괴력을 배가시킨다.
이러한 전법은 싸움은 물론이고 사업을 할 때도 그대로 적용된다.

지금까지 제갈공명의 장수론과 용병론을 중심으로 살펴봤다. 소설에서는 제갈공명을 당차고 술수에 능한 장수로 그리고 있기 때문에 의외로 평범하다고 느끼는 사람도 있을 것이다. 그러나 그의 주장에서도 알 수 있듯이 제갈공명은 매우 신중한 사람이었다. 우리는 제갈공명의 평범함 속에 일관되게 드러난 신중함을 배워야 한다.